外国语言文学与文化研究文库
WAIGUO YUYAN WENXUE YU
WENHUA YANJIU WENKU

JISHU WENDANG FANYI KESHIHUA
ZHISHI FUWU PINGTAI DE GOUJIAN YU YUANLI

技术文档翻译可视化知识服务平台的构建与原理

李双燕 ◎ 著

首都经济贸易大学出版社
Capital University of Economics and Business Press
·北 京·

图书在版编目（CIP）数据

技术文档翻译可视化知识服务平台的构建与原理/李双燕著．—北京：首都经济贸易大学出版社，2022.10

ISBN 978-7-5638-3432-7

Ⅰ.①技… Ⅱ.①李… Ⅲ.①文档—翻译—可视化软件—数据处理 Ⅳ.①H085

中国版本图书馆CIP数据核字（2022）第188430号

技术文档翻译可视化知识服务平台的构建与原理
李双燕　著

责任编辑　杨丹璇
封面设计　小　尘
出版发行　首都经济贸易大学出版社
地　　址　北京市朝阳区红庙（邮编 100026）
电　　话　（010）65976483　65065761　65071505（传真）
网　　址　http://www.sjmcb.com
E-mail　publish@cueb.edu.cn
经　　销　全国新华书店
照　　排　北京砚祥志远激光照排技术有限公司
印　　刷　北京建宏印刷有限公司
成品尺寸　170毫米×240毫米　1/16
字　　数　227千字
印　　张　13
版　　次　2022年10月第1版　2022年10月第1次印刷
书　　号　ISBN 978-7-5638-3432-7
定　　价　49.00元

图书印装若有质量问题，本社负责调换

商标侵权纠纷
类案裁判思维

王德军 / 主编

人民法院出版社

图书在版编目（CIP）数据
商标侵权纠纷类案裁判思维 / 王德军主编. -- 北京 : 人民法院出版社, 2025. 4. -- ISBN 978-7-5109-4489-5
Ⅰ. D923.435
中国国家版本馆CIP数据核字第20255UU620号

商标侵权纠纷类案裁判思维
王德军 主编

策划编辑 赵芳慧
责任编辑 赵芳慧
执行编辑 沈洁雯 张冰倩
封面设计 尹苗苗 李昱霏
出版发行 人民法院出版社
地 址 北京市东城区东交民巷27号（100745）
电 话 （010）67550628（责任编辑） 67550558（发行部查询）
65223677（读者服务部）
客服QQ 2092078039
网 址 http://www.courtbook.com.cn
E-mail courtpress@sohu.com
印 刷 三河市国英印务有限公司
经 销 新华书店

开 本 787毫米×1092毫米 1/16
字 数 208千字
印 张 13.5
版 次 2025年4月第1版 2025年4月第1次印刷
书 号 ISBN 978-7-5109-4489-5
定 价 50.00元

商标侵权纠纷类案裁判思维

编辑委员会

主　　编：王德军

副 主 编：蒋筱熙　王欣美

撰 稿 人：孙　虹　雷桂森　陈铃铃

李　雯　张玲美　蒙艺泉

序言

近年来，商标侵权纠纷呈现主体多元化、行为隐蔽化、场景数字化等特征。从传统制造业的仿冒侵权，到数字经济、跨境电商、社交平台等新型商业模式下的“搭便车”“傍名牌”行为，司法实践不断面临新的挑战，亟须通过系统化、类型化的裁判规则予以回应。一直以来，深圳法院坚持加强知识产权保护，营造一流营商环境。本书的编撰，正是深圳法院积极顺应时代需求、凝聚审判智慧的有效体现，旨在为同类案件的审理提供系统化、标准化的裁判思路与操作规范。

综观本书，充分体现了“问题导向、实践导向、创新导向”的编写原则，内容全面新颖，亮点特色突出。一是具有专业性。本书的编撰立足深圳两级法院审判实践，但研究视野不拘于深圳一域，而是汇集最高人民法院指导性案例及其他法院先进经验成果，全面搜集各类参考文献，运用理论研究与实证分析，遵循“法律要件解析——类案要素归纳——裁判路径指引”的逻辑框架，形成规范性裁判标准体系。二是具有实操性。本书系统梳理了法院在审理侵害商标权案件中积累的审判经验和裁判思路，总结概括案件的审查要点和注意事项，既涵盖诸如管辖、原告诉权、赔偿责任等常见问题，又直面个案中存在的难点、焦点问题，不仅能够为一线法官提供司法实务操作指引，亦可为法学界、实务界就商标前沿法律问题提供探讨交流平台。三是具有前沿性。本书充分回应当前新技术、新模式引发的新问题，为网络关键词竞价排名、平行进口、“互联网 +”经济模式等新场景中的商标侵权认定提供破题思路；充分考虑粤港澳大湾区地缘关系与区域发展背景，特别释明港澳企业商业标识知名度审查的因素，亦就涉外主体要素、域外证据的审查要点提供了明确指引；充分贯彻严格知识产权司法保护的价值导向，细化探索惩罚性赔偿与举证妨碍的具体规则，依法加大对恶意侵权行为的打击力度。

法治创新润鹏城，智创潮涌谱新篇。2025年是深圳法院建成司法公信力、法治竞争力、改革创新力、国际影响力卓著的先行示范法院的验收之年。本书的编撰与出版，正是深圳市福田区人民法院探索新时代知识产权司法保护的创新答卷，必将为湾区科创走廊建设注入强劲司法动能，让法治灯塔辉映创新征途！

在此，谨向参与本书编撰的法官团队以及提供宝贵意见的各界同仁致以诚挚谢意。

是为序。

[①]

2025年3月28日

① 吴汉东，中南财经政法大学原校长、文澜资深教授、博士研究生导师、教育部和外国专家局“111”引智项目中方首席专家，中国版权事业终身成就者，法学博士。

凡例

一、本书中法律文件名称一般用简称，例如《中华人民共和国商标法》简称《商标法》。

二、本书中下列文件一般也使用简称：

文件全称	简称
《最高人民法院关于审理民事案件适用诉讼时效制度若干问题的规定》	《民事案件适用诉讼时效制度若干规定》
《最高人民法院关于审理商标民事纠纷案件适用法律若干问题的解释》	《商标民事案件若干解释》
《最高人民法院关于审理商标授权确权行政案件若干问题的规定》	《商标行政案件若干规定》
《最高人民法院关于适用〈中华人民共和国民事诉讼法〉的解释》	《民事诉讼法解释》
《最高人民法院关于审理涉及驰名商标保护的民事纠纷案件应用法律若干问题的解释》	《驰名商标保护若干解释》
《最高人民法院关于适用〈中华人民共和国反不正当竞争法〉若干问题的解释》	《反不正当竞争法若干解释》
《最高人民法院关于审理侵害知识产权民事案件适用惩罚性赔偿的解释》	《知产惩罚性赔偿解释》
《最高人民法院关于审理注册商标、企业名称与在先权利冲突的民事纠纷案件若干问题的规定》	《权利冲突民事纠纷若干规定》
《最高人民法院关于审理涉及计算机网络域名民事纠纷案件适用法律若干问题的解释》	《网络域名民事案件若干解释》

续表

文件全称	简称
《最高人民法院关于审理专利纠纷案件适用法律问题的若干规定》	《专利案件若干规定》
《最高人民法院关于审查知识产权纠纷行为保全案件适用法律若干问题的规定》	《知产行为保全规定》
《最高人民法院关于知识产权民事诉讼证据的若干规定》	《知识产权民事诉讼证据若干规定》
《最高人民法院关于适用〈中华人民共和国公司法〉若干问题的规定（二）》	《公司法若干规定（二）》
《商标注册用商品和服务国际分类表》	《分类表》
《类似商品和服务区分表》	《区分表》
《与贸易有关的知识产权协定》	《TRIPs 协定》

目录

第一章　商标侵权纠纷审判概述

一、商标基本法律概念

（一）商标的概念与功能

商标是指任何能够将自然人、法人或者其他组织的商品或服务与他人的商品或服务区别开的标志，包括文字、图形、字母、数字、三维标志、颜色组合和声音等，以及上述要素的组合。

商标有多种功能，主要包括识别功能、品质保障功能、广告宣传功能、表彰功能等，其中识别功能是商标的原始、基础功能，其他功能是商标的衍生功能。商标功能是商标保护的逻辑起点，是确定商标权的权利边界和商标侵权判断标准的基础。

1. 识别功能

识别功能是指商标具有指示商品或服务来源的作用，消费者通过商标可以区分商品或服务的来源。该来源为“匿名来源”，即仅要求消费者通过商标的指示可以知道使用同一商标的商品由某个单一主体进行控制，而不要求知道具体的商标权人或者生产经营者。

2. 品质保障功能

品质保障功能是指来源意义上的保障功能，即商标发挥着指示单一质量控制来源的作用，使用相同商标的商品或服务的品质由单一企业控制。需要注意的是，商标的品质保障功能并不是法律意义上的保障，不保障商品或服务的质量，而仅仅保障使用特定商标的商品的质量水平具有一致性和可预测性。

3. 广告宣传功能

商标的可识别性让商标具有广告价值，商标权人可以利用商标向公众提供特定商品的信息，进行广告宣传。一方面，商标权人可以在广告中突出使用商标，让公众对商标产生深刻的印象，从而通过商标选择其提供的商品或服务。另一方面，使用于特定商品或服务上的商标本身也是一种广告，通过消费者的自发传播与推介，商标可以对再次购买起到引导作用。

4. 表彰功能

在消费社会，商标除了具有“认牌购物”的指示意义外，更是人们彼此间进行社会交流的媒介和桥梁。消费者可以通过商标表达自己的个性，彰显自己的身份、地位等。此时，商标不仅仅是商品的标志，其本身也变成了商品，成为消费的对象。

（二）商标的种类

根据我国《商标法》的规定，可以核准注册的商标必须是商品商标、服务商标、集体商标或证明商标。此外，按照商标知名度高低的不同，可以将商标划分为普通商标和驰名商标。

1. 商品商标与服务商标

根据商标标识对象的不同，可以将商标分为商品商标和服务商标。

商品商标是指使用在商品上，用于区分商品来源的标识。其中，商品商标又可分为商品生产者的产业商标和商品销售者的商业商标。

服务商标是指使用在服务上，用于区分服务来源的标识，如保险业、银行业、旅游业、广告业、运输业等使用的标志。

2. 集体商标与证明商标

根据商标注册人的身份和商标的作用，可以将商标分为普通商标与集体商标、证明商标。与普通商标相比，集体商标、证明商标对于商标注册人的身份有更高的要求，且发挥着特殊的识别作用。

集体商标是指以团体、协会或者其他组织名义注册，供该组织成员在商事活动中使用，以表明使用者在该组织中的成员资格的标志。

证明商标是指由对某种商品或者服务具有监督能力的组织所控制，而由该组织以外的单位或者个人使用于其商品或者服务，用以证明该商品或者服务的原产地、原料、制造方法、质量或者其他特定品质的标志。

3. 驰名商标

根据商标知名度，可以将商标分为普通商标与驰名商标。相对于普通商标而言，驰名商标具有更高的知名度。

驰名商标是指在我国为相关公众所熟知的商标，且须经过有权机关（国家知识产权局商标局、商标评审委员会或人民法院）依照法律程序进行认定。

（三）地理标志

1. 地理标志的概念

地理标志是用以标示某商品来源于某地区，该商品的特定质量、信誉或者其他特征，主要由该地区的自然因素或人为因素所决定的标志。如“西湖龙井茶”“库尔勒香梨”等。

地理标志不同于产地。产地仅标识商品来源于某一地区，该地区与商品特有的质量、声誉或其他特征不一定有直接的联系，而地理标志不仅有指明产地的功能，还具有品质保证功能。如龙井茶包装上标注的“福建产”属于产地，“西湖龙井茶”则属于地理标志。

地理标志也不同于普通商标。地理标志代表的是某个地域特定行业经营者的集体信誉，而不仅仅是某个企业的信誉。

2. 地理标志的保护

目前，我国对地理标志采取三种保护模式：（1）作为商标的地理标志；（2）地理标志产品；（3）农产品地理标志。

作为商标的地理标志，即注册为集体商标或证明商标的地理标志。主管部门为国家知识产权局，主要法律依据是《商标法》《商标法实施条例》《集体商标、证明商标注册和管理办法》。

地理标志产品，是指产自特定区域，所具有的质量、声誉或其他特性本质上取决于该产地的自然因素和人文因素，经审核批准以地理名称进行命名的产品。主管部门为国家知识产权局，主要法律依据是《产品质量法》《标准化法》《地理标志产品保护办法》。

农产品地理标志，是指标示农产品来源于特定区域，产品品质和相关特征主要取决于自然生态环境和历史人文因素，并以地域名称冠名的特有农产品标志。主管部门为农业农村部，主要法律依据是《农产品质量安全法》《农产品地理标志管理办法》。

（四）商标专用权

1. 商标专用权的概念

商标专用权是商标所有人享有的在特定的商品或服务上以区分来源为目的排他性使用特定标识的权利。

商标专用权包含两部分，即专有使用权和禁用权。专有使用权是指商标所有人在特定范围内即“以核准注册的商标和核定使用的商品或服务为限”对商标享有的使用权。禁用权是指商标所有人享有的禁止他人在相同或类似的商品上使用相同或近似商标，以及其他妨害行为的权利。

2. 商标专用权的特性

（1）相对性。相对性是指商标专用权人只可以禁止他人在特定范围内使用注册商标，不具有广泛的排他性。就注册商标而言，商标权利人仅可以在核定使用的商品上使用或许可他人使用该商标，只能在相同或类似商品或服务上排斥他人使用相同或近似商标。就具有一定影响力的未注册商标而言，商标使用人不能对抗他人在非类似商品或服务上注册或使用相同或近似的商标。就驰名商标而言，虽然法律规定了其跨类别保护，但是仍然以“误导公众，致使该驰名商标注册人的利益可能受到损害”为条件。

（2）地域性。地域性是指商标仅在其注册的地域范围内有法律效力，商标的保护以各国国内法为基础。这意味着，某一商标在一国获准注册，并不当然影响其他国家对于相同或类似商标的注册，同一商标可以在不同国家指示不同的商品或服务来源。商标权具有地域性的根本原因在于，商标权是公共政策的产物，属于法定权利，其权利的范围完全取决于一国的法律规定，而各国对于商标权的授权或注册条件各不相同。

此外，未在我国注册的境外商标也可以通过在我国境内的在先使用获得一定的法律保护。在此情形下，只要使用特定商标的商品合法地进入我国市场，且从事了相关的市场销售和宣传行为，就可以给予其相应的法律保护，而不要求其在我国具备经营场所或者进行工商登记。

（3）伸缩性。为了尽可能保护商标的区别性，尽最大努力使商标之间保持足够的距离，法律往往通过设定裁量性的法律标准对商标权的保护范围予以界定，限制模仿搭车的空间，同时也使得其保护范围具有较强的伸缩性。这种伸缩性与商标自身的显著性和知名度有关，显著性越强，知名度越高，其保护范围越宽，反之则越窄。①

3. 商标专用权的取得

（1）注册登记制。对于商标专用权的取得，我国《商标法》采用注册登记制。

商标专用权通过注册原始取得，且不以实际使用为前提。不论是否实际使用，注册人均自核准注册之时开始在全国范围内享有注册商标专用权，并且法律为其预留在特定范围内使用的空间，保障其进入潜在市场或者拓展市场的能力。需要注意的是，对于注册商标的使用不得侵犯他人的权利或以其他方式违反法律规定，否则，即使该商标已经注册也可能被宣告无效、被撤销，而且在先权利人可以选择直接就侵权行为提起民事诉讼。

（2）未注册商标的保护。未注册商标可以被使用，但使用人对该商标不享有商标专用权。考虑到一些未注册商标经过长期使用已具有识别商品来源的实际作用，若不予保护，则既不能使商标所有人已经获得的市场信誉得到尊重，又不能防止相关公众被误导，故《商标法》对未注册商标亦

---

① 参见《准确把握当前知识产权司法保护政策进一步加强知识产权司法保护——在全国法院知识产权审判庭庭长研讨班上的讲话》（2012 年 2 月 8 日）。

给予一定程度的保护。具体保护方式为以在先权利的形式对“他人已经使用并有一定影响的商标”“未在中国注册的驰名商标”“被代理人或被代表人的未注册商标”予以有限的保护。

4. 商标专用权的消灭

商标专用权消灭的方式包括宣告无效、撤销、注销。

（1）宣告无效。宣告无效是指已经注册的商标违反了商标专用权取得的绝对条件或相对条件，由商标局依职权宣告该注册商标无效，或者依申请由商标评审委员会宣告该注册商标无效。

（2）撤销。撤销是指当商标注册人不当使用注册商标，或者注册商标成为其核定使用的商品的通用名称、没有正当理由连续三年不使用时，由商标局依职权或者依申请对该注册商标予以撤销。

（3）注销。注销是指当商标注册人主动向商标局提出注销申请或者期满未续展时，由商标局根据申请或者法律规定对该注册商标予以注销。

二、商标侵权

（一）商标侵权的认定

1. 商标侵权的概念和本质

商标侵权，是指行为人未经商标权人许可，干涉、妨碍商标权人使用其注册商标，损害商标权人合法权益的行为。

商标侵权的本质是阻碍商标功能的正常发挥。商标侵权往往通过在相同或类似商品上使用与注册商标相同或近似的标识等方式，造成混淆或者削弱注册商标的识别力，使注册商标不能正常发挥识别作用，最终导致注册商标的信誉和市场价值受到损害，商标所有人的市场份额被挤占。

2. 商标侵权的主观要件

在认定商标侵权时，通常不考虑侵权人的主观状态，商标权人不需要证明行为人有实施侵权行为的故意，也不需要证明行为人知道该商标的存在。

不过，《商标法》对“销售侵犯注册商标专用权的商品”的行为规定了免除赔偿责任的事由，即“销售不知道是侵犯注册商标专用权的商品，能证明该商品是自己合法取得并说明提供者的，不承担赔偿责任”。

3. 商标侵权与商标使用

在认定是否构成商标侵权时，通常需要判断侵权行为是否构成商标法意义上的商标使用。因为只有商标法意义上的使用，才能发挥指示商品或服务来源的作用，才可能造成公众混淆或误认，对注册商标的使用造成实质性损害或妨碍，从而构成侵权。否则，即使所使用的标识与注册商标相同，也不构成商标侵权。不过有例外情形，如《商标法》第 57 条第 4 项规定的“伪造、擅自制造他人注册商标标识或者销售伪造、擅自制造的注册商标标识”的行为，在该行为下商标与商品尚未结合，商标尚未发挥识别商品来源的作用，不涉及商标使用的判断。但在认定该种侵权行为时，也需要考察注册商标标识的用途。

实践中，商标使用的具体形式多种多样，但其本质都是一种识别商品或服务来源的使用方式。判断是否为商标的使用应当综合考虑使用人的主观意图、使用方式、宣传方式、行业惯例、消费者认知等因素。

4. 商标侵权与混淆可能性

混淆是判断商标侵权的重要标准，原则上要以是否存在混淆为基础判断是否构成商标侵权。但混淆不是侵权的必要条件，不适用于所有的侵权行为。若对于商标权的侵害足以达到损害商标功能的程度的，不论是否具有市场混淆的后果，均可以直接认定构成商标侵权。

根据《商标民事案件若干解释》的规定，混淆是指易使相关公众对商品的来源产生误认或者认为其来源与原告注册商标的商品具有特定的联系，即包括来源混淆和关联关系混淆。

商标侵权构成要件中的“混淆”并不是指实际混淆，而是指混淆可能性，只要达到混淆可能性即可。混淆可能性不是一般的可能，不等于有发生混淆的可能，而是要求相关公众发生实际混淆的可能性较大。在认定混淆可能性时，应当综合考虑商标的知名度与显著性、商标近似程度、是否造成实际混淆等因素。

（二）商标侵权行为的类型

根据《商标法》第57条，《商标法实施条例》第75条、第76条，《商标民事案件若干解释》第1条的规定，商标侵权行为主要包括以下几类：（1）未经许可，在同一种商品上使用与其注册商标相同的商标；（2）未经许可，在同一种商品上使用与其注册商标或未注册驰名商标近似的商标，或者在类似商品上使用与其注册商标相同或者近似的商标，容易导致混淆的；（3）销售侵犯注册商标专用权的商品；（4）伪造、擅自制造他人注册商标标识或者销售伪造、擅自制造的注册商标标识；（5）未经商标注册人同意，更换其注册商标并将该更换商标的商品又投入市场；（6）故意为侵害他人商标权行为提供便利条件，即为侵权提供仓储、运输、邮寄、印制、隐匿、经营场所、网络商品交易平台等，帮助他人实施侵害商标权行为；（7）在同一种商品或者类似商品上将与他人注册商标相同或者近似的标志作为商品名称或者商品装潢使用，误导公众的；（8）将与他人注册商标相同或者相近似的文字作为企业字号在相同或者类似商品上突出使用，容易使相关公众产生误认的；（9）将与他人注册商标相同或者相近似的文字注册为域名，并且通过该域名进行相关商品交易的电子商务，容易使相关公众产生误认的；（10）复制、摹仿、翻译他人注册的驰名商标或其主要部分在不相同或者不相类似商品上作为商标使用，误导公众，致使该驰名商标注册人的利益可能受到损害的。

上述10种侵权行为是商标侵权的典型类型，基本涵盖了当前常见的侵权行为，但并未穷尽所有类型。鉴于《商标法》第57条第7项对给他人的注册商标专用权造成其他损害的行为作出了概括性规定，故对于实践中出现的对注册商标造成明显侵害的新类型行为仍可依法认定为商标侵权行为。

（三）商标侵权的民事责任

根据《民法典》《商标法》《商标民事案件若干解释》的规定，商标侵权的民事责任主要包括停止侵害、赔偿损失、销毁侵权商品和工具、消除影响等。

1. 停止侵权

当侵权行为仍处于继续状态时，权利人可以依法请求法院责令侵权人停止侵权行为。根据我国《商标法》第 65 条的规定，停止侵权包括三种方式，分别为诉前停止侵权、诉中停止侵权、诉终停止侵权。其中，诉前或诉中停止侵权是一种暂时停止侵权行为的临时禁令，不仅适用于正在实施的侵权行为，也适用于即将实施的侵权行为。

2. 赔偿损失

当侵权行为给权利人造成财产损失时，应当给予赔偿。根据《商标法》第 63 条的规定，赔偿数额依次可按照权利人因被侵权所受到的实际损失、侵权人因侵权所获得的利益、该商标许可使用费的倍数合理确定。对恶意侵犯商标专用权，情节严重的，可处以惩罚性赔偿。然而，上述权利人的实际损失、侵权人的获利，往往缺乏客观的计算依据，无法查清，大多数案件需适用法定赔偿，酌情确定赔偿数额。

需要注意的是，构成商标侵权并不必然要赔偿损失。根据《商标法》第 64 条的规定，注册商标专用权人不能证明此前三年内实际使用过该注册商标，也不能证明因侵权行为受到其他损失的，被控侵权人不承担赔偿责任；销售不知道是侵犯注册商标专用权的商品，能证明该商品是自己合法取得并说明提供者的，不承担赔偿责任。

3. 销毁侵权商品和工具

销毁侵权商品和工具是排除侵害的重要措施，如果不销毁，就难免被继续使用而继续侵权。根据《商标法》第 63 条的规定，人民法院应权利人申请，可以责令销毁假冒注册商标的商品以及主要用于制造假冒注册商标的商品的材料、工具，或者禁止前述材料、工具进入商业渠道。

4. 消除影响

当侵权行为对权利人的商誉造成不良影响时，权利人可以请求法院责令侵权人在侵权行为影响的范围内，为权利人消除不良影响。我国《商标法》没有消除影响的规定，但《商标民事案件若干解释》第 21 条将消除影响规定为侵犯商标权的民事责任承担方式。

需要注意的是，消除影响不同于赔礼道歉。注册商标专用权是一种财产权利，因此在商标侵权案件中，不应判令侵权人承担赔礼道歉的民事责任。

三、商标侵权纠纷裁判理念

（一）发挥司法导向作用，促进经济高质量发展

商标权是公共政策的产物，是由国家或法律所赋予的权利，而非天生的自然权利。其保护力度与社会经济发展水平、国家政策息息相关。故在商标侵权案件的审理中，应树立宏观思维，时刻关注社会经济发展的现状和需求，准确理解和把握国家政策，充分发挥司法的导向作用。

《商标法》的立法目的是促使生产者、经营者保证商品和服务质量，维护商标信誉，以保障消费者和生产、经营者的利益，促进社会主义市场经济的发展。其中，促进经济发展是《商标法》的终极目标。《商标法》主要通过直接保护商标权人的权益，维护正常的市场竞争秩序，达到最终促进经济发展的目标。故在商标侵权案件的审理中，应把握商标权保护的尺度，兼顾消费者权益的保护，实现促进经济发展的目的。

（二）坚持利益平衡，做到宽严适度

在认定商标侵权行为时，必须注意商标权利人与竞争者之间的利益平衡，既要保护商标所有人的正当权利，防止竞争对手不正当地损害商标所有人的权益或者不正当地搭便车，又要避免保护过度、妨碍竞争对手的交易自由和竞争自由、不适当地增加交易成本。要注意把握商品类似、商标近似、混淆可能性之类的概念，并从多个方面进行衡量和判断。要按照社会公众或相关市场中的通常认识，判断竞争者的使用行为对于商标所有人的权益是否能够造成损害，损害到什么样的程度，以及竞争者客观上是否

不正当利用商标所有人的商标声誉等。

平衡商标所有人与竞争者之间的利益是为了实现自由竞争与公平竞争的平衡。一方面，自由竞争是市场活动的首要原则。按照自由竞争的原则，人类的一切智力成果从一开始就处于公有领域中，只要公之于众，人人都可以自由使用和模仿。但为了达到鼓励创新的目的，国家和法律在公有领域中特意划分出了一些受保护的特殊区域，赋予了知识产权的保护。另一方面，商标不同于专利、版权类智力成果。专利、版权类智力成果的产生往往需要以现存的智力成果为基础进行再创造，而商标的产生不需要借助于现存的商标，所以应对商标加强保护、减少模仿或抄袭的空间，由模仿或者抄袭所带来的公共利益，应当让位于防止混淆、误导或欺骗的公共利益。竞争者只在一定范围内对他人的商标享有模仿的自由，这个范围就是不造成混淆或商标功能不受损害。

（三）注意立法政策的协调性，正确处理《商标法》与《反不正当竞争法》的关系

在商标权的保护上，我国既有《商标法》对其进行规定，又有《反不正当竞争法》对其进行规定。其中，《商标法》的保护属于专门法保护，其对于制止商标侵权的规定更具体、全面；《反不正当竞争法》的保护属于补充性保护，主要对未注册商标、商号和其他商业标识进行保护。在法律适用上，《商标法》具有优先适用性。若《商标法》有明文规定，则优先适用《商标法》的规定，不再适用《反不正当竞争法》的规定，不得重复保护。

在协调两者的保护关系时，应当注意立法政策的协调一致。《反不正当竞争法》只是在有限的范围内提供商标权的附加保护，其保护不得与《商标法》的立法政策相抵触。凡是《商标法》已作穷尽性保护的，不能再在《反不正当竞争法》中进行额外保护。本属于《商标法》的保护范围，因不符合《商标法》的实质性立法政策和要求而不符合保护条件的，不能再按照《反不正当竞争法》给予额外的保护。但是，如果当事人实施

的行为确实违反了公平竞争秩序，也可以按照《反不正当竞争法》一般条款的规定予以制止。此时制止该不正当竞争行为的立足点不再是保护特定的商业成果或者技术成果，而是维护竞争秩序。

第二章　基本要素审理指引

一、立案要素审查

（一）主管范围

侵害商标权纠纷属于民事纠纷范畴，为人民法院受理的商标权权属、侵权纠纷案件中的一种，原告在提起侵害商标权纠纷诉讼时，应当符合《民事诉讼法》第 122 条规定的起诉条件。

根据《商标法》第 60 条、第 61 条的规定，对侵犯注册商标专用权的行为，商标注册人或者利害关系人可以向人民法院起诉，也可以请求工商行政管理部门处理，认为构成犯罪的，还可以向公安机关报案。在法院受理的部分商标侵权民事诉讼案件当中，当事人提出的主张需以行政主管部门的处理结果为依据，或其诉请属于行政主管部门或刑事主管部门的职权范围，法院应厘清主管范围，作出适当引导。

1. 被诉侵权商标为有效注册商标，应由行政主管部门解决

如果原告以他人使用在核定商品或服务上的注册商标与其在先的注册商标相同或者近似为由提起民事侵权诉讼的，法院应当告知原告向有关行政主管机关申请解决，先行申请无效或撤销他人注册商标。

但如果被告没有规范使用自己的注册商标，包括超出商标核定商品或服务的范围使用注册商标，或者以改变商标显著特征、拆分、组合等方式使用注册商标，从而使实际使用的商标标识与原告的注册商标相同或者近似，则人民法院应当受理。

此外，根据《驰名商标保护若干解释》第 11 条的规定，当被告使用的注册商标系复制、摹仿或者翻译原告驰名商标，构成商标侵权的，人民

法院应当受理，可根据原告的请求依法判决禁止被告使用该商标，无须要求原告先行向行政主管部门申请解决。

2. 民事诉讼与行政处罚、刑事诉讼交叉的处理

（1）民事诉讼优先于行政查处。根据《商标法》第62条第3款的规定，在查处商标侵权案件过程中，对商标权属存在争议或者权利人同时向人民法院提起商标侵权诉讼的，工商行政管理部门可以中止案件的查处。

（2）对于商标刑事犯罪与商标民事侵权的法律事实仅具有关联关系，或者虽然具有同一法律事实，但刑事犯罪侦查停滞不前或者原告明确适用法定赔偿的刑民交叉案件，适用“刑民并举”的审理机制。对于商标刑事犯罪与商标民事侵权确实基于同一法律事实、同一法律关系的刑民交叉案件，也可以根据当事人的申请对民事侵权行为进行“先行判决”。

【规范依据】

《民事诉讼法》第122条；《商标法》第60条、第61条、第62条；《权利冲突民事纠纷若干规定》第1条。

（二）管辖要素

商标侵权纠纷的级别管辖按照《最高人民法院关于第一审知识产权民事、行政案件管辖的若干规定》（法释〔2022〕13号）、《最高人民法院关于印发基层人民法院管辖第一审知识产权民事、行政案件标准的通知》（法〔2022〕109号）及《最高人民法院关于调整高级人民法院和中级人民法院管辖第一审民事案件标准的通知》（法发〔2019〕14号）确定；地域管辖按照《民事诉讼法》及《商标民事案件若干解释》确定。

1. 级别管辖

根据案件类型区分，涉驰名商标认定的第一审民事、行政案件由知识产权法院和中级人民法院管辖；其他商标侵权案件，可以由经最高人民法院批准的基层人民法院管辖。

根据诉讼标的额区分，深圳市11个基层人民法院对于诉讼标的额1000万元以下（不含本数）的商标侵权案件享有管辖权；深圳市中级人

民法院对于诉讼标的额1000万元以上（含本数）、50亿元以下（不含本数）的商标侵权案件享有管辖权。

2. 地域管辖

侵害商标权纠纷属于侵权纠纷，首先应当按照《民事诉讼法》对于侵权责任纠纷的管辖规定确定管辖，即由侵权行为地或者被告住所地人民法院管辖。其次，应当按照《商标民事案件若干解释》的特殊规定确定管辖，即由侵权行为的实施地、侵权商品的储藏地或者查封扣押地、被告住所地法院管辖。侵权商品的储藏地，是指大量或者经常性储存、隐匿侵权商品所在地；查封扣押地，是指海关、工商等行政机关依法查封、扣押侵权商品所在地。

对于以“侵权行为地”确定管辖，需要注意以下几点。

（1）原告住所地法院不具有管辖权。根据《民事诉讼法解释》第24条、第25条的规定，侵权行为地包括侵权行为实施地、侵权结果发生地；信息网络侵权行为实施地包括实施被诉侵权行为的计算机等信息设备所在地，侵权结果发生地包括被侵权人住所地。故有不少原告以被告通过网络销售侵权产品为由，主张原告住所地法院具有管辖权。而《商标民事案件若干解释》第6条规定的侵权行为地包括侵权行为的实施地、侵权商品的储藏地或者查封扣押地，并不包括侵权结果发生地（被侵权人住所地）。对于上述两个司法解释关于管辖的规定存在差异，应如何适用，实践中一直存在争议。

本书倾向认为，首先，“信息网络侵权行为”是指被诉侵权行为的实施、损害结果的发生等均在信息网络上，而非侵权行为的实施或损害结果的发生与网络有关即可。[①] 其次，《民事诉讼法解释》自2015年2月4日起施行，第24条、第25条的规定与现行规定并无区别。在已有《民事诉讼法解释》对“信息网络侵权行为”的管辖作出规定的情况下，《商标民事案件若干解释》于2020年修正时，第6条的规定并未修改仍继续施行，

① 参见最高人民法院（2019）最高法知民辖终13号民事裁定书。

可见该条文是针对侵害商标权民事纠纷案件管辖作出的特别规定，应当优先适用。故在确定侵害商标权民事纠纷案件的管辖时，应当以《商标民事案件若干解释》第6条为依据，原告住所地不具有管辖权。

（2）网购收货地不认定为侵权行为实施地。最高人民法院在（2018）最高法民辖终93号民事裁定中指出，对于通过网络进行销售的被诉侵权产品，在依据网络销售商的被诉销售行为地确定案件管辖权时，被诉销售行为地的认定既要有利于管辖的确定性、避免当事人随意制造管辖连接点，又要有利于权利人维权。通过网络购物方式购买侵权商品的情况下，买方可以随意选择收货地，故不宜将收货地作为侵权行为实施地来确定管辖法院。

（3）发货地可认定为侵权行为实施地。销售行为应当包括交易的合意、实际的产品交付、货款交收等一系列完成交易的行为，发货行为系完成交易的一个环节，属于销售行为的一部分。故发货地可以作为侵权行为实施地来确定管辖法院。需要指出的是，如果一件商品的快递面单记载的发货地址与物流信息显示的揽收地址不符，无法查明实际发货地，则快递面单上的发货地址或物流信息中的揽收地址均不宜认定为侵权行为地；而当事人购买多件商品，发货地址各不相同，则各个发货地址均为销售行为实施地，均可作为侵权行为地确定管辖法院。

【规范依据】

《民事诉讼法》第22条、第29条；《商标民事案件若干解释》第6条；《最高人民法院关于第一审知识产权民事、行政案件管辖的若干规定》第2条。

（三）诉讼标的要素

对同一客体的不同使用方式主张不同的侵权法律关系，例如同一注册商标，既使用在A公司生产销售的商品上，又被作为A公司企业名称中的字号使用，原告对此分别主张侵害商标权及不正当竞争，鉴于两种侵权行为具有关联性，应当允许两个案由合并立案，如分开立案可合并审理，如此更有利于全面评价侵权人的主观故意程度及侵权后果，同时可避免当事人诉累。

二、主体要素审查

（一）原告主体要素

根据《商标法》第60条的规定，有权对侵害注册商标专用权的行为提起诉讼的主体为商标注册人或者注册商标的利害关系人。根据《商标民事案件若干解释》第4条的规定，注册商标的利害关系人包括注册商标使用许可合同的被许可人、注册商标财产权利的合法继承人等。对于原告主体资格的审查应当根据具体情况予以区分。

1. 商标权利人提起诉讼的审查

商标权利人包括商标注册人、受让人、继承人，主要审查其是否与商标注册证、注册商标档案或国家知识产权局对外公布的公开信息记载的商标注册人一致。当注册商标受让人、继承人未进行注册商标变更登记时，需审查相应的商标权转让合同，因注册人死亡或企业合并、分立、破产、歇业等事由导致的商标财产性权利义务承继情况。

【注意事项】

关于共有商标权人提起诉讼。《商标法》第5条规定，两个以上的自然人、法人或者其他组织可以共同向商标局申请注册同一商标，共同享有和行使该商标专用权。此时，该商标权属于共有财产权。《民事诉讼法解释》第72条规定，共有财产权受到他人侵害，部分共有权人起诉的，其他共有权人为共同诉讼人；第74条规定，应当追加的原告，已明确表示放弃实体权利的，可不予追加；既不愿意参加诉讼，又不放弃实体权利的，仍应追加为共同原告，其不参加诉讼，不影响人民法院对案件的审理和依法作出判决。综上，共有商标权人单独针对商标侵权行为提起诉讼的，除非其他共有商标权人明确表示放弃实体权利，否则应追加其他共有商标权人作为共同原告参加诉讼。当共有商标权人一方死亡，另一方单独提起诉讼时，应查明该商标共有权人的继承人，再按照《民事诉讼法解释》第72条的规定处理。

2. 被许可人提起诉讼的审查

根据《商标民事案件若干解释》第3条、第4条的规定，商标使用许可包括独占使用许可、排他使用许可、普通使用许可三类。在发生注册商标专用权被侵害时，独占使用许可合同的被许可人可以向人民法院提起诉讼；排他使用许可合同的被许可人可以和商标注册人共同起诉，也可以在商标注册人不起诉的情况下，自行提起诉讼；普通使用许可合同的被许可人经商标注册人明确授权，可以提起诉讼。

（1）独占使用被许可人单独提起诉讼时的审查。原告应提交其与商标注册人签订的注册商标许可使用合同，其中记载的许可方式为独占许可。

（2）排他使用被许可人单独提起诉讼时的审查。原告应提交其与商标注册人签订的注册商标许可使用合同，其中记载的许可方式为排他许可，且商标注册人放弃诉权。

商标注册人放弃诉权的证据包括：商标注册人出具的明示放弃起诉的材料；被许可人提供的其他能够证明其已告知商标注册人或商标注册人已知道有侵害商标权行为而仍不起诉的证据。

（3）普通使用被许可人单独提起诉讼时的审查。原告应提交其与商标注册人签订的注册商标许可使用合同，其中记载的许可方式为普通许可，且该合同明确授予被许可人有权针对侵权行为以被许可人的名义提起诉讼，且商标注册人放弃诉权。

【注意事项】

1. 判断商标许可合同的类型，不能仅根据合同名称确定，而要根据合同中实际约定的许可方式确定。

2. 未被许可使用注册商标、仅获得维权授权的主体，并非适格的原告，

前 言

在全球化背景下，推进“中国制造2025”战略、落实“一带一路”倡议等，急需跨文化技术写作（technical writing）的支持。技术写作与翻译是语言服务行业的重要业务内容，对于产品的跨境销售及新技术在全球范围的传播具有重要作用。技术写作是技术传播（technical communication）的重要业务领域，广泛应用于计算机、工程、生物、医学、航空、金融、电子等行业，其成果形式一般被称为技术文档（technical documentation），主要为用户提供产品简介、操作说明或维修指南等信息，是产品和服务不可或缺的技术说明文件，体现了企业的法律责任、技术能力、服务水平等软实力和品牌形象。

技术文档的核心知识体现在术语之中，文档的写作与翻译质量在很大程度上取决于对术语及领域知识的正确理解与表达。由于领域知识储备不足，又缺乏有效的专业知识服务平台，多数译员通常需要花费大量的时间与精力检索、学习相关专业知识，术语知识积累缓慢，学习效果不尽如人意。如何缩短这一学习过程，提高信息检索和知识习得效率，从根本上提升技术文档翻译质量，是翻译研究面临的重要课题。

笔者于2015—2016年在科多思（北京）咨询有限公司（Sigma Technology）实习，从事英文技术写作和翻译工作。在这个过程中遇到的最大问题即是专业领域知识的匮乏，面对新的写作任务不知从何下手，经常花费数十个小时阅读某款产品的专业基础知识，检索相关网站、社区、论坛、专业书籍等了解专业术语，同时还需要请教公司专业人士，才能慢慢理清概念间的关系。学习过程大约需占用整个文档写作项目时长的80%以上，耗时耗力，急需一个系统的专业知识共享平台，以便随时随地高效获取领域知识。目前，笔者为翻译专业硕士（MTI）开设技术写作课程，在与企业人士的交流中了解到市场对技术文档写作与翻译人才的需求，其中语言能力和专业知识是重要的考量点。笔者不断思考，当非英语专业学生的英语能力不断提升，成为“专业+英语”人才时，英语专业的学生能否在语言优势的基础上，根据自身兴趣和市场需求，加强垂直领域专业知识学习，成为“英语+专业”人才，提升职业胜任力？对于发展迅速的MTI专业来说，这是拓展学生职业去向的有力途径，可有力避免“所学非所用”的同质化低效教学。

由此产生了一个新的问题：如何丰富学生的专业领域知识？开设一两个学期的专业课程，比如财经通识课、工科通识课，或者工程翻译、金融翻译等，是否足够？能否满足学生毕业后的岗位需求？答案显然是否定的。在大数据时代，利用前沿翻译技术、语料库技术等建设一个可持续学习、不断更新的专业领域知识服务平台，集合高校、企业以及相关机构的优势，共建共享，是人才培养的必要途径，更是翻译研究面对的一道真题和大题。因而，本书的研究源于技术写作行业实践，诉求于翻译人才专业知识水平的提高，延伸至企业国际形象建设，落脚于知识服务体系探索，回归技术文档翻译质量。这个过程体现了应用翻译研究与其他学科交叉融合的发展本质，更体现了数字人文建设的旨归。

有鉴于此，本书聚焦服务技术文档翻译的可视化知识服务平台建设与原理探索，选取对技术文档需求较大的信息通信技术领域，探索面向云计算产品文档翻译的知识服务体系，力求对平台建设的理论依据、现实依据、语料来源、操作流程、质量评估及应用场景等进行具体阐释和示范。按照知识组织理论，该平台建设包括知识规划、知识采集、知识组织和知识运用环节，具体而言，可以分为：需求分析与计划制定、术语知识搜集、术语知识抽取、术语逻辑关系定义构建、术语实例创建、术语知识检索与可视化展示、知识评价与进化等。其中，术语知识抽取和逻辑关系构建属于知识系统构建的核心环节，关系着译者获取术语与专业知识的质量；而术语知识检索和可视化展示关系着译者获取专业领域知识的效率。

本书共分为7章。第1章概述本研究的背景、意义、目的、理论依据、现实依据等，明确技术文档翻译在企业全球化进程及语言服务业中的重要地位，指出术语知识的缺乏是影响文档翻译质量的重要因素，帮助读者对知识服务平台建设的背景和意义形成整体了解。第2章对国内外技术文档翻译研究及知识平台建设研究的理论与实践成果进行了总结与回顾，探讨了其贡献与局限，凸显了利用大数据信息技术实现知识共建共享的重要意义。第3章至第6章为核心部分，按照分析问题、验证问题、提出方案、优化方案的顺序，开展相关概念辨析、可视化知识服务平台的构建模型与应用展望、术语知识的管理与共享。本部分数据翔实，步骤清晰，实用性较强。第7章总结了该平台建设过程中的注意事项，指出了本研究实施过程中的一些不足，并提出了相应的改进建议，为今后研究提供参考。

本研究的主要创新之处体现在以下两个方面：

首先，基于知识本体技术，提出面向技术文档翻译的可视化知识服务平台构建模型与分层构建方法。知识本体对领域概念及概念间的关系进行结构化描写，基于知识本体技术的知识库突破了传统术语库中平面化、碎片化的术语数据描写方式，搭建立体化、系统化的概念语义网络，是译员学习专业领域知识的有力工具，也是企业从内容管理向知识管理转型的基石。为了更好地满足不同文档翻译任务的需要，本研究提出多层次知识服务平台构建方案，在通用领域知识服务平台的基础上，以产品类型为标准进行细化，并进一步分化出面向项目的知识服务平台和面向个体的知识服务平台。译者可根据需要进行选择，获得更具针对性的检索结果，真正做到以用户需求为中心。

其次，基于知识管理理论，提出术语知识多角色协同管理理念与多层面共享模式。创造并管理知识是知识经济时代对企业与个体提出的核心能力要求，将知识服务平台纳入企业商业战略层面，建立激励机制促进知识共享与维护，将各相关人员的隐性知识转化为可以用语言符号表述、可以编码的显性知识，保持知识平台的持续更新，实现个体知识与群体知识同步增长，实为双赢之举，丰富了可视化知识服务平台的构建与管理方法。

本研究是一项综合术语学、翻译学、知识工程学、知识管理学、技术传播学等多个学科的交叉研究，将知识本体引入翻译研究领域，创新了术语翻译研究的视角，促进了技术文档翻译研究的理论化，从而为应用翻译研究乃至整体的翻译研究带来了新思路。借助知识本体技术构建云计算领域概念语义网络，实现了知识的可视化，优化了知识组织与知识再现方式。对术语知识的细粒度、结构化描写可以实现个体知识与群体知识的同步增长，有效提高译者的专业知识水平，促进语言服务业与技术传播行业服务升级，助力知识经济时代国家知识服务体系建设。

本研究得到了国家社会科学基金重大项目“双语术语知识库建设与应用研究”（项目号：15ZDB102）的支持，以及相关领域学者及技术传播行业专家的大力协助。在此，谨向有关部门和专家致谢！

2021 年 8 月 20 日，“国际语言服务”成为教育部公布的外国语言文学一级学科下由高校自主设置的外语类二级学科，为技术写作（技术传播）这一被长期忽视的语言服务环节带来前所未有的发展机遇。整体而言，技术传播研究在国内尚处于起步阶段，面向技术传播领域文档翻译的知识服务平台建设尚未引起足够重视，在建设流程和技术方面有诸多不成熟之处。本书仅反映了推动其走向成熟的殷切希望和热切力量。其中难免出现疏漏乃至谬误，恳请学界专家批评指正。

目录

第1章 绪论

本章依托语言服务业发展现状，阐明可视化知识服务平台在技术文档翻译中应用的背景与意义，点明研究问题与研究目的，说明本研究的理论依据和现实依据。

1.1 研究的背景与意义

伴随经济全球化的发展与本地化行业的兴起，技术文档翻译在信息技术传播过程中发挥着越来越重要的作用，成为企业走向国际市场的重点语言服务需求之一。技术文档往往包含大量专业术语，需要译员具备特定领域知识。探索面向技术文档翻译的可视化知识服务平台，既是翻译实践所需，也是翻译研究领域的前沿课题。

1.1.1 研究背景

当下，经济全球化带来市场的全球划分，大量海外企业进军中国市场，与此同时，国内企业也纷纷开拓国际市场。企业要实现真正的全球化，必须以目标市场的本地化为依托，从产品、文档、服务、营销、售后等一系列流程上关注本地市场的需求。然而，我国许多中小型企业甚至大型企业没有专门从事技术文档编制工作的部门和人员，导致文档格式不规范、内容不全面、描述不准确甚至晦涩难懂，制约了产品出口。印尼高铁因项目文件质量“开工即受挫”，为中国企业敲响了警钟（朱方雨，2016）。因此，邢厚媛（2014），韩涛、高志军、刘璐等（2016）呼吁发展技术传播与本地化翻译，助力中国品牌走出去，实现企业全球化战略。

本地化（localization）是指软件或网络产品的翻译和调整的过程，具体对象包括软件本身的应用以及所有相关的产品文档（Esselink，2000）。产品文档是指与产品相关的说明书、用户指南、维修手册等，统称为技术文档，可以帮助用户获得产品信息、掌握产品技术、完成目标任务。技术文档翻译属于科技翻译的范畴，是语言服务业的重要服务领域。尽管文档翻译需求越来越大，但并未得到足够的重视，各种文档翻译问题层出不穷，影响了产品本地化进程。

技术文档的写作与翻译都是一种知识的理解和表达过程，即技术的传播过程，在这个过程中，技术知识从产品的生产者流向产品的使用者。需要特别注意的是，技术知识一般专业性较强，传播者需调整知识表达方式，考虑目标用户的知识水平和理解能力，使用用户易于理解的语言。而转换的前提是充分了解产品，掌握该系列产品甚至该领域的相关知识，先有一个深入的过程，才能浅出。这对于从业人员来说是个很大的挑战，需具备领域知识与语言双重能力。

笔者在科多思（北京）咨询有限公司①实习过程中曾就从业人员职业素质咨询过相关人员，其中一位美国资深技术文档终审认为兼具这两种能力的人才在行业内如凤毛麟角，即使在技术传播比较成熟的欧美、日韩等地区也不例外。而国内的技术传播才刚刚起步，从业者接受的专业训练比较有限，且大部分是从其他职位转岗而来的，以理工科和外语类背景的人员居多。笔者调研发现，技术文档写作与翻译人员（尤其是语言背景的从业者）面临的最大挑战是领域知识的学习，即使入行十年以上的人员遇到一个从未接触过的产品时也需要重新学习产品知识。学习方式通常有检索互联网（如百度百科、维基百科），请教研发人员、同行等，基本通过自学或师徒相授来获取所需知识。虽然互联网比较发达，但内容同质化比较严重，且提供的知识针对性不强，不一定符合特定的写作任务需求。研发人员通常时间比较紧迫，没有足够的精力回答写作人员的所有疑问。自学虽然可以在一定程度上补充产品知识，但一般比较费时费力，且写作人员多各自为政，难以促进知识的交

① 科多思（北京）咨询有限公司为全外资公司，总部设在瑞典哥德堡，在瑞典、匈牙利、乌克兰、美国和中国设有分公司。公司专门从事技术写作、技术文档开发和培训等服务，拥有自行研发的技术文档管理平台，客户包括爱立信、索尼、沃尔沃等知名公司。公司理念为：真正使技术变得可用。

流与共享。此外，技术写作人员流动性较强，一旦员工离开，知识就难以保留下来，造成资源浪费和损失，也削弱了企业的竞争力。

技术文档翻译人员面临的挑战更大，不仅需要学习产品知识，还需要熟悉目的语表达方式、写作规范、法律法规等，许多译者感到力不从心，从而产生诸多翻译质量问题。其中比较迫切的问题之一便是专业术语较多、术语使用不一致，欧化句、复杂句较多，内容表达模糊，用户阅读和使用体验不佳，从而使技术文档的传播效果大打折扣。

上述问题产生的一个重要原因是缺乏领域知识，专业参考资料有限。技术文档知识集中在术语上，要保持文档术语一致、意思表达简明正确，从业者不仅需要掌握一定的语言技巧，还需要获取相应的专业领域知识，具备一定的信息结构化能力。可视化知识服务平台的出现可以同时满足这两方面的需求，它是对术语库的进一步拓展，整合了术语学与知识工程学的研究成果。术语库包含针对特定用户群体需要而收录的专业领域术语信息。传统术语库实则是大型的专业词汇表，虽然可以提供与术语相关的信息，如术语名称、构成、文体标记等，但对于术语所代表的概念及其所对应的客观现实描述不足。可视化知识服务平台则可以很好地弥补这些缺陷，它不但能提供术语的语言信息，如定义、同义词、语境例子、英语对等翻译，还能将术语所对应的概念及概念之间的关系清晰地表示出来，帮助译员更加全面系统地学习专业领域知识，也可以作为技术写作人员和内容管理人员的有力辅助工具。

1.1.2 研究意义

如何使可视化知识服务平台更好地服务于技术文档翻译实践？其在语言服务业中的应用前景有哪些？如何进行持续更新与维护？诸如此类的问题还需要从技术文档本身出发，结合具体的专业领域加以探讨。这对于相关理论研究和技术文档翻译实践都是一次必要且有益的尝试。本研究的意义主要表现在两个方面：

第一，跨学科研究促进技术文档翻译研究的理论化，从而为应用文体翻译研究乃至整体的翻译研究带来新思路。

技术文档翻译既是语言服务业的重要内容，又是技术传播的主要领域，因而本研究始终将技术文档翻译置于语言服务业与技术传播背景下加以探讨。除从传统翻译学角度进行审视外，还结合技术传播领域相关理论，比如借鉴可用性工程理论（Nielsen，1993）分析技术文档译文的可用性，而非仅仅从语言文字层面进行考量。技术文档是专业知识的载体，术语较多且难以理解，知识本体概念的引入有助于突破专业知识匮乏的困境，解放译员，从根本上提升译文质量。除技术文档之外，其他文本类型的翻译，包括学术类、文学类翻译，其实都需要译员掌握一定的专业术语知识，因而都可以从知识本体中获益。也正是从这个意义上说，本研究所采取的多学科研究视角可以为整体翻译研究带来新的切入点。

第二，可视化知识服务平台促进语言服务业与技术传播行业服务升级。

经济全球化促使语言服务需求日益增长，高质量的语言服务有赖于高素质的译员与高性能的语言服务技术，技术传播更是如此。技术传播具有很强的专业性，需要译员同时具备语言能力和专业领域知识。然而，无论语言服务还是技术传播都遇到了同样的发展瓶颈，即兼具双语与专业知识的人才严重短缺，懂专业、懂技术的人员语言基础薄弱，而语言功底强的译员却缺乏专业知识。大数据时代信息泛滥，译员却苦于求知无门，国内市场上尚未推出面向特定领域技术文档翻译的术语产品，文档质量受损，技术传播效果不佳，语言服务业整体上也难有较大突破。可视化知识服务平台是依靠领域知识本体技术建成的系统化、专业化数字资源，可以清晰地呈现领域知识框架，构建概念语义网络，帮助从业者快速高效地把握所需领域专业知识，为语言服务和技术传播的各个关键环节、各类相关人员提供高效支持。知识本体对术语数据进行细粒度、规范化、形式化描写，可以在更小的知识部件单位上对知识进行管理，有助于知识的自由流动与共享，较好地满足了知识经济时代国家知识服务体系的建设与发展需求。

1.2 研究的问题与目的

本研究紧密结合当前全球技术传播及语言服务业发展现状，深入技术文档写作与翻译实践之中，了解技术文档从业者的具体工作情况与需求，关注技术文档的翻译质量，思考其背后的种种影响因素并努力寻求解决方案，由此产生了本研究的研究问题，明确了研究目的。

1.2.1 研究问题

技术文档翻译是技术传播的重要分支领域，也是语言服务业的主要业务之一。作为产品的重要组成部分，技术文档通常包含特定领域专业术语，这些术语以及术语所指称的概念是理解的难点，也是翻译中需要重点处理的部分，尤其是在大型翻译项目中，保持术语的统一是重中之重。因此，各语言服务提供商在术语管理方面投入了大量的人力与物力，比如，聘请专门的术语专家、购买专业的术语管理软件、建立术语库等。尽管这些术语管理工具可以对术语进行自动识别、提取、存储等，有效确保术语的一致性，但技术文档翻译质量整体上并没有较大突破，究其原因乃是忽略了“人”这一主体要素。因为文档翻译质量不仅仅在于术语使用上的统一，更在于译员对术语的正确理解与专业知识的逻辑化表达。这几乎是所有译员面临的最棘手的问题。要解决这一问题，提高译员术语及专业知识储备，仅仅靠学校教育还不够，因为在实际翻译活动中，译员通常会承担不同领域的翻译任务，需要不断学习新的专业知识，这就需要一个系统的专业领域术语知识学习平台。这个平台应能够模拟人类认知思维过程，建立术语概念间的相互联系。以知识本体为核心的可视化知识服务平台可以很好地满足这一需求。

那么，为什么要构建面向技术文档翻译的可视化知识服务平台？如何构建？如何管理？这是本研究需要回答的总的研究问题。

上文提到，技术文档翻译属于技术传播的范畴。实际上，技术传播涵盖的内容非常广泛，包括信息架构、技术编辑、技术插图、技术培训、技术翻译、技术写作、可用性测试、用户体验设计、用户界面设计等。技术传播可以发生在单语环境中（即技术写作），也可以在双语或多语环境下进行（即技术翻译）。随着经济全球化的不断深入与科学技术的迅猛发展，技术写作与技术翻译趋于融合，因此，本书在研究技术文档翻译的同时，也会给技术写作留出一定空间。

由此衍生出来的子问题可归纳为以下三个方面：①为何构建技术文档翻译可视化知识服务平台？具体而言，技术文档翻译在语言服务业中占据什么位置？技术文档有哪些特征与类型？人们对技术文档翻译存在哪些认识误区？技术文档的写作与翻译有哪些特点与难点，如何解决？理清研究的背景与动机，可以为构建可视化知识服务平台做好理念上的铺垫。②如何构建服务技术文档翻译的可视化知识服务平台？具体而言，该平台为谁构建？哪个领域的需求最为迫切？需遵循哪些构建原则？构建流程有哪些？选用什么构建工具？如何对其进行评价？该平台在技术文档翻译中的应用前景如何？这是本研究的核心部分，从语言服务业技术文档翻译实际出发，详细描述可视化知识服务平台的构建过程。③如何管理可视化知识服务平台？具体而言，为什么要对术语知识进行管理？谁来管理？何时开始管理？管理哪些知识？如何促进知识共享？对这些问题的回答将把可视化知识服务平台提升到企业商业战略的层面，纳入企业知识管理系统，这对于提升企业竞争力、促进技术传播行业的规范性和专业性都将具有实践价值和指引意义。

1.2.2 研究目的

技术文档是产品的必备组成部分，连接着产品与用户，把产品包含的技术知识转化为用户可理解可使用的知识，保证技术为用户所用。因此，技术文档不以技术为中心，而以人为中心（Dombrowski，1994；Coe，1996），需充分考虑用户在性别、年龄、认知、经验、地域、民族、文化等方面的差异。产品技术知识集中地体现在文档的专业术语上，如果术语信息不准确、不一致、不够简明，就会给用户造成理解负担。因此，从业者务必谨慎对待，进行再加工，保证文档的可读性。对此，ISO/IEC Guide 37 及其对应的中文版《消费品使用说明　第 1 部分：总则》（GB 5296. 1—2012）进行了详细的规定："使用说明的术语应尽可能简短，易于新手理解，不可避免的技术术语应有定义或解释，使用一致的术语及单位，并符合国家相关规定。……在任何情况下都要避免使用有歧义的措辞、双重否定、简写与缩略语（除非进行定义）、冗长句。"然而，由于产品涉及的领域非常广泛，即使同一领域内的从业者也难以掌握所有的专业知识，难以处理各类术语。尤其是国内技术文档写作与翻译在近年来才开始逐渐受到关注，优秀的写作人员和译员凤毛麟角，文档整体上无论写作还是翻译都不尽如人意。用户时常抱怨专业术语太多、读不懂、查不到相关信息等，这些因素大大降低了文档的使用价值，影响用户使用效果，同时也增加了企业客服支持的负担。解决这一问题的关键在于提升技术文档从业者的领域知识储备与语言水平，可视化知识服务平台的应用目的即在于此。具体来讲，包含四个子目标：①在语言服务业背景下，给予技术文档应有的重视，厘清关于技术文档翻译的常见认识误区，肯定从业者的工作价值与社会地位。②结合技术文档的特点，以 ICT 领域云计算术语为例，构建面向技术文档翻译的可视化知识服务平台，并根据文档翻译实际，探索多模块、多层次的知识服务平台构建方式，更好地满足不同的翻译需求。③考察常见技术写作工具与翻译工具的术语处理功能，探索可视化知识服务平台与这些工具的结合途径，为技术传播人员及翻译人员提供更强大的技术支持，促进语言服务业发展与创收。④可视化知识服务平台是一个开放的、动态的系统，需要多方人员共同维护，从企业发展战略的角度探索切实可行的激励措施与管理方案，鼓励各相关人员贡献自己的知识经验，促进可视化知识服务平台不断更新完善，提高企业核心竞争力。

1.3 研究的理论依据

本研究以面向技术文档翻译的可视化知识服务平台为研究对象，从多个学科领域中汲取理论营养，主要有术语学理论、知识管理理论、文本类型理论与技术传播理论。各学科理论要点及其对本研究的支撑作用简述如下。

1.3.1 术语学理论

“术语学”的对应英文是“terminology”，起源于17世纪的命名学（nomenclature）。命名学主要对某个学科，如生物学、化学、医学等领域的特有概念进行分类和命名。19世纪初，“terminology”一词开始与“nomenclature”并用，并逐渐取代后者。研究重点由“name”转变为“term”，除对领域概念进行命名外，还对概念进行系统定义，呈现概念之间的知识体系。

现代术语学发端于20世纪30年代，以奥利地术语学家欧根·维斯特（Eugen Wüster）探讨工程技术中术语工作的基本原则与方法和苏联术语学家洛特（Lotte）发表一系列术语学专著为标志。经过几十年的发展，20世纪80年代，术语学成为一门独立的综合学科，由最初作为应用语言学的一个分支学科，逐渐与逻辑学（logics）、本体论（ontology）、计算语言学（computational linguistics）交叉融合，几乎渗透到人类各类知识的每个角落，成为各领域学者和专家都有必要关心的问题（冯志伟，2011）。

发展至今，“terminology”获得了三层含义：某一领域的全部术语、术语学方法、术语学。第三层含义即是今天的“术语学研究”，包括对术语的理论研究与实践研究。可视化知识服务平台的应用属于术语的实践研究层面，但对知识服务平台中术语概念的分析及概念关系的设定又属于其理论层面，可见，本知识服务平台研究涉及术语研究的理论与实践双重层面。

术语学的研究内容非常广泛，涵盖术语的特性、概念与概念系统、术语的定义、术语标准化、术语编纂、术语翻译、新词研究、术语库建设、术语与语言规划、历史术语学等（王少爽，2012）。现就与本研究相关的内容稍作介绍。

术语的特性：专业性是术语最重要、最根本的特征之一，即术语是用来表达或限定专业概念的；单义性是术语的首要条件，即要求概念与名称相互对应，避免歧义。此外，还要求术语准确、科学、简明、系统、稳定、能产、有理据、与国际接轨等（冯志伟，2011）。把握术语的特征有利于识别、搜集和整理术语。

概念与概念系统：研究概念的内涵、外延、逻辑关系、概念关系等。其中，“概念之间的逻辑关系基于概念之间的相似性；概念之间的本体论关系则基于事物之间的邻近性”（王少爽，2012）。

术语的定义：定义应该具有自明性，能为术语提供一个准确适度的说明，可以辅之以必要的图片、实例及公式等。

术语标准化：术语标准化旨在消除术语与概念之间的不对等情况，促进术语统一，确保知识交流与传播。这一工作通常由专门机构负责，国内外在术语标准工作方面已取得了不小的进展，例如 ISO/TC 37 术语工作委员会及中国标准化委员会颁布的相关术语标准，为本研究提供了指导。

术语库建设：术语库的出现得益于计算机工业的发展，有效克服了传统人工术语管理方式费时费力、难以统一、难以复用等不足，有力地提高了翻译工作的效率与质量。

术语管理：术语库是术语管理的一部分，除此之外，术语管理还涉及术语需求分析，以及术语的导入、提取、存储、维护、检索和展示等工作。

可见，术语学理论贯穿本研究的始终：术语的识别、提取、定义，术语结构标准、概念体系的构建，可视化知识服务平台的构建与术语管理等各个环节都离不开术语学的指导。

随着信息经济向知识经济的转型及自然语言处理技术的发展，近年来，术语学研究出现了知识本体转向，在术语管理中，从知识工程体系描述术语知识体系逐渐代替了传统的术语描述方法，从这个角度来说，术语学实则是一门认识知识组织体系与传播知识工程体系的符号科学（梁爱林，2005）。

冯志伟（2011）在《现代术语学引论》（增订本）中欣喜地指出术语学与知识工程的结合是一个令人瞩目的趋势：“在增订本中，我们把传统术语学中基于概念的术语观（concept-based viewpoint）推进到基于知识本体的术语观（ontology-based viewpoint），用知识本体的理论和方法来研究术语，扩大了术语学的研究范围。”

正是基于这一转向，本研究探索基于知识本体的术语研究，从知识的组织方式层面克服传统术语库的不足，力求呈现领域术语概念知识网络，为技术文档从业者提供更好的专业知识学习平台，为企业提供更好的术语知识管理方法，提升译员领域知识素养，提升文档翻译质量，助力语言服务业发展。

1.3.2　知识管理理论

可视化知识服务平台的构建与应用是一种术语知识管理方式，知识管理理论为本研究提供了一个更加宏观的视角，有助于我们将可视化知识服务平台放在整个知识管理流程中加以审视，更好地把握可视化知识服务平台的组织架构、技术支持、管理主体及管理目的等。为了更好地管理知识，首先需要了解：什么是知识，由什么要素组成？什么是知识管理，需要哪些步骤或方法？

知识是人类在社会实践中积累起来的经验，存在于人脑之中，因而具有内隐性；知识也是对周围事物进行观察、发现或者了解的信息，因而又具有外显性。在计算机科学中，知识是对信息进行综合处理的结果。这说明知识既与信息紧密联系，又区别于信息，单纯的信息还不能称为知识，只有通过人脑对信息进行判断、理解、感悟后内化的那部分信息才能叫作知识，才有价值，而那些未经过认知处理、未被人理解和使用的信息还不能被称为知识。

知识可以按照不同的标准来划分，知识的分类是知识管理的重要元素，在知识管理领域，人们倾向于第一种划分方法，即将知识分为显性知识（explicit knowledge）和隐性知识（tacit knowledge）[①]。显性知识是指可以用某种符号系统来表达的知识，比如文档、报告、图表、音像等。隐性知识是指存在于人头脑中的非结构化知识，难以用符号系统进行编码的知识，例如个人的经验、想法、判断、价值观、技术、习惯，还有企业的文化、氛围等（蒋永福、李景正，2001）。

需要指出的是，这两类知识并不是静态的，而是变动不居的，处于相互转化过程中。日本学者野中郁次郎和竹内弘高对此进行了比较深入的分析，提出了著名的知识螺旋模式（野中郁次郎、竹内弘高，2006），如图 1.1 所示。

---

① 这一对概念是由日本知识管理专家野中郁次郎（Ikujiro Nonaka）在《知识创造的企业》一书中提出的。

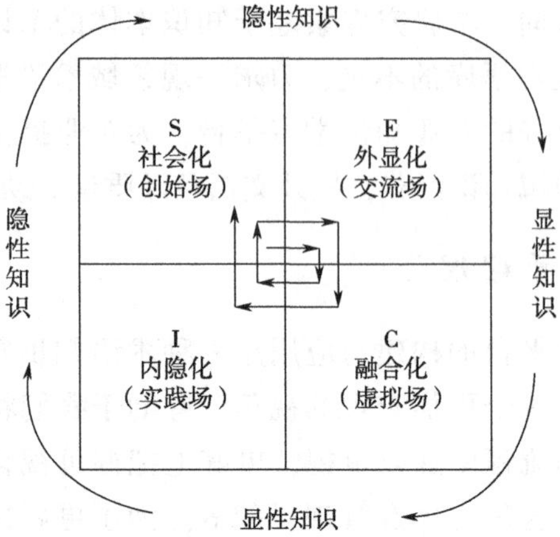

图 1.1　知识转化的 SECI 螺旋模型

“S”代表“socialization”，译为“群化、社会化”，指的是隐性知识转化为隐性知识，通过个体经验的分享产生新的隐性知识，比如外出参加培训的人员回来后以座谈会的形式与大家分享学习心得。这个过程面临的主要问题是：通过什么方式进行分享，分享者是否愿意共享自己的经验等。“E”代表“externalization”，译为“外显化”，即隐性知识转化为显性知识，如上例中外出培训人员将学习心得写成书面报告的形式与大家共享。这个过程面临的主要问题是：如何捕捉隐性知识，怎样促进隐性知识共享。“C”代表“combination”，译为“融合化”，显性知识转化为新的显性知识，比如整理已有知识，形成更复杂更庞大的新知识。这个过程中面临的主要问题是：信息源隐蔽难以发现，不同媒介中的知识难以整合。“I”代表“internalization”，译为“内隐化”，即显性知识转化为隐性知识，比如通过阅读、网络检索等提升知识水平。这个过程中面临的主要问题是：信息量过小或过大，信息无序化、缺乏针对性、缺乏专业指导等。

可视化知识服务平台的建设与应用也会经历这样四个过程，每个过程也会在不同程度上面临上述问题，而本研究的任务即在于寻找最佳问题求解方案，缩短知识转化的过程，提高用户获取知识的效率和质量。

1990 年，知识管理“奠基之父”之一——卡尔-爱立克·斯威比（Karl-Erik Sveiby）正式提出了“知识管理”的概念，其专著《知识管理》是世界上第一本以“知识管理”命名的书籍。但由于知识管理涉及的内容非常广泛，至今尚没有统一的定义，从不同的角度看，知识管理就有了不同的内涵。斯威比从认识论角度出发认为："知识管理是利用组织的无形资产创造价值的艺术。"[①] 梁爱林（2005）从知识共享的角度提出："知识管理就是在员工或者各个部门中分享知识、知晓信息的过程，并且利用信息技术系统（如数据库、术语库、网络等）组织起知识体系来实践知识的价值。"知识管理的工作主要包括：建立知识服务平台、促进员工的知识交流、建立尊重知识的内部环境、把知识作为资产来管理。

在现代企业中，越来越多的工作需要团队协作完成，组织内部的沟通越来越重要。通过彼此沟通探讨，发现各自更深层次的隐性知识，通过群策群力，促进知识创新，个体与集体同时增长了知识量，变得更具竞争力。知识共享前途光明，但道路坎坷，需要一系列保障措施促进知识（尤其是隐性知识）的转化，比如管理层的重视与支持、公开透明的共享文化、切实可行的奖励机制等。知识并不是知识管理的最终目标，而是一种手段，其目的在于让知识更好地服务于人。人是知识的创建者、分享者和使用者，因而知识管理的核心是"人"，这是知识型社会的一个典型特征。

知识管理理论为可视化知识服务平台的建设与维护提供诸多借鉴：

第一，知识管理将知识提升到企业战略发展的地位，使企业管理层认识到可视化知识服务平台的重要作用，从而加大对可视化知识服务平台的支持力度。唯有领导层的支持才能保证可视化知识服务平台不断更新、持续发展。

第二，知识管理对知识的分类为本研究确定知识源、维护可视化知识服务平台提供了方向指引。可视化知识服务平台不仅包含双语术语知识、双语文档、文档写作风格指南、翻译风格指南等显性知识，还包含误译、常见翻译问题解答等隐性知识。

第三，知识管理提出的知识积累与分享激励措施为维护可视化知识服务平台的良性运转提供了思路。本研究在知识管理阶段设立了用户交流平台，提出了促进知识共享的激励机制与多角色协同管理，整合企业各部门优势资源、企业内外人力资源，鼓励各相关人员（翻译人员、研发人员、领域知识专家、文档写作人员、维修人员，甚至客户等）共建可视化知识服务平台，共享可视化知识服务平台成果。

第四，知识管理以人为本，本研究始终着眼于人，比如分析可视化知识服务平台的用户类别与用户需求、注重技术文档的翻译效果和用户体验、凸

---

① http://www.sveiby.com.au/knowledge management.html.

显人在整个知识管理过程中的主导地位等。所谓“本立而道生”，抓住“人”这一根本，才能明确研究方向与内容，保证研究过程与结果。

1.3.3 文本类型理论

文本类型是确定文本总体意图或功能的决定性因素（Sager，1997）。划分文本类型有助于正确把握各类文本的交际目的；相反，对文本类型判断失误就难以认清其功能，导致对译文的错误定位和翻译策略的不当使用，影响最终的交际效果。

最早探讨文本类型与翻译关系的翻译研究学者是凯瑟琳娜·赖斯（Katharina Reiss，1971，转引自 Gentzler，1993）。赖斯基于卡尔·布勒（Karl Bühler）划分的三大语言功能①，划分出三种文本类型：信息型（informative）、表情型（expressive）、操作型（operative），之后又提出第四种文本类型——视听媒体型（audio-medial）②。第四类不属于语言功能，而是语言使用的形式，与前三种并非同一性质，但却是当下技术文档形式的发展趋势，因此不能忽略视觉因素在文档中的作用及其对翻译的影响。

之后，克里斯汀·诺德（Christine Nord，2006）在赖斯的基础上进一步细分并区分了文本的内外因素。就文内因素而言，技术文档在词汇、句型、文本构成、超语言特征及非语言因素等方面具有显著特点；就文外因素而言，技术文档的目标读者非常明确，需对读者的年龄、性别、职业、经验等进行详细分析。在文档传播媒介方面，如上所述，多媒体文档渐成主流，也需要在翻译时给予重视。

彼得·纽马克（Peter Newmark，1998）则区分了语言的主要功能与次要功能：主要功能包括表达型（expressive）、信息型（informative）及呼吁型（vocative），次要功能包括寒暄型（phatic）、语释型（metalingual）及美学型（aesthetic）。纽马克认为说明书之类的技术文档属于呼吁型。伍锋、何庆机（2008）同意这种划分方法，将实用手册和操作指南归入呼吁型文本，并认为

---

① 布勒提出的三大语言功能分别是：再现（representation）、表达（expression）和呼吁（appeal）。赖斯据此提出语言的三个维度（dimensions of language）：逻辑的（logic）、审美的（aesthetic）和对话的（dialogic），三种文本类型与此相对应。

② 赖斯提出视听媒体型文本后，在德国翻译界引起热议，后采纳他人建议，将“audio-medial”改为“multi-medial”，不过玛丽·斯内尔-霍恩比（Mary Snell-Hornby）认为“audio-medial”更合适，并为之“正名”（Snell-Hornby，2012）。

该类文本还具有次功能，即非强制型的指示功能（directive with option）。本研究认为不宜将技术文档全部归入呼吁型，因为技术文档包含不同的种类，其中有关产品介绍的文档以信息功能为主，呼吁功能次之；而用户指南、实用操作之类的文档以呼吁功能为主，信息功能次之。在具体翻译过程中，还需要区别对待，取其主要功能，配以适当译法。

方梦之（1999）进一步将科技文体分为三大类：科学论文、科普文章和技术文本。此处给出的技术文本英文是“technical prose/document”，认为其包罗万象，包括可行性报告、产品说明书、用户指南、操作手册等，并进一步划分了“expert-to-expert”（供专家使用的文档）和“expert-to-lay person”（供普通用户使用的文档）。这是国内较早对技术文档进行深入分析并明确赋予其独立文本类型名称的研究。可惜在后人的研究中，没有沿用“技术文本”这一称谓。之后，方梦之（2013）借用韩礼德的功能语言理论，从语体、正式程度、语场、语旨和语式等方面详细说明了各类科技文体的特征，从语体上将其划分为专用科技语体和普通科技语体。其中，操作手册、说明书等技术文档属于后者，且还可细分为两类：生产领域的文档，即用于生产部门内部员工之间的文档，例如维修手册；消费领域的文档，即用于生产部门与广大消费者之间的文档，例如产品说明书。两类文档在正式程度、语言形式、术语使用等方面存在差异，本书的研究对象主要为消费领域的文档。明确技术文档在科技语体中所处的位置，把握其使用领域、交际目的、主要功能及语言特点等，在翻译时才能从宏观上正确定位，更好地对该类文档进行分析与翻译。

1.3.4 技术传播理论

人类社会发展离不开技术的传播，从钻木取火到四大发明再到今天的信息技术，都是通过传播实现了技术知识共享。根据美国技术传播学会（Society of Technical Communication，STC）的定义，任何针对技术或专业领域，使用技术进行传播或提供任务指导的传播形式，都可以是技术传播。就其学科属性而言，有学者将技术传播作为传播学的一个特殊分支（嵇峰，2013），其特殊性在于它既不属于纯粹的理科，也不属于纯粹的文科，而是建立在技术与人文之间的一座桥梁（Kynell，1999）。技术传播在发展过程中不断从其他多个学科汲取理论滋养，成为一门交叉学科，拥有了坚实的理论基础与众多的学派，代表性的学派有修辞学派、受众分析学派及工具学派。

修辞学派与修辞学理论：技术传播最初主要关注如何通过语言文字来描述技术、产品等信息，因而是以修辞学为基础的。西方修辞学理论发轫于亚里士多德的修辞学，指的是“说服的艺术”。亚里士多德提出了演讲的三要素——演讲者、听众与内容，分别对应修辞三要素——信誉、情感和逻辑。信誉是针对传播者而言的，要取得预期的传播效果，传播者就要努力在受众中建立良好的形象，提高自身的权威性与可信度等。情感是针对受众而言的，传播者要了解受众的情感类型及其产生的条件，了解不同受众群体的心理特征及情感需求，从而采用恰当的手段以达到说服的目的。逻辑是针对传播技巧而言的，通过传播者的理性思维发挥作用，现代传播技巧尤为丰富，诉诸内容、结构、形式、符号等多种手段以提高传播效果。

受众分析学派与受众分析理论：托马斯·皮尔索（Thomas Pearsall）在1969年出版的《技术写作受众分析》（*Audience Analysis for Technical Writing*）一书将受众分析理论引介到技术传播学之中。由于受众分析需要牵涉人类学、社会学及认知心理学等传播学的渊源学科，因此，受众分析的引入也带动这些学科进入技术传播研究视野。受众是传播学的核心概念，在由媒介、内容、受众、社会环境等复杂关系构成的传播过程中，受众是一切关系的节点。在传播学研究中，受众的地位不断提升，逐渐由被动发展到主动。在信息爆炸的时代，信息只有被受众接受了才能真正发挥功效，因而，受众成了传播活动的中心。

工具学派与可用性工程理论：随着计算机技术的发展，技术传播的方式不再局限于传统的印刷媒体，而开始使用新的技术工具辅助信息传播，更加注重人与信息之间的交互。因此，人体工程、可用性工程等理论被引介到技术传播领域，出现了工具学派。

可用性工程（usability engineering）是一门建立于人类学、认知心理学等学科基础之上的新兴学科，强调以用户为中心进行产品开发，通过多种方法提高产品的可用性，贯穿于产品开发的整个生命周期。根据ISO 9241-11国际标准，“可用性”是指产品在特定使用环境下为特定用户用于特定用途时所具有的有效性、效率和满意度。有效性、效率和满意度构成了可用性的三个维度，分别表示用户能否正确完成任务、完成任务所用时间及在这个过程中的主观感受，如表1.1所示。

表 1.1 可用性的三个维度

维度	对应英文	定义
有效性	effectiveness	用户完成特定任务和达到特定目标时所具有的正确和完整程度
效率	efficiency	用户完成任务的正确和完整程度与所使用资源（如时间）之间的比率
满意度	satisfaction	用户在使用产品过程中所感受到的主观满意和接受程度

技术传播领域相关理论尤其是受众分析和可用性工程理论，可以为技术文档翻译研究及可视化知识服务平台应用研究带来新的理论启发。

受众分析理论对研究的支持：技术文档与其他文本类型最大的不同在于它附属于产品，是连接产品与用户的桥梁。技术文档设计、写作及翻译都必须建立在用户分析的基础之上，具体可从三个方面着手：①分析读者结构，如读者的性别、年龄、职业、使用经验等。②分析读者需求，即读者使用技术文档是为了了解产品、使用产品还是维修产品，使用的场景是什么（地下采矿、海上作业等）。③分析读者心理，即读者对译作的反应或评价。

对用户分析得越详细，文档的针对性就越强，可用性就越高。用户维度的考量至少有三个方面的意义：①解放技术写作者或译者，写作人员不再唯研发是从，译者不再唯原文是从，二者拥有了更多的创造空间，有助于彰显其价值，提升其社会地位；②为文档原文及译文质量评价提供了一个应有的考量点，除考虑遵循写作或翻译规范、忠实原文外，还要考虑优化用户体验；③将用户纳入技术文档传播过程，用户不是传播的终点，而是传播的又一个起点，用户反馈可以帮助企业认识到文档的优点与不足，不断加以改进，传播过程如此往复，达于至善。

受众分析和可用性工程理论不仅应用在技术文档的创作及翻译之中，对可视化知识服务平台的构建也具有指导意义。可视化知识服务平台要紧紧围绕其服务的对象进行设计与完善，需要考虑的问题有：哪些人会使用？什么时候使用？最需要哪方面的知识？哪些人具有这些知识？怎样鼓励相关人员贡献自己的知识？只有首先搞清楚这些问题，才能做到有的放矢，最大限度发挥可视化知识服务平台的功用。

1.4 研究的现实依据

本研究的现实依据主要来自两次问卷调查获得的实证支持，调查分别针对技术文档从业者与文档的终端用户。前者旨在通过从业人员了解国内技术写作发展情况，明确文档写作者与译者的需求（李双燕、崔启亮，2018）。后者旨在通过用户了解文档翻译质量及使用效果，根据可用性工程理论与传播效果理论，构建了技术文档翻译效果量化评价体系，并挖掘影响效果的因素（李双燕，2017）。两次调查将文档传播者与受众一起纳入研究范围，从传播的起点到终点，构成了一个完整的循环，有助于全面把握技术文档翻译状况，更加客观地分析可视化知识服务平台建设与应用的必要性。

1.4.1 针对国内技术写作从业者的调查

近年来，技术写作在我国逐渐兴起，处于萌芽期。发展情况如何，从业者有哪些需求，目前无论学术界还是研究界，其相关研究尚不多见，无从参考，因而，通过实际调查获取具体信息就显得尤为必要。针对技术文档从业者的调查获得了来自国内10余个地区技术写作从业者（包括写作人员与翻译人员）的90余份反馈，内容涉及行业概况、从业者概况、常用写作工具、文档写作与管理、面临的问题及建议等五个方面，这是国内技术写作发展现状的一手数据，明确了从业者的切实需求，有助于对症下药，更好地发挥可视化知识服务平台的作用。

调查结果显示：技术文档与科技、经济及市场发展成熟度关系密切，主要分布于北京、上海、深圳等经济发达地区，通信业、制造业、医疗业等行业是文档需求的主体，其中通信业位居首位，占51.09%，这是因为信息通信技术发展较快，与人们生产生活息息相关，许多高精尖或大型产品操作复杂，产品手册便成为用户完成操作任务的必备助手。因此，通信业对技术写作的需求较大，重视程度也较高，如表1.2所示。

表1.2 技术写作在不同行业的重要程度

行业	非常重要	重要	一般	不重要	非常不重要	取决于产品
通信业	36.17%	44.68%	10.64%	0.00%	2.13%	6.38%
制造业	14.29%	50.00%	7.14%	14.29%	7.14%	7.14%
服务业	40.00%	20.00%	20.00%	0.00%	0.00%	20.00%
医疗业	14.29%	57.14%	14.29%	14.28%	0.00%	0.00%
其他	31.58%	42.11%	10.53%	5.25%	0.00%	10.53%

2016年，由中国标准化协会技术传播服务委员会（简称TCSC）与上海技术传播从业者联盟（简称TC沪联）联合发布的《2016年中国企业技术文档现状调查报告》[①] 再次印证了这一结果。该报告同样指出，在对技术文档的需求方面，“通信/IT还是占据了所有参与调查企业行业的大半壁江山，达到了57%”。

技术写作与通信业具有天然联系。虽然早在第二次世界大战期间，武器装备的大量生产就加快了技术写作的发展，但正是计算机的诞生才为其带来黄金发展期。由此可知，通信业是目前国内技术写作领域的主力军，其文档质量等在很大程度上可以反映国内技术写作发展水平。这也是本研究选择信息通信领域探讨可视化知识服务平台的原因所在。

一些大型企业设立专门的文档部门或文档中心，聘用全职人员负责文档项目立项、架构设计、内容创作、本地化翻译及排版发布等工作；但在一些小型企业，文档处于边缘地位，不被重视，疏于管理。从业者专业背景中，理工科占多数，具有一定语言功底的理工科学生受到企业青睐，而外语专业学生如果具备某个领域专业知识，则是企业求之不得的人才。多数从业者经常需要处理不同领域的文档，需要不断学习专业知识。因缺乏专门教育与职业培训，从业人员多通过自学来补充专业知识，效率低、费时长，容易产生职业焦虑，最终影响文档质量。

除加强相关专业教育或开展职业培训外，按照领域构建专业知识资源共享平台可以很好地缓解这一矛盾。在质量保障方式上，文档写作除需要经过语言审校、测试、同行审校等常用方式之外，还需要经过技术审校，由产品研发人员审校专业知识表述，这也是技术文档区别于其他应用文体的特征之一。国内技术写作处于摸索起步阶段，面临种种困难，其中，重视不够、人才短缺、教育培训及政策扶持不足较为突出，内外生存环境有待优化。为文档从业者提供专业领域知识平台，加快高水平专业人才培养速度，已是迫在眉睫。

由从业人员专业背景调查可知，理工科学生比英语专业学生更受欢迎，企业更加看重从业者的专业知识储备。不过文档工作者大多学习的是文科或英语专业。这其实很好理解，文档一般被认为没有多少技术含量，理工科毕业生更愿意从事技术要求更高的研发岗位，而且待遇也较高。因而就出现了

---

① 参见http://mp.weixin.qq.com/s/pZcK2HKvhZMNBPZI-Su_Cw。

高端文档工程师一将难求的局面。现阶段缺乏专业的技术传播教育与系统的专业培训，从业者求师无门，基本靠自学补充专业知识。在笔者的调研与实习过程中，专业知识的学习是重中之重，从业者大约 80%的时间都花在了学习产品上。怎样缩短这一学习过程，如何帮助从业者在有限的时间内较为全面地获得所需背景知识，这是困扰每位文档工程师和译者的难题，高校或企业若可以在这一方面采取措施，加以改进，必将有力提高从业者的职业胜任力。

技术文档翻译并不是译员单枪匹马的工作，而需要团队合作，这个团队不仅仅是翻译团队，还有写作团队、研发团队，甚至测试团队等。而从国内技术写作发展现状调查数据可知，企业内部相关部门之间缺乏有效的沟通，前后方信息不匹配。技术文档翻译所需要的各种产品分散在不同的部门，这些知识可能是结构化的，也可能是半结构化或非结构化的，可能存在于历史文档、产品数据库、邮件、网页等之中，甚至存在于从业人员的头脑之中，即工作经验。如果没有一个统一的知识共享平台，则不利于知识的传播与使用。

当下，内容已成为语言服务企业的生存之本。建立适合本企业的高质量的资源共享平台是提升文档质量、帮助文档工程师成长的有力工具，这也是本研究探索可视化知识服务平台应用之道的目的所在。

1.4.2 针对国内技术文档用户的调查

针对文档的终端用户，即产品消费者的调查，旨在了解技术文档翻译质量及使用效果。根据可用性工程理论与技术传播效果理论，从认知效果、情感效果和使用效果三个层面对调查结果进行统计分析，以发现更多翻译问题，尤其是译文暴露出来的术语问题。调查初步获得了国内 710 位用户的技术文档使用量化统计情况（如表 1.3 所示），分析了人口统计学变量与用户使用习惯、使用效果之间的相关关系，并通过主观题获得了 100 余位用户的反馈，以质化的使用体验印证了量化的结果，以挖掘影响效果的因素，为改进技术文档翻译质量提供参考。

表 1.3 技术文档翻译效果量化评价结果

序号	评估项	得分	效果层面	合计
1	认知度	0.68	认知效果	0.79
2	重要性	0.89		

续表

序号	评估项	得分	效果层面	合计
3	易理解性	0.44	情感效果	0.46
4	易查找性	0.55		
5	易用性	0.45		
6	愉悦性	0.40		
7	使用率	0.21	行为效果	0.37
8	忠诚度	0.53		
整体效果				0.52

调查结果显示，各层面效果为：认知效果（认知度、重要性）合计0.79，情感效果（易理解性、易查找性、易使用性、愉悦性）合计0.46，行为效果（使用率、忠诚度）合计0.37，整体效果合计0.52。可见，国内文档整体使用效果不佳，三个层面的效果呈递减排列，认知效果最高、情感效果次之、行为效果最低。如果以0.6为合格、0.8为优秀来衡量的话，那么文档在整体上还未达到合格标准，只有认知层面接近优秀，情感与行为层面均未合格。尤其是文档使用率在8个评估项中得分最低，仅为0.21。这说明文档的使用率很低。

本调查没有仅仅停留在得到这样一个数据上，而是继续深入寻找其背后的影响因素，确定问题的根源。在诸多影响文档理解的因素中，专业词汇或英语缩写词太多、表达不够地道最为突出。受试特别提到文档中的术语没解释清楚，太专业难以理解，文档写作者或译者自身缺乏相关知识和经验。这说明在文档的写作及翻译过程中，对术语一知半解，仅仅知道其在目的语中的对等表达，难以将概念解释清楚。

此外，本调查还对人口统计学因素与效果的各个变量进行了相关性分析，发现年龄与文档认知度、使用率、可用性评价、文档忠诚度四个方面存在显著的正相关关系，而与文档的易理解性评价存在一般的负相关关系，说明年龄越大，遇到的文档阅读障碍越多。人口统计学因素与文档使用习惯也存在相关关系，年龄、性别、专业、职业与文档认知度、问题解决方式、文档使用形式之间存在显著性或一般性相关关系，即不同年龄、不同性别、不同专业、不同职业的人对文档的了解程度、问题解决途径及青睐的文档形式不尽一致。这些启示我们在文档写作及翻译之前，一方面要充分了解产品专业知识，熟悉领域术语；另一方面要充分了解用户，分析用户特征和需求，行文过程中才能很好地把握术语、专业知识、措辞表达、语气口吻等。

技术文档的一个特殊性在于它与产品共生共存，没有了产品，文档就没有了存在的意义。对文档使用者来说，技术文档是产品与用户之间的桥梁，旨在帮助用户使用产品完成既定任务。技术文档翻译是产品赢得全球用户的关键，能否取得预期效果是评判译文质量的重要依据。“得用户者得天下”，技术文档翻译需要从用户出发，分析不同用户群体的具体需求，了解其在使用过程中出现的各种困惑及问题。

对文档写作者来说，撰写产品文档是一个“深入浅出”的过程。“深入”是针对产品的，写作者需掌握基本的专业领域知识，既要明确产品自身各部分、各功能间的关系，也要明确该产品与其他同一系列产品之间的差异，尤其要清楚产品专业术语的含义，从而形成一个立体的产品知识框架，透彻了解产品。这是写好文档的基础，从认知视角来说，这是一个理解的过程。“浅出”是针对用户的，写作者要始终站在用户的角度创作文档，以浅显易懂、用户喜闻乐见的方式将产品信息传播出去，这中间有一个权衡、选择甚至博弈的过程。此时写作者代表的是用户的利益，需要考虑用户在什么场景下使用文档，哪些内容是用户需要的，哪些是不需要的，哪些名词表述过于专业，需要使用通俗的语言等。从认知角度来说，这是一个表达的过程，也是一个再创造的过程。如果说理解是“技”，那么表达即是“艺”，技与艺需同修共进，不可偏颇。

对文档翻译者来说，这个理解与表达的过程更加复杂，需要有一个二度理解与表达的过程。以往的研究一般认为应用类文献属于信息类（informative）文本，创造的余地很小，译者一般只关注原文的字面意义，较少对译文进行必要的调整，忽视了异域文化背景中用户的认知及阅读习惯，因此出现了上述用户反映的诸多翻译问题，无论是国外的产品走进来还是我国的产品走出去，文档的翻译质量问题都不容小觑。技术文档译者需要摒弃“原文至上”的思维，树立“用户至上”的观念，明确译文不仅仅是原文的对等物，更是产品的一部分，是为了帮助用户使用产品、完成任务、解决问题的。为了达到最佳使用效果，对原文进行内容或形式上的变通是积极的创造性行为，而非“背叛”原文。

调查显示，在影响理解的诸多因素中，专业词汇或英语缩写词太多位居第一，专业词汇或术语不但较多，而且缺乏通俗易懂的解释，也缺乏对术语相关背景的介绍，技术性专业性太强，令人感到很突兀。出现这一问题的主要原因有：其一，从业人员缺乏足够的专业背景知识，对原文理解不到位，翻译时亦步亦趋，难以灵活处理技术性较强的内容或较为生僻的术语。其二，企业缺乏良好的专业知识学习平台，难以为写作人员或译员提供及时且充分的参考，知识处于零散的无组织状态。其三，文档写作或翻译中缺乏“以用户为中心”的思维与管理机制。这里的用户主要指产品的终端用户。同一款产品会同时配备不同用户类型的文档，面向维修人员的文档和面向用户的文档是不一样的，后者一般缺乏技术背景知识，因而应尽量避免使用太多术语，即使不得不使用专业术语时，也可以换一种表达方法，进行浅化处理等。如何浅化在很大程度上需要译者根据从业经验来把握，资深译者处理起来要更容易些。但不是每个人都有足够的经验，资深译者也无法做到处处从容有余，如果可以建立分享机制，鼓励每位文档工作者把实际工作中遇到的棘手问题及其解决办法落实成文字，这些知识将成为具有企业特色的宝贵的知识资产。企业受益，从业者受益，终端用户也会受益，形成良性循环。这些即是本可视化知识服务平台所要达到的重要目标。

1.5　本章小结

党的十八大以来，以习近平同志为核心的党中央在对外工作领域提出了一系列新理念新思想新战略，开启了中国特色大国外交新征程。《2016—2017年中国国家形象全球调查分析报告》显示，发达国家最为认可与中国的经贸合作，海外年轻群体对本国进口的中国产品有更积极的态度。高铁、支付宝、共享单车、网购等惊艳世界。近六成海外受众认可中国的科技创新能力，这一比例在发展中国家达到71%。高铁成为海外认知度最高的中国科技成就，其次是载人航天技术和超级计算机；海外受众获取中国信息的主要渠道是当地媒体和使用中国产品，当地新媒体渠道的比重与2015年相比下降8个百分点，而使用中国产品的比重则增加6个百分点。中国秉持共商共建共享的全球治理观，继续发挥负责任大国作用，积极参与全球治理体系改革和建设，不断贡献中国智慧和中国方案，中国的全球性大国形象越来越明显（当代中国与世界研究院课题组，2018）。

由此可见，中国产品在海外的传播是国家形象建设的重要组成部分，产品的品牌形象不仅取决于产品本身，还取决于与产品配套的技术文档。文档的写作与翻译质量影响着海外用户的使用体验，进而影响产品形象，乃至国家形象。因此，加快技术文档翻译实践与研究是新时代中国特色大国外交中的应有之义。以术语为切入点，建立垂直领域的语义概念网络，是探索融通中外的专业领域话语系统，赢得国际话语权的重要但却被长期忽视的有力途径。通过知识本体模拟人类认知思维模式，形成专业领域双语知识服务体系更是夯实中国国际形象的实践基础，是培养高层次、应用型语言服务人才的有力途径。

第2章 相关研究综述

技术文档翻译，简称“技术翻译”，其对应的英文是“technical translation”，属于技术写作（technical writing）的下游环节，翻译研究中常以“科技翻译”这一更大的范畴称之，尤其是在国内的相关研究中。有鉴于此，在文献搜集过程中，英文文献直接以“technical translation”作为检索关键词，中文文献则根据其探讨的内容来决定是否与技术文档翻译相关，不以是否使用“技术文档翻译”或“技术翻译”作为唯一的评判标准。需要强调的是，目前国内开始将技术写作列入专业翻译人才培养的重要内容加以探讨，本书也将此类研究收录在内。

2.1 国内外技术文档翻译研究综述

本研究所涉及的文献主要来自两个国际翻译研究专用数据库的检索结果，即 Translation Studies Bibliography（TSB）① 和 Bibliography of Interpreting and Translation（BITRA）②。TSB 于 2004 年首次对外开放，截至 2022 年 8 月，收录文献条目 34 500 条；BITRA 于 2001 年开始建设，截至 2022 年 8 月，收录条目 88 000 条，涉及符号学、传播学、语言学、社会学及心理学等多个领域的相关文章，收录的文章来自多个国家及地区翻译领域的重要期刊，如 *Cadernos de Tradução*、*Babel*、*Meta*、*Perspectives*、《中国翻译》等。笔者以“technical

① 参见 https://benjamins.com/online/tsb。

② 参见 http://dti.ua.es/en/bitra/introduction.html。

translation”为主题词，在 all fields（包括关键词、标题、评论等搜索项）中搜索，截至 2022 年 8 月，共有与技术文档翻译研究相关的研究成果（包括专著、论文集、论文等）2 969 篇，其中 TSB 中检索到 1 121 篇，BITRA 中检索到 1 848 篇，约占两个数据库总体的 2.4%。可见，技术文档翻译在整个翻译研究中所占份额并不高，这与其悠久的翻译历史及大量的翻译实践极为不协调，翻译研究界理应对该类文本给予更多关注。这些研究涉及的范围比较广泛，包括技术文档翻译的概念与地位、技术文档翻译的策略、技术文档翻译与技术写作的关系、专业术语翻译、技术文档翻译与领域知识、技术文档翻译人才培养、技术文档翻译工具等。

2.1.1 国外技术文档翻译研究

（1）技术文档翻译的学术地位

技术文档翻译是翻译实践的重要内容，在社会生产生活中发挥着很大的作用，但相关系统性的研究却很少，形成强烈反差。仅有的一些研究也多停留在实践操作层面，缺乏理论深度，这种实践与研究之间的不平衡已经成为全球性现象。

葡萄牙研究者玛丽亚·蒙泰罗（Maria Monteiro，2004）极力呼吁对技术翻译加以重视。蒙泰罗分析了技术翻译沉寂的原因，如涉及的不是名家名著、从事技术文档翻译的人员多数是工程师或科学技术人员而不是职业译者等。通过梳理葡萄牙近 10 年来技术文档翻译领域的发展，蒙泰罗总结了技术文档翻译的发展轨迹、实践概貌，旨在引起翻译学界对该类文本的关注。

西班牙学者埃琳娜·特里戈（Elena Trigo，2005）一针见血地指出，若要应对科技翻译带来的挑战，需将理论与实践相结合。特里戈还详细分析了当前科技翻译面临的种种问题、相应的对策及翻译工具的使用等。

乔迪·拜恩（Jody Byrne，2006）在论述技术文档翻译可用性策略时同样指出，技术文档翻译一直没有得到重视，特别是学术界的重视，在翻译史中的相关论述也较少。拜恩认为，学术界对于技术文档翻译的理解有几大误区，比如技术文档翻译与经济、法律、商务等相关，研究技术文档翻译只需研究术语的翻译，技术文档翻译不考虑风格因素，不具有创造性等。拜恩还从技术传播、用户等方面研究了技术文档的特征，并从这两个角度探讨了技术文档的翻译策略，进一步丰富了朱莉安·豪斯（Juliane House）提出的“相似性链接”（iconic linkage）[1] 概念，通过文档翻译实验证明了“相似性链接”可以提高译文的可用性。

克劳斯·舒伯特（Klaus Schubert，2010）呼吁重视技术文档翻译研究（technical translation studies）；梅芙·奥罗汉（Maeve Olohan，2016）在其专著《科技翻译》（*Scientific and Technical Translation*）中集中探讨了多种类型科技文档的翻译，包括产品手册、数据表、专利文献、新闻报告、科普文章等，强调了翻译技术、语料库等在科技翻译中的重要性。可见，国外对技术文档翻译研究的重视经历了一个逐渐认知的过程。

（2）技术文档翻译的方法

技术文档翻译研究中有相当多的篇幅是关于翻译的原则、方法、技巧之类的研究。这些研究既来自学术研究人员，也来自行业实践者，且研究范围比较广泛，从意义到风格，从词汇、句法、篇章等内部因素到写作规范、文化、法律等外部因素，均有涉猎，举例说明如下。

马克·赫曼（Mark Herman，1993）指出技术文档翻译与技术写作都应该做到清晰（clear）、简明（concise）、正确（correct），一名出色的技术文档译者也应是一名出色的技术写作者，并介绍了一些具体的提高技术文档翻译质量的方法。

安妮·奥塔瓦（Anni Otava，2013）将可用性的概念引入翻译，主张以用户为中心的翻译思想，并结合翻译的特点，提出了翻译可用性的十条准则：①满足用户需求；②达到任务要求；③符合现实情况；④符合体裁惯例；⑤易于阅读；⑥易于理解；⑦语域适当；⑧风格一致；⑨译文与原文一致；⑩出错少。这十条准则，彼此交叉重叠，不易运用到翻译实践之中。另外，奥塔瓦提出这些准则的目的是尽可能服务各类文体的翻译，因而十条准则都非常笼统，没有体现技术文档翻译的特殊性，指导作用不强。

劳拉·波洛（Laura Polo，2012）指出：受控语言是加快翻译进程的有效策略，按照一定的规则对原文进行预处理可以提高文本的可译性。波洛分析了受控语言的概念、分类、调控领域及其在文档写作与翻译过程中的作用，最后分析了可控语言与翻译之间的关系，尤其是与机器翻译的关系，强调遵

[1] “相似性链接”是由朱莉安·豪斯于1981年在 *A Model for Translation Quality Assessment* 一书中提出的，拜恩将其应用到技术文档翻译研究中，指的是用结构相似（isomorphic constructions）的句子表达本质上相同的信息，类似于“平行结构”。

循语言规则来提高可译性。

艾娜·穆勒（Ina Müller，2008）以俄罗斯冶金领域杂志摘要的英语、德语翻译为例，指出技术文档翻译也应该重视文化因素，否则将会严重影响知识的跨文化传播。因此，译者在培训中既应学习行为差异，也应学习专业领域知识，唯有如此才能确保毕业生满足翻译实践的需求。

乔迪·拜恩（2007）通过具体的技术文档翻译实例，说明技术文档翻译中涉及的法律要求，并分析了误译应该承担的法律责任。

技术文档的一个特点是图文并茂，文档中的视觉元素很多，但往往被译者忽略。如汉娜·瑞斯古和理查德·皮谢尔（Hanna Risku & Richard Pircher，2008）谈到传播或翻译的单位是文本，文本既包含语言（verbal）元素也包含视觉（visual）元素。技术文档翻译在多大程度上要考虑视觉因素？研究结果显示，这与翻译技术（翻译记忆、本地化软件、翻译管理系统）的应用有很大关系，翻译技术主要关注文本的语言成分，使得译者更不易觉察视觉成分的重要性。同样，安娜·凯托拉（Anna Ketola，2016）从认知视角指出，在翻译插图类技术文本时，译者需要同时处理语言和视觉信息，翻译方案的提出取决于两种认知模式，即多媒体学习认知理论（cognitive theory of multimedia learning）和语图综合理解理论（integrated theory of text and picture comprehension）。

此外，还有针对技术文档翻译是否具有创造性的讨论。长久以来，人们认为技术文档翻译以传递信息为主要目的，不应该进行创造性翻译，然而，杰瑞特·拜耳-霍恩沃特（Gerrit Bayer-Hohenwarter，2011）的研究却推翻了这一观念。拜耳-霍恩沃特采用实证研究，选取4篇科普文章中的18个翻译单元和2个说明书中的8个翻译单元，由5位职业译者与12名学生分别进行翻译。通过译文对比，他指出说明书翻译也可以发挥创造性，目前的译文之所以缺乏创造性是因为职业译者没有赋予其创造力。技术翻译缺乏创造性带来的负面影响比文学翻译更严重。

（3）技术文档翻译与技术写作的融合

技术翻译与技术写作密切相关，且两者都属于技术传播范围。近年来，随着翻译量在全球的增长，翻译的业务范围已远远超出传统翻译研究的内容，逐步扩大到技术写作、技术传播领域，两者相互融合，表现出明显的全球性特征。

早在1982年，本·蒂格和弗兰·蒂格（Ben Teague & Fran Teague，1982）

就从技术写作与翻译都需要掌握专业领域语言的角度论证了两者的紧密联系：

不管一位译员翻译的形式与技巧多么娴熟，如果他不懂原文所用的专业语言，就谈不上是真正的翻译——技术写作更是如此。文档译者与作者不仅在哲学观与方法上相同，在专业语言知识这一基本要求上也相同。两种职业之间的关系远远比它们最初看起来要紧密得多，彼此当相互借鉴①。

之后多位学者表达了类似观点：坎德斯·塞吉诺（Candace Séguinot，1994）指出技术写作人员与翻译人员两种角色之间的区别越来越小；我国学者胡清平（2004）认为技术写作和翻译应该遵循同样的规范。这些研究反映出技术文档翻译与技术写作密不可分，在翻译中要将写作的原则考虑在内，不能只从语言的角度去分析技术文档的翻译。

苏姗娜·戈菲里奇（Susanne Göpferich，1995，1996，1998）相继探讨了技术文档翻译与技术写作的异同，并将技术写作纳入译者培训课程，系统介绍在跨文化语境下以接受者为中心的技术文档创作。克劳斯·舒伯特（Klaus Schubert，2005）呼吁翻译研究应该拓宽研究视野。技术文档翻译通常被解释为跨文化知识转换，舒伯特却认为翻译研究应该借鉴其他跨文化知识传播框架来审视技术文档翻译，通过与其他传播类型的比较可以看到技术文档翻译的特点。进而，舒伯特指出了文本传播的三个环节：技术写作、技术文档翻译与文档管理。三者都属于技术传播的范围，翻译研究与技术传播研究的融合可见一斑。

苏珊·巴斯奈特（Susan Bassnett，2011）同样指出译者与作者身份的统一性，分析了写作与翻译之间的复杂关系。翻译是一种创造性过程，是用另一种语言的再写作。巴斯奈特借用奥克塔维奥·帕斯（Octavio Paz）的观点，认为写作与翻译很相似，都具有创造性，两者的不同之处在于，写作是将流动的语言变成最终的文字，而翻译是将文字变成流动的语言。

弗兰克·奥斯特米尔（Frank Austermühl，1998）通过对技术范式框架下翻译职业过程的分析论述了技术传播与跨文化语篇中的翻译理论，技术文档翻译与技术写作的融合实则体现了翻译学与传播学两个领域的交叉。

---

① 参见原文：…no matter how accomplished in the forms and techniques of translation, one cannot translate real texts without knowing the sublanguage to write in - and exactly the same is true of technical writing. Translators and technical writers share not only points of philosophy and method, but also this basic requirement of sublanguage knowledge. The two professions are more tightly linked than they appear at first. And we have much to learn from each other.

艾里斯·施里弗和莱昂娜·瓦伦伯格（Iris Schrijver & Leona Vaerenbergh，2008）指出《欧洲翻译服务质量标准》（*European Quality Standard for Translation Services*，DIN EN 15038 2006）将技术写作列为译者的附加值部分。因此，技术写作理应成为译者的一项必备技能。

伊恩·肯布尔（Ian Kemble，2010）在其著作《作为作者的译者》（*The Translator as Writer*）中指出，人们很少认识到写作对翻译的重要性，译者通常比较关注自身翻译能力的发展，而忽视了用目的语写作能力的培养。该著作展示了写作在不同翻译领域的重要性，如技术写作、版权写作、多语言文本创作、创意写作等；同时还探讨了译者从事的其他写作形式，如译前编辑、译后编辑、摘要翻译、本地化翻译等，这些都已经远远超出了翻译的范围。

此外，由于技术传播与翻译都涉及文本生产，因而在研究方法上也存在共通性。汉娜·瑞斯古（2010）将认知科学的最新研究成果——情景体验认知（situated and embodied cognition）——应用到技术传播与翻译中，根据这一理论，人类创造性的发挥有赖于自身的物理及心理环境。据此，瑞斯古提出了一系列技术传播与翻译的建议，认为这些新的研究成果将转变传统文本生产过程及生产能力的观念与方法。

事实上，技术写作与技术文档翻译的融合已成为全球趋势。弗兰齐斯卡·海德里希（Franziska Heidrich，2017）指出德国的专业技术传播（specialized communication studies）涉及翻译研究、技术写作研究与可理解性研究（comprehensibility studies）等；帕特里夏·米纳科里（Patricia Minacori，2018）介绍了技术传播作为新兴学科在法国的发展，指出技术传播者与译者从事的相关活动有很大的相似性，应该加强二者之间的合作。技术写作（传播）与技术文档翻译的融合无论在理论研究还是行业实践中已然成为大势所趋。因此，可视化知识服务平台的服务对象既有翻译人员，也有技术写作人员与内容管理人员等。

（4）技术文档中的术语翻译

术语是技术类文本区别于普通文本的重要特征之一。在对文本类型的划分中，玛丽·斯内尔-霍恩比（1988）将文本分为文学文本、一般语言文本和特殊用途语言文本。本研究中的技术文档就属于第三类。斯内尔-霍恩比认为该类文本与学科知识紧密相连，具有特定的句法及术语特征，而且需要遵循写作规范。这些文本特征使得术语成为技术文档翻译实践与研究的重要领域，也是最富挑战性的领域。随着计算机技术与语言的结合，计算机辅助翻译

(CAT) 工具被用于技术文档翻译实践之中。

弗里达·斯特尔斯(Frieda Steurs, 2000)对4份汽车用户手册术语的使用进行了分析,其中两份来自英国汽车制造商,另外两份来自美国汽车制造商。他利用Trados术语管理模块Multiterm创建了术语库。结果显示,即使在同一个公司内部,术语使用也存在严重不一致的现象,使用翻译记忆和术语管理工具可以帮助译者更好地理解特定领域的概念分类与结构组织,从而优化翻译和写作过程。

郑贤淑(Jung Hyun-sook, 2011)探讨了翻译中国书法时遇到的术语问题及其解决方式。专有人名、地名及头衔在翻译时很难找到相应的术语,尤其是在翻译书法著作时,原因在于西方没有书法方面的研究。解决的方法是:对术语进行注释,或附上相应的汉语拼音;如果依然不能解决,则要请教原文作者或作者的后辈以及相关研究人员或出版人员。此处将作者、研究者等相关人员纳入翻译范围,有利于译者对原作的准确理解。本研究在创建面向技术文档的可视化知识服务平台的过程中,也将充分利用各利益相关者的知识经验,将其作为译者学习领域专业知识的重要资源,从而构建一个良好的技术文档翻译生态圈。

雨果·马昆德(Hugo Marquant, 2001)提出了一系列令人深思的问题:语言、文本与其所属的领域之间是什么关系?如何将技术写作纳入进来?技术译者归根结底是一个无意识的技术工程师、一个被动的专家、一个术语专家,应谨慎对待文本与其呈现的现实之间的完整性。这些发问强调了领域知识对于技术文档译者理解文本的重要性。

莫妮卡·阿利克(Monika Arlik, 2010)分析了一家全球企业在技术传播过程中的翻译环节所涉及的各种网络关系,强调了语言知识在文档写作与翻译中的重要性。

蕾切尔·高顿和吉勒斯-莫里斯·施赖弗(Rachélle Gauton & Gilles-Maurice Schryver, 2004)指出:在从英语到非洲语言,尤其是祖鲁语(Zulu)的翻译过程中,最大的问题是专业领域术语的欠缺。他们展示了使用多语言专门用途语料库与平行语料库可以帮助译者查找合适的术语。不过对于一个单一翻译项目来说,搜集整理这些语料需要花费较多精力,无形中会增加翻译的时间成本和人力成本。但他们提出的应对方案为可视化知识服务平台的建设与完善提供了参考方法。

埃丝特·巴斯克斯·阿尔博(Esther Vázquez Arbol, 2008)强调当今高科技产品不断涌现，帮助用户了解产品、学会使用产品非常重要，这就需要在技术文档的翻译过程中选择正确的术语。阿尔博根据自身长期从事技术文档翻译的经验，搜集了大量的误译实例，以说明术语翻译的重要性。

保罗·穆索（Paul Musau，2002）以一本农业用户手册从英语译成非洲语言为例，说明翻译中遇到的问题，主要分为两个方面：缺乏翻译工具、缺乏合适的术语来表达不同的专业概念。其中术语问题可以通过借词、复合词和使用括号内加注的方式解决。最后得到三点结论：①翻译有助于将知识通过非洲语言传播；②如果有字典、词汇表等辅助工具，翻译将会更加简单；③成功的翻译不能单靠语言学家，还必须有相关学科领域的专业人士介入。其实这里对翻译工具与领域专家的需求完全可以通过可视化知识服务平台来实现，它既是一款翻译辅助工具，也提供了专业领域知识，集中了领域专家的知识与经验。

克里斯汀·杜里厄（Christine Durieux，1990）早就开始强调专业知识对技术文档翻译的重要性，指出技术文档翻译研究人员多数强调词汇与风格，这些问题解决之后，技术文档翻译所面临的最大问题，也是与生俱来的问题，即是专业语言的使用。翻译技术文档需要的不仅仅是术语和表达式，还需要理解文本。尽管术语在技术文档翻译中发挥着重要作用，但这仅仅是一方面，技术文档翻译的真正问题不仅仅是对专业词汇的翻译，更是对文本的理解，因而需要学习相关文献以更好地理解原文。

米里亚姆·塞吉里（Miriam Seghiri，2017）基于英语与芬兰语双语平行语料库提取术语，为电视手册翻译建立双语、双向术语表（bilingual and bidirectional glossary），提高技术文档翻译质量。

可见，术语问题与专业知识的匮乏是技术文档翻译的最大瓶颈。上述各研究者在实践中遇到的此类问题及提到的解决办法已经显示了术语知识学习的重要性及对专业知识平台共享系统需求的迫切性。翻译研究，尤其是应用翻译研究，应该思考如何突围，解决实际问题。可视化知识服务平台不失为一剂良药。

(5) 技术文档翻译人才培养

除了对技术文档翻译的理论思考、实践经验的总结之外，职业译员的培养也是一个重要的翻译研究领域。从一定程度上说，人才培养关系着翻译的质量，从而制约着语言服务业的发展步伐。

罗伯特·阿森西翁和纳蒂维达·圣萨尔瓦多（Roberto Asensio & Natividad

Salvador，1992）指出：由于科技、媒体、商业及国际关系的快速发展，在技术译者培训过程中，科技翻译教学越来越重要。为此，他们从科技文本的特点、学生特点、技术写作技巧、理解专业知识、克服专业词汇障碍等多方面提出了教学建议。卡罗尔·迈尔和弗朗索瓦·马萨迪尔-肯尼（Carol Maier & Françoise Massardier-Kenney，1993）根据翻译实践涉及的四个主要方面，即研究技巧、技术写作技巧、成员合作与相关理论，讲述了专业文本翻译教学模式。蒂伯·科尔泰（Tibor Koltay，1998）主张在翻译教学中加入技术写作课程。苏姗娜·戈菲里奇（Susanne Göpferich，1998）指出，技术写作是译者培训的重要内容。玛丽亚·麦地那（María Medina，1998）感叹信息技术（information technology，IT）领域从英语到西班牙语的翻译质量令人担忧，在分析了该类文本的特点及翻译过程中的主要问题之后，她强调科学技术领域需要接受过专业培训的职业译者。遗憾的是，既具有科学技术专业领域知识又具有较强的双语或多语语言能力的人才在全球市场凤毛麟角。想要解决这一问题，除在人才培养方面做出应对之外，还可以通过可视化知识服务平台来辅助译员学习专业知识，这再一次印证了本研究的价值与意义。

蒂迪·索亚宁（Tytti Suojanen，2010）追溯了自1997年起在芬兰坦佩雷大学（University of Tampere）实施的技术传播培训项目，以满足芬兰企业发展需要，该项目依托翻译研究学院展开，因而需要理清技术传播与翻译的关系以及所需要的能力等。索尼娅·范德皮特等（Sonia Vandepitte et al，2016）探索了新技术、新平台对于技术传播人员培养的重要性，通过邮件、iChat、Skype及Google Drive等技术平台开展技术传播和翻译虚拟国际项目培训，取得了预期效果。可见，技术写作与翻译的融合为翻译教学带来新的挑战，学术界急需关注企业实践需求，在人才培养方案、数字化资源平台建设等方面做出积极应对。

2.1.2 国内技术文档翻译研究

国内有关技术文档翻译的研究其实由来已久，只不过并不以“技术文档”称之，而是以其上位概念“科技翻译”或其下位概念“说明书”代之。科技翻译包含的文本类型非常广泛，在具体的研究中，有的学者又继续进行区分。说明书或用户指南是最常见的一类技术文档，人们一度将技术文档等同于说明书，将技术写作人员称作“写说明书的”，至今国内持此类观点的研究者或从业者也大有人在。例如，伍峰、何庆机（2008）在《应用文体翻译：理论与实践》中使用的表述方式是“科技文体中的实用手册和操作指南”；张文英、张晔（2015）在《英语科技应用文翻译实践教程》一书中专辟两章分别讲解了如何翻译“科技产品说明书”与“科技产品简介”。显然，这里的“实用手册”“操作指南”“科技产品说明书”“科技产品简介”都属于技术文档的范围，但并未被冠以“技术文档”之名，可谓“有其实而无其名”。从这个意义上说，我国对技术文档的研究并非限于上文提到的100余篇而已。笔者在中国知网上以“说明书翻译”为检索词，在“全文”中进行检索，截至2022年8月，共得到相关文献719篇。这些研究虽然涵盖的领域比较广泛，涉及药品、食品、化妆品、家电、汽车、器械、电子产品等，但探讨的主题比较单一，集中在翻译原则、技巧与方法上，采用的理论视角也局限于翻译研究理论，比如翻译目的论、文本类型理论及接受理论等。

这一现状与国外类似，其实都反映了技术翻译研究的窘境，或者从更高的层面来说，反映了应用翻译研究的不济。方梦之（2002）通过对1950—1990年国内科技翻译研究情况的统计发现，虽然科技翻译研究的命题与内容不断扩大，但关注点仍然在翻译技巧方面，鲜有原创性的论文。这种状况至今仍然没有明显的改观。有关科技翻译的专著或教材也很少专门探讨某一专门问题，而以通论居多，科技翻译研究似乎陷入了难以为继的局面（韩子满，2009），因而应用翻译研究急需开展理论建设（林克难、籍明文，2003；林克难，2007）。

近年来，多语种技术写作在语言服务业的需求日益增长，为降低后期本地化成本，确保文档术语及风格的统一，译员除进行传统翻译工作之外，也开始直接使用目的语创作（多数情况下使用英语这一全球语言），这就对译员提出了更高的要求。因此，技术写作作为职业译员培养的一个重点内容得到翻译研究的关注。与此同时，技术文档也逐渐作为一类特定文本类型进入翻译研究的视野，且在研究切入点上开始借鉴技术写作中的受众分析、可用性工程等理论分析文档翻译。为此，我们在统计相关文献时，除了传统的说明书翻译之外，重点统计了与技术写作相关的研究，以此反映国内最新的技术文档翻译领域发展概貌。

笔者以“技术写作”为搜索项，在中国知网、维普网等数据库中，在“全文”进行搜索；截至2022年8月底，共搜到相关文献108篇，其中硕博士论文32篇，期刊论文76篇，涉及技术写作（技术传播）性质、地位、与翻译的关系、人才培养、实践技巧等，作者大部分来自高校师生，也有部分来自行业实践。从文献的发表年份来看，技术写作相关研究尽管发展缓慢，但整体上呈现增长趋势，这说明国内翻译领域已逐渐认识到技术写作的重要性，开始结合中国国情加以研究。研究内容主要包括技术写作人才培养、技术文档翻译实践两个方面。

国内外技术传播人士对中国技术写作教学的关注始于20世纪末，虽然在近20余年的时间里，发展较为缓慢，但当下技术写作与技术传播教育已经开始在国内高校扎根，逐步成长（李双燕，2015）。

（1）国外技术传播人士的早期探索

欧美技术传播人士自20世纪末就开始了对中国技术传播教育的探索，相继举办了工作坊、研讨班及培训课程等，开启了中国技术传播教育的先河，列举如下。

1997年，美国得州理工大学技术传播学教授山姆·德拉加（Sam Dragga）带领一支由12名北美（美国和加拿大）技术传播人士（来自工业界和学术界的代表）组成的代表团来到中国。通过与语言、科学及工程系教师、翻译公司和专业组织的交流，他们了解到中国技术传播教育还处于萌芽期，还未形成一门职业和独立学科，急需技术传播教育。1998年秋，该代表团中来自加拿大卡里布大学的罗恩·史密斯（Ron Smith）重返中国，在苏州大学外语系进行了一个学期的教学，开设了报告写作、手册写作、商务简报、跨文化交流等课程。双方还计划实施半工半读项目，帮助学生积累技术传播从业经验，该试点课程开启了太平洋两岸技术传播教育交流的大门（Tegtmeier et al, 1999）。

1999年，美国南方州立理工大学技术传播学教授卡罗尔·巴纳姆（Carol Barnum）率领佐治亚州5位技术传播学教授来南京讲学，学员是来自江苏省高校及中学的50名外语教师，地点为东南大学外语学院。根据中国技术传播现状，结合中国文化及教学特点，他们安排了6天课程，讲授技术写作基础知识，如技术写作类型、文本设计、用户分析等，还探讨了一些专门话题，如编辑与风格、万维网写作。尽管开始时师生之间缺乏了解，但通过课堂互动、学生反馈，讲座还是很成功的。巴纳姆建议在大中专职业学校开设英文技术写作课程，不过，这远远超出了此类院校学生的英语水平，但对应用型科技类大学来说，可行性会高一些（Barnum et al, 2001）。

1999年，美国费里斯州立大学的丹尼尔·丁（Daniel Ding）和约翰·贾布隆斯基（John Jablonski）从《技术传播》（*Technical Communication*）期刊上

了解到苏州大学对开展技术传播教育感兴趣。2000年8月，他们来到苏州大学，在外语学院举办研讨班，为期两周。学员包括工程师、中学教师及在校生，共计27名，学习技术写作基础知识，收到良好效果。之后，他们与英语系教师进行了90分钟的交流，发现教师对技术写作的理解也比较模糊，而当时通用的教材，如《现代经贸英语教程》，则注重专业词汇，不涉及用户分析等概念。他们认为需在深入了解中国教育体制的基础上与中国同仁合作开发相关课程，并从三个方面提出了建议：中国技术传播与人文关怀的关系、技术传播中的修辞及教材编写（Ding & Jablonski，2001）。

2005年，美国迈阿密大学的珍妮·道特曼（Jennie Dautermann）教授一行来到吉林长春理工大学举办暑期学习班，参加者是45位高校教师，为期8周，其中道特曼讲授了2周的商务及技术写作课程。尽管在教学设备及文化沟通方面遇到了挑战，但通过师生努力，课程还算成功。此次经历使他们认识到国际教学人员需走出原有认知视野，充分了解其他国家商业及技术环境，经过双方协商，以学生为中心的教学模式是可取之道（Dautermann，2005）。

2008年，丹尼尔·丁再次来中国讲授技术传播课程，地点在郑州大学，为期16周，共有6个班、300名学生。2000年丹尼尔·丁首次授课时，中国还没有一所学校开设技术传播课程，而此时至少有两所学校已开设，分别是郑州大学、首都医科大学；相关书籍陆续出版；越来越多的教师开始认可技术传播的学科地位。他发现中国技术传播教育有其独特之处，体现在教师教和学生学的方式上，这主要受儒家思想及以考试为导向的教育方式影响。因此，国际人士在中国实施技术传播教育时要考虑调整课程内容，进行本地化（Ding，2011）。

综上所述，早期技术传播教育有以下几个特点：①由国外传入，施教者大都是国外高校技术传播资深人士；②授课内容基本参照其本校设置，不完全适合中国学生；③学员背景复杂，有中学教师、在校大学生、高校教师及业界人士等；④授课以学生为中心，方式比较灵活，授课时间较短，多为两周，最长16周。遇到的主要问题有：①国内教学设施不健全，不能保证课程按原计划实施；②施教者对学员不了解，不得不临时调整授课内容；③文化差异使师生沟通受阻，比如学员对以学生为中心的教学方法难以接受，教师对学员课堂表现及反馈方式不适应等。不过，最终通过多方努力克服了种种困难，教学还是取得了良好效果，可惜没有产生长期效应。中国科学技术大学徐奇智和王希华（2006）遗憾地指出：我国技术传播学的研究、教学和实践几乎处于空白状态；技术传播学学科发展仅限于英语教学中，没有进行系统的研究和教学，只是将其作为特殊用途英语的辅修课程，传播学的失位现象非常严重，甚至没有学者真正系统地对技术传播进行介绍和引进；整体上技术传播在中国的推广范围甚至尚未达到美国19世纪末期的水平。

（2）国内技术传播人士的不断实践

国外人士的探索虽然没有产生长期效应，但播下了技术传播教育的种子。随着全球化进程的加快，国内市场日益成熟，一些大型企业对文档质量越来越重视，对专业文档写作及管理人才的需求日益强烈，但专业人才严重匮乏，因此，加快人才培养势在必行。正如上述多位学者强调的那样，由于中西方在社会经济、历史文化、政治教育、语言文字等方面存在诸多差异，国内技术传播教育不宜照搬西方模式，要有一个本地化的过程。

这一点中西方学者已达成共识，并进行了有益的探索。不少学者建议在现阶段依托英语专业或翻译专业开展技术传播教育，例如：依托ESP①课程（Ding & Jablonski，2001；Duan & Gu，2005）；依托翻译专业（Sun，2005）；依托ERID课程②（Ding，2010）。

国内相关研究大多是结合翻译专业硕士（MTI）人才培养而谈的。苗菊、高乾（2010）率先对此加以系统探讨，厘清了技术写作的相关概念，技术写作与本地化服务、科技翻译的密切联系及其对译者职业能力培养的重要作用，并对MTI教育中如何开设技术写作课程提出了教学建议。王传英、王丹（2011）则进一步指出现阶段可将技术写作作为MTI教育的一个培养方向，并深入探讨了相关教学目标、教学方法及具体的课程设置。王育烽、陈智淦（2013）认为技术写作对于培养复合型外语人才具有重要意义，并就如何在高校英语专业开设技术写作课程提出教学设想。高志军等（Gao Zhijun et al，2014）呼吁将技术传播作为一个专业来开设，并介绍了北京大学的技术传播教学实践。王斌（2014）明确指出，随着技术写作需求的增加及其对从业者能力要求的提高，译者的身份也将重构，兼具作者和译者的双重身份。王传英、王斌、张雅雯（2016）从技术传播角度出发探讨技术写作规范，并讨论其对技术写作人才培养的影响。陶友兰等（Tao Youlan et al，2019）呼吁将技术写作纳入译者培养体系，并以复旦大学为例，详细介绍如何与全球知名企

① ESP全称为English for Specific Purposes，即专门用途英语。

② ERID全称为English Related to Individual Disciplines，即学科英语。

业的技术写作资深人士合作开展技术写作教学。技术传播教育可与外语教育、翻译教学深度融合，通过“语言+技术传播”教育方案，实现国家新文科建设所期待的语言服务价值（张鸰，2020；李双燕、孙晔芃、李欣春，2022）。

在教学实践方面，国内一些高校开设了技术写作（技术传播）相关课程。北京大学已开设技术传播学位课程，其发展过程经历了从一门课程到多门课程再到学位课程。2007 年，北京大学软件与微电子学院计算机辅助翻译研究生专业下开设技术传播课程；2010 年开设技术写作课，发展至今已有 5 门课；2011 年开始与荷兰屯特大学（University of Twente）联合开设“技术传播与翻译”双硕士课程；2014 年开设技术传播的本科第二学位课程；2016 年成立数字艺术与技术传播系，首次在院系名称中包含“技术传播”。同济大学将原来的“实用英语写作”拓展为“英语技术传播”课程，除在内容上增加技术传播理论学习、文本设计外，还采用项目教学法与企业深度合作（李梅，2017；钱利华、李梅，2021）。首都经济贸易大学将技术写作与翻译项目管理课程相结合，涵盖用户需求分析、信息设计、文档写作与发布、文档翻译招投标、翻译项目实施与监控，以及企业导师评测答辩等，均取得了良好效果。一些高校还开发在线课程，如东南大学①、重庆邮电大学②开发的英文技术写作 MOOC 课程，促进了课程资源共建共享，对其他高校开设相关课程具有重要参考价值。

在教材建设方面，国内技术写作教材建设已取得了初步成果，比如《英文技术写作精要》（陶友兰等，2020），是目前国内第一本写给中国翻译专业学生的英语技术写作教材，是校企合作、国内外合作的智慧结晶。此前，国内相继出版过由高校或企业人士编写的相关教程或专著（马林，2007；段平、顾维萍，2010；中兴通讯学院，2013；刘阳等，2018），为开展技术写作教学提供了重要参考。

近年来，某些高校率先选派教师到国外参加技术传播课程学习。同时，国内开展了相关培训工作，如中国标准化协会技术传播服务委员会于 2019 年开展技术写作师资培训及资质认证工作，培养了一批初步掌握技术写作框架体系、具备讲授能力的师资队伍。

学者们因地制宜，不断探索，逐步促成了技术传播教育在国内落地生根，

---

① 东南大学建设的英文技术写作课程参见 https://www.icourse163.org/course/SEU-1206693808。

② 重庆邮电大学建设的英文技术写作课程参见 https://www.xueyinonline.com/detail/217108971。

促使国内技术写作逐步向纵深方向发展。越来越多的高校开始认识到技术传播的潜在价值，尝试开设技术传播（技术写作）课程，如北京大学、南开大学、西安电子科技大学、东南大学等。国内技术传播在研究、教学和实践方面正在努力突破“空白”状态。随着更多学者及高校的加入，中国技术传播教育有望迎来发展的春天。

鉴于技术文档属于一种应用文体，技术文档翻译在语言服务实践中占据较大比例，翻译实践中暴露的诸多问题还需要依据实际需求进行研究，因而大部分研究是“从实践中来，到实践中去”。根据研究内容，可以大致归为三个方面，即翻译策略与技巧、文档的可用性、翻译语料库与术语；根据研究方法，又主要分为理论探讨与实证研究。下面主要综述有关研究内容方面的研究成果。

一是翻译策略与技巧研究。翻译策略与技巧的研究素来是翻译研究的重镇，从古代佛经翻译开始至今，无论文学翻译还是应用翻译，对翻译策略与技巧的探讨不绝于耳，技术文档翻译领域尤甚。此类研究主要从字词、句式、语篇等文档本身的语言特征与文体特征出发，探讨具体的翻译对策。举例说明如下。

邓晓君（2008）回顾了功能翻译理论的主要观点，结合技术文档的特点，提出了相应的翻译策略，包括对术语及语句的处理、断句、调整逻辑、消除文化差异等。但是，这些策略仍然没有突破传统翻译策略的束缚，翻译策略局限于语言片段，比如单独的词汇、句子，没有从整个篇章上来考虑如何提高译文质量。

朱皖晋（2009）借助韩礼德系统功能语言学理论，分别从词汇、语法和字系三个层面分析了产品使用手册，并将文体分析结果应用于汉译英翻译过程中，分析的文本主要摘自世界著名企业的官方网站。不过，该研究仅从理论角度阐述技术文档的翻译过程，有待具体翻译实践的检验。

张凤（2011）同样运用韩礼德系统功能语言学，分析用户文档的本地化翻译，从词语、句子和语篇三个层次分析技术文档，总结出技术文档的术语、句式及语篇特征，并针对译员经常遇到的文档翻译难题提出了相应的对策，使译文与原文达到功能上的对等。

胥光红（2013）从语法角度分析了技术文档的特征。这一研究从主语、谓语、宾语等方面对技术文档的特征进行了分析。虽然从具体的语法方面总结技术文档的特点有利于了解技术文档的语言特点，但这种研究强于语法分析，弱于理论探讨，类似于教科书，对翻译实践的指导性不强。

杨莹（2014）以自身参与的翻译项目为例，探讨了第二人称代词在科技英语中的翻译策略，采用语料统计法讨论了第二人称代词在科技文本中的显化和隐化现象，语料包括北大汉英双语语料库（CCL）中的科技文本和两个科技翻译项目；同时总结了第二人称代词在科技英语翻译过程中的五种翻译策略，即省略法、具体指代法、泛指替换法、角色转换法和直译法，并使用翻译项目中的实例依次进行阐述。这几种策略虽然在该翻译项目中具有指导作用，但是否适合其他语境，还有待进一步考证。

张敏（2014）分析了技术文档英汉翻译过程中的冗余现象，通过与非技术文档的对比，总结出技术文档中的冗余，接着对比了英汉两种技术文档冗余的差异，然后按照一定的翻译原则，提出不同类型冗余的处理方法，并结合翻译实例对所提出的处理方法进行验证，为技术文档及其他文本翻译中的冗余处理提供借鉴。

二是文档的可用性研究。可用性是技术文档质量的重要标准，文档的其他标准，比如可获取性、可读性、可理解性等，都是为了使文档便于使用。因此，可以将其他标准涵盖在可用性范畴之内，或者说可用性是文档的终极标准。同软件可用性一样，文档的可用性同样重要。在文档写作阶段，通常安排专门的文档进行可用性测试，以了解用户根据文档是否可以完成任务。但在翻译阶段，很少再对译文进行可用性测试，译者也往往聚焦于文本内容的转换，而忽略译文的使用效果，无怪乎文档质量堪忧，用户抱怨屡见不鲜。相关研究开始关注此类问题，举例如下。

李季（2011）研究了民航飞行手册的翻译，指出一字一句的翻译远不能达到质量要求。尤其是对于民航飞行之类对理论与实践要求较高的特殊职业，必须确保译文准确、易懂、易用。这里需要指出的是，飞行手册属于技术文档中面向专业用户的内部文档，在词汇方面与面向普通用户的文档存在很大差异。

祝吉芳、孙巧玲（2013）探讨了如何控制技术文档的翻译质量。她们认为审校人员作为把关人，应充分发挥主动性，以读者的视角辨别技术文档的内容是否有误，信息是否简洁、准确。但审校人员的语言能力较高，并且具备一定的专业知识，与真实用户有着很大的差别，并不能全面反映技术文档的可用性问题。

苏昊明（2011）从交际翻译理论角度研究技术文档本地化，借鉴纽马克交际翻译理论指导技术文档汉译英过程，通过用户分析和文体特征分析提高英文文档的用户友好性和用户满意度，借鉴英文写作规范构建汉译英翻译风格指南，以改善译文的英文水平；在具体本地化实践过程中提出符合中小软件项目的技术文档本地化流程，并通过问卷调查的方式对译文质量和客户满意度进行了量化分析。该研究结合作者的实习经验，研究结果比较具有说服力，但目前译文质量评估缺乏简单易行的评估模式，问卷调查这一方式主观性较强，且参与调查的样本较小，难以代表广大用户的意见，未来还应在样本大小及评估方式上加以改进。

朱鹏飞（2011）从读者视角观照技术文档写作与翻译研究，强调技术文档翻译不能停留在字面上，还应注重用户体验，以读者为译文评价的主体。朱鹏飞通过技术文档用户使用调查了解当前国内技术文档的使用现状，分析其背后的成因及文化心态，结合接受理论及传播学理论，提出具体改进建议，并通过对调查结果的统计分析，构建了读者主体视角下的技术文档翻译评价体系。朱鹏飞对用户使用体验进行量化评价，可谓一次大胆的尝试。不过，该研究的调查对象范围比较小，样本在职业、年龄、知识结构等方面代表性不够强，构建的量化评价体系还有待在翻译实践中加以验证。

焦喜音（2014）强调技术文档翻译的可用性，认为技术文档翻译不能停留在“读”的层面，还要深入“用”的层面。焦喜音利用可用性工程理论，分析了9份中英对照的技术文档，按照可用性的层次，即用户能够获取信息、用户获取信息的效率以及用户获取信息的主观满意度三个层次对翻译问题进行分类讨论。最后提出了四种针对性的翻译策略：翻译时采用相似性链接、坚持任务原则、最简原则以及拆分译法。这些策略充分考虑了技术文档的特殊性和用户的特殊需求，能够有效地提高译文的可用性。不过，该研究仅选取了9份技术文档，样本较小，难以全面反映技术文档翻译中存在的诸多问题。

李倩（2015）从跨文化传播的角度对中国用户技术文档需求进行实证研究，考察的对象是归纳/演绎结构以及图文关系。该研究对比中西技术文档写作策略，通过两组实验对比分析中国用户的行为和偏好，证明无论设计技术文档还是将技术文档本地化，都需要考虑目标用户的使用习惯，而不是照搬西方的写作策略。

三是翻译语料库与术语研究。技术文档翻译任务通常较重，有时一款产品的文档就长达上千页，需要同时翻译成几种、十几种甚至几十种语言，而翻译周期较短、交付压力大、质量要求高，越来越倚重各种翻译工具。技术文档含有大量的专业术语，是译员处理的重难点，因此，一些研究开始结合具体领域文档翻译需求探讨术语管理平台的建设与应用问题。

范慧阳（2012）从中医对外援助实习过程中遇到的困难出发，针对中医文献术语多、难以理解、难以管理等问题，提出使用语料库与术语库辅助对外援助工作。该研究通过 MediaWiki 构建了面向中医文献翻译的知识管理系统，并在实际翻译中证明了其可行性。在该研究中，作者已意识到单纯术语库信息的不足，尝试将术语与相关法律法规文件相链接，便于译者了解相关背景知识。当然，这还不能称为知识服务平台，而是对术语库的进一步扩展，是信息量上的一种增加，而非质上的升级，因为尚未建立术语概念间的联系。

李昕玥（2012）以微软技术文档的英汉翻译为例，建立了术语管理模型，充分考虑计算机领域文档翻译特点及译员需求，提出了具体的构建方法，以实现术语知识的共享。该研究充分意识到隐性术语知识共享的重要性及障碍，提出了切实可行的共享方法。虽然该研究多次强调术语知识，但其构建成果并没有改变术语知识的组织方式与表现方法，而是在信息量上的扩展，仍然属于传统意义上的术语库。但该研究对不同层次术语库的构建及术语知识共享模式的探讨为本研究提供了有益借鉴。

除上述主题外，研究对象逐渐丰富，针对技术写作的研究逐渐深化、细化，比如，技术文档翻译中的模糊限制语研究（何京燕，2013；李雨，2015），技术文档写作中的受控语言（赵晨，2010）、语块（吴亚琦，2017）、情感化设计（余瑶，2017），基于支架式理论的技术写作教学（闫晓宁，2018），回译在技术写作教学中的应用（张宏岩、徐彬彬，2018）等。随着技术文档写作向结构化方向发展，针对结构化写作的标准、工具等的研究受到更多关注，例如，基于 DITA① 的技术文档写作研究（祝颖，2010），利用软件工具提高技术文档写作质量和效率方法的研究（李诗坤，2016），面向技术文档写作修改过程的书面沟通优化方法的设计与实现研究（林梦姣，2017），结构化的技术写作与内容管理研究（刘阳，2018），技术写作在分布式敏捷开发中的沟通管理研究（李慧敏，2018）等。

需要指出的是，上述研究的作者不仅来自翻译领域，还来自计算机科学、

① DITA 全称为 Darwin Information Typing Architecture，即达尔文信息分类体系结构，是 IBM 公司为管理其海量数据而开发的标准，定义了编写和交付技术信息的约定。

软件工程、传播学等相关领域，不仅有高校学者，更有企业资深从业人士。这也说明了技术写作与翻译的跨学科属性以及较强的实践性。这一方面需要从业者具有较高的综合素养，包括双语基础、专业知识、工具操作能力、用户意识等；另一方面也需要研究者具有更加开阔的视野，促使研究对象、研究视角、研究方法不断横向拓宽、纵深发展。

2.2 国内外可视化知识服务平台研究综述

当前知识服务模式正朝着语义化、关联化和智能化的方向发展。知识服务是一种基于一切信息资源，以用户需求目标为驱动，面向知识内容，融入用户决策过程，帮助用户找到或形成解决问题方案，且能够提供有效支持知识应用和知识创新的增值服务（王晓林，2000）。人工智能时代的知识服务呈现“智能化”特点，例如知识推理、智能问答等，其实现方式多基于知识图谱建设，能够呈现领域知识概念、属性及其相互关系等。整体而言，在可视化知识服务平台的相关研究与实践应用方面，国外发展较为成熟，国内尚处于发展初期阶段。

2.2.1 国外可视化知识服务平台研究

可视化知识服务平台是当前知识组织领域的重要研究方向，代表性知识服务体系范例包括单语、双语或多语术语知识库等。术语知识库实则是在术语库基础上的升级，是将人工智能（AI）技术与传统的术语库（DB）技术相结合。术语库或术语数据库包含针对特定用户群体需要而收录的专业领域术语信息，包括主数据库和相关的若干个数据库，各数据库对术语的某些信息进行描述。现有术语库系统虽然可以高效检索处理海量数据，但却不能处理基于规则的知识；而AI技术使用基于规则的知识进行智能搜索与推理，恰好可以弥补传统术语库的不足，从而革新了知识的表示与存储方式，催生了知识库。在包含大量简单事实的基础上，知识库还包含规则与过程性知识，这是其与传统术语库的根本区别。

术语知识库是术语学和知识工程学相结合的成果，是知识化的术语库，是开展知识信息服务的基石，通过对各类专业领域知识进行组织、描述和管理，形成具有一定深度的知识结构框架，为用户进行专业知识的学习、交流与传播提供帮助；同时，术语知识库作为计算机可读的知识资源，是进行深层次的知识自动挖掘、语义计算、情报分析等的重要基础资源，可直接用于智能检索、跨语言信息服务等深层次情报服务，体现了术语学和知识组织理论对语言技术知识体系化发展的推动。作为知识体系化翻译工具的范例，术语知识库更是信息时代译者进行翻译实践的信息化手段。

术语知识库由加拿大渥太华大学人工智能实验室的英格丽·迈尔等（Ingrid Meyer et al，1992）提出。术语知识库的目标是在专业领域表征语言和语言之外的知识，把概念组织为复杂的网络，以此表示术语之间的概念关系。这一概念模拟领域专家对概念与相应术语的认知模式，名为 COGNITERM 的英法双语术语管理系统是术语知识库的雏形。当前，术语学理论在认知的维度不断拓展，在概念与知识的关系、思维与符号之间的转换关系、专业领域知识系统构建等细分层面持续深化，促进了术语学与知识理论的深度融合（宁海霖，2021a）。

至今，国外关于术语知识库的研究已取得显著成果。代表性成果有加拿大的 TERMIUM、西班牙的 EcoLexicon①、德国的 WebTerm、欧盟的 IATE②、欧洲大型语言资源建设项目 CLARIN、联合国粮食及农业组织（Food and Agriculture Organization，FAO）创建的农业多语种结构叙词表（AGROVOC Multilingual Thesaurus）③，以及 WordNet④、FrameNet⑤ 等。这些知识库规模较大，采用语义框架、语义关系描述等方法作为语义理论基础，建立了概念间的语义网络。

TERMIUM 是世界上最大的术语库和语言数据库之一，支持英语、法语、西班牙语和葡萄牙语。术语词条包括术语所属领域、子领域、翻译、来源、词性、定义和语境等知识关联信息。TERMIUM 建立于 20 世纪 70 年代初期，第一个版本由蒙特利尔大学研发，自 2009 年 8 月起 TERMIUM Plus 可在网上免费使用。用户可以在广泛的专业领域中访问数以百万计的英语、法语、西班牙语和葡萄牙语术语。加拿大团队的语言门户启动了更新的语言导航器，这个搜索引擎可以让用户同时搜索加拿大语言平台的所有书写工具，如图 2.1 所示。这些工具现已更新，易于查阅、便于访问大量信息，用户可借此了解

① 参见 http://ecolexicon.ugr.es/en/index.htm。
② 参见 https://iate.europa.eu/home。
③ 参见 http://aims.fao.org/standards/agrovoc/functionalities/search。
④ 参见 https://wordnet.princeton.edu/wordnet/。
⑤ 参见 http://framenet.icsi.berkeley.edu。

法语动词的词形变化、信件写作贴士、英文写作风格指南等，有助于更好地用英语和法语进行写作。

图 2.1　TERMIUM Plus 术语检索界面

EcoLexicon 是由西班牙格拉那达大学的 LexiCon 科研小组研发的环境领域多语术语知识库。其构建原理是基于框架的术语学方法（frame - based terminology），该方法由认知术语学派代表人物帕米拉·法贝尔（Pamela Faber）提出（邱碧华，2015），每个概念都处于可以凸显它与其他概念关系的特定框架之中，并在英语、西班牙语、德语、法语、俄语和希腊语等 6 种语言中清晰地显示出其称谓，如图 2.2 所示。通过融合概念信息、语言信息与可视化信息，EcoLexicon 可以满足不同用户的需求，比如，对环境感兴趣的人士、学生、译者、技术写作者等。

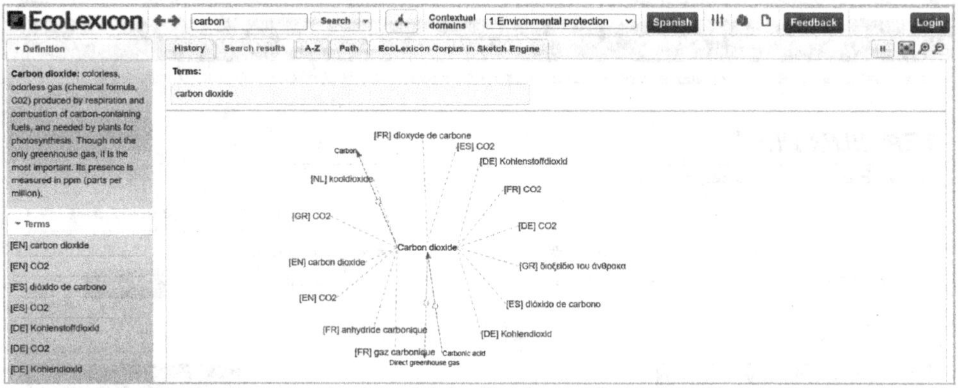

图 2.2　EcoLexicon 术语检索界面

这里需要强调一下 EcoLexicon 对用户群体的定位及用户需求的分析："EcoLexicon 针对那些渴望拓展环境领域知识，以便更好地理解文本或创作文本的不同用户群体，比如译者、技术写作者、环境专业人士等。"可见，技术文档写作者与译者一并成为 EcoLexicon 的服务对象。因此，本研究也一再强调将技术写作纳入可视化知识服务平台的服务范围，认为文档的写作与翻译是知识服务平台应用的两个主要方面。在整个知识服务平台建设及应用过程中也会兼顾技术写作者的需求。比如，在知识库的设计阶段，将技术写作风格也作为一个重要组成；在知识库的应用阶段，本研究认为知识库除了可以与翻译软件结合外，还可以与常用的技术写作软件结合；在知识库的维护阶段，将知识管理过程贯穿于技术文档的整个生命流程，将技术写作者看作维护知识库的重要一员。

"EcoLexicon 的终极目标是用户知识习得（user knowledge acquisition），只有当知识库可以解释由语境（context）及多维性（multidimensionality）引起的知识自然流动（natural dynamism of knowledge）时，这一目标才可以实现。"这里的"语境"是指概念所处的专业框架或概念系统，"多维性"是指一个概念与其他概念之间的语义关系。只有建立概念间的语义关系才能使用户获得知识。

欧盟互动术语数据库（Interactive Terminology for Europe，IATE）是欧盟机构之间的术语库，由欧盟互动术语数据库管理小组管理，其代表来自以下机构：欧洲议会（The European Parliament）、欧盟委员会（The European Commission）、欧盟理事会（Council of the European Union）、欧洲法院（The European Court of Justice）、欧洲审计法院（The European Court of Auditors）、欧洲经济和社会委员会（The European Economic and Social Committee）、地区委员会（The Committee of the Regions）、欧盟机构翻译中心（The Translation Centre for the Bodies of the European Union）、欧洲中央银行（The European Central Bank）和欧洲投资银行（The European Investment Bank）等。该数据库建设项目于 1999 年启动，旨在为所有欧盟术语资源提供基于网络的基础结构，以增强信息的可用性和标准化。

欧盟互动术语数据库管理小组每年都需开几次会，欧洲议会也会派术语协调部（The Terminology Coordination Unit：TermCoord）代表参加。团队由术语学家、助理员、IT 和通信专家以及受训者组成，其主要任务是为欧洲议会的翻译人员提供术语帮助。随着技术发展和各机构中术语工作的变化，数据库也不断发展并得到有效维护，这些都要求欧盟互动术语数据库不断更新和升级。自 2004 年夏季以来，数据库已在欧盟机构和机关中用于欧盟特定术语的收集、传播和管理。2020 年 11 月 24 日最新的版本（Version 2. 18. 2）增添了新功能，并对搜索限制进行了修改，例如：内部用户每次最多可以查询 10 000 个搜索结果；外部用户每次最多可以查询 500 个搜索结果；查询结果的总数不设上限。截至 2022 年 8 月，该平台共收录术语 7 970 232 个。术语信息标注比较翔实，包括术语定义、来源、语境信息、参引信息等，如图 2. 3 所示。

农业多语种结构叙词表（AGROVOC Multilingual Thesaurus）由联合国粮食及农业组织于 20 世纪 80 年代初创立，首次发布采用英语、西班牙语和法语。2000 年，AGROVOC 放弃了纸质出版方式而采用了数字出版方式，其数据存储由关系数据库（relational database）处理。2009 年，AGROVOC 成为简单知识组织系统（Simple Knowledge Organization System，SKOS）来源库。简单知识组织系统是目前正在发展的对简单知识组织进行描述的语言，常以 RDF Schema 设计方式来展现与分享其控制的词汇。例如，索引典、分类系统、主题标目表、分类法、术语典、词汇表以及其他形式均可运用语义网络架构来组建词汇。截至 2020 年 7 月，AGROVOC 已推行 SKOS-XL 概念方

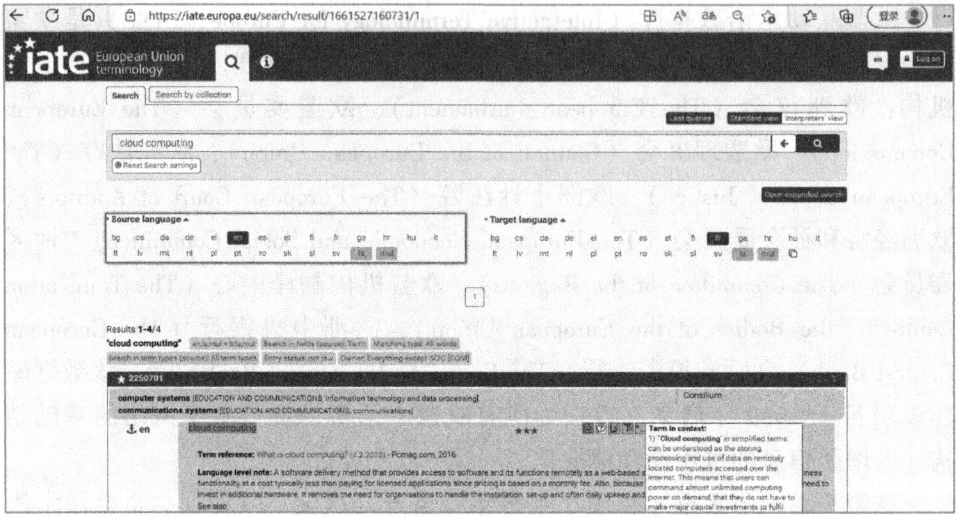

图 2.3　欧盟互动术语数据库（IATE）检索界面

案，并可采用链接数据集（Linked Data set，LD set）进行展示。该数据集包含超过 37 000 个概念，提供 39 种语言服务。通过链接数据，AGROVOC 与 18 个和农业有关的开放数据集进行了对齐。拥有像 AGROVOC 这样的以链接数据展示的词库优点在于：一旦词库进行链接，其索引资源也得到链接。对于术语的定义，数据库区分了“首选术语”和“非首选术语”，而且数据库还将同一概念的多语种表示规范在一个标签下。非层次关系（non-hierarchical relations）可用于表示概念之间的“关联性”（relatedness）。AGROVOC 使用了简单知识组织系统关系的 skos 表达。在术语关系方面，数据库采用定义更宽（BT）和定义更窄（NT）（broader/narrower）的层次关系来表示同义词库的等级关系，采用概念之间的关联性（RT）来表示非等级关系，并引入了自定义的“Agrontology”来表示特定词汇关系，如图 2.4 所示。

从上述介绍可见，国外在知识本体研究方面已经取得了一定的研究成果。需要注意的是，这些知识库虽然规模较大，但除 EcoLexicon 之外，其他多为通用领域知识库，并不是针对专业领域的。而在语言服务业中，翻译项目是与特定领域相关的，译者所需要的往往是某个特定领域的知识。因此，近年来，研究者开始关注专业领域知识库的构建研究，即构建领域知识库。本研究选取的是 ICT 分支领域——云计算，以此为例探讨可视化知识服务平台的构建与应用。

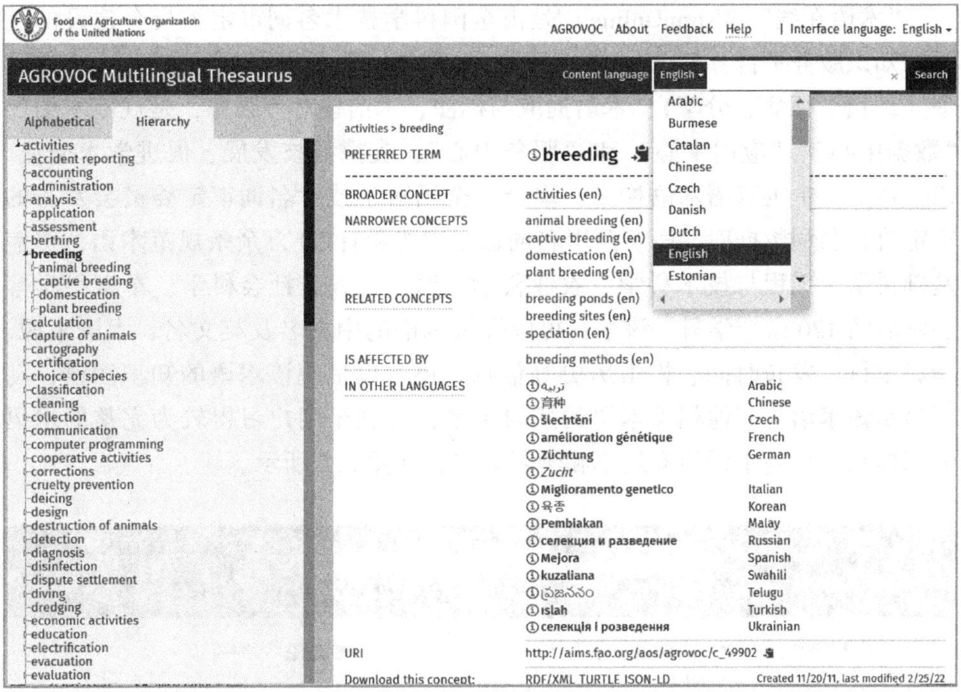

图 2.4　农业多语种结构叙词表检索界面

2.2.2　国内可视化知识服务平台研究

国内可视化知识服务平台研究与建设取得了初步成果，在理论分析、发展规划、技术支持等方面进行了探索。代表性术语知识库有知网 HowNet（中英双语）、CCD 中文概念词典（中英双语）、术语在线（中英双语）[①] 等。

HowNet 是董振东先生、董强先生父子前后耗时 30 余年标注构建的大型语言知识库，主要面向中文（也包括英文）的词汇与概念。HowNet 秉承还原论思想，认为词汇/词义可以用更小的语义单位来描述。这种语义单位被称为“义原”（sememe），顾名思义就是原子语义，即最基本的、不宜再分割的最小语义单位。在不断标注的过程中，HowNet 逐渐构建出了一套精细的义原体系（2 134 个义原）。HowNet 基于该义原体系累计标注了数十万词汇/词义的语义信息。

① 参见 https://www.termonline.cn/index。

“术语在线”（TermOnline）是由全国科学技术名词审定委员会建设的互联网知识服务平台，于2016年6月15日正式上线，可提供术语检索、术语管理（纠错、征集、分享）、术语提取与标注、术语校对等服务，是规范术语的“数据中心”、“应用中心”和“服务中心”，支撑科技发展、促进学术交流。该平台支持中英双语术语检索，聚合了全国科学技术名词审定委员会发布的审定公布名词数据库、海峡两岸名词数据库等累计50万余条规范术语，覆盖基础科学、工程与技术科学、农业科学、医学、人文社会科学、军事科学等各领域的120余个学科。该平台可以提供术语的中文名及英文名、术语来源、所属学科、发布时间、检索历史等信息，还可以呈现该术语的知识图谱，动态显示该术语与其他相关术语的逻辑关系，有利于用户习得较为完整的术语知识体系，提高术语检索效率和学习效果，如图2.5所示。

图2.5 “术语在线”检索界面

一些基础性研究也取得了进展。冯志伟较早提出基于本体的术语概念关系的构建，并在其专著《现代术语学引论》（2011）中指出：“术语学与知识工程的结合是一个令人瞩目的趋势，我们把传统术语学中基于概念的术语观（concept-based viewpoint）推进到基于知识本体的术语观（ontology-based viewpoint），用知识本体的理论和方法来研究术语，扩大了术语学的研究范围。”梁爱林（2007）从术语学和知识工程学的角度来论述术语知识工程学，在借鉴国外术语知识库发展的基础上，呼吁从国家战略发展的高度来构建我们自己的术语知识管理体系。从认知术语学观之，术语形成的过程就是概念化的过程，因而，术语不仅是语言单元，更是思维、知识和认知的范畴和单元，可通过范畴化和概念化的过程来揭示术语概念的知识结构，关注专业知识是如何在术语中体现的以及术语的概念认知属性是什么等问题（梁爱林，2009）。

贾君枝等（2010）基于框架语义学理论对 Framenet 的语义类型功能进行论述，对其概念关系表示方法进行研究，丰富了概念知识的表达手段。宋培彦、王星、李俊莉（2014）基于知识组织理论设计了统一的知识描述框架，对术语知识表示进行细粒度刻画，构建了专业术语资源。苏新宁（2014）从用户的知识需求出发，探讨了知识组织的理论、技术与方法，并注重各类知识组织的数据结构的设计。刘润泽等（2015）提出面向翻译的术语谱系化思想，认为要将术语置于概念系统中进行观察研究，并借助 CiteSpace 知识图谱分析工具对 equivalence 这一西方译学术语在中国当代译学语境中的谱系演化趋势进行可视化分析。苗菊、宁海霖（2016）对双语术语知识库的建设与应用进行了探索，展望了其在翻译数字化教学环境、语言服务业、人文学科科研基础设施建设等方面的应用前景。苗菊、牛军（2020）以“一带一路”倡议相关的术语体系为例，提出在中国政治话语领域应用谱系法构建政治话语双语术语知识库，服务于中国政治话语外宣翻译的需要。宁海霖（2020）论述了面向汽车工程领域的可视化知识服务平台建设理念与方法。李双燕、苗菊（2021）初步探讨了面向技术文档翻译的术语知识库建设理念、模型、原则、流程与方法等，为译者等语言服务人员提供术语知识检索与知识学习平台，助力企业跨语言跨文化经营。

国内学者还从翻译技术研究角度对知识服务平台的未来发展进行了展望。例如，宁海霖（2021）指出：当今的翻译技术工具已经由单一的文字符号转换工具发展为覆盖数字化翻译资源、计算机辅助翻译工具与自动翻译工具等多种类型，是兼具数据分析、信息匹配、知识习得、资产管理等功能的专业化、智能化、共享化的知识服务平台。因此，知识维度是翻译技术研究的重要着眼点，范围涵盖语料库语言学、术语翻译、词典编纂、自然语言处理、知识系统构建、知识可视化等许多关系紧密、相互交融的前沿研究领域。有鉴于此，能够整合语料库、术语库、关系库的多模态术语知识库可以为译者提供专业领域知识，降低专业壁垒，并为译者构建符合自身认知思维习惯和工作实践需求的高效个体化知识习得途径建立基础条件，促进人机协同发展（宁海霖，2022）。

可视化知识服务平台作为知识服务的基础资源，实现了对领域知识的有序化融合、集成、管理，形成知识结构框架，便于用户学习、交流专业知识。因此，可视化知识服务平台的建设是一项具有重要理论与应用价值的知识系统工程。当前国内针对可视化知识服务平台的研究基本处于理论构建和实验室研究阶段，尚未达到实践和应用程度，未来无论在理论层面还是实际操作与应用层面，仍需进一步深入探讨。

2.3 本章小结

国内外技术文档翻译研究与可视化知识服务平台研究在研究对象、内容、资源平台建设及译者对术语的认知处理等方面呈现出一定的特点。

就翻译研究对象而言，国内外谈论技术文档翻译时，对文本类型区分不够详细，有时将其与科技翻译并称。但两者实则不尽相同，不能一概而论，翻译研究应在一般理论的指导下，就具体的翻译对象进行专门研究，探索技术文档翻译研究的特殊理论。

就翻译研究内容而言，有两点值得注意。首先，翻译研究多关注文档的文本、文档读者及文档翻译工具，而对文档翻译的主体——译者着墨不多，例如译者思维过程、译者职业技能、译者学习需求、译者翻译焦虑等。技术文档翻译以用户为本，而以译者为中心。因为译者是翻译活动的实践者，是译文信息的传播者，是文档作者在目的语中的代言人，是语言服务业的骨干力量。虽然国内一批技术写作研究开拓者探讨了译者培养，但多限于课程设置方面的考量，对译者在翻译实践中的需求缺乏针对性的探究，这不能不说是一个遗憾。其次，翻译研究者注意到了技术文档翻译中的术语问题，如术语的不一致、术语与概念的不对等、术语难以理解等，不仅给译者带来翻译困难，也给读者带来阅读障碍。虽然研究人员提议通过术语库、知识服务平台等来解决此类问题，但目前使用的大部分是线性式的术语列表，现有的机器翻译（MT）软件与计算机辅助翻译（CAT）软件虽然具有术语模块和术语管理功能，但尚未成为真正意义上的知识服务平台，还需进一步对术语库进行拓展，将其建为既可以提供术语概念知识网络，又能满足技术文档写作、翻译及内容管理需求的平台。

就资源平台建设而言，国外在理论基础、操作规范和建库实践等方面较为成熟，已经建成了单语、双语及多语术语知识共享服务平台，融合了多个领域乃至多个国家的学者、机构的力量，术语知识涵盖范围广、学科分类全、术语条目信息丰富、逻辑关系表征清晰，发挥集成优势，形成了在国际上比较有影响力的人文社会学科科研基础设施。相比之下，国内学者及相关机构虽然从语言学、翻译学、计算机科学、认知科学等角度对知识本体、可视化知识服务平台进行了理论和实践探索，但整体上尚未达到成熟应用阶段，且以综合类平台为主，专业领域知识服务平台建设不够充分。未来还需注重垂直领域双语或多语术语知识平台建设，更好地发挥语言服务行业在国民经济发展与国家对外传播进程中的基础作用。

就译者对术语的认知处理而言，译者在翻译过程中，需要不断地对概念进行解码、转码与再次编码，并逐渐建立起概念与概念之间的联系，进而形成对整篇文档乃至整个知识体系的全面认知。根据认知术语学的观点，术语的形成过程本质上体现了人的认知过程，经历了范畴化、观念化和世界图景建构的连续过程。认知过程本质上是语言世界图景的建构过程。作为认知主体的人对现实世界（认知客体）进行反映，再借助语言指称对思维结果进行观念化处理。世界图景以现实、思维和语言三者关系为研究对象，这三个要素分别形成现实世界图景、思维世界图景和语言世界图景（李海斌，2014）。那么，构建可视化知识服务平台就需要符合译者的认知思维模式，形成译者领域知识的习得机制，通过译者的思维世界沟通现实世界和语言世界，充分利用多模态资源再造现实世界图景，从而建立起两个民族的语言世界图景与一个现实世界图景之间的投射和映现关系，达到翻译与传播的目的。

第3章 相关概念分析

研究伊始需要厘清与本研究相关的几个关键概念，如技术写作、技术文档、技术文档翻译、术语、知识本体、语料库和术语库。本章内容包括：第一，追溯技术写作的发展历史，辨析技术写作的多种概念与定义，指出技术写作的跨学科属性；第二，辨别技术文档中容易混淆的几组概念，分析技术文档的定义、类型、特征、构成要素，列举常见技术文档类型，并重点分析软件用户文档；第三，界定技术文档翻译，厘清有关技术文档翻译的常见认识误区，分析技术文档译者职业能力，并分析技术写作与翻译的相互联系，指出技术传播与翻译研究正趋于融合；第四，介绍术语的定义、术语结构及其特征等；第五，概述知识本体，分析概念与概念系统；第六，介绍可视化知识服务平台的前期建设准备环节——语料库和术语库的建设，为下文论述做好概念上和实操上的铺垫。

3.1 技术写作

本节通过历史溯源、词源辨析、内涵分析、近似称谓比较等，梳理了技术写作的名实关系，为本研究及今后相关研究扫清概念上的障碍。

3.1.1 技术写作的概念辨析

“技术写作”在发展过程中，由于涉及的范围比较广泛，逐渐被赋予了多种理解。经过翻译之后，在中文语境中对应的概念更加多样化，难免给相关研究带来困惑，因此有必要对此进行一番梳理，以便界定其在本研究中的概念范围。

技术写作由“technical writing”翻译而来（也有学者译为“英文技术写作”），不同领域的人士在引介过程中因其职业背景、实践经验或理解的不同，往往会选用不同的词语来翻译，分歧集中在“technical”上。根据《柯林斯英汉双解大词典》的释义，“technical”作为形容词表示在特定领域或职业中使用的、专门化的，与实践、工业或应用科学的技术与过程相关的事物，对应的中文有“技术的、技巧的、专业的”。译介时有的学者取其“技术的”义项，译为“技术写作”（胡清平，2004；苗菊、高乾，2010；王传英、王丹，2011）；有的学者取其“专业的”义项，译为“专业写作”（段平、顾维萍，2010）；有的学者在汉语语境下找相似称谓，如译为“实用文体写作”（徐昉，2012）；还有学者根据其工作内容使用其他名称，如“信息开发”“语言方案”等。笔者认为“专业写作”更准确，既能涵盖“技术”，又能包含其他类型的职业写作，如业务信函等常用专业文件的写作。

相应地，“technical writer”也有多种称谓，如技术文案、技术写手、文档工程师、信息工程师或技术传播师等。笔者曾就此咨询过瑞典的一位专业技术写作人士，了解到国外对“technical writer”的称呼也不一致，具体包括“information designer”“information engineer”“technical documentation expert”“documentation specialist”。虽然职位名称不同，但工作内容基本相似，国内外情况大致如此。

这就出现了“实一而名多”的局面，名多易乱实。格尼奇·马鲁卡等（Gnecchi Marusca et al，2011）对此有过精辟的论述：“称谓繁多导致技术写作（技术传播）这一职业认可度较低，容易令人困惑不解，甚至还会降低多语言文本的质量。”此外，名称不一还会给研究带来一定局限，如果不了解其他称谓，容易遗漏一些重要文章。比如，王育烽、陈智淦（2013）曾统计中国知网上“关于技术写作的论文至今发表不足10篇”，尽管目前我国的相关研究还处在起步阶段，但当时已发表的论文不止10篇。若仅以“技术写作”为检索内容，冠以其他名称的文献自然检索不到。正所谓“名正则言顺”，统一名称是研究的起点，名称统一是研究顺利进行的保障。目前业内人士常以“技术写作”和“文档工程师”分别指称“technical writing”和“technical writer”。本书也选用这两个称谓，但并不排斥其他说法，有时为了叙述方便，也兼用其他表述方式。本节对“技术写作”的概念进行辨析的目的不在于比较各名称的优劣，只为将各家之言囊括进来，避免“因名废实”而将国内本就稀缺的宝贵研究资源拒于门外。

技术写作的多种称谓其实已经暗含其定义的多样性，不同机构、不同学者从不同角度进行了解释。同技术文档有广义与狭义之分一样，这里由于“技术”对应的英文“technical”兼具“技术的”与“专业的”两种意思，所以就有了不同的理解，如果仅从技术方面进行定义，则是狭义的理解；如果延伸到其他领域，则是广义的理解。

技术写作是技术传播的书面表现形式，后者广泛存在于各种技术行业或领域中[①]。杰·古尔德和韦恩·洛桑（Jay Gould & Wayne Losano，2008）认为：“技术写作是指需要特定技术领域的专门知识来完成的写作。”技术写作并不仅仅是关于技术的写作，虽然最初它是为传播工程技术信息服务的，但经过一个多世纪的发展，已经延伸到各个领域。弗雷德·怀特（Fred White，1996）认为：技术写作旨在“传播任何领域（尤其是工业）的专业信息，以帮助技术人员、技术管理者、产品拥有者、使用者及科技研究人员完成特定工作”。“技术写作不是目的，而是达到目的的手段。之所以称为技术文本，是由于其实用性与专业性。”因此，威廉·普费弗（William Pfeiffer，2006）将技术写作与商务写作、职业写作等看作同一种写作形式。马林（2007）的定义则更加宽泛：“技术写作是为了特定的目的向特定读者群体传递特定信息的一种写作。”

从这些定义可以看到，技术写作并不局限于“技术”二字，而是指各行业中的专业化工作内容，即使该工作内容与传统的“理工科技术”并不直接紧密相关，仍可被视为其职业领域中的专业信息（张鸰，2012）。因此，可以认为技术写作是从业人员在职业环境下从事的专业信息书写与分享的过程。

技术写作可以分为5个阶段：确定目的与受众、搜集信息、组织构架信息、起草初稿和编辑修改。其实对于技术写作人员来说，写作只是水到渠成的事情，最难的还是写作之前的准备，其中最主要的就是学习。根据笔者的实习经历及调研结果，技术写作者80%以上的时间都用在学习上，重点是学习产品信息。一款产品通常需要经过设计、研发、测试、文档写作、本地化（投向国际市场的产品）等几个环节。这几个环节的先后顺序只是从逻辑上而言的，实际工作中，通常不是顺次展开的，而是并行的，是一种敏捷开发模

---

① 参见维基百科：https://en.wikipedia.org/wiki/Technical_writing。

式（agile developing model）[①]，这样有利于及时发现问题，及时修订，节约时间，提高质量。

一份优秀的文档一定是建立在对产品的透彻了解基础之上的，写作者掌握的专业知识越多，写起来越得心应手。因此，对文档比较重视且有条件的公司，在产品理念设计阶段就会安排文档写作人员介入，参加各种产品培训会议、用户分析会议等。熟悉了产品设计理念、明确了用户需求之后，写作者就可以设置优先等级，分步骤搭建文档框架，并请研发人员或产品经理审校，沟通细节。所以，整个写作过程既是一个学习的过程，也是一个沟通的过程，对写作者的学习能力和交际能力都是一个考验和进步的机会。

技术写作称谓的多样化使得人们常常将技术写作与科技写作相混淆。“技术写作”与“科技写作”是一对近义词，多被相提并论。马林（2007）认为技术写作包含科技写作：“一提起技术写作，人们往往把它等同于科技写作。其实，科技写作只是技术写作的一个方面，虽然它是一个重要方面。技术写作包括各行各业所需要的各种书面交流——不管是在商业、工业或其他什么行业。”而中兴通讯学院（2013）所持的观点正好相反，认为科技文档分为科研文档和技术文档，前者用于学术研究与传承，后者用于产品研制与使用，“技术文档从属于科技文档，技术文档偏重实践经验、操作方法的介绍，对实际生产生活具有较强的指导意义”。这两种说法似乎矛盾，但却是在不同意义上使用技术写作：前者将各行各业的各种写作形式都纳入技术写作范畴；后者则将其看作产品生产领域的组成部分，与生活实践紧密相连。我们可以将前者看作广义的理解，将后者看作狭义的理解，这样两种说法就都能够逻辑自洽了。

无论使用广义的概念还是狭义的概念，无论称它为技术写作、专业写作还是应用写作，无论强调它的专业性、技术性还是人文性，其核心是不变的，即技术写作是以专业信息为内容的。由于各行各业都会涉及专业信息，因此，技术写作与大众工作生活、企业生产、国际交流等都紧密相连。厘清技术写作的历史渊源及名实关系，有助于我们从中国本土出发，更加全面客观地探索技术写作的研究价值、实践价值和教育价值。

---

① 敏捷开发是指在软件开发过程中，以用户需求为核心，通过组织内各职业部门之间的协作，不断优化解决方案。其特点是循序渐进、提早交付、持续迭代，且可以灵活快速地应对变化。

3.1.2 技术写作的历史概述

广义上的技术写作其实可以追溯到亚里士多德，他提出的演讲者、听众和内容三要素是对信息传播过程的提炼和抽象，为后来的传播学奠定了基础。虽然不少研究者认为，西方第一份完整的技术文档应当是中世纪英国文学之父杰弗雷·乔叟（Geoffrey Chaucer，1343—1400）于1391年所撰写的《占星论》（A Treatise on the Astrolabe）（Freedman，1961；Basquin，1981；Ovitt，1981），但哈格（Hagge，1990）则认为《占星论》并非第一本技术文档，在此之前以及与其同时代的还有许多技术文献。他同意布洛克曼（Brockmann，1983）的观点："不应将技术写作的起源归于某个'英雄式'人物，而应看到在技术传播漫长的发展过程中，同时为之做出贡献的那些名人和普通人。"哈格将传统技术写作的发展划分为三个重要时期：古英语时期（450—1100）、中世纪英语时期（1100—1500）和文艺复兴时期（1400—1600）。与乔叟的《占星论》同时代的中世纪文档还有关于算术、音乐、军事、烹饪、航海、捕鱼、狩猎及其他领域的操作手册。到了文艺复兴时期，技术文档从天文和医学领域扩展到航海、渔业、养蚕、养蜂等多个领域。若上溯到古英语时期，依然可以看到具有技术写作特征的专著，比如欧洲语言中最早的医学著作《伯德医书》。该书描写了疾病的原因、症状、治疗方法等。《占星论》的许多写作特征都能在这部著作中体现出来，比如：注意读者接受程度，设有详细的目录和大纲，每一章的前面都有内容简介等（Voigts，1979；Cameron，1983）。因而，哈格呼吁学术界深入挖掘古英语时期的文献，再现技术写作起源的历史原貌。

现代意义上的技术写作源于美国19世纪60年代对工程师教育变革的需要。当时工程师社会地位较低，仅仅被看作"接受过某种特定培训的工人"（Kynell，1999）。为改变这一现状，一些教育者建议改革课程系统，提高工程师的人文素养。这一改革由工程教育协会于1893年领导实施。改革之后增设了作文这一必修课，并辅之以文学课。但作文课程不过是一个句型、修辞和练习的大杂烩（Kynell，1999），文学课程与学生工作实践脱节，因而这两门课程并不能像预期的那样提高工程师的文化素养，不能改变其社会地位。1910年左右，一批教育者又提出了新的改革方案，一方面在英语教育中加入工程师现实工作所需要的写作内容，另一方面减少作文和文学课程内容，代之以工程师职业写作练习，从而将英语与工程专业结合起来，这就是今天的工程英语（Engineering English）的雏形。

掀起这场教学变革的领军人物是被称为“技术写作教学之父”（Father of Technical Writing Instruction）的塞缪尔·厄尔（Samuel Earle）。1911 年厄尔的《技术写作理论与实践》（*Theory and Practice of Technical Writing*）问世，这是第一本真正意义上的技术写作教材，是厄尔自 1904 年以来教授工程英语课程的结晶。厄尔提出的技术写作原型课程，注重培养四项语言能力：

一是陈述能力（narrative）：将抽象思想转变为文字的能力；

二是描写能力（descriptive）：描述一项不在眼前的物体的能力；

三是定向能力（directive）：针对不同读者写作的能力；

四是阐释能力（expository）：在写作中充分理解并详尽阐述概念的能力。

可见，厄尔对技术写作的探讨基于“表达方式”（modes of discourse）（Connors，1982）。为了获得理想的信息传播效果，技术写作人员需要掌握足够的专业知识，并且要学会使用多种传播技巧。时至今日，传播技巧的学习依然是技术写作课程的重点，如可用性测试（usability testing）、受众分析（audience analysis）、桌面排版（desktop publishing）等。

两次世界大战为美国带来重大发展契机。20 世纪 30 年代末，兵器生产与科技发展为制造业带来大量就业机会。然而，由于军事技术日益复杂，许多工人没有技术背景，无法进行生产；战地人员不懂技术，无法使用军事设备，因而需要把复杂的技术传授给不懂技术的人。这对于仅仅接受过少量写作训练的工程师来说，是一个极大的挑战。有些部门开始雇用技术写作人员专门负责文档撰写，自此，技术写作获得了独立的学科地位。

第二次世界大战后，随着科学技术的不断更新，技术写作得到了快速发展。截至 20 世纪 50 年代中期，美国几乎每个院校都开设了技术写作课程，64%的工科院校把技术写作作为高年级学生的必修课；专业的技术写作部门先后出现于通用电气、通用汽车等国际大型企业。在内容方面，除传统的内容写作之外，还逐渐向架构设计、桌面排版、绘图等方面扩展。“技术写作”这一称谓已经无法涵盖日益丰富的业务类型，逐渐被“技术传播”（Technical Communication，TC）所代替。许多技术传播组织也相继成立，目前全球最大的一个是美国的技术传播学会（Society for Technical Communication，STC）。20 世纪 80 年代，许多高校开始设立技术传播研究生层面的专业课程，仅美国就有多所高校开设了技术传播或技术写作专业，从本科到硕士再到博士，形成多层次技术传播人才培养体系①。20 世纪 90 年代后，互联网的普及加速了社会经济全球化进程，顺应新市场、新产品、新用户的新专业方向不断出现。技术传播研究内容更加宽泛，或研究某种特定的传播媒介，如联机文档；或研究特定应用传播领域，如文档设计、可用性工程等。在 STC 学术机构数据库正式登记的、可授予 TC 专业学位的高校共有 151 所，其中包含 60 个硕士层次专业、18 个博士层次专业，此外还有许多 TC 辅修专业或非学历项目。这些成果见证了 TC 在美国教育体系里从萌芽、成长到成熟，从边缘学科走入主流学界的过程。

就国内而言，虽然技术写作作为一个专门的职位，其历史较短，但相关实践最早可以追溯到 3 000 年前的《易经》（Ding，2003），之后《皇帝内经》（Ding，2014）、《天工开物》（Ding，2010）、《梦溪笔谈》（Zhang，2013）等从不同方面为大众日常生产生活提供了指导。此外，我国古代多个领域的典籍中都蕴含技术传播的智慧，比如《墨经》（自然科学）、《浑天仪图注》（天文）、《齐民要术》（农业）、本草纲目（医药）、《武经总要》（军事）、《水经注》（地理）、南方草木状（植物），以及航海、饮食、音乐等多个领域的历史文献，包含大量专业术语知识，亟待深入挖掘研究。这些典籍的知识呈现方式对今天我们从事技术写作具有较高的参考价值。古人如何学习领域知识、解释专业术语、实现专业知识的传播，促进或阻碍技术文档发展的因素有哪些，对这些问题的探索将有助于我们从历史中汲取经验，以史为镜，反哺当下。

术语工作不是只在翻译阶段进行的，而是贯穿于整个全球化产品的开发过程（刘明，2013）。技术写作作为技术文档翻译的上游环节，术语使用是否得当、专业知识表达是否清晰，直接关乎文档翻译质量。有时原语文档不知所云，译者还需要进行改写，这种情况屡见不鲜。因此，技术写作与技术文档翻译紧密相连、不可分割，开展可视化知识服务平台研究工作不能绕开技术写作。由于技术写作在国内属于新兴事物，相关研究不多，因此本研究对其历史、概念等进行了梳理，将技术文档翻译研究放在一个知识生产与传播的连续体中进行宏观描述，从而明确可视化知识服务平台的应用范围。

① 1993 年，技术传播学会（STC）对技术传播专业进行了调查，结果显示，美国共有 203 个技术传播专业（或技术写作等相关专业），其中包括 11 个博士专业（徐奇智、王希华，2006）。

3.2 技术文档

本研究对术语、术语知识库及翻译的探讨都是围绕技术文档展开的，这是本研究的核心概念之一。因此，有必要全面深入地了解技术文档，包括其定义、类型、特征、构成要素及常见文档类型等。

3.2.1 技术文档的概念与类型

如何定义“技术文档”（technical documentation），至今尚没有一个统一的说法，分歧主要在于对“技术”二字的理解上。根据《柯林斯英汉双解大词典》的释义，“technical”作为形容词表示在特定领域或职业中使用的、专门化的，与实践、工业或应用科学的技术与过程相关的事物，对应的中文有“技术的、技巧的、专业的”。可见，这里的“技术”除了我们平时理解的科学技术之外，还可指与专业相关的知识。如果说机械制造、计算机、生物科技等是“技术”，那么烹饪、游泳等涉及专业知识的活动也可以是技术。所以，阿金吉·奥克塔伊（Akinci Oktay，2011）指出，“技术”一词不仅涵盖计算机和电子，也包括木工、管道、汽车修理、发型设计、烹饪和按摩疗法等。这种理解比较宽泛，在本研究中，我们将其限定在通常所理解的技术意义之上（参阅本书3.1部分对“技术写作”定义的具体分析）。

此外，“文档”（documentation）的含义也在逐渐扩大。传统文档一般为纸质型，比如产品说明书、用户手册、商业文件等。随着计算机技术与多媒体技术的发展，为了便于携带、存储、随时查阅文档，也为了节约生产成本，更为了满足大众对多模态信息的需求，各种多媒体文档渐成主流，比如电子文档、图片、视频、音频等，传统“平面”式信息表达方式正逐渐向“立体”化方向发展（徐奇智，2015）。不论文档形式如何，其作用主要在于说明产品，帮助用户更好地使用产品完成目标任务。所以，人们常将技术文档称为产品说明书。例如，微软公司（1998）就将技术文档定义为“与程序或硬件一起交付的一套操作说明”，这也许是目前最为简洁通俗的一个定义。霍顿·阿利科（Houghton Alico，1985）的解释较为详细：“技术文档是对某款特定软件程序或由多种程序组成的系统的目的及使用方法进行解释、描写和定义。”可见，无论繁简，两者都是从文档与产品的关系来谈的。本研究认为技术文档是一座桥梁，这端连着产品，那端连着用户，定义应该兼顾两者。

据此，尝试将其定义为：技术文档是指与产品信息相关的文档，比如产品附带的说明书、用户指南、软件在线帮助文档等，主要是为产品使用者提供产品介绍、操作步骤及常见问题处理等信息。也许这种解释并不太成熟，但可以作为本研究的一个工作定义。

在本书 1.3 部分探讨文本类型理论时已经提到了技术文档的分类，除方梦之对技术文档进一步区分外，其他学者大多从整体上探讨技术文档，或将其归入呼吁型，或将其归入信息型。实际上，技术文档包含的种类极为多样化，不宜一概而论，应从不同角度进行细分。

（1）根据技术写作者及受众的技术背景划分

全美作者联盟（National Writers Union，NWU）将技术文档分为三类：①传统技术文档。传统技术文档的受众是具有技术背景的人员，写作者往往需要丰富的技术知识才能撰写维修手册、科技论文、编程指南、技术说明等。②技术教育。技术教育是向没有技术背景的受众传授技术信息。写作的文档包括硬件和软件手册、系统管理指南、产品入门指南、影响报表等。写作者并不需要很多技术知识。③技术营销。技术营销是指为公司撰写销售材料、公司内部交流材料等。写作者需具备与文本读者一样的技术背景以撰写规格说明、小册子、简报等。

（2）根据文档的功能划分

目前业界多从文档功能角度将其分为三类：①研发文档。研发文档是产品研发过程中供专业工程师使用的文档，它详细记录产品的研发目的、开发阶段、研发时限等，方便项目成员了解工作目标、进度，促进成员之间互相沟通。②管理文档。管理文档是供管理人员使用的文档，包括测试报告、项目开发总结报告等，供普通用户、技术支持工程师、售后服务人员等使用。③用户文档。用户文档是产品发布后交付用户使用的文档，如使用指南、维修手册等，供普通用户、技术支持工程师、售后服务人员等使用。该类文档的目的在于帮助用户了解产品、执行操作、解决难题，是沟通产品与用户的桥梁，也是产品软实力的重要组成部分。其中，前两类也可以统称为内部文档，即面向企业内部人员；最后一类属于外部文档，即面向产品终端用户。

其实这两种划分方法中的三类文档是一一对应的。传统技术写作产生的是研发文档，技术营销产生的是管理文档，而技术教育产生的是用户文档。这三类文档都会在不同程度上涉及专业概念及术语，因此，无论写作还是翻译，都将从可视化知识服务平台中获益。本书所探讨的技术文档涵盖上述三类，但以用户文档为主，问卷调查、双语文档搜集、可视化知识服务平台构建等都是基于用户文档进行的。

在这几类文档中，对用户来说，比较重要的内容包括：①产品信息说明，比如参数表，可以影响客户的购买决定。②常见故障处理，客户通常遇到问题时才会看文档。③操作说明，客户参考文档完成产品操作，尤其针对复杂的产品①。

各类技术文档虽然在对象、适用范围、内容专业程度、写作风格等方面存在差异，但它们具有一个共同的特征，即以用户为中心，在正确的时间以正确的方式提供正确的信息，从而使人们的生活更加简单高效。例如：软件指南帮助用户更加独立地成功使用产品，使产品更容易进入市场，降低支持成本；医疗指南帮助患者和陪护人员管理治疗过程，帮助患者早日康复，降低器械不当使用带来的成本与风险；功能说明和提议有利于不同专家组之间有效沟通，加快研发循环，减少误解引起的重复工作及沟通不畅带来的风险；培训项目可以提高员工技能水平，为员工带来更多从业机会，也使企业和产品更加高效安全；设计精良的网站使用户查找信息更方便，提高用户对网站的访问量和满意度；专业图示清楚呈现产品的操作步骤或部件组成，使用户高效快捷地完成任务。从中可以看出文档的双重作用：方便用户获得并使用信息，帮助企业实现预定目标。从这个意义上讲，技术文档反映了产品品牌形象，代表了企业的软实力。

3.2.2 技术文档的特征

作为一类应用文体，技术文档具有自身的特殊性，下文先从总体上进行分析，然后详细探讨其术语的特点及对翻译的启示。

技术文档的特征可以从内部与外部分别进行审视：内部特征主要是指词汇、句法、段落和篇章层面；外部特征主要是指文档目的、对象、功能等。

先来看内部特征，主要从词汇、句式与篇章来谈。

词汇方面，技术文档使用的词汇大多比较专业，术语较多，词汇意义较明确，不用生僻词、复杂词、俗语、俚语，不使用表示程度、语气的词汇，如大约、好像等。简言之，即文字严谨、语句简练、语言易懂。

---

① 参见科多思技术传播社区微信平台发布的一项关于文档使用情况的调查，http://mp.weixin.qq.com/s/Wr5Yy8fxCppaxQaoH0UJQg。

句式方面，技术文档文约义简，多使用简短句，不用长难句；多用主动语态，较少使用被动语态。

篇章方面，技术文档大多篇幅不长，且一个段落只有一个中心（中兴通讯学院，2013），段落结构清晰，方便读者查找；技术文档的篇章信息架构应符合读者的逻辑思维习惯及阅读习惯；使用合理的导航手段，比如目录、列表、字体、颜色等，以方便读者理解和查找所需信息。

再来看外部特征。丽贝卡·伯内特（Rebecca Burnett，2001）认为文档具有信息性、语境性、目的性、受众性、文本组织性、视觉性和可用性等七大特征；中兴通讯学院（2013）将其概括为四点：针对性、专业性、功能性以及规范性；迈克·马克尔（Mike Markel，2012）在《技术传播》（*Technical Communication*）一书中，总结了文档的六个特点：有特定的读者、帮助读者解决问题、反映公司的目标与文化、协同创作、使用设计增加可读性、包含文字或图像或兼而有之。可以看出各种观点其实大同小异，本书以此为参考，同时兼顾其他学者的观点，总结了技术文档的七个特点。

第一，技术文档具有明确的读者对象。写作之前需要充分考虑不同读者群体的特征，比如年龄、性别、职业、产品使用经验、使用目的、文化背景等，从而在文档架构设计、信息简繁程度、术语使用多少、措辞表达等方面符合读者需求。用户分析做得越详细越全面，文档越有针对性。

第二，技术文档的目的在于帮助用户解决问题。要明确技术文档不是目的，而是达到目的的手段，比如我们阅读手机说明书，是为了使用它的某种功能，如怎么处理照片。因此，“技术写作不为表达作者的创造性，也不为取悦读者，而为帮助读者学习或完成一些任务”（Markel，2003）。简言之，技术写作以技适人，即让技术为人服务。

第三，技术文档反映公司的目标与文化。技术文档的创作方式是决定其性质的重要方面。公司的性质、文化、目标与结构都体现在文档之中。例如，制度严格的公司更倾向于使用正式文件进行员工交流，而非邮件之类的非正式文本。

第四，技术写作需要团队协作。这是由技术文档的创作流程决定的。从专业的技术文档开发角度来看，真正意义上的高质量技术文档的开发是一个复杂的流程，包括需求分析、架构设计、文档写作、质量控制、文档发布、文档交付、文档维护等环节（中兴通讯学院，2013）。在此过程中涉及文档工程师、图像编辑师、领域知识专家、设计师、可用性专家及翻译人员（针对全球用户）等。因此，相关人员沟通顺畅才能保障文档的最终质量。但在一些小型公司或任务紧迫的情况下，文档工程师往往需要承担多个角色的任务，使工作愈加复杂。

第五，技术文档使用设计手段提高可读性。文档信息架构应符合读者的逻辑思维习惯，使用合理的导航手段，比如目录、列表、标题、字体、字号、颜色、间距等，使文档看起来更专业、更富有吸引力，方便读者理解和查询所需信息。比如，产品手册中的安全信息采用不同的字号和颜色以突出显示，读者很容易理解其重要性。

第六，技术文档图文并茂。大多数技术文档包含文字和图像。“一图胜千言”，图像有助于吸引读者，阐明复杂的概念或操作流程，呈现大量数据统计信息，还可以跨越语言障碍。有些产品文档甚至全部由图构成，如宜家家居的文档；有些民族更喜欢看图而不是文字，如日本。“以图代文”已经超出了“写”的概念，赋予技术写作更多的内涵。这就对文档工程师提出了更高的要求，除文本编辑工具（如 Office Word）之外，还要学会一些常用图像及视频制作软件，如 Photoshop、Office Visio 等。

第七，技术写作具有规范性，需遵循一定的标准或风格指南。目前国际上已经出台了多种写作风格指南，如《芝加哥风格手册》（*The Chicago Manual of Style*）、《微软风格手册》（*Microsoft Manual of Style*）等，从语言、语法、标点、形式、结构、数字、度量衡、术语、索引等各个方面规范文档写作，确保内容准确、风格统一，同时降低全球化与本地化成本。因此，遵循写作规范是从源头上确保技术文本质量的重要举措①。

其中，前两点（受众与目的）是技术写作区别于其他写作类型的最大特征（Markel，2003）。从技术写作产生之初，厄尔就强调要了解目标读者，因为“技术交流的核心是人与人之间的交流”（Markel，2003）。无论哪类技术文档，无论写作时使用哪些设计手段，遵循哪些写作规范，其目的都是帮助读者进行决策、解决问题、提高阅读体验与使用体验。卡洛琳·米勒（Carolyn Miller，1979）早就呼吁将人文因素作为技术文档的内在特质，在科学与人文之间找到平衡点。之后不少学者对此进行了深入探讨，保罗·东布罗斯基（Paul Dombrowski，1994）还将相关研究编成文集；玛拉娜·科

① 在知识库构建过程中，也将上述国际上比较权威的技术写作规范包含在内，以便译者翻译时参考。

(Marlana Coe, 1996) 则出版了专著《技术传播中的人文因素》(*Human Factors for Technical Communicators*), 对文档的人文元素进行了全面系统的分析。这体现了技术写作立体的、跨学科的特性。因此, "若要胜任技术写作工作, 只擅长写作还远远不够, 技术写作需要 1/3 写作能力、1/3 问题解决能力与 1/3 服务受众的能力" (Rutter, 1991)。概言之, 技术写作以专业知识为内容, 以人文关怀为旨归, 促进专业信息有效传播。

此外, 技术文档与其他应用文献的一个很大的区别还在于它是依附于产品的, 没有产品就没有文档, 或者说没有产品, 文档就没有存在的价值与意义。虽然产品的设计者力图提高产品可用性, 让用户在使用产品时尽量不用文档, 也就是说产品设计的终极目标是 "零文档", 但在产品购买、使用、维修到回收的整个生命周期都离不开文档。因此, 无论写作人员还是翻译人员, 面对文档时, 仅仅眼中有文档是远远不够的, 还要脑中有产品、心中有用户。

对技术文档词汇层的探索一直是本地化翻译人员工作的难点, 要达到术语概念意义上的对等实属不易。张凤 (2011) 指出: "在本地化用户文档翻译过程之中, 最可能给翻译人员在语言理解以及文字转换过程造成困难的就是术语的翻译问题。" 技术文档中使用了大量的简单动词, 这类动词一般不会给翻译造成困难, 比较棘手的是名词和名词短语。张凤根据技术文档中术语的来源与结构特点将其分为四种类型: 旧词新用型 (例如 menu)、复合型 (例如 software)、缩略型 (例如 CD) 及省略型 (例如 Max)。不同类型的术语给译员带来的翻译问题不同: 旧词新用型术语不容易在译入语中找到概念上的对等词, 复合型术语容易理解却不易表达, 缩略型术语的处理方式不太容易, 省略型术语相对比较易于理解和翻译。

一篇文档的翻译质量既可以通过语言要素 (比如语言的风格、语法) 来衡量, 也可以通过术语的正确使用来评判。术语知识对翻译的重要性已经在全球范围内得到一致认可, 国际标准化组织已出台相关标准。例如, 《面向翻译的术语》(Translation-Oriented Terminology) (ISO 12616: 2002) 对翻译工作中术语的特征、术语信息管理、术语参考信息及来源的鉴别、术语数据条目建构原则、术语数据库构建要求及术语信息交换要求等做出了详细规定。

译者在翻译过程中, 需要记录术语信息以便今后使用, 专业领域文档翻译人员对记录、检索术语信息的需求日益迫切, 高质量的术语知识可以节省译者时间, 提高翻译效率。大量的翻译实践证明, 术语工作为译者带来了诸多裨益，主要表现在：系统地记录术语信息；保持术语始终统一；更好地处理多语文本。通过将术语信息系统化，译者可以改进翻译质量，提高翻译产能，优化翻译服务。收集术语信息时做到条分缕析，有助于译者记录、复用自身专业经验，促进译员个体、翻译团队、翻译部门乃至翻译企业之间的合作。

为了更好地辅助翻译，译者需要搜集的术语信息往往非常广泛，远远超出传统意义上储存在知识服务平台中的信息。面向翻译的术语学不仅关注术语的形式（比如术语、称谓及特定符号），还关注措辞、语境及标准的文本片段。因此，面向翻译的术语知识需要按照预定的统一格式储存与文本相关的术语信息，确定术语的数据类别，每个术语条目都应按既定的数据类别录入信息。

识别文本中所包含的术语信息时，需要遵守既定的标准。一旦信息提取出来，就要尽可能地通过可靠的权威来源进行审视并备案。难以获取权威来源时，译者需咨询领域知识专家，确保术语信息得到充分翻译。

3.2.3 技术文档的构成要素

技术文档作为一种应用文体，有其自身的写作体例和文本结构，一般包含 10 个部分。

（1）标题（headings and titles）

一篇文档通常被分成不同的片段，这些片段有时又组成不同的章节，标题就是用来标记这些章节或片段的。标题有利于读者迅速把握文章的各级主题，尤其是在阅读长篇文档时，通过浏览标题可以跳过自己不需要的内容，节约时间。写作人员则可以通过标题来谋篇布局，使文章更富逻辑性。写作或翻译标题时需要注意以下几个方面：

- 一般使用名词或名词短语，但对于程序类标题（procedure headings），多使用动词的-ing 结构或动名词，如 creating an account；
- 相同级别的标题一般使用平行结构，即结构与措辞尽量在风格上保持一致；
- 避免“孤立”标题（lone headings），即同一级别中只有一个标题，比如二级标题下面只有一个三级标题；
- 避免“层叠”标题（stacked headings），即两个标题之间没有任何文本；

- 为了不引起误解，在正文中应避免使用代词指代标题的内容，例如：

正确：Monitoring the Status

To monitor the status, the feedback…

错误：Monitoring the Status

This is a critical task.

- 英文标题的开头避免使用冠词，例如：

正确：Status Check Alarms

错误：The Status Check Alarms

- 一页的末尾避免放标题，一个标题下面至少应该有两行文本。所以，如果该页空间不足，宜将标题放在下一页。

（2）列表（lists）

“列表”是信息组织的有效方式，可以使信息一目了然，方便读者阅读。列表可以由一系列单词、短语或短句组成，采用平行结构。一般列表之前会有一句介绍性语言，用于引出列表的内容，此时应注意冒号前面不宜直接用动词，例如：

正确：The advantages are as follows：

错误：The advantages are：

（3）图（graphics/figures）

这里的“图”统指图片（pictures）、图形（diagrams）和插图（illustrations）等。在技术文档中，图可以用来辅助说明文字信息，使内容更加清晰明白，增强文字的可读性。有的文档甚至全部由图构成，不着一字，尽得其意，因而有“一图胜千言”之说。文档中的图可由产品研发部门提供，或者由专业的制图人员来做，有时也需要技术写作人员亲自做。这也对技术写作人员提出了更高的技能要求。而到了文档本地化阶段，图又成了翻译的难点，因为有些机器翻译软件或计算机辅助翻译软件难以准确识别并转化图中的文字，这就需要译员进行人工处理，有些复杂的图则需专业制图人员进行本地化。这里的本地化主要是对图中的文字进行语言转换，通常文档中的图会包含介绍性文字、图像标题、图中文字描述等。使用图时需要注意：图必须呈现客观现实，准确无误；图要适合文档，适应读者需求；图中的内容要与文本有关；图尽量简洁易懂；同一文档中的图标签在格式上要统一。

（4）表（tables）

文档中有些内容通过文字难以表达清楚，而表则可以使内容一目了然。

与文字内容相比，表的优点在于：以较小的空间呈现大量事实/数据信息；表达方式更加简明；将数据放在行和列中，便于分析。与图相似，表会有一个序号，各个表按顺序排列，正文中提到某个表时，提及其序号即可。表中包含表标题、行标题和列标题等，标题一般使用名词短语，标题的字体、大小、首字母是否大写等需要保持统一，不同企业的具体规定不尽相同，有的企业规定表标题首字母大写，有的则要求全部字母大写，只要同一企业内部文档保持一致即可。

（5）注（notes）

注一般比较短小，由一两个句子组成，突出显示那些比较重要又容易被忽略的信息，因而，它具有节约空间、引起注意和突出重点等作用。使用注时，切记不宜过多，太频繁就失去了意义。注的内容力求简短，不能与前文内容重复，也不能与警示类信息相混淆。两个或多个注不宜放在一起，如果同一个注中需要强调两个或多个信息项，宜将其分为不同的段落来写。

（6）警示（admonitions）

警示用来突出显示重要信息，帮助读者注意潜在的危险，避免使用不当而损坏产品，造成财产损失甚至人身损失。根据警示内容的严重程度，可将其分为5个等级，由重到轻依次为：危险（danger）、警告（warning）、注意（caution）、务必（do）和禁止（stop）。上文提到的注与警示容易混淆，两者的区别在于：前者重在提供信息，比较简短；后者重在规避问题，比较醒目。前者可以忽略，但后者不可小觑。与注相似，警示的内容务必正确，不宜过多使用，否则会削弱其影响力，而且一般要置于相关文本之前。

（7）索引（index）

根据《英国索引标准》（*The British Indexing Standard*）的定义，索引是“对条目的有序排列，以帮助读者定位文本信息”（BS 3700：1988）。索引在纸质文档中的作用很重要，但在电子文档中作用不太大，因电子文档支持在线检索、超链接等，方便用户查找所需信息，而且更加快捷高效。可以建立索引的内容有很多，比如缩略词、别名、同义词、命令、概念、图表、术语、章节标题、度量单位等。制作索引是非常有讲究的，需注意条目层级、按字母排序、大小写、交叉引用、标点、字体等多个方面。

（8）术语（glossary）

术语是指该文档中需要给予进一步解释的词汇或短语，多置于文档结尾、索引部分之前。术语一般包含专业术语（technical terms）、首字母缩略词、缩写词及需要向读者解释的其他术语。制作文档术语时，需要注意：术语应按一定顺序排列（按数字顺序排或按字母顺序排）；术语表中的术语与正文中使用的术语应完全一致，包括大小写，即正文中大写的，术语表中也大写，正文中小写的，术语表中也小写。

（9）相关法律信息

文档需注明版权信息、声明及商标。

（10）其他信息

除上述信息之外，文档有时还包括参考文献列表，多用于纸质文档，置于术语表后面、索引前面。此外，还需注明文档的写作者、修改者、版本信息等。

了解文档的组成要素及其写作要点有助于译者更好地把握各部分翻译特点，比如在翻译文档的警示信息时，务必客观，拿捏准确，措辞得当，否则可能会因为表述不当引起消费者对产品的误解、误用，给产品或用户自身造成不必要的损失。

3.2.4 典型技术文档举例

技术文档涵盖的类型非常广泛，从求职信、推荐信、申请书到日常生活用品的说明（比如，洗衣机、儿童玩具、手机、电脑等的操作手册），到大型机械设备或医疗设备的说明（比如，起重机、血压仪的使用说明），再到航空航海领域的操作指南（比如，飞机维修手册、核潜艇操作指南等）。文档根据产品生产领域、产品特性、知识主题等可以分为不同的类型。本书探讨的文档是云计算领域产品文档，属于软件文档。下文将简要介绍语言服务行业常见的几种技术文档，并重点介绍软件用户文档。

（1）提议

提议（proposals）一般是下级向上级提出想法和建议，希望说服对方同意自己的观点。因此，写作时要确保读者能够理解作者的写作意图，表明提议人有能力完成各项指标。对于文档写作人员及译员来说，提议比较有挑战性，因为它涉及的信息非常多样化，除了复杂的技术资料之外，还需要考虑商业信息、法律问题等。提议的写作结构也因公司而异，有些比较复杂的长篇提议会包含简介、问题、目标、方案、资源、管理等十多个部分（Markel，2010）。一般而言，提议由六部分组成，即摘要、引言、提议项、资格和经验、预算、附录（Byrne，2006）。

（2）报告

在产品生产周期内，通常需要汇报产品的状况，例如生产进度、可行性、安全性、有效性等。报告（reports）通常用于陈述事实和信息，帮助读者理解、分析某些情况或想法，并采取行动（Markel，2003）。报告通常分为三种类型：信息报告、分析报告和建议报告。顾名思义，信息报告呈现信息和结果，在此基础上得出一些结论或观点，便形成分析报告，而在分析报告的基础上进一步提出各类建议，更好地服务下一步的生产，便形成建议报告（Byrne，2006）。

（3）说明书

说明书（instructions）是语言服务的重要内容，也是技术传播的主流业务之一。文档工程师创作的说明书的数量要远高于其他文档的数量（Markel，2003）。正因如此，在很多情况下，尤其在技术写作行业发展初期，技术文档工程师的地位尚未确立之时，人们通常将技术写作等同于说明书写作。其实说明书包含的种类也比较多，最常见的是用户手册，此外还有维修手册、管理指南等。

各类说明书在内容、体例、受众等方面都有各自的要求。例如，维修手册（repair manuals）的用户一般不是产品的终端消费者，而是一些技术人员或工程师。因此，维修手册不需要解释如何使用产品，而需要提供详细的诊断步骤，以确定问题所在。由于维修手册中含有较多专业术语，因此其读者通常具有较强的专业知识和相当高的专业水平。面向大众用户的文档则是用户手册（user guides）。普通用户多缺乏产品相关知识，仅需要了解如何使用产品完成目标任务，因此，该类文档通常需要提供全面且具体的产品信息，详细解释文档中涉及的新概念和新术语，确保内容明白晓畅，不让读者感到困惑。根据用户对产品的不同认知水平，可以将用户划分为初级、中级和高级三个不同等级。相应地，用户手册也可以分为初、中、高三个等级，在内容的翔实程度、专业术语使用等方面进行适当调整，更好地满足不同用户的需求。

需要指出的是，说明书中通常包含警告等安全类信息，预测用户容易犯的错误，预先做出提示，防患于未然。然后考虑用户需要知道哪些信息，怎么获得这些信息。要把这部分信息写好，就需要进行用户分析（user analysis），了解不同用户群体的背景知识及特定需求。

(4) 软件用户文档

本书探讨的可视化知识服务平台是针对 ICT 领域的云计算产品的，该类产品以软件产品为主，因此下文专门介绍软件用户文档（software documentation)。

首先看一下软件，微软公司将软件定义为“计算机程序；使计算机工作的指令”。软件又可进一步分为系统软件（systems software)、应用软件(applications software)、混合软件（hybrid software）和固件（firmware)。

再来看软件用户文档。任何软件产品都需要配备软件用户文档，尤其在信息科学技术领域。目前市场上流通的用户文档参差不齐，国内外情况皆不尽如人意。郑国政（2007）指出：“在软件本地化过程中影响本地化版软件质量的因素很多，软件翻译的准确性可以说是一个最直接的影响因素。”约翰·布洛克曼（John Brockman，1990）提到用户指南质量差在工业界已经成为众所周知的问题。由于文档质量引起的法律诉讼及商业失败的案例屡见不鲜。例如，1983 年 Coleco 公司因为文档写作不当，大量计算机被退回，直接造成4 500 万美元的损失。在德国所有的产品召回及诉讼中，有大约 50%的案例都是由说明书低劣引起的。用户文档的优劣直接关系着产品的销售额，也影响着用户对产品的忠诚度，这一点也在前期针对文档使用情况的调研中得到了证实。

2016 年 8 月 6 日，科多思微信社区发布了一篇类似的调查①，由国内某企业技术写作人士刘小鱼发起，调查国内外技术人员对文档的基本看法和使用情况，比较了技术文档在国内外的认知度、接受度和地位等。其中一项调查结果显示，在海外技术文档从业人员中，有近 80%的人曾经遇到过文档错误给产品销售带来影响、客户满意度降低这一问题。用户手册的质量在一定程度上代表公司的形象，如果手册出了问题，可能会导致客户投诉，甚至会使客户对公司失去基本的信任，严重时还会导致法律诉讼。影响软件用户文档翻译质量的因素主要有三个：译文表达不符合汉语行文习惯，译文内容与相关的专业知识相悖，句与句之间联系松散（郑国政，2007)。

高质量的用户文档带来的作用是多方面的，除了可以提升产品销售额、获得用户信任，还有一个重要的作用是更好地发挥产品的功效。比如，手机配备的产品文档已详细说明了每一项功能，比如苹果手机内嵌的电子文档长达 100 余页。如果文档得到充分利用，就能更好地发挥手机的作用；否则，

① 参见 http://mp.weixin.qq.com/s/Wr5Yy8fxCppaxQaoH0UJQg。

公司在产品研发上的大量投入将得不到应有的认可与回报。文档是产品的说明书和宣传书，是产品与用户之间的连接点。无论在文档的写作阶段还是翻译阶段，写作者和译者都要时刻做好两者之间的沟通工作，让产品顺利到达用户，让用户熟悉产品，充分发挥文档的作用。然而，在前期调查中发现，文档的使用率并不高，在众多原因中，“文档不实用，解决不了问题”占很大比例。乔迪·拜恩（2006）也谈到相当一部分用户不读文档，即使他们遇到的产品或问题非常复杂，原因在于用户不太信任文档，这是一种信任危机。因此，拜恩认为当下用户文档面临的问题不仅仅是指导用户如何使用产品，而是重建用户对文档的信任。无论国内市场还是全球市场，技术写作者和译者都任重而道远。

用户文档的重要性已经得到企业和相关法律法规的重视。例如，《欧盟决议 C411》（European Resolution C411）认为：“使用说明书不完善可能会影响产品交付，也许会与其他相关因素一起作为评判产品是否有缺陷的因素。”该决议接着分析了影响说明书质量的原因：“消费者通常认为技术类产品的操作说明存在不足，一方面是因为说明书表达不够清晰，语言难以理解，这主要是由于错误的翻译或使用了相当复杂的术语；另一方面是由于说明书结构缺乏逻辑性，内容不全面”（Council of the European Union，1998a）。此处反映了翻译、术语及逻辑架构对用户文档的重要影响，应当特别注意。

3.3 技术文档翻译

技术文档翻译简称“技术翻译”（technical translation），出于行文需要，本研究有时会同时使用这两个称谓。上面对技术文档及技术写作进行了多角度说明，为技术文档翻译奠定了必备的基础，下面重点探讨技术文档翻译的定义、重要性、常见认识误区等，并分析技术译者的职业能力构成要素。

3.3.1 技术文档翻译的定义及其重要性

随着计算机的诞生和互联网的普及，海量信息得以快速传播，其中，大量科学技术信息需要借助翻译在全球传播。机器翻译在 20 世纪 90 年代的复兴、语料库的开发、翻译软件的应用，为翻译实践带来无限可能。拜恩（2006）指出：“技术文档翻译是针对明确的信息需求而提供的交际服务，以使信息清晰易懂，交付迅速，易于获得……技术文档翻译的目的是向新的受众提供新的技术信息，而不是复制原文，不是再现原文风格或语言。”从该定义中可以看出，技术翻译注重信息的实用性，即注重受众对信息的使用，受众需求既是出发点，也是归宿。有鉴于此，本书结合国内已有对科技翻译、科学翻译、实用文献翻译等的相关论述，尝试将技术文档翻译的人文性一并纳入，对技术翻译作如下释义：技术翻译是以传播技术信息为主的语言服务，是译者根据受众需求用译语表达源语技术信息，以求信息易得、易读、易懂、易用且怡人。

技术文档翻译长期以来被看作翻译领域的“丑小鸭”，不过是与专业术语或领域知识打交道而已，根本无法与文学翻译相提并论。也正因如此，它常常令人望而生畏，学术界更少有人问津。然而，在语言服务实践中，专业性文本占据90%的比例，技术文档翻译是商业翻译及技术传播的重要内容，因而值得翻译研究界给予重视。

能否快速高效地获得各类语种的技术信息越来越重要，许多大型跨国公司越来越注重技术信息的跨文化跨语言有效传播，国际相关法律、条款等也对技术信息进行了规定，例如欧盟决议 European Union Resolution 98/C 411/01（Council of the European Union，1998）、欧盟指令 EU Directive 98/37/EC（Council of the European Union，1998）、EU Directive 93/42/EEC（Council of the European Union，1993）和一些国际标准（例如 EN 292-2：1991 和 EN 62079：2001），这些法律法规和标准说明国际上要求提供全面、准确且有效的多语言技术文档信息。随着各国在科技及工业领域的合作与交流日益频繁，大批译员从事技术文档翻译。

3.3.2 技术文档翻译、技术写作与技术传播

技术文档翻译是技术写作的下游环节，同技术写作一样，技术文档翻译也有广义与狭义之分。广义上的技术文档翻译是与文学翻译相对的。例如，奈达（1996）指出：“技术/专业翻译（technical/specialized translation）与文学翻译一样源远流长，但一直以来未能像文学翻译那样得到学术研究的关注。”狭义上的技术文档翻译属于科技翻译，进而属于应用文体翻译的范畴。本书取其狭义。技术写作与技术文档翻译既相互区别又相互联系，其区别在于，“技术写作的目的是告知其人做事的方法，而翻译却旨在告知其人关于做事方法的他人之见”（Séguinot，1994）。在区分两者的同时，塞吉诺（Séguinot）还根据时代的变化指出两者具有融合趋势。

在国际交流与跨文化传播过程中，写作与翻译的联系越来越紧密，理解了文本在源语环境中的创作过程对提高翻译质量至关重要；同样，具有较强的双语或多语写作能力逐渐成为技术传播人才培养的目标。译者的工作模式也随之逐渐变化，译者与作者之间的界限变得模糊。在机器翻译的译后编辑阶段，译者往往需要对译文进行调整、增删，甚至创造新的内容，以适应目的语文化，满足目的语读者需求。译者其实是在用目的语进行二度写作。有时为了大幅度提高工作效率，避免翻译过程中的误译、漏译、错误理解造成信息缺失或信息错误，许多经验丰富的职业翻译转为直接用译入语（尤其是英语）进行写作，从而省去了文本转换环节（王传英、王丹，2011）。译者-写作者成为语言服务市场走俏的人才，技术写作也因此进入翻译研究视野。

从技术写作的发展历史可以看出，技术写作是技术传播的雏形。然而，技术文档的创作不仅涉及文字，还涉及架构、插图、排版、翻译等，远远超出了技术写作的范围。随着业务的不断扩大，逐渐出现了“技术传播”这一更具包容性的称谓。不过，技术写作依然是技术传播从业人员的主要工作，有时这两种称谓可以互换，在业界一般使用“技术传播”，高校则多用“技术写作”。技术写作在国内的发展较晚。20 世纪末，少数跨国企业开始雇用技术写作人员，相关的岗位名称五花八门，直到近年来才开始使用“技术传播”一词。例如，原来的技术写作网改为技术传播网，北京大学技术传播协会自2012 年成立以来举办的各类沙龙活动在 2015 年之前使用“技术写作”，2015 年之后改为“技术传播”。

技术传播从业人员包含技术文档工程师、绘图师、技术译者、编辑和网络设计人员。此外，许多技术传播组织也将各类角色共同纳入“技术传播”之下，称其为技术传播师（technical communicator）。例如，美国技术传播学会（STC）将任何具有下面一项或多项特征的交流方式都归入技术传播范畴：第一，传播技术或专业领域知识，例如计算机应用、医疗程序或环境法规；第二，利用技术手段进行传播，例如网页、帮助文档或社交媒体网站；第三，提供完成某项任务的操作说明，不管该任务的技术含量如何，或者利用技术手段来创建或传播该信息。技术传播范围的广泛性必然带来多样性的任务分工，由此衍生出包括技术写作者及编辑、技术译者、索引编者、信息架构师、教学设计师、全球化与本地化专家、可用性与人因工程专家、视觉设计师、网站设计师与开发师、技术传播教学与科研人员等在内的庞大的从业群体。

可见，技术文档翻译已经成为技术传播的重要分支领域。吕俊（1997）

就较早指明了翻译与传播之间的天然联系，将翻译学作为传播学的一个特殊分支。与此同时，语言服务业对技术写作的需求也在增长。2016 年，针对 213 家国内企业语言服务需求的调查数据显示，在企业“走出去”过程中，对语言需求最大的是笔译、口译及文案写作，86.9%的企业具有笔译需求，48.8%的企业具有口译需求，30.5%的企业具有文案写作需求（见图 3.1）。企业对技术写作服务的需求仅次于笔译和口译，技术写作与技术文档翻译的双重归属使翻译研究与技术传播有了越来越多的交集。

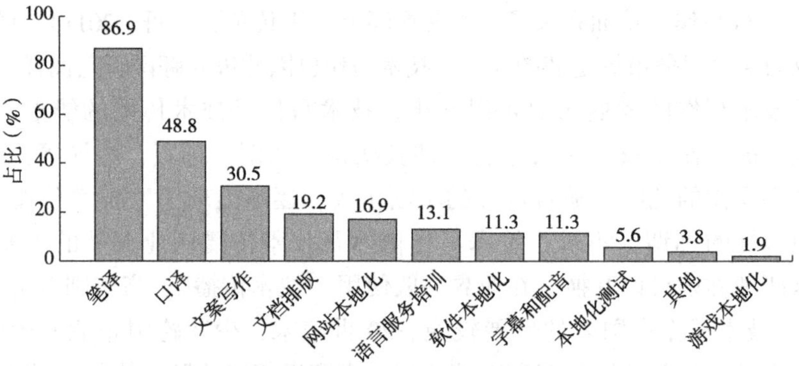

图 3.1　企业语言服务类型的总体需求

资料来源：王立非，崔启亮，蒙永业．中国企业“走出去”语言服务需求蓝皮书［M］．北京：对外经济贸易大学出版社，2016：8-9.

3.3.3　技术文档译者的地位及能力要求

本书第 2 章相关研究综述中列举了近年来对翻译与技术传播融合的相关论述，可见译者已成为技术传播大家庭的一员。乔迪·拜恩（2006）形象地描述了技术文档译者与技术写作者的异同，其共同点在于都是有关技术信息的，核心任务是一样的。其区别在于，技术写作者把原材料“翻译”为易于理解的语言，这些原材料的来源非常广泛，包括由（为）程序员及工程师创作的文本，该类文本的风格比较呆板，技术内容泛滥，信息严重不全，因而需要技术写作者进行重新加工、重新解释、重新架构，去掉传播过程中的“噪音”，以便读者理解和使用。技术文档译者需将文本转换为便于目的语读者理解的文本，这一过程又需要进行编辑、重排甚至增删。由于不同读者所处的文化语境不同，一些在源语中自明的信息在译语中则需要进一步补充才能让读者理解，一些对源语读者必要的信息对译入语读者则显得冗余。过犹不及，信息过量反而令读者困惑，增加其理解负担，这时就需要进行提炼、浓缩，才能确保信息的简明和完整。因此，在技术文档翻译过程中，译者需要把握“适度”原则，传递给读者的信息要恰到好处，既不多也不少，我们暂且称之为“适度翻译”（proper translation）。不过，对原文档进行修改需要译者具有丰富的专业知识，能够高屋建瓴地把握全文。

技术文档译者是作者在目的语领域的代言人，在很大程度上，代表着一种领域知识的权威、一个熟悉产品的专家，是读者可以信赖的人。这意味着译者需要足够的专业知识，知道如何处理文本，或者知道如何获取处理文本所需的信息。毋庸置疑，如果译者具有一定的领域基础知识，就更容易理解原文，翻译起来更得心应手。因此，对于技术文档翻译来说，最大的难点不是传递原文信息，而是掌握特定领域的专业知识，从而使文档读起来更加专业、更加权威。遗憾的是，当下从事技术文档翻译的人员多是文科或语言类（如英语）专业背景，缺乏专业知识，这一矛盾日渐凸显。要缓解这一供需矛盾，除在人才培养思路和方法上下功夫外，还可以建立针对性的领域知识服务平台，相当于给译员配备领域知识专家（subject matter expert，SME），方便译员随时随地检索所需信息，并提供高质量的平行文本，供译员自学和参考。高质量的知识服务平台可以在短时间内帮助译员获得必需的专业知识，提高翻译水平，从而提升语言服务提供商的业务水平，这将成为语言服务企业一个新的经济效益增长点。

技术文档对译员专业技能（expertise）的要求是多方面的，拜恩（2006）将其归纳为专业知识（subject knowledge）、写作技能（writing skills）、检索技能（research skills）、文本类型知识（knowledge of genre and text types）和教学技能（pedagogical skills）等五个方面，并重点解释了第一个方面。一个人虽然无法精通所有的专业领域，但可以掌握一些通用领域知识。许多不同的专业其实在更宽泛的领域中并不是截然分开的，而是共享一些通用知识，如药剂学与护理学，再如物理、生物和药剂学等。这就为知识之间的迁移提供了可能，一通则通。同样，技术文档译者若具备一定的科学技术领域知识，便可以为从事技术文档翻译打下良好的基础，再配以一定的知识检索和自学能力，就能使翻译出来的文档看上去“像”出自专家之手。

当然，随着翻译内容与方式的发展，翻译能力的构成要素也不断变化，当翻译领域与技术传播领域不断融合时，译者又多了一重身份，即技术传播者，这对其能力提出了更高的要求。目前德国技术传播组织（Tekom）提出了技术传播能力框架（competence framework for technical communication）①，利用分类法（taxonomy）对技术传播从业者所需的资质、知识和实践技能进行了系统化定义和分类。这一框架从四个维度对能力进行了描写：资质与能力要求（qualification and competence requirements）、教学方法（teaching approaches）、学习目标（learning objectives）和资质水平（qualification levels）。四个维度相互联系，构成一个统一体，每一个维度又分成了不同的能力层次。例如，资质与能力要求包含四个等级水平，从高到低依次为能力范围（areas of competence）、能力领域（fields of competence）、专题模块（thematic blocks）和教学内容（teaching contents）。这四级水平分别包含不同的内容，它们彼此之间构成从属关系，即上一级包含下一级，下一级是上一级的细化。例如，第一级“能力范围”包含7项：语境分析、计划、概念发展、内容创造、媒体制作、出版发布和市场观察；这7项只是对所需能力的抽象概括，每一项又分别可以分为不同的“能力领域”，合计27个能力领域，详细描述生产信息产品所需的职业和工作要求。同样，每一个能力领域又建基于一套“专题模块”之上，后者又是对不同教学内容的分类说明。如此形成了一个逻辑严密的层级结构，从概括到具体，对技术传播者应具有的能力进行了全面细化的描述。该能力框架可以为各类企业及技术传播人员、潜在求职者提供一个明确的方向，可作为人才招聘、职业规范、继续教育、人员培训、考试与评估等的重要参考依据。

近年来，国内对技术传播能力也进行了初步探索。2018年中国技术传播联盟编写的《技术传播入门手册》中专辟一章介绍“技术传播从业人员的素养技能”，其依据主要来源于Tekom的相关报告。该手册将技术传播能力分为综合素质、核心技能和专项要求。该框架后经技术传播与技术写作社区“TC互联”相关人士、其他企业人士及高校人士的共同完善，形成了《技术传播能力地图》，2021年出版1.0版，2022年更新迭代为2.0版，如图3.2所示。最新的能力地图调整了个别表述，比如，将原来的“综合素质”改为“基本能力”，从而形成基本能力、核心能力和专项能力层层进阶的能力模型。基本能力主要指理解、执行和反馈能力，面向初级工程师；核心能力主要指定义、管理和优化能力，主要面向中级工程师；专项能力主要指评估、领导和融合能力，面向高级工程

① 参见 http://competencies.technical-communication.org/。

师。该模型与中国国际贸易促进委员会技术传播专业委员会制定的《技术写作人员职业能力要求团体标准》的相关要求相契合，为高校技术传播教学、企业人才招聘、员工职业规划与能力拓展等提供了重要参考。

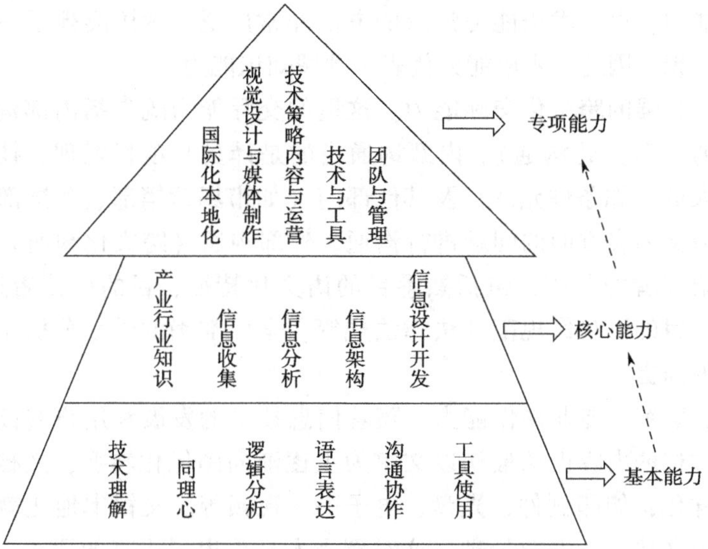

图 3.2　技术传播能力地图

注：图形为笔者绘制，内容为“TC 互联”研发设计。

结合翻译能力研究成果、技术传播能力框架及“技术写作教学之父”厄尔提出的最早的技术写作能力模型，技术文档翻译对译员的能力要求可概括为以下四个方面：

第一，坚实的双语（口语/书面语）表达能力。译员首先需具备扎实的语言基本功，能够运用汉语、英语（或其他语种）准确流畅地描述事物。这是从事文档工作的最基本的要求，如果无法做到这一点，就不太适合从事文档写作或翻译工作。

第二，基本的领域知识能力。技术文档有很强的专业性与行业性，不同行业都有一定的专业知识门槛，需要具备一定学科背景的人，如计算机知识、医药知识、水利知识等。各行业千差万别，一个人很难同时精通多种行业知识，但至少需要熟悉某一特定领域，并且对其他相近领域也有涉猎，力求文理兼修。多数行业青睐理工科背景且语言能力强的人，当下这类人才十分稀缺，急需翻译教学、技术写作（传播）教学在课程设置、生源引进等方面进行调整。进一步观之，领域知识能力还包括对术语的处理能力。王少爽（2012）专门论述了译者术语能力，并图解了其组成要素，包括文献能力、理论能力、管理能力、技术能力、语言能力、专题能力等，最后都统一于对术语的应用能力，可见术语能力涉及的方面非常广泛。术语凝聚了一个学科系统的核心知识，因此，术语能力代表了领域知识能力。

第三，较强的跨文化交际能力。这里的交际能力既包括内部沟通，也包括外部沟通（跨文化沟通）。内部沟通指的是译员与项目经理、技术写作人员、研发人员（如条件允许）及其他部门（如市场营销部、测试部等）人员就产品或原文内容方面的问题进行沟通。外部沟通（跨文化沟通）指的是译员对目的语读者的分析，包括熟悉目的语文化特征、目的语读者逻辑思维、阅读习惯、目的语写作规范及法律法规等。全面准确的受众分析是确保文档可读可用的前提。

第四，熟练的专业操作能力。随着信息技术的发展和用户阅读偏好的变化，技术文档的内容也从最初以文字为主逐渐向图像化转变，文档的发布形式趋于多样化，如印刷件、光盘、电子书、视频等。文档本地化就需要对音频、视频类文档进行专业处理，这对翻译人员提出了更高的要求，也是技术文档翻译区别于其他文本类型翻译的一个鲜明特征。译员除需要熟悉常用翻译软件之外，还需要掌握常用的文本与图像编辑工具。

上述四种能力只是从事文档翻译所需要的基本能力，其实对于任何行业来说，“能力”都是一个开放的概念，不宜用一个模型将其固化；相反，需要用开放的心态不断赋予其新的内容。从业者也需要从多个方面提高自身能力，除基本要求外，其他优秀品质，如较强的求知欲及自学能力、做事认真细心、性格随和等都会为工作增色添彩。

3.4 术语概述

科学技术促使各个学科领域快速发展，每个学科都产生新术语，数据信息急剧增长，从而催生了“术语爆炸”，整理和学习专业术语成为了解每个学科的必由之路，也是领域专业人士相互交流、互相理解、促进知识交流传播的必要方式。规范统一的术语能够推进科学知识发展，而杂乱无序的术语则会阻碍科技进步。那么，我们就有必要了解一下什么是术语，它由什么组成，有什么特点。

3.4.1 术语的词源与演变

“术语”对应的英语词汇是“term”，它在拉丁语和希腊语中都有“界限”的意思，因此，“术语”可以解释为对概念所作的限定。“term”是单个的术语，由多个单个术语可以构成“terminology”，指某个学科或某个领域中专业词汇的集合。

术语学虽然直到现代才从科学研究中分化出来，但对术语的探讨自古已有。我国古代在科学技术方面取得了较大的成就，从而产生了大量的科技术语。当时虽然没有开展术语规范与研究工作，但却非常重视科技概念的命名与释义，留下了许多有关术语理论与实践的言论或著作。成书于战国后期的《墨经》可谓我国古代的一部重要科学著作，涉及自然科学方面的诸多概念，例如力学、几何光学、杠杆、轮滑及轮轴等。辞书之祖《尔雅》按照义类编排，收录了大量的古代百科词汇，是疏通上古文献的重要工具书。我国先秦时期诸子百家的思想宝库中早就出现了有关术语的思想萌芽。例如，老子认为“无名，万物之始也；有名，万物之母也”；孔子提出“正名”思想，后被其弟子荀子所继承，荀子著成《正名篇》，探讨了许多有关术语的问题。西方学者对术语的探讨由来已久，苏格拉底、柏拉图、亚里士多德等西方古代先哲非常注重对概念的论说，思考概念、符号与客体三者之间的对应关系。可见，术语研究是与人类社会文明紧密相连的。

虽然中西方在古代就开始了对术语的使用和论述，但无论先秦时期还是古希腊时期，科学都是不分学科的。西方到了文艺复兴时期才逐渐分化出自然科学与人文科学。从此，用来描写科学的专门术语便不再统一，不同学科都拥有一套自己的术语，限定在本学科范围内，为本学科服务，便于该学科知识的交流与传播。到了近现代，科学技术发展日新月异，学科分化也愈加精细，出现了形形色色的专业领域，不同学科、不同领域之间的语言差异越来越大。因此，学习一门专业就是掌握一套专门的语言符号，即这个专业特有的术语系统，例如：哲学中的“道”“中庸”“仁”“逻各斯”“理念”“形而上学”等；现代物理学中的“原子”“电子”“能量”“引力”等；现代计算机科学中的“主机”“服务器”“浏览器”“字节”“存储”“防火墙”等。可见，术语的产生和发展是人类思想和科学发展的必然结果，术语一旦形成，便代表着该领域的核心知识，从而对该领域的发展起着巨大的规范与推动作用。

3.4.2 术语的定义

术语的定义是术语学研究的首要问题与核心问题（郑述谱，2005a）。国内外术语学专家从不同角度对“术语”进行了界定，例如郑述谱（2005b）梳理了俄罗斯学派从哲学、逻辑学、术语学、语言学、方法论等不同角度对术语的定义，并尝试给出了自己的定义。下文将以此为参考，并兼顾其他学者从其他学科进行的定义。

（1）从哲学、逻辑学角度进行定义

术语是分配给概念的语言称谓。因为术语学涉及知识的专业领域，术语指构成某特殊领域中知识的独立概念实体、特征或关系（Bowker，2009）。

术语是某一科技领域附有确定概念，与该领域其他名称相关并与它们构成术语系统的称名单位（郑述谱，2005a）。

此处强调术语与概念的联系，突出了术语的逻辑系统特征。逻辑学首先关注术语与概念的关系，强调两个方面：在同一专业领域内，术语所指称的概念与其他概念紧密相关；在同一术语系统内，术语是一个建构成分，并不是孤立的。

（2）从术语学角度进行定义

术语是一个科学系统中定义明确的技术词语的集合（Bussmann，1996）。

术语，即在专门语言中用于表示概念的字词，这主要见于专业领域或领域相关的文本中（Wright，1997）。

术语指技术领域相关话语中的专业词汇的集合（Shuttleworth & Cowie，1997）。

术语指各门学科中的专门用语，或指用于某一学科或专题的特定词项（林煌天，1997）。

术语发轫于科学技术领域，因而与特定科技领域概念系统相对应的术语系统成为术语学家关注的焦点。

（3）从语言学与符号学角度进行定义

所谓“术语”，在本质上就是索绪尔所定义的语言符号——由能指和所指组成的语言统一体；术语与其他语言符号的区别在于，术语的语义外延是根据所指的关系而不是根据能指的关系而定义的（隆多，1985）。

通过语音或文字来表达或限定专业概念的约定性符号，叫作术语（冯志伟，1997）。

术语是专业领域中概念的语言指称（GB/T 10112—1999）。

上述各定义说明了术语与其所代表的概念之间的指称关系，强调术语的符号性，这是术语区别于普通语言的固有特征。

这些特征表现为术语具有独立性与自由性，不受某种语言或语言规则的制约，而受制于具体学科的发展，其内容的更新发展与其语音外壳没有关系。因此，仅仅将术语作为语言学的考察对象是远远不够的。

（4）从认知科学角度进行定义

术语学不仅涉及语言学及其分支学科，还与认知科学，尤其是认知语言学具有密切联系。俄罗斯术语学研究多位学者指出认知术语学毫无疑问将是21世纪至少头50年有关术语的学科主要方向之一。认知术语学不仅仅是理论术语学研究的一个新的方向，事实上是对术语、术语集、术语系统以及不同类型术语文本的一个全新观点体系。根据认知术语学观点，一个术语的产生与定名过程，往往就是对研究对象反复认识的过程以及对认识结果的科学凝练。术语指称概念。术语产生的过程体现了人的心智过程。人们谈及某一概念时，往往激活与这个概念相适的其他概念甚至整个概念系统，这些被激活的概念构成认知框架，而框架本身成为理解这一概念的基础。反映在术语学中，则呈现出某一术语与该术语所属的术语集中的其他术语间的聚合关系或组合关系（李海斌，2014）。

从认知术语学观之，概念具有三重属性，即思维的单元、知识的单元和认知的单元，术语学通过符号和概念再现的方式来模拟人类的知识结构与知识体系。术语是建立在人们对客观现实世界认知基础上的特定的语言单位，通过概念抽象、浓缩和模拟现实的过程，在专业文本或者专家语言中体现出来。由此可以从新的角度将术语定语为“语言的单元，思维的单元，知识的单元和认知的单元”（梁爱林，2005，2009）。

（5）其他定义

术语是凝聚一个学科系统知识的关键词（郑述谱，2005）。此处用“关键词”来解释术语，突出了术语在专业词汇中所起的主要作用；“学科系统知识”间接说明了术语所具有的逻辑性、系统性特点。

此外，还有将术语上升到人类发展史角度加以审视的。格里尼奥夫（2011）认为“术语的历史就是对自然和社会知识发展规律的记述。……为人所知的概念的历史，实际上就是我们认识概念的历史，或者是词的意义的历史。”

从上述各类定义可以归纳出“术语”定义的几个要点，即概念、专业领域、学科知识、语言符号、约定性、系统性和历史性。

在前人研究的基础上，我们尝试定义术语如下：术语是表达特定专业领域系统知识概念的约定性语言符号。此处，“系统知识”体现了术语的知识特征和知识间的相互联系，“概念”体现了术语的逻辑学特征和认知学特征，“专业领域”体现了它的术语学特征，“语言符号”显示了它的语言学与符号学特征。当然，这一定义也许并不太成熟，但可以作为本研究探讨术语相关理论与实践的理据。

3.5 知识本体概述

从术语的定义中，我们已经知道术语是对概念的指称，术语作为术语系统的一分子，正如概念作为概念系统的一分子，概念系统又对应知识系统，知识系统的核心即知识本体。因此，概念、概念系统、知识、知识本体之间具有密切的联系，它们共同构成知识服务平台的理论基础。不了解概念、概念系统与知识本体，就不能理解术语知识的构建原理，更不能很好地发挥其应用价值。

3.5.1 概念与概念系统

“在术语学中，术语的‘意义’（meaning）即概念，这是进行任何术语分析的起点”（Felber，1984），可见概念在术语研究中的重要性。格里尼奥夫（2011）从人类认知思维的角度认为：“概念是反映物质及精神客体的思维形式，客体的本质特征唯有借此才可为意识所区分、所确定。”冯志伟（2011）认为：“概念（concept）是人类思维的单元，是反映客体（object）特有属性的思维方式。”此定义强调概念、思维与客体三者之间的联系。

客体可以存在于客观世界，也可以存在于人类的主观世界。客体千差万别，彼此之间存在着千丝万缕的联系。为了更好地区分客体，人类通过观察和抽象，把它们区分为不同的思维单位——概念。概念在特定语言中进一步被指称化为名称或者符号。在人类认知过程中，概念先于术语，术语指称概念，术语是语言符号与概念的结合体。在术语学中，词的形式与其所表达的意义是相互独立的，各词汇之间没有直接的意义联系，意义之间的关系是通过概念连接的，即语言符号与其所指的事物之间没有直接的联系。

同一个概念在不同的语言系统中使用不同的语言符号来指称，术语翻译其实是用不同的语言符号系统表达等价的概念，或者说术语翻译是一个再命名的过程。在特定领域中，作为整个概念系统的一员，单一的术语不是孤立的，而是与其他术语共生共存、相互联系的。“概念是与某一知识领域所研究的客体相对应的，因而又有其内在的系统性。……概念体系反映相应的知识体系”（冯志伟，2011），因而“单个术语翻译要考虑到系统内相关联的术语的协调一致，从而保持术语的系统性”（魏向清、赵连振，2012）。

概念系统化可以形成并确定概念的科学定义，借此反映每个概念的本质特征，这些特征对指明概念归属于某类概念、将其与同属概念和同类概念区别开来是必要且充足的（格里尼奥夫，2011）。因此，概念关系是概念系统研究的重要内容。概念之间的逻辑关系基于概念之间的相似性；概念之间的本体论关系则基于事物之间的邻近性。

3.5.2 知识本体

“本体”对应的英语词汇是“ontology”，也可以称为“知识本体”。它源于哲学范畴，指的是对存在的研究，关注事物的普遍规律、统一性与基础性，研究事物的本质，因而成为其他学科的理论依据。本体是对客观世界自然存在的事物的组织和认识，如事物的属性、类型、结构、过程、事件与关系等。本体与各个学科相联系，具有跨学科的属性，不同学科对其定义不尽相同。

亚里士多德认为本体是“对世界上客观存在物的系统的描述，即存在论”。据此将存在划分为十大范畴系统（system of categories）：实体（substance）、质量（quality）、数量（quantity）、关系（relation）、行动（action）、感性（passion）、空间（place）、时间（time）、主动（active）和被动（passive）。这是最早的概念体系，也是最早的知识本体。同样，我国古代先哲将世界看成由金、木、水、火、土五种物质组成。不过亚里士多德的十大范畴遭到了18世纪德国哲学家康德的反对。康德认为事物的本质不仅仅由事物本身决定，也受到人们对于事物的感知或理解的影响。据此，康德提出了四大范畴框架：数量（quantity）、质量（quality）、关系（relation）和模态（modality），并对每个大范畴细分出3个小范畴。据此，我们就可以给事物进行分类（classification），从而获得主体对于外部世界的认识。在数据库中，我们可以根据康德的方法给事物建立一些范畴，从而根据这些范畴来管理数据。比如，在学生管理数据库系统中，我们可以建立“性别”“年龄”“籍贯”“专业”“成绩”等范畴来管理学生信息。这一范畴框架为知识本体研究奠定了坚实的基础。

显然，无论西方哲学家还是中国哲学家，都认为事物不是孤立存在的：就其本身而言，包含多个属性；就其与其他事物的关系而言，存在多种关系，因此事物是属性与关系的共同体。这一点启示我们应该采取动态的、立体的视角来认识事物，这既是理解知识本体的哲学基础，也是提取术语、构建概念关系的理论依据。

20世纪末，知识本体进入计算机科学研究领域，一批人工智能专家从自然语言处理的角度对本体进行了定义（Gruber，1993；Borst，1997；Studer，1998）。其中，鲁迪·施图德（Rudi Studer）的定义较为完善：“本体是对概念体系的明确的、形式化的、可共享的规范。”（An ontology is a formal explicit specification of a shared conceptualization.）在此定义中，知识本体包含四层含义：①概念化。本体是对描述客观现象的概念进行抽象，得出抽象模型，因而是在独立于具体环境的状态下表示含义的。②明确化。本体对概念类型间的关系及概念用法约束都进行了明确定义。③形式化。本体是机器可读的、有精确的数学描述。④共享。本体所描述的知识是共同认可的知识，反映的是某领域中为研究者所公认的概念的集合，针对的实际上是一个整体而不是单独个体。

具体地说，如果我们把每一个知识领域抽象成一个概念体系，再采用一个词表来表示这个概念体系，在这个词表中，要明确地描述词的含义、词与词之间的关系，并在该领域的专家之间达成共识，使得大家能够共享这个词表，那么，这个词表就构成了该领域的一个知识本体（冯志伟，2011）。由此可见，知识本体的目标是捕获相关领域的知识，提供对该领域知识的共同理解，确定该领域内共同认可的概念，并从不同层次的形式化模式上给出这些概念和概念间相互关系的明确定义。

相对上述定义，IEEE[①]标准本体工作组的定义更加具体：“知识本体与词典或者术语表相类似，但它更为精细，结构更细化具体，使得计算机可以处理内容。知识本体由一套概念、公理（axioms）、关系所构成，它描述一个兴

---

① IEEE全称为Institute of Electrical and Electronics Engineers，即美国电气和电子工程师协会。参见http://ieeexplore.ieee.org/Xplore/home.jsp。

趣领域。”这个定义既指出了知识本体与传统术语管理形式的区别，也说明了知识本体的构成要素（详见本书4.2.2部分）。

经过长期的发展与演变，本体已经从哲学领域延伸至多个领域，由无所不包的抽象的哲学“本体”扩展到专业且具体的领域知识本体（例如人工智能、知识管理、语言学、术语学、认知科学等），成为多个学科多个领域信息组织的原则与基础。冯志伟（2011）认为：“知识本体已经成了提取、理解和处理领域知识的工具，它可以被应用在任何具体的学科和专业领域，知识本体经过严格的形式化之后，借助于计算机强大的处理能力，可以对人类的全部知识进行整理和组织，使之成为一个有序的知识网络。”由此我们可以总结出知识本体的几个特征：第一，知识本体是当前比较先进的知识处理工具，是计算机科学、知识工程学等领域的研究热点；第二，知识本体与具体的专业领域相关，虽然已建有通用知识本体，但在具体实践中越来越需要针对特定学科或专业的领域知识本体；第三，知识本体是计算机可以识别的形式化语言，相对于自然语言，知识本体更加规范化、结构化，采用网络本体语言描写领域知识，实现人机交互；第四，知识本体的任务在于建立概念体系，打破领域中单体概念彼此割据的状态，将所有概念以一定的方式组合起来，确定单体概念在整个体系中的坐标，逐渐编织一张笼罩某个领域乃至整个人类知识的语义网。

知识本体的诸多特点与优势在实践之中逐渐凸显，成功的应用案例比比皆是。最常用的当属字典、百科全书中对知识的分类；国际上采用通用的十进制分类法（UDC）来描述不断涌现的大量文献出版物；林奈的植物分类系统、各类术语表等都是典型的知识本体的应用。就术语的构成而言，术语通常被认为是名词或名词词组，在知识本体引入术语学领域之后，术语不再限于名词，而可以包括动词、形容词、副词等（冯志伟，2011）。比如，技术文档在描述产品操作时就需要使用动词，例如，“configure”（配置）就是一个常见的动词性术语，在提取术语时就需要将这几类词汇纳入进来。知识本体的引入扩大了术语的范围，从而也拓展了术语学研究及术语翻译研究的范围。

3.6 语料库与术语库

建设面向翻译的可视化知识服务平台的第一步是搜集语料，建设语料库（单语语料库或平行语料库）；第二步则是基于语料抽取双语术语，建设术语库。二者是构建术语知识服务体系的基础。

3.6.1 语料库概述

无论建立术语库还是知识库，都需要大量的语料。这些语言材料按照一定的设计目的和架构原则储存在“仓库”中，构成了语料库（corpus），即语言数据库。它是为一定语言研究服务的具有代表性的真实书面语和口语语言素材的集合。20世纪90年代，以蒙娜·贝克（Mona Baker）为代表的一批学者开始将语料库与翻译研究相结合，从而催生了语料库翻译学（corpus translation studies），注重描写与实证研究。国内语料库翻译研究也取得了显著成果。例如，梁茂成、李文中、许家金（2010）在《语料库应用教程》中着重解释了语料库创建与应用方面的技术和方法；胡开宝（2011）在《语料库翻译学概论》中重点阐述了译学研究语料库的建设及其在翻译学研究中的具体应用；王克非（2012）聚焦超大型双语平行语料库的设计与研制问题；许家金（2019）将语料库引入话语研究，论述了适合话语研究的语料库建设与加工、话语研究中通用和专用语料库工具等；秦洪武（2021）则专门探讨双语语料库的研制方法与应用途径。上述研究成果为本研究提供了坚实的理论基础和具体的操作指导。

按照语料的语种，语料库可以分成单语语料库、双语语料库和多语语料库，后两者又可分为平行语料库和可比语料库。本研究主要关注与云计算相关的英汉单语语料库、英汉双语平行语料库。按照语料的用途，语料库可以分为通用语料库（例如Babel汉英平行语料库）和专用语料库（例如中国法律法规汉英平行语料库），前者可以满足不同学科的需求，后者则面向某一学科领域或某类用户群体，为达到特定的目的而建立。本研究主要涉及云计算领域的专用语料库。

在大数据时代，专用双语语料库可以充分利用网络海量资源，及时收录新生专业术语，具有更新快、专业性强、容量大等特点，有助于译员快速获得专业领域知识，在较短时间内成长为特定领域的“准专家”，缩短译员培训过程，降低培训费用，在提升翻译公司竞争力和译员翻译能力方面具有决定性的优势。范慧阳（2012）在实际工作中发现，专用语料库虽然在容量及内容方面不及通用语料库，但更具针对性，因此，可以为译员节省更多的查询时间，提高查询的效率和效果。

此外，本研究还涉及单语语料的搜集与语料库构建工作。单语语料库指收集的语料是由一种语言表述，是本族语语料的集合。与平行语料库相比，其优点在于开发比较早，其历史可追溯到20世纪50年代，库容量大，更新较快，收录的本族语更加丰富、地道，因而使用率也较高。英国国家语料库（BNC①）、美国当代英语语料库（COCA②）都是国际上比较大型的单语语料库。作为新型的工作平台和参考工具，这些语料库为翻译和语言对比研究提供了重要的资源，扩展了研究的范围。单语语料库的更新速度非常快，以BNC为例，每天都有40万至50万个数据（相当于10 000个新文本）被添加到数据库中。本研究将根据ICT领域产品文档类型及翻译需求，选择相应的原汁原味的纯英语技术文档，作为译员学习及翻译过程中的重要参考。译员可以通过这些单语语料更好地理解原文，学习常用英语表达方式，确定术语的权威表达，从而更好地进行词义及搭配方式方面的抉择。

3.6.2 术语库概述

术语数据库（terminological data-bank），简称术语库，充分利用计算机特有的功能，实现了对大量术语的存储、更新、检索与输出等，克服了人工术语管理过程中的不足，有利于术语的标准化与规范化，便于对术语进行有效管理。

术语库可以按不同的标准来分类，如按照目的、用户、数据的组织方式、使用方式等。从本研究的需要出发，我们只介绍前两种。术语库按其目的可分为为科技交流、为技术推广、为术语标准化或术语协调等建立的术语库，按其用户可分为为翻译工作者、为术语学家或词汇学家、为技术编辑、为科技领域专家、为专业语言教师、为一般公众等建立的术语库（冯志伟，2011）。本研究的术语库是为促进技术信息传播而建立的，主要服务于技术文档翻译人员。此外，技术写作人员、科技领域专家等也将从中受益。

术语库中的术语一般来自三个方面：领域专业文献、已有术语库（术语表）及术语库用户。其中，专业文献中析出的术语需要进行预处理，以结构化的数据存入术语库，这一项工作需要由领域知识专家或术语学家来主持完成；已有术语库（术语表）如果可以兼容，则可以进行数据的传输与转换；

① BNC全称为British National Corpus，参见http://www.natcorp.ox.ac.uk/。

② COCA全称为Corpus of Contemporary American English，参见http://corpus.byu.edu/coca/。

术语库的用户一般是从事语言服务或语言教育的人士，比如术语专家、文档写作人员、翻译人员、编辑、内容管理专家、语言教师等。他们既是术语库的使用者，又是术语库的建设者，在使用过程中不断向术语库输入新术语，并对已有术语进行补充或更新。这三个方面也是本研究术语知识的主要来源（详见本书 5.1.2 部分）。

在大规模的术语识别与提取方面，一般采用基于不同方法的自动提取技术，从单语、双语或多语语料中，按照一定的预设条件，自动提取术语，但其提取结果并不精确、完美，还需要人工干预。因此，在语言服务业翻译实践中，通常采用术语自动提取与人工编辑相结合的方法。

随着本体技术的发展，术语数据库开始转向术语知识库，术语学研究的知识本体转向已经到来。除上述各数据项的信息之外，还需构建各术语之间的语义网络关系，以呈现术语所代表的概念之间的逻辑关系，为用户提供更好更完善的专业领域术语知识图谱。

3.7 本章小结

本章对本研究涉及的关键概念——技术写作、技术文档及其翻译、术语、知识本体、语料库和术语库等进行了概述。

技术写作从最初的工程英语，经过第二次世界大战期间科学技术与军事的推动，逐渐发展成为涵盖文档设计、写作、排版、翻译等系列活动的技术传播，技术文档翻译成为技术传播的一个分支；同时，由于写作与翻译相继相承，技术写作也进入翻译研究领域，成为语言服务业的第三大需求，从而使技术传播与翻译研究趋于融合，这为本研究借鉴技术传播领域相关理论分析技术文档翻译提供了理论基础。

本章介绍了技术文档的定义、类型、特征、构成要素，并列举了常见的几类文档，最后重点介绍了与本研究相关的软件用户文档。技术文档的定义并不统一，主要分歧源于对“技术”的理解。技术文档在词汇、句式、篇章结构等方面具有明显的特征，它最大的特点在于具有特定的读者、明确的目的，且依附于产品。因此，技术文档以用户为中心，或者说技术文档是关于技术的（about technology），但却是为了人（for human）。无论写作还是翻译，都必须牢牢把握这一宗旨。

技术文档翻译除涉及两种语言外，其他方面与技术写作基本一致，同样要注重用户理解与使用，用户既是出发点，又是归宿。尽管语言服务业对技术文档翻译的需求较大，但翻译研究并未对该类文本给予足够的重视，本研究在为技术文档翻译“正名”的同时，还结合翻译能力、技术传播能力及技术写作能力的构成要素，分析了译者的必备职业能力，即双语表达能力、领域知识能力、跨文化交际能力与专业操作能力，认为术语能力在很大程度上代表了领域知识能力。

文档设计与创作阶段都需要进行大量的术语工作，技术写作作为技术文档翻译的上游环节，术语使用是否得当、专业知识表达是否清晰，直接关乎文档翻译质量。有时源语文档不知所云，译者还需要进行改写，这种情况屡见不鲜。因此，技术写作与技术文档翻译紧密相连、不可分割，开展可视化知识服务平台研究工作不能绕开技术写作。由于技术写作在国内属于新兴事物，相关研究不多，因此有必要对其历史、概念等进行一番梳理，将技术文档翻译研究放在一个连续体中进行宏观描述，从而明确本知识服务平台的应用范围。

科学技术的快速发展为各个领域带来海量新术语，术语是理解一个学科的关键。围绕术语进行的理论探讨在很大程度上始于如何定义术语。近代以来，国内外术语学专家分别从哲学、逻辑学、术语学、语言学等不同角度对“术语”进行了界定。在综合前人研究的基础上，本研究认为术语就是表达特定专业领域系统知识概念的约定性语言符号，突出术语的专业性、符号性、约定性、系统性和指称性。

任何一个语言体系中的概念都是由符号和意义构成的集合体。同一个概念在不同的语言系统中使用不同的语言符号来指称，术语翻译是一个再命名的过程。在一个领域内部，概念不是孤立的，而是与其他概念一起构成一个概念系统，具有结构性与层次性。概念系统反映了知识系统，对概念系统进行明确系统的规范即是知识本体。

知识本体的引入扩大了术语学的研究对象与方法，术语学研究也因此出现了知识本体转向。传统术语库数据描写需要转为基于知识本体的知识组织、知识表示和知识管理，将术语库升级为术语知识库。

第4章 技术文档翻译可视化知识服务平台构建思路

本章以 ICT 云计算领域为例，详细探讨服务于技术文档翻译的可视化知识服务平台构建原理、构建原则与构建模型。首先介绍云计算，包括云计算的定义、特征、国内外主要云服务提供商、云产品文档特点及其对翻译的启示；接着介绍知识本体，包括本体的类型、本体构成要素、构建工具等；最后制定了可视化知识服务平台的构建原则，并提出了面向技术文档翻译的可视化知识服务平台模型。

4.1 ICT 云计算概述——可视化知识服务平台构建对象分析

由实际调查结果可知，现阶段国内具有文档需求的多个行业中，信息通信技术领域（Information and Communication Technology，ICT）需求最大。针对该领域建立可视化知识服务平台具有重要的实践价值。由于 ICT 覆盖范围非常广泛，大规模术语知识的搜集、整理与建库工作是一项巨大的工程，很难在短时间内完成，而且本研究旨在抛砖引玉，并不着眼于知识服务平台的库容，而重在建库的思路与方法。因此，选择其中的一个子领域——云计算作为建库对象，为云产品文档翻译提供知识服务。云产品即一系列通过云计算提供服务的产品，这是信息通信技术领域的一个重点开发领域。

更为重要的是，云计算不只是 ICT 的一个分支领域，在技术的推动下，它已经成为进一步调整和推动业务目标的契机。不过，云计算市场目前还不太规范，在 IT 文献和 IT 媒体中有着对基于云的模型和框架的各种不同定义和说明，这虽然使得不同的IT专业人士能获得不同类型的云计算专业知识，但也增加了人们的困惑。云计算虽然具有很多优势，但其使用过程却充满了陷阱、歧义和谬误，解决的最好方法就是详细计划其中的每一步，以知识为基础来决定一个项目怎样以及在多大程度上继续（Erl，Mahmood，Puttini，2016）。因此，全面梳理云计算的重要概念，围绕专业术语构建概念之间的联系，形成正确合理的语义知识框架，对于云计算和云产品文档翻译都是必要的。下文首先简要概述云计算的概念、特征、发展驱动力、国内外重要云服务提供商、云计算对翻译的支持、云产品文档特点及其对翻译的启示等。

4.1.1 云计算的定义与特征

云计算是从“cloud computing”一词直接翻译而来的，此概念最早由Google于2006年正式提出。之后，一大批IT企业纷纷推出了自己的云计划，例如亚马逊、微软、惠普、IBM等。不同的使用者对云计算的理解不尽一致，因而就有了各式各样的定义，有从学术角度定义的，有从架构或研发的角度定义的，还有从消费者角度探讨的。行业内比较通用的是来自美国国家标准技术研究院（National Institute of Standards and Technology，NIST）的定义，即：“云计算是一种模型，可以实现随时随地、便捷地、按需地从可配置计算资源共享池中获取所需的资源，资源可以快速供给和释放，使管理的工作量和服务提供者的介入降低至最少。这种云模型由三大服务模式、四种部署模式和五个基本特征构成。”

三大服务模式包括IaaS、PaaS和SaaS。IaaS即Infrastructure as a Service（基础资源作为服务），例如IBM的BlueCloud将基础设施作为服务出租；PaaS即Platform as a Service（平台作为服务），代表性产品为Google APP Engine；SaaS即Software as a Service（软件作为服务），例如语言服务提供商Lionbridge部署的Translation Workspace就是一种SaaS开放式翻译平台。四种部署模式分别为公有云、私有云、混合云和社区云。五个基本特征即宽带网络接入、按需服务、资源共享、快速弹性扩展、服务可度量。提供资源的网络被称为“云”。“云”中的资源在使用者看来是可以无限扩展的，可以随时获取、随时扩展、按需使用、按使用付费。用户可以以极低的成本部署高性能的互联网基础设施，但无须清楚其内在的复杂性。

这些特点使云计算具有了很大的优势，为我们使用网络提供了几乎无限多的可能。比如，存储在云端中的数据，不怕丢失，不必备份，可以任意点地恢复；部署在云端的软件，不必下载就可以自动升级；云计算具有无限强大的计算能力，空间无限、速度无限。

4.1.2 云计算服务提供商及其产品举例

许多公司已经洞察到了云计算的发展潜力，开始向云计算转型，相继推出了比较先进的云产品服务。现分别列举国内外比较有代表性的公司及其主打产品。

国外比较有代表性的公司有 Insightful Solutions、Salesforce. com、Facebook、Joyent、Mosso、Amazon、IBM、Microsoft、Yahoo、Google、Oracle、EMC 等。这些公司提供不同的云计算产品与服务，各具特色，举例如下：

例 1：Facebook 是 Web2. 0 技术应用的典型代表，是社交网站的引领者，给云计算带来巨大影响，启发其他企业思考如何通过商品网络建立用户之间的相互联系。它需要大量的服务器来支持人们之间的沟通。

例 2：Amazon 是云计算的主要倡导者和领导者，其云服务被称为 AWS (Amazon Web Services)，主要的云产品有弹性计算云（EC2①）、简单存储服务（S3②）、电子商务服务 DevPay、灵活支付服务 FPS 等。

例 3：IBM 是商业数据计算的龙头，在我国无锡设有数据中心。主要云产品为 Blue Cloud，具体产品有 System X 易云架构、System Z 高效云架构、IBM Storage 云存储架构等。IBM 在全球设有多个研发中心，其中一个位于上海，研究与云计算有关的资源利用、应用程序负载和能量消耗等。

例 4：Google 是云计算领域难以超越的领跑者。其云产品叫作 Google Apps，允许在线合作、存储文档，其最佳之处在于任何人只要有 Google 账户就可以免费使用。面向研发人员推出的 Google App Engine，允许研发人员在其平台上编写软件。其他云产品有 Google Map、Google Docs 等。

例 5：Microsoft 微软数据中心提供了 WindowsAzure。Azure 翻译为“蓝天”，它是一种具有高度扩展性的服务平台，具有“随需随付”的灵活性，真正让 Windows 延伸到“蓝天”上。其云计算软件主要面向大型商务，比如 Microsoft's Sharepoint，允许用户通过浏览器在同一个数据库中分享文档。其他产品还有 Live Mesh、Xbox Live 等。

---

① 全称为 the Elastic Compute Cloud。

② 全称为 Simple Storage Service。

云计算虽然较早就进入了中国，但直到 2013 年才开始大规模发展（刘鹏，2015），不再满足于早期对 Amazon 和 Google 等的单纯模仿，而是开始与国内市场需求对接，充分挖掘云计算的潜力，进行自主创新。国内一些大型通信或 IT 公司等也投资云计算服务，虽然整体上与国外还有不小的差距，但在某些关键技术上并不逊色。比较领先的云服务提供商有阿里巴巴、百度、腾讯、中兴、华为、小米、网易等，提供的产品也非常多样化，如云服务器、云主机、云存储、云资讯、云安全等，成为云计算领域一道亮丽的风景线。

随着云计算的长足发展，各种云计算终端相继推出，满足了用户的不同需求。对于普通消费者来说，云计算终端其实并不遥远，比如 iPad、PC、智能手机等都是常见的云计算终端。云计算将从根本上改变人们的工作方式、商业模式，还将改变软件的使用方式，从而使发展中国家与发达国家、小企业与大企业之间共享同样的软件。这对于我国打破国外企业技术壁垒、发展高新技术产业具有重要的战略意义。

4.1.3 云计算对翻译的支持

在云计算的应用领域中，对机器翻译的支持是重要的一项。人工翻译费时、费力、费钱，而使用云计算，可以将翻译任务上传到云端，快速高效地获得翻译结果。全球商务面临的一个大问题是语言障碍，由于商业活动在许多不同的国家进行，没有翻译将很难理解客户个体及他们的特殊需求。一些在线翻译服务可以协助人们完成语言转换任务，比如 Google Talk 新开发了即时消息程序，该翻译软件可以允许使用不同语言的人们相互交流。

再如 TaaS（Terminology as a Service）①，这是一项免费的欧洲术语项目，提供一种基于云计算系统的在线术语服务，实时更新术语信息，便于用户获得并分享多语种术语信息，实现对术语资源的高效复用。它的核心服务有：利用最新的术语提取技术，从用户上传的文档中自动提取单语的候选术语；根据用户设定的目标语言，从现存资源中自动识别术语的对等翻译；利用双语对齐工具及最新的术语提取技术，从平行/可比在线语料库中自动获取术语的对等翻译；清洗（修改、编辑、删除）用户自动获取的术语；促进术语的分享与复用。其对已有术语资源复用的高效性体现在以下几方面：第一，简化特定翻译任务中语言工作者准备、存储和分享多语术语条目的过程；第二，

① 参见 http://www.taas-project.eu/index.php? page=about-taas）。

通过计算机辅助翻译（CAT）工具为职业译者提供即时术语翻译；第三，通过融合 TaaS 提供的术语数据，实现与统计机器翻译（Statistical Machine Translation，SMT）领域的融合。

可见，TaaS 可以实现对术语的获取、复用，提高本地化及翻译行业中领域专家（SME）的竞争力，提高翻译质量，弥合不同国家、地区或群体语言间的数字鸿沟（digital divide）。

云计算之所以使这一切应用成为可能，其实是与大数据的发展分不开的。大数据时代的到来，改变了既有的数据观，人们从信息的被动接受者变成了主动创造者。同样，本研究所构建的可视化知识服务平台，其服务对象并不是在被动地学习知识服务平台中的既有内容，而是在接受的同时也主动贡献自身知识，是知识服务平台的使用者兼创造者。

4.1.4 云产品文档的特点及其对翻译的启示

由上述云服务提供商及其产品简介可知，云产品种类较多，覆盖面较广，更新换代较快。与之配套的文档自然也呈现出这些特点。此外，由于产品面向全球客户，需要针对不同国家或地区制作多语种文档，且文档的形式不再局限于平面化的“文字”，而配之以立体化的“视频”，因此文档呈现出“多种类、多语种、多形式、多迭代”的特征，对专业技术写作与技术翻译人员的需求越来越多，带来的挑战越来越大。技术写作人员和翻译人员必须及时补充新的产品知识，了解其在双语或多语环境中的确切表达，才能保证文档质量，满足市场需求。

在科学技术的推动下，大量基于网络的产品走向全球市场，增加了对多语言文档生产者的需求。美国劳工统计局（Bureau of Labor Statistics）预测，从 2014 年到 2024 年，与技术文档相关的岗位将增加 5 300 个，平均每年增长 10%，高于职业的平均增长率，该职位也成为薪资待遇比较高、具有较强竞争力的职位之一。据调查，2015 年一位技术写作人员的中等工资在 70 240 美元[①]（合计人民币近 50 万元）。

面对发展如此之快的云产品，多语文档写作或翻译人员学习新知识的速度必须与产品发展更新的速度相匹配。因此，学习的途径与方式尤为重要。那么，怎样将海量的网络数据变为有用的信息，再将信息转化为含金量高的

---

① 参见 http://money.usnews.com/careers/best-jobs/technical-writer。

知识？怎样将行业内及企业内各类人才的从业经验转化为可分享的知识？怎样缩短译员从学习到生产的时间，提高学习的效率和文档生产的质量？高水平的可视化知识服务平台无疑能够为解决上述难题提供很好的支持，成为多语文档写作人员或译员的有力助手。

4.2 云计算知识本体简介——可视化知识服务平台构建技术分析

要有效克服传统术语库的不足，可视化知识服务平台需要做好两方面的工作：一是术语概念关系的表示与架构；二是知识处理技术。前者解决内容问题，后者解决方法问题。就本研究而言，笔者通过学习云计算专业书籍、阅读云产品双语文档、请教专业人士，完成了第一个方面的工作，即云计算领域部分核心术语概念框架的建构，具体内容将在第5章展开。本节重点介绍可视化知识服务平台第二个方面的工作，即知识处理技术。

4.2.1 本体的分类

最初，知识库是基于关系数据库构建起来的。在此基础上构建的专题数据库对领域知识的揭示不足，不能准确呈现概念之间的关系，语义检索、知识推理、知识发现与知识共享等高级功能难以实现，因此，近年来本体被引入信息领域。作为一种高效的信息组织方式，本体在人工智能、语义网技术以及数据库或知识库建设中得到广泛的开发与利用，其最大的优势在于可以展示领域内概念间的语义互联及推理关系，增强机器的可理解性，较好地弥补了传统知识库的不足。

前文已经提到，知识库的核心是知识本体，知识本体是提取、理解并处理领域知识的工具。冯志伟（2011）按照本体所描述的对象，将本体分为四种类型：第一，通用知识本体（common ontology），例如 HowNet；第二，领域知识本体（domain ontology），例如生物、电信、中医等特定领域的本体知识库；第三，语言知识本体（language ontology），例如 WordNet；第四，形式知识本体（formal ontology），领域知识本体与语言知识本体进一步抽象就可以发展为形式知识本体。

本研究的本体是针对技术文档的，因其所涉领域涵盖生产生活的方方面面，若建立通用知识服务平台，对具体领域的文档翻译指导性不强，因此，建立面向具体学科或领域的知识服务平台受到越来越多的关注。本研究选取云计算领域构建本体知识库，属于领域本体。构建领域本体是精准化、专业化和智能化知识服务的语义前提。

当下，互联网提供了海量信息，在为用户提供便利的同时也引发了一个问题：内容趋于同质化。与此同时，不同群体的人们对专业且具有深度的信息的需求日益增加，因而通用知识库或网络资源已经满足不了人们的需求，需要专业的平台为用户提供信息。根据领域知识特点对主题知识进行深入挖掘、有序组织、形象呈现和高效管理的领域专题知识库（Domain Knowledge Database）应需而生。作为知识库的一个子类，专题知识库的目的是通过呈现某一领域的核心概念及概念之间的各种关系，帮助用户便捷高效地获取该领域的知识、形成知识框架或图谱，从而深入特定领域。

4.2.2 本体构成要素

云计算领域本体是针对云计算领域内共同认可的概念及概念之间相互关系的明确定义，包括各类与信息通信相关的术语、词汇等，并对云计算领域知识的结构与内容加以限定，从而形成描述云计算领域中具体知识的基础。用公式可以简单表示为 CCDO=（C，P，R，a，I），其中 CCDO 是指云计算领域本体（Cloud Computing Domain Ontology），其他五个构成要素简述如下：

（1）概念集 C（concept）

概念集 C 定义了云计算领域本体所包含的概念的集合，即：$C=\{C_1, C_2, \cdots, C_n\}$。其中，$C_i$（$1 \leqslant i \leqslant n$）是云计算领域的某个概念，它在概念模型中被定义为类（class），即语义类型，是具有相同属性对象的集合，例如虚拟机、云服务、网络存储接口等。类通常可以分为不同的层次，比如“云使能技术”这一语义类型包含“数据中心技术”，而后者又具体包含“虚拟化”“自动化”等概念。

（2）属性集 P（property）

属性集 P 定义了概念集 C 中每个概念的特征或者与其他概念的关系，前者被称为数据属性（data property），后者被称为对象属性（object property）。数据属性是一个概念本身所具有的属性，例如“公园”这个概念，它具有地址、大小、电话号码等属性；对象属性则是两个或多个概念之间的相互联系，例如上文中提到的“云使能技术”与其下属各语义类型之间是包含与被包含的关系，可以表示为“isKindOf”。

（3）关系集 R（relationship）

关系集 R 定义了云计算领域中概念之间的交互作用，是“对象属性”的重要组成。例如上面提到的“isKindOf”，最基本的关系包括子类关系（is-a）、实例关系（instance-of）和部分关系（part-of）等。

（4）公理集 a（axiom）

公理集 a 定义了概念集 C 和属性集 P 上的永真断言，是定义在概念和属性上的限定和规则。例如，在 Network 类的 operatedBy 属性上面添加公理 cardinality≤1，即：约束每个网络最多只被一个运营商运营。

（5）实例集 I（instance）

实例集 I 定义了概念集 C 中每个概念实体的集合。例如，“公园”这个概念可以有上海公园、北京公园等实体；再如，“商业数据库产品”（database product）这个概念包含 IBMDB2、Oracle 数据库、Microsoft SQLServer 和 MySQL 数据库等实体。

4.2.3 本体构建工具

万维网联盟（World Wide Web Consortium，W3C）提出了语义网（semantic web）的概念，其实现基于三大核心技术：可扩展标记语言（XML）、资源描述框架（RDF）和本体。作为一种技术，本体需要一套标准语言及工具方法才能得以实现。目前已开发了几十种本体建设工具，较成熟且常用的工具有 Ontolingua、OntoSaurus、Protégé、WebOnto、WebODE、OilEd、OntoEdit、LinkFactory Workbench 等。这些工具有的可以支持本体的扩展，支持协同编辑环境等，功能比较强大。各种工具方法各有千秋，都可以构建出比较完整的本体，各自拥有大量的用户，选择哪种工具来构建知识服务平台需要综合考虑多种因素，这就需要从不同角度对各种工具进行综合比较。杜文化、董慧（2005），徐国虎、许芳等（2006）对这些工具进行了较为深入的分析，其中后者还提出了一套本体构建工具的评价框架，分为 5 个方面和 19 个二级指标：软件的可用性（软件获取方式、可视化视图、多人协作、自带本体库、使用指南）、软件结构（体系结构、可扩展性、存储方式、是否支持备份管理）、文件格式（导入格式、输出格式）、知识表达能力（知识模型表示形式、公理语言、构建方法）、推理机制（推理引擎、一致性检验、自动分类、语法检查、例外处理）。本研究在着手建设知识服务平台之前，对上述几种工具分别进行了尝试，大部分工具可以在线免费使用或者注册后免费使用，不过由于这些工具是由国外机构开发的，其中一些工具比如 Ontolingua、WebOnto 等在国内无法访问，因此最后选择了开源工具 Protégé。

Protégé 是由斯坦福大学医学信息研究组（Stanford Medical Informatics）开发的一个开放源码的本体编辑器和智能系统构建框架，它是在 Java 环境中开发研制的一款单机版应用软件。其界面风格与普通 Windows 应用程序风格一致，模块划分清晰，便于用户学习使用。与多数本体建构工具的知识模型一样，Protégé 中的本体结构也是以树形目录结构显示的，用户可以通过点击相应的项目来增加或编辑类、子类、属性及实例等，从而可以在概念层次上设计领域知识模型。使用 Protégé 时，用户不需要了解具体的本体表示语言。

Protégé 支持多种本体描述语言，包括 XML、RDF（S）、OWL 等，文本输出格式可以定制；它支持采用文本文件与数据库（JDBC）的方式存储本体；通过语言转换插件（支持 OIL、XML、Prolog 转换）、本体合并插件（PROMPT）、约束检验插件（PAL）、知识获取插件、本体视图插件（OntoViz）等一系列插件，可以扩展 Protégé 的结构。

Protégé 本身为插件结构（plug-in architecture），适于构建简单与复杂的基于本体的应用程序。研发人员可以将其输出的结果与规则系统（rule systems）或其他问题解决方案（problem solvers）整合到一起，构建多种智能系统。它提供了一个即插即用的环境（plug-and-play），使之成为其他应用程序研发的灵活基础。Protégé 以其免费获取、简单易用、不断升级、插件扩展等特性深受国内外众多本体建设者的青睐，拥有大量的忠实用户，包括学术机构、政府部门及企业用户等，被广泛应用在生物医学、电子商务、组织建模等领域，支持基于知识的解决方案，例如文档写作、问题解答、插件研发等工作。而且，它支持中文，在中国也拥有许多用户，在本体构建方面取得了不小的研究成果。不过这些研究都是基于中文一种语言的，不是双语的，其为文档翻译服务的价值尚未发掘。

Protégé 自问世以来不断更新升级，功能日趋完善，目前最新的版本是 2019 年 3 月发布的 Protégé 5.5.0[①]，较之先前的版本在查询、可视化等方面都有了较大的改进。此外，在以往的研究中，该软件因不支持多人同步操作、不支持在线使用而在实际应用中受到许多限制。目前该研究小组发布了 Web 版 Protégé，免费注册使用，可以在线创建本体，也可以将已经创建好的本体

① 参见 https://protege.stanford.edu/。

上传到网页上，并支持在线分享和下载，还设有主题笔记、讨论、权限等板块，这样就实现了远程多人协作开发、编辑、浏览与使用。WebProtégé 也具有很强的可扩展性，用户可以根据需要自由配置环境，添加或删除门户组件(portlet)。无论单机版还是 Web 版，Protégé 都配以详细的用户指南，新手很快就可以学会操作。

对于术语知识管理来说，层级结构是术语管理的重要理论要求之一，而多语言数据支持则是高效的全球术语工作的基本要求。Protégé 在这两个方面都可以满足要求，无论其内在的语义类型树形结构还是对语义类型及其属性的描述，都是为语义网络服务的层级结构，而且该软件支持多种语言。因此，本研究选用 Protégé 5. 5. 0 进行知识服务平台的构建工作。

4. 2. 4 本体构建语言

Protégé 的默认语言为 OWL①，它在 RDF② 基础上增强了语义描述能力，可以定义更加复杂的概念结构，且具备一定的知识推理能力，因而本知识服务平台所使用的语言是 OWL。虽然 Protégé 支持中文，但效果不太理想。为保障软件系统正确识别所输入的内容，本知识服务平台采用的语言方向是英—汉，即在构建语义类型及其属性设置过程中使用英语，在语义类型的“注解”板块标明对应的汉语译文、汉语定义等。

4. 3 技术文档翻译可视化知识服务平台构建模型

上文提到目前国内在通用知识库和专题知识库方面都取得了一些研究成果，且越来越重视专业领域知识库的构建工作，探索构建知识库的一般模型或专题模型，例如中华烹饪文化知识库（许鑫、郭金龙，2013)、电信领域本体知识库（李勇、李晓峰，2008）等，几乎在每一个面向专题研究的知识库研究中，都首先建立了对应的知识库模型。本研究中的可视化知识服务平台模型在参考已有专题知识库模型的基础上，结合技术文档翻译的特点进行调整，突出其专题性与双语性，以便更好地指导本知识库的构建工作，也为今

---

① OWL 全称是 Web Ontology Language，即网络本体语言。

② RDF 全称是 Resource Descriptive Framework，即资源描述框架。它是一种较为理想的资源描述语言，不过仅能提供浅层次的语义描述。

后相关研究提供方法参考。当然，任何模型的构建都离不开一定原则的指导，都需要具体的构建方法，本节首先对这些内容加以探讨，为知识库模型的构建奠定基础。

4.3.1 可视化知识服务平台设计原则

前文已经指出，以本体为知识组织的理论基础构建可视化知识服务平台，其最终目的是更好地促进知识的创新与共享，更好地整合人类知识。知识的创新体现在显性知识与隐性知识的不断更新。显性知识主要从各类数据、信息中获取新鲜血液；隐性知识则主要依靠实践经验的不断积累、梳理、积淀与转化。同样，知识共享也包括显性知识的共享与隐性知识的共享。知识创新能够提高知识共享的质量，而知识共享又可以促进知识创新。为确保知识创新和知识共享的顺利实现，需要在知识库构建过程中遵循一定的原则。

从 ICT 云计算领域知识特点出发，结合技术文档翻译要求，深入思考云计算知识架构、概念特征、翻译需求、用户需求等问题，笔者总结出本知识服务平台的几点构建原则。

（1）开放性原则

该平台的服务对象是多元的，除译者之外，还包括文档写作、设计、测试等人员，因而系统不能是封闭或孤立的，而应是开放的，这样才能促进知识在系统内的自由流动，促进各部门各岗位人员的交流。开放的知识库允许外部信息的输入，保持知识库的持续更新。此外，开放性还体现在对内容差异的包容与吸收，对功能缺陷的调适与改进，对个体需求的关注与满足，从而将最新最全的知识及时呈现给用户。

（2）共享性原则

知识共享是知识服务平台的终极目的和最高价值所在，也是人类知识得以传承的基点。知识只有分享给别人，才能更好地发挥它的价值。与平常生活中实物的分享不同，知识分享之后不但不会减少，而且还会增加，从而使得知识服务平台得以壮大和不断完善。知识共享需要个体的积极参与，因此要建立激励机制，鼓励每一位用户贡献自身知识。

（3）创新性原则

上述分析已经指出，知识服务平台的开放和共享都可以促进新知识的产生。这里的新知识主要是指通过显性知识与隐性知识的相互转化而来的知识，实则是知识的增值。需要注意的是，单纯的显性知识之间的共享或综合不能实现知识增值或创新，只有将显性知识内化为隐性知识，或者将隐性知识再次外化为显性知识，才能为知识服务平台增加新的知识元素。

（4）可复用性原则

基于本体技术构建的可视化知识服务平台应具有一定的普适性，不仅适合云计算领域文档翻译，还可以迁移到其他领域的本体建设中，即能够被同类知识所复用，为今后其他领域的技术文档翻译研究与实践提供借鉴。可复用的内容包括本体技术、术语条目、知识结构、构建流程及构建方法等。

4.3.2 可视化知识服务平台构建方法

本研究主要参照软件工程领域的软件开发方法及斯坦福大学信息医学院提出的七步法。具体步骤如下：

第一步：确定本体的专业领域和范畴；

第二步：考察复用现有本体的可能性；

第三步：列出本体中的重要术语；

第四步：定义类和类的等级体系；

第五步：定义类的属性；

第六步：定义属性的取值范围；

第七步：依据概念创建实例。

七步法的优势在于可以使开发人员从底层数据元整理并开发到顶层本体知识库，较好地确保知识服务平台的质量，相对比较成熟完善，且已在诸多领域本体构建过程中得到了印证，在一定程度上减少了本体开发中的资源消耗和开发时间，因此本研究主要参考七步法。不过，七步法也存在些许不足，例如，当对构建的实例结果不满意时，需要重新进行除第一步外的所有步骤，因而需要开发人员谨慎对待每一个步骤。云计算本体知识库作为 ICT 领域中的一个特定领域，其概念单元具有规范性、唯一性及复杂性，故本研究采用手工构建的方式。

4.3.3 可视化知识服务平台构建模型

根据上述构建原则与方法，下面提出面向技术文档翻译的可视化知识服务平台构建模型，如图 4. 1 所示。

该模型将知识管理、知识库系统架构及建库流程融为一体。从知识管理角度来说，整个过程分为知识规划、知识采集、知识组织和知识运用；相应地，从知识服务平台的系统架构来说，分为宏观层、基础层、数据层和应用层。

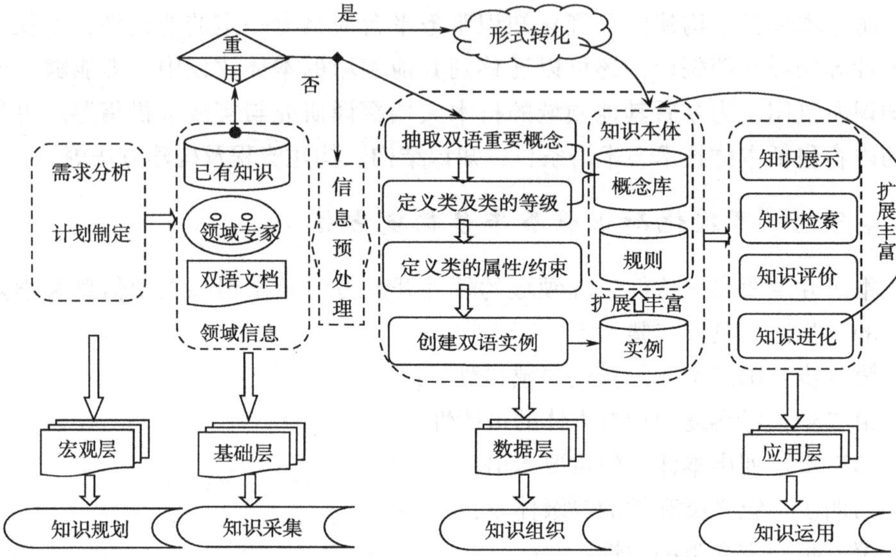

图 4.1　面向技术文档翻译的可视化知识服务平台构建模型

（1）宏观层

宏观层实则不是本体知识库的具体内容，而是建库之前的准备工作。好比盖一座房子，须先选址、绘图、确定建造方案，进行详细规划。这一阶段的工作大体上可以分为两部分，即需求分析和计划制定，它关系着后续建库是否能够顺利开展，甚至关系整个建库的成败。因此，需要精心设计，对知识的内容及服务对象、实现方式等进行详细规划。

（2）基础层

顾名思义，基础层是知识服务平台的根基，即数字信息资源的来源，属于知识的采集阶段。知识采集的广度与深度将决定知识服务平台的质量。因此，在这一阶段，应尽量扩大搜索范围，通过各种途径获取双语或单语知识。首先要看是否存在已有的知识服务平台，其内容是否可以重用，尽量减少不必要的重复工作；其次搜集领域内的双语文档或术语表，以及各类文档翻译规范、写作规范及翻译误例等。此外，领域经验也非常重要，这种具有个性化的隐性知识是长期实战经验的总结，对从业者尤其是新手具有很高的借鉴价值。现在借助于多种社交媒体，如微信平台，可以接触到领域内的许多资深一线人员，大可开发利用，丰富知识储备，提高知识服务平台的含金量。当然，通过网络等途径获得的数据内容庞杂，且不免重复、无序，需要进一步提取与处理，使其以结构化的形式存储。

（3）数据层

数据层即数据结构层，也是知识服务平台的核心层。这一层中的数据是经过处理后的有序数据，即可编码的术语知识。可以利用本体建设工具，按照其在领域知识语义框架中的位置进行分类，建立语义类型，确定各语义类型之间的上下级关系，对各个语义类型进行属性设定，最后一一构建出术语实例等。其中，语义类型及其关系的设定构成概念库，属性（包括对象属性与数据属性）的设定构成规则库。概念的录入与规则的设置可以实现对知识的推理，检验知识服务平台的有效性，辅助对知识服务平台的维护；概念库与规则库共同构成了知识本体，即按照语义关系对知识进行组织。而所有的实例则构成实例库，且随着实例的不断填充，新的实例可能需要新的语义类型和属性约束加以规范，这样又扩展了知识本体，使其变得越来越丰富。

（4）应用层

应用层即知识服务平台的外部接口层，是用户（包括研究者、译者、写作者、管理者、学习者等）或其他系统与本知识系统交互的通道，提供访问、检索、维护等外部功能。这一层不是单方向地为用户提供所需内容，还支持用户对知识服务平台进行修订，可以将自己积累或发现的知识资源输入或更新到知识服务平台的相关模块中，也可以就使用中的一些问题提出反馈或疑问（Protégé 网页版可以实现这一功能）。这种交互设计大大促进了内隐知识的外显转化，从而为知识服务平台及时补充新鲜血液，实现知识服务平台的稳步进化；而知识的每一次更新都会不断拓展知识本体，从而实现整个知识服务平台的良性循环。具体建库流程将在 5.1 进行详细探讨。

4.4 本章小结

本章主要论述了可视化知识服务平台的构建领域、构建原理、构建技术，在此基础上，结合技术文档翻译的特点，提出了可视化知识服务平台构建模型。

本章首先介绍了本研究所选择的知识服务平台构建领域。通过调查已知，对技术文档需求最大的是信息通信技术领域（ICT），针对该领域建立可视化知识服务平台具有重要的实践价值。由于ICT涉及范围非常广泛，短时间内无法完成所有术语知识的搜集与整理工作，本研究重在说明可视化知识服务平台在文档翻译中的应用方法，故将研究范围缩小在其前沿分支——云计算领域。云产品文档呈现出“多种类、多语种、多形式、多迭代”的特征，多语文档创作及翻译人员须及时学习新的产品知识。

然后介绍了可视化知识服务平台构建的原理、工具与方式。知识服务平台建基于本体，本体是从哲学领域引介而来的一种高效的信息组织方式，可以展示领域内概念间的语义互联关系，并可以进行自动推理，获取新的概念关系。本体由概念集、属性集、关系集、公理集与实例集组成。目前本体建设工具多达几十种，性能不一，本研究选择由斯坦福大学开发的开源工具Protégé。它设计灵活，可以与其他智能系统结合，结构可以扩展，支持概念层次上的领域知识设计，可以实现知识的可视化，因其对中文支持相对不够完善，故知识服务平台的语言对方向为从英到汉。

最后提出了可视化知识服务平台构建模型。为确保知识创新和知识共享的顺利实现，结合技术文档翻译需求，制定了几项知识服务平台构建原则：开放性原则、共享性原则、创新性原则和可复用性原则。本研究借鉴斯坦福大学手工构建本体知识库的七步法，构建了面向技术文档翻译的可视化知识服务平台模型。从知识管理角度来说，整个过程分为知识规划、知识采集、知识组织和知识运用；从知识服务平台的系统架构来说，分为宏观层、基础层、数据层和应用层。该模型为下文可视化知识服务平台的建设提供了实践依据。

本章依托云计算领域所论述的专题知识库构建模型、原则、方法及工具等具有普适性，可以移植到其他专业领域知识库构建过程中，为其他领域的技术文档翻译服务。然而，本研究所构建的知识服务平台的价值不仅在于借助本体技术呈现ICT领域词汇表或术语表，也不仅仅是借助本体建立一个单纯的术语知识、文档写作与翻译知识的查询系统，而意在借助本体对显性知识与隐藏在人脑的隐性知识利用形式化语言进行描述，使知识在人与机器之间达到共享，进而实现技术传播从业人员（包括管理者、研发者、写作者、译者、测试者等）个体知识及群体知识的共享。

第5章

技术文档翻译可视化知识服务平台构建过程

本章对第4章所述模型中的各部分、各步骤进行详细说明，完整呈现本知识服务平台的建构流程，并根据语言服务业文档翻译的实际需求，分层构建了通用知识库、产品知识库、项目知识库及个体知识库，然后分析知识库与文档写作工具、翻译工具结合的可行性，前瞻其应用愿景。

5.1 可视化知识服务平台构建流程

本节根据可视化知识服务平台构建模型，逐一说明建构步骤：需求分析与计划制定、领域知识搜集、术语知识抽取、术语概念关系定义、术语实例创建、术语知识检索与可视化展示、评价与进化等。

5.1.1 需求分析与计划制定

与软件开发类似，在可视化知识服务平台建设初期，应该首先明确需求，包括建库范围、目的、用途和使用者等，这关乎可视化知识服务平台能否满足目标用户的需求。需要回答的问题是：创建哪个领域的可视化知识服务平台？目的是什么？目标用户是谁？用户需要哪类知识？用户使用这些知识做什么？选择哪种本体建设工具？哪种语言（汉—英还是英—汉）？哪种构建方式（人工还是自动）？对此类问题的考量是从宏观上明确可视化知识服务平台的建库需求，对后续工作进行整体指导。由上述分析可知，本研究选择云计算领域作为建库范围，为云产品文档翻译提供知识服务（也可以服务产品文档的英文写作，即技术写作），用户群体是技术文档译者，当然文档工程师、内容管理人员，甚至产品文档的终端用户也可以从中受益。本体构建工具是Protégé 5.5.0，语言为英汉双语，采用人工方式构建出领域知识框架原型，旨在抛砖引玉，为今后相关研究奠定基础。

明确需求之后，应根据现存知识资源制定具体的实施计划，要考虑这些资源能否重用、是否有技术人员支持、建库周期、潜在风险等，确保建库顺利实施。具体到本研究，在资源重用方面，目前由于云计算处于发展初期，尚没有专门的可视化知识服务平台。但是一些著名的云计算服务商，如亚马逊云、微软云、阿里云等发布了云产品术语表，其中，前两者使用英汉双语，后者使用汉语。

这些可以作为重要的术语资源，但不能直接入库，需要根据其语义关系进行分类、进一步编码后才能入库。在技术人员支持方面，本研究有幸得到多位 IT 领域专家的指导，其中有从事 IT 研发的资深软件工程师，还有从事云计算文档写作与翻译的技术文档工程师，在软件使用、云计算语义类型及语义关系构建、知识服务平台可用性测试等方面都得到了及时有效的指导。

本研究的建库从收集材料到建库完成，历时半年，没有超出预定时间。就潜在风险而言，涉及多个方面，比如材料搜集不足、双语术语数量较少、质量不高、软件操作不当、无法显示想要的结果、数据丢失、建库时间超出预定计划等。充分考虑到这些潜在的风险，做好应对措施，才能从容不迫、游刃有余。

5.1.2 领域知识的收集与预处理

可视化知识服务平台不仅记录术语的语言信息，也记录术语所对应的概念信息，这些信息主要来自术语库（包括单语和双语术语库）、专业知识文献所提供的术语使用语境、专业人士的领域知识储备与从业经验等。费尔伯（2011）指出：知识资料的领会、存储和发布依赖于所应用的知识系统或知识库。这样一个知识系统包含资料源的一种证据，由知识构成物库、术语库、事实库和方法库四部分组成。其中，知识构成物库提供知识的陈述、知识模型等；术语库提供概念、概念关系及系统、概念符号及系统等；事实库提供有关对象客体和事态的事实；方法库提供获取专业领域知识所需的方法及模型。由此可见，知识构成物库的内容要比术语库丰富得多，未来是知识系统的世界，因为知识系统使得研究和实践活动变得更加有效。要构建这样一个结构完整、内容全面的知识系统，就需要在资源搜集阶段扩大搜索范围。

确定术语的基本原则在于某一领域的术语通过结构化处理进入专业知识的分类系统（classification system）。每个专业领域都拥有这样一个系统，这一点须在术语搜集阶段反映出来。文档分类系统、百科全书、产品手册及用于知识传播的数据库等都可以提供领域知识分类系统框架。术语工作的首要功用在于传递专业知识，鉴别相关术语的用法。为确保这一功能的成功实现，术语专家或其他从事术语建设的人员必须熟悉特定领域的权威文献资料。这些文献主要包括百科全书、专著、技术手册、会议及研讨会论文集、专业及大众期刊、宣传册及传单、字典、词汇表、文档、术语库及领域服务提供商的网站等。

随着通信技术的迅速发展，产品文档的交付形式日趋多元化，除了传统的印刷件之外，还有电子版文档，以多种形式存储，比如 . doc，. xls，. ppt，. pdf，. txt 等，可以在电脑、手机等多种移动端显示，方便用户随时随地查阅信息。由上述调查可知，现阶段信息通信技术领域对文档的需求最大，文档资源也最为丰富，且许多大型企业网站上专门设置了文档管理模块，包含所有产品的文档，可以免费下载。

本研究主要针对信息通信技术领域的云产品，即一系列通过云计算提供服务的产品，这是信息通信技术领域的一个重点开发领域。国际上在云计算领域比较领先的企业有亚马逊、微软，国内有华为、阿里巴巴等。这些企业会在官网上发布各类云产品及其配套的文档，文档大多为双语或多语，且可以免费获得。有些企业不仅共享文档，还共享术语库。例如，亚马逊云提供的术语是 8 种语言对照的，包括荷兰语、英语、西班牙语、法语、日语、汉语等①，如图 5.1 所示。

由图 5.1 可见，每条术语下方都给出了相应的释义，为本研究提供了丰富且高质量的双语平行文本。一些语言服务技术提供商开始瞄准术语语料市场，除了研发术语提取及管理工具外，还销售多语或双语术语，多按术语条目数计费，比如 Tmxmall、语帆术语宝等平台，可以通过购买、合作等方式获取高质量的术语，在此基础上就可以把精力主要放在术语概念关系的定义上。

此外，随着云计算技术的快速发展，与其相关的书籍不断问世，有些

---

① 参见亚马逊云服务：http://docs. aws. amazon. com/zh_cn/general/latest/gr/glos-chap. html。

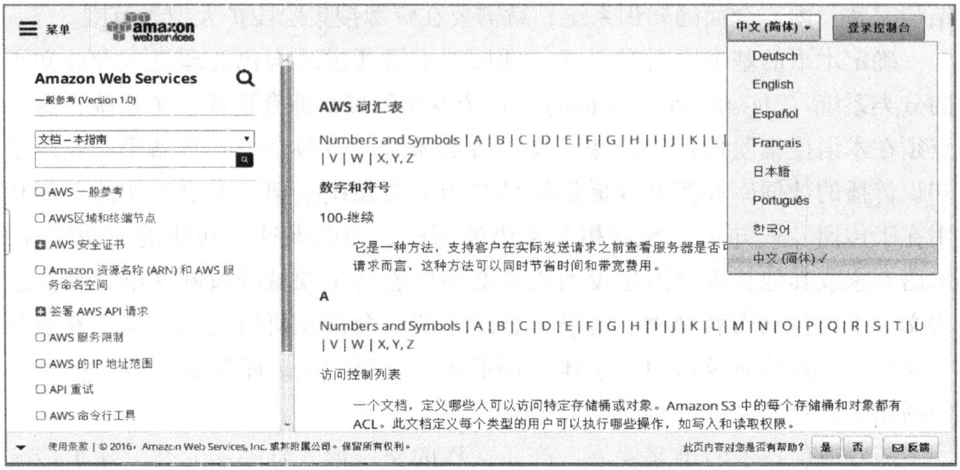

图 5.1 亚马逊云（AWS）多语种词汇表截图

英文畅销书籍还被译为中文，对云计算的概念、原理、应用等进行更为详细的解说。例如 *Cloud Computing*：*Concepts*，*Technology & Architecture*，其中文名称为《云计算：概念、技术与架构》，作者为美国、英国及巴西云计算领域的专业人士。原书 2013 年由美国培生教育集团（Pearson Education）出版，得到行业内人士的高度评价，2014 年由机械工业出版社引介到国内。该书以通俗易懂的行文全面介绍了云计算的核心概念及相关技术，并附有 260 幅精美的图示、29 个架构模型，生动形象，是一本不可多得的云计算入门书籍，在筛选云计算术语、确立核心概念之间的关系等环节为本研究提供了重要参考。本研究搜集整理的领域数据信息如表 5.1 所示。

表 5.1 云计算领域双语术语知识来源

资源类别	序号	资源描述	数量	语言
书籍资源	1	《计算机科学技术名词》	2 907 个词条	C/E
	2	《计算机科学技术百科全书》	1 381 个词条	C
	3	《英汉双解微软计算机词典》V5.	9 780 个词条	C/E
	4	《云计算：概念、技术与架构》	856 个词条	C/E
网络资源	5	亚马逊云文档（AWS） http://docs.aws.amazon.com/zh _ cn/general/latest/gr/glos-chap.html	430 个词条	C/E

续表

资源类别	序号	资源描述	数量	语言
网络资源	6	微软云文档（Microsoft Azure） https://azure. microsoft. com/zh-cn/	213 个词条	C/E
	7	阿里云文档 https://www. aliyun. com/	172 个词条	C/E
风格指南	8	*Ericsson Style Guide*	86 页	E
	9	*IBM Style Guide*	409 页	E
	10	*Microsoft Manual of Style*（the 5th ed.）	463 页	E
	11	*Simplified Chinese Style Guide*	61 页	C/E
	12	*The Chicago Manual of Style*（16th ed.）	1 045 页	E
	13	*The Elements of International English Style*	182 页	E
	14	《翻译服务规范　第 1 部分：笔译》	6 页	C
	15	《翻译服务规范　第 2 部分：口译》	2 页	C
专家资源	16	云计算领域文档工程师	1 人	C
	17	云计算产品设计师	2 人	C
	18	计算机辅助翻译技术与翻译项目管理专家	1 人	C

注：“C”代表“Chinese”，指汉语；“E”代表“English”，指英语。

表中所列资源还可以根据不同的方法进行分类：

- 从形式上包括纸质类（书籍教材）、在线类（网络电子资源）；
- 从内容上包括领域专业知识、文档写作知识、文档翻译知识等；
- 从语言上分为英语或汉语单语资源、英汉双语资源等；
- 从形态上分为显性知识和隐性知识，其中隐性知识主要来自领域专家。

对领域知识的充分了解是完整呈现该领域知识体系、确定概念分类系统、构建高质量知识服务平台的基础。资料搜集完毕，需要对纷繁复杂的各类信息源进行预处理，可以采取人工和软件（翻译软件、文本对齐工具等）结合的办法进行。本研究构建的知识服务平台规模较小，因而主要采取人工方式进行处理。

由上述材料可见，本知识服务平台内容不仅搜集有关术语方面的知识，而且紧密结合技术文档翻译实践的特点，充分考虑知识服务平台使用者（即技术译者、文档工程师等）的工作需求，将中英文写作风格、翻译规范一并囊括进来。这些风格有的是通用型的，例如“The Chicago Manual of Style”；有的是由某一企业出台的，例如“Microsoft Manual of Style”，应用范围也比较广，都是国内外比较权威的风格指南，具有较高的参考价值。这些风格指南从各个方面详细地规定了原文写作的规范，当然，内容难免有所交叉，比如对用词、标点、大小写、引用等的具体规定大同小异。为方便使用者更好地了解多个指南对同一内容的规定，特将各风格指南中描述同一主题的内容并置，即将各指南的内容重新组合，而不是长篇嵌入其中。

此外，这里的知识不仅包括上述资料中的显性知识，还包括重要的从业经验，这些经验通过亲自调研本地化翻译公司、文档咨询公司，参加公司相关培训会议，询问从业人士实践心得及亲自参与写作与翻译项目实践获得，包括一些文档翻译技巧及易错之处。翻译过程中的问题与反馈文件（query）是非常难得的宝贵隐性资产，笔者在实习过程中，就负责整理技术审校及外籍终审的反馈意见，知识点非常丰富，有助于团队成员快速积累从业经验，少走弯路。

优秀的译员集通才与专才于一身，通才是指具有较为广博的知识，专才是指精通一个或多个领域，做到“术业有专攻”。要想精专一个领域，就需要通过阅读该行业的本科或研究生教材，以及行业内领先企业、公司发布的资料，来学习该领域的基础知识。基础知识和专业原理学习需要一定的时间，了解行业术语和规范是比较快捷的入门办法。对于复杂的行业知识，专业书籍是最好的学习路径（崔启亮、罗慧芳，2016）。

5.1.3 抽取领域双语重要概念

材料经过预处理之后，就可以进行概念的提取工作了，这是构建知识服务平台的基础。其提取方法的合理与否直接影响下一步语义类型的构建，因而是整个知识服务平台构建的关键环节。为确保所选术语的最终质量，提取时需要遵循一定的原则，下面将进行具体分析，并进一步分析面向技术文档翻译的双语术语条目存储结构。

（1）双语术语知识抽取原则

如上所述，双语术语知识主要来源于《云计算：概念、技术与架构》一书，首先通读中文，理解全文内容，再通读英文，然后提取云计算的核心双语术语，且主要提取具有双语概念定义的术语，并从其他书籍及网络资源中寻找其使用的语境。

第一，基础性原则。

ICT领域概念广泛，且随着科技的更新及新产品或新功能的开发，新的术语层出不穷。作为ICT的发展前沿和助推力量，云计算领域也成为大量新术语的集聚地，不同的云计算服务提供商研发的云产品各异，因而就有了五花八门的术语，暂且称为云术语。为使知识服务平台更有普适性，首先建立通用型的核心术语知识服务平台，为领域内的多数从业者提供服务。这时就不能选取那些具有企业个体特色的云术语，例如亚马逊最具代表性的云产品EC2在通用知识库中不予收录，后续会收录在以产品为导向的术语知识库中。目前先以最基本的术语为基石来构建云概念系统，这足以凸显云计算的领域知识特色。正如费尔伯（2011）所说："知识领域或专业领域的建立是从基本概念和基本原则出发的。……基本概念和原则划清了每种知识领域和专业领域之间的界限。"

第二，概念导向原则。

概念导向原则是指一个术语对应一个概念，如果该术语还可以指其他概念，则分为两个条目来记录。比如术语"copy"既可以作为动词也可以作为名词，在计算机科学领域指"复制"这一动作，而在印刷行业，既可指"复印"的动作，也可指名词"复印件"。这样就需要注明术语的不同领域，不能像词典那样，在一个条目下列出所有的语义及用法。此外，在翻译实践中，同一个概念需要用另一套语言符号系统来表示。由于语言具有很强的民族性，打上了不同文化、地域的烙印，要使两种不同的语言符号指称同一个概念，对应的是同一个客观对象，即保持概念、客体、符号三者之间的关系在源语和目标语中不变，这一点并不容易做到，尤其是在文学话语、政治话语等领域。而在ICT领域，情况还比较乐观，这是由科技术语的特性决定的，科学技术领域术语的感情色彩最弱，客观性最强，减少了翻译中的歧义与多义性问题。

不过，不同地区或文化中依然存在对同一概念指称不一致的现象。就汉语而言，中国大陆和中国台湾对同一概念的指称有时也是不一样的。拿一些常见的产品品牌名称的翻译来说，比如，日本的SONY公司在大陆翻译为"索尼"，台湾译为"新力"；对于世界著名汽车品牌Benz，大陆称"奔驰"，台湾称"朋驰""宾士"。由于是双语术语，需要确保概念的唯一性，即两种语言中的两个术语指称的是同一个概念，一旦发生变化，则会降低知识服务平台的质量，从而影响最终的文档翻译质量，阻碍知识在国际间的顺利传播。

正如费尔伯（2011）所指明的那样："不同的语言共同体成员对现实的不同理解，是造成跨国家民族的交流中产生困难的根本原因。不同语言间的文本翻译，是在各自语言中把具有不同结构的逻辑句子与同一事态进行相互对应而得以实现的。"

第三，多层次性原则。

在文档翻译实践中，术语的范围其实需要扩展，除了指称领域专业知识的概念之外，公司商标、产品名称、人名、宣传用语、法律用语、警示语等涉及的词汇或短语，虽然在严格意义上不属于专业术语，但其翻译得是否准确、是否一致则会影响文档翻译的整体质量，因此也需要纳入知识服务平台中，当作术语来处理。本研究将该类词汇作为一个单独的术语知识系统，以区别于云计算领域的专门术语，称其为"面向产品的术语知识库"。另外，本知识服务平台设计中遵循开放的原则，允许使用者根据需要构建不同目的、不同用途的知识库。翻译实践往往是以单一翻译项目来进行的，所以还可以构建"面向项目的术语知识库"。这时搜集的术语就是围绕具体的项目来进行的，其内容也更有针对性，满足翻译项目参与者的需求。个人也可以根据翻译实践需要，构建个人专属的知识库，可以将自己认为重要的词汇、术语、逻辑句子、易错之处、常用参考资料或重要网站一并收录进来，从而构建"面向个人的可视化知识服务平台"。这类知识库规模也许最小，但针对性最强。这就形成了多层次的立体式知识库，大大拓展了术语知识的涵盖范围。

由于ICT范围非常广泛，云计算作为其中的一个特殊领域，与其他子领域往往交叉，在确定相关术语时并不容易，有些是云计算特有的，有些是相关的，尽管其相关程度不一。本知识服务平台采取人工构建方式，根据术语学相关理论知识与术语标准，按照上述三个主要原则，尽量提取最基本、最核心的概念，确保术语无歧义，定义简明准确。判断的依据是云计算领域权威入门教材——《云计算：概念、技术与架构》中英文版及国内外云计算服务提供商网站术语表，同时还借鉴了计算机领域相关书籍。提取的概念以词或词组为主，主要有"noun"（例如multitenancy）、"noun+noun"（例如cloud provider、cloud delivery models）、"adj. +adj. "（例如active-active）、"adj. + noun"（例如public clouds）、"prep. +noun"（例如on premise），还有多词组合（例如cloud-enabling technology、Platform-as-a-Service）等。提取的云计算双语术语可以分为两类：通用核心术语和企业专有术语。就术语的数量而言，构建一个完整的单语、双语或多语术语资源究竟需要多少条术语记录

（terminology record），最低数目是多少，目前尚无定论（梁爱林，2016）。因此，本研究从所掌握的双语术语资源中，根据研究需要共抽取了200余条术语。

（2）双语术语条目存储结构

知识服务平台的构建既要满足特定领域的需要，又要考虑人类知识整合的需要。这意味着建库时在“战略上”要有长远眼光，在“战术上”要采用统一的术语知识存储方式。任何领域的术语数据类别都需要经过精心挑选，才能更好地满足创建者及使用者的需求。术语的相关信息在知识服务平台中是以一定的结构来存储的，合理的结构不仅有利于知识检索、展示和使用，也有利于与其他知识服务平台或术语库之间的术语交换，即数据在不同术语管理工具之间的导入与导出，便于知识复用。因此，无论术语库还是知识服务平台的构建，都需要先确定术语条目的存储结构。在确定之前还需要先了解术语库可以提供哪些信息存储方式。

按出现的先后顺序，术语条目信息存储方式可以分为三种。第一种是以术语为导向的词义派，基于术语所具有的词义，即一个术语条目涵盖多个概念，具有多个意义，多用于词典和百科全书的编纂；第二种是以概念为导向的概念派，是基于术语所指称的概念，要求一个概念对应一个术语（one term per concept），即单形（mononymy），一个术语对应一个概念（one concept per term），即单义（monosemy），概念派方式多用于以翻译为目的的术语条目的创建；第三种是以知识为导向的知识派，利用知识本体技术，实现对领域专业知识的系统化表述。以知识为导向是术语库发展的最新方向，目前欧洲术语库（EuroTermBank）、西班牙环境术语知识库（Ecolexicon）都是规模较大的在线多语术语知识服务平台，可以为全球多个国家的用户提供免费的术语知识检索与使用服务。本研究属于第三类，以知识为导向的知识服务平台需要围绕概念来创建，同样遵循术语分立的原则，并且需要在此基础上构建概念间的关系，编织一张笼罩领域知识的网络。这是构建术语条目结构的关键信息。下面参照国内外对术语数据记录的研究成果，提出本研究的术语条目结构及具体的记录项。

国际上首次全面地分析术语库中的术语数据分类（data categories）是在起草《术语中的计算机应用：数据类别》（Computer applications in terminology—Data categories，ISO 12620）的过程中，从而催生了第一个数据分类标准ISO 12620：1999，其最新版本为ISO 12620：2009。该标准将术语数据信息分为三大类：术语及与术语相关的数据，概念描述类数据，管理类数据。三大类又可以细分为10个次类，每个次类又细分出多个小类，层次最多划分到第4层，加上文后附录的文献类数据，涉及的术语数据类型信息多达200项。当然，这些信息并不需要全部包含在每一条术语条目中，可以根据建库目的和术语的特点加以选择。

西尔维亚·帕维尔和黛安·诺莱特（Silvia Pavel & Diane Nolet，2001）在《术语手册》（*Handbook of Terminology*）一书中总结了术语条目通常具有的数据信息，包括11项：①主专业领域、应用领域；②语种标识；③主条目+来源+使用参数；④主条目的缩略形式+来源+使用参数；⑤次属条目+来源+使用参数；⑥次属条目的缩略形式+来源+参数；⑦文本支持标识+文本支持+来源；⑧来源；⑨原创者；⑩创建日期；⑪修订者。同时对数据内容的最低限度做出了要求：挑选的数据与所呈现的数据，其最低限度要求是应告知用户有关概念的专业领域、描述概念所用的语言、每种语言中指称这一概念的术语、概念的定义以及记录信息的来源。

数据类别注册（ISOcat Data Category Registry）① 则从5个方面分析术语条目注册信息：概念导向类数据（例如专业领域）、语言导向类数据（例如定义）、术语导向类数据（例如词性、语境）、管理类数据（例如创建者、创建日期、注释）、特殊数据（例如使用的语言、结构元素、来源）。

梁爱林（2016）在探讨对术语条目质量的评价时提出了更加全面的术语条目记录项，共计25项内容：条目术语、定义、定义出处、术语出处、同义术语、术语变体、缩略形式、评语、术语地位、专业领域、相关的术语、在其他语言中的对等情况、在其他语言中的部分对等情况、管理领域、标识码、语言、创立的日期、修订的日期、记录创建者、记录状况、语法注解、语境、注释、互参照及图示等。

那么，在翻译项目术语管理实践中，术语条目是怎么存储的呢？我们以全球语言服务业术语管理市场占有率最高的SDL Trados Multiterm为例，来看一下术语的数据结构，如图5.2所示。

SDL Multiterm将术语的相关信息分成三个层次：条目层（entry level）、索引层（index level）和术语层（term level）。条目层属于概念层，储存术语

① ISO TC37数据类别注册（DCR）创建于2008年，是以数据库（ISOcat）形式发布的第一个ISO标准。参见www.isocat.org。

所属领域、使用现状、术语来源等信息；索引层是语言层，用来存储术语的定义、定义来源及其他注释等信息；术语层则用来存储该术语的语法、词性、单复数、语境及术语来源等信息。这三个层次的具体内容可以根据需要添加不同的说明性字段，这些字段及其属性可以从右边的编辑框中进行操作，属于元数据的范围。

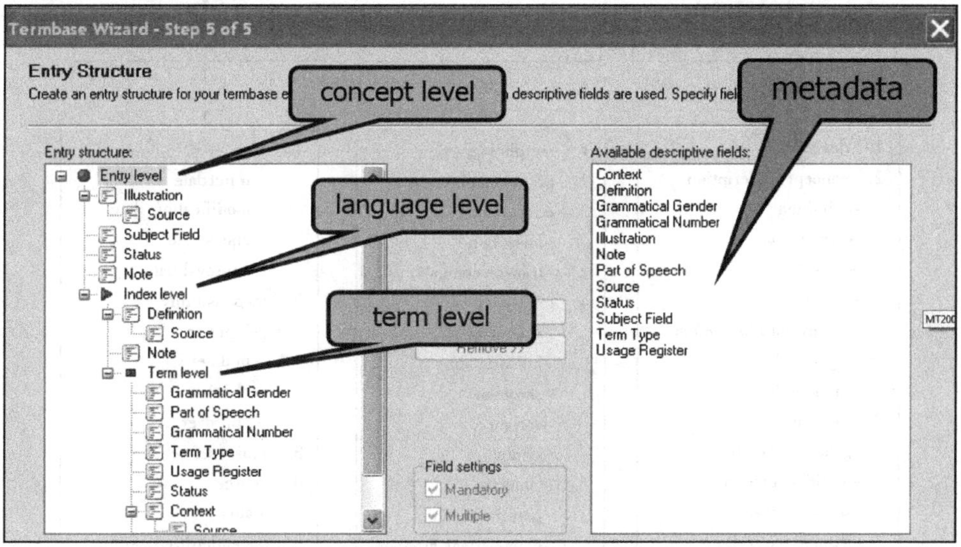

图 5.2　SDL Multiterm 术语数据结构

术语具有很强的跨学科性，鉴于术语与知识的紧密联系，无论人文学科还是自然学科领域，对知识服务平台的研发都需要从术语学中汲取理论滋养，更需要遵循共同的标准，包括国际标准和国内相关标准，以便数据在不同知识服务平台、不同企业甚至不同国家之间自由流动。有鉴于此，本研究综合术语标准、知识组织理论及云计算领域知识的特点，从写作、翻译、内容管理等人员的实际需求出发，基于前人研究，构建面向技术文档翻译的术语知识微观结构，如图 5.3 所示。

与 ISO 12620 对术语数据类别的划分一致，本结构将术语条目也分为三个层次，即概念层、术语层和管理层，分别录入概念知识、术语知识（语言知识）和管理知识。

第一，概念知识（concept-related knowledge）。

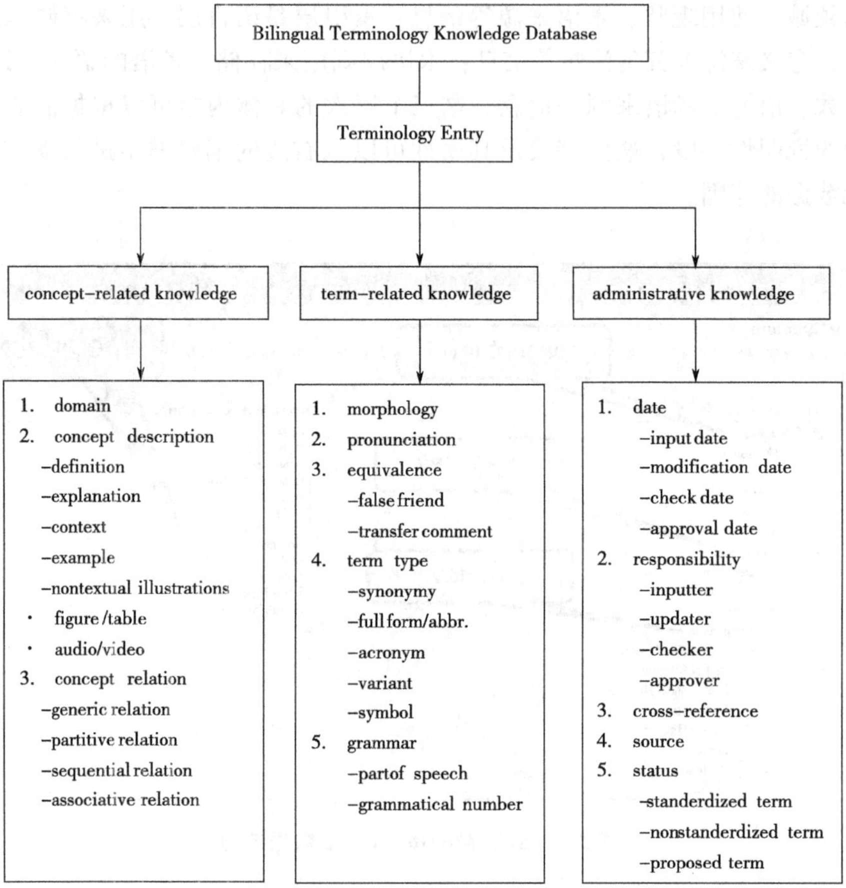

图 5.3　面向技术文档翻译的术语知识条目结构

根据人类认知世界的方式，概念先于术语，即所指先于能指。概念的外显化才是术语，概念间的相互联系构成了知识网络，知识服务平台就是以概念为导向构建的。在概念层中，需要描述的信息有：①领域（domain），即所属专业领域或次领域。②对概念的描写（concept description），包括定义、解释、语境、例子、知识单元（对概念进行更细粒度的描写）、概念特点及非文本类信息（包括相关的图、表、音频、视频等）。③概念之间的关系（concept relation），比如一般-特殊关系、部分-整体关系、时序关系、相关关系。知识服务平台可以显性化地表现出这些关系，揭示出领域知识的网状结构，这也正是其区别于普通术语库的显著特点所在。

这里需要强调一下定义。要确切地理解一个概念，首先要从概念的定义入手，因此，了解给概念下定义的方法有助于在翻译过程中更加准确地把握概念，寻找恰当的术语。定义概念的基本方式有：内涵定义，即理解概念的特征；外延定义，即给出概念的数量范围；上下文定义，即印证其在文章中出现的上下文（语境）。定义时需遵循一些规则：科学性，即定义对事物或概念等的描述必须客观准确、符合逻辑；系统性，即反映术语在整个概念体系中与上位（即属概念）及同位概念间的关系；简明性，表述言简意赅，只描述事物的本质特征。另外，定义要适度，避免循环定义，不使用否定语态等。由于云计算属于新兴领域，有些云产品相关术语还没有确切统一的定义。对于这类情况，可以按照上述术语定义方法对其定义进行一一检验，发现不合适的地方再请教领域专家，给出一个参考定义，并标注其状态为“候选定义”（pending）。

第二，术语知识（term-related knowledge）。

“术语”本身是一个多义词，既可指语言与形式的统一体，也可指语言形式。本研究整体上使用的是前者，而此处使用的是后者，即词汇学方面的信息，主要包括以下信息：①词形（morphology）。②语音（pronunciation）。③在目的语中的对等语（equivalence）。④术语的类型（term type），包括同义词、全拼形式、缩略形式、首字母缩略词、术语变体、象征符号等。⑤语法信息（grammar），包括词性、单复数等。这些信息是知识描述的重要载体，通过信息的规范化描述来确切表达领域专业知识。

第三，管理知识（administrative knowledge）。

这类数据是为了便于管理术语或查找参考信息，涵盖日期、责任人、交叉引用、来源等知识，主要包括以下信息：①日期（date）。ISO 8601 规定日期的格式为年-月-日（YYYY-MM-DD），时间为 hh：mm：ss。如果不按照此格式，那么在进行数据交换时，就需要对与日期相关的信息进行转换。日期又可以细分为术语录入日期、修改日期、核查日期、通过日期等。②责任者（responsibility）。分别有术语录入者、更新者、检查者和通过者。③参考信息（cross-reference）。在知识服务平台中，可以在相关术语之间建立相互参照的关系，也可以通过网页超链接，将外部的网络资源作为参考，从而大大拓宽了知识网。④来源（source）。要注明术语的出处，如果来自网络，还可以添加术语的 URL 网址，方便使用者进一步查阅。⑤状态（status）。可以分为三种情况，即标准术语（standerdized term）、非标准术语（nonstanderdized term）及拟用术语（proposed term）。其中，标准术语指经过术语专家审核，在行业或专业书籍中统一认定的术语。非标准术语指的是译员或其他用户提交的尚未通过专家审核、未完成标准化的术语。拟用术语指的是在缺乏理想的术语时提出来的临时术语。在以翻译为导向的术语库中，拟用术语也可以是一种释义（paraphrase），代表目标语中不存在、借译（loan translation）又不太理想的概念。随着时间的推移，拟用术语或者被认定为术语，或者被更加简明有效的术语所代替。

设定了术语条目的微观结构，在录入术语时便有章可循。采用通用的基本规则或符号来描述每一条术语，就可保障知识服务平台在逻辑、风格上的一致性，便于数据在不同操作系统或知识平台的操作与衔接，有利于知识的传播、共享和增长，提高知识服务平台的利用率。

需要指出的是，数据信息并非越多越好。虽然数据的丰富有助于提高知识服务平台的知识含量与价值，但如果术语条目包含的数据过于繁杂，也会让用户眼花缭乱，无形中就会降低信息检索的效率，并增加知识管理的时间与成本。高质量的知识服务平台是数据信息恰到好处，能够满足目标用户的需求即可，不必一味贪多求全。本知识服务平台的首要用户是译者，“对于译者来说，记录中即使只有一个术语，若包含该术语的对等翻译与来源，就具有价值”（梁爱林，2016）。梁爱林（2016）同时指出：“面向翻译人员的术语数据库中若包含术语的语法信息，则会是多余的。”这是单就以翻译为导向的术语库而言的。而本知识服务平台不仅可以服务于技术文档翻译，还可以服务于技术文档写作，为文档工程师提供领域知识学习平台和文档写作知识平台，此时，就有必要了解术语的语法信息。因此，术语的数据信息必须与知识服务平台的类型、目的保持一致。

5.1.4 定义类及类的等级

这里的“类”指的是语义类型，在本体构建环境下，语义类型被定义为概念的集合。核心概念确定下来之后，就要对其进行精确的自然语言描述，即用形式化的语言加以表示。形式化表示的知识来源于对研究领域的概念化，这种概念化的主要内容包括研究领域的对象、概念和其他假定存在的实体，以及维持它们的关系（Guarino & Giaretta，1995）。

领域专业知识分类系统可以是单一层级的，也可以是多层级的。以加拿大 TERMIIUM Plus 的分类系统为例，这是加拿大政府的术语与语言数据库，也是世界上最大的术语数据库之一，其术语被分为24个较大的领域，每个大领域又分为10~12个次领域，接着又细分为若干个小领域，共计1 600余个分类节点（Pavel & Nolet，2001），主要使用英、法两种语言。本知识服务平台也使用双语描述，不仅给出其原有的英文定义，而且给出对应的中文术语条目及中文定义，这是服务于技术文档翻译、实现领域内知识传播与共享的基础，根据术语学相关理论知识与术语标准，确保术语无歧义、定义简明、准确等。类的等级以树形结构为特点，存在上级语义类型与下级语义类型，上下级之间是一种包含和被包含的关系，这种包含既包括属性上的包含，也包括内容上的包含。为确保语义类型及其等级的合理性，本研究制定了三点构建原则：①语义类型的构建以知识共享为旨要，充分结合云计算的知识特点及技术文档翻译的需求；②提取概念集合的抽象概念作为语义类型，不受概念集合中概念频数的限制；③构建语义类型的树形框架图时注意上下级语义类型的继承问题。

以此为原则，构建出多级语义类型，其中有关云计算的概念达150个，语义类型结构细分到第七级，如图5.4、图5.5和图5.6所示。此外，还包含易错题库、国内外文档写作与翻译风格指南两个板块。

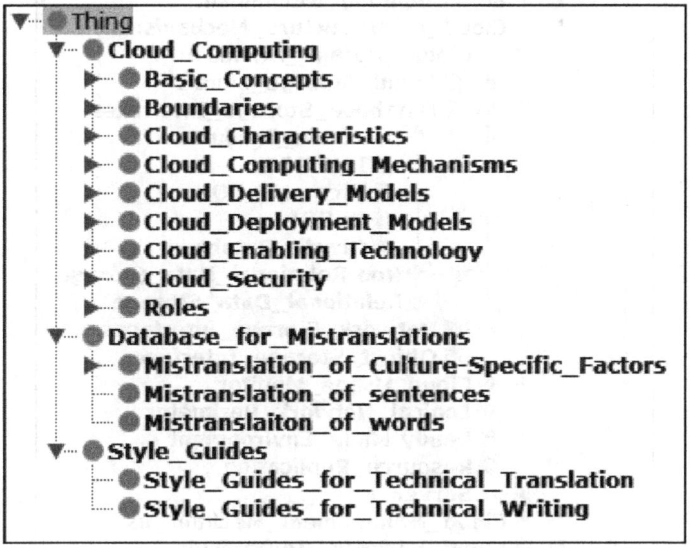

图5.4　一级语义类型及其下属二级语义类型

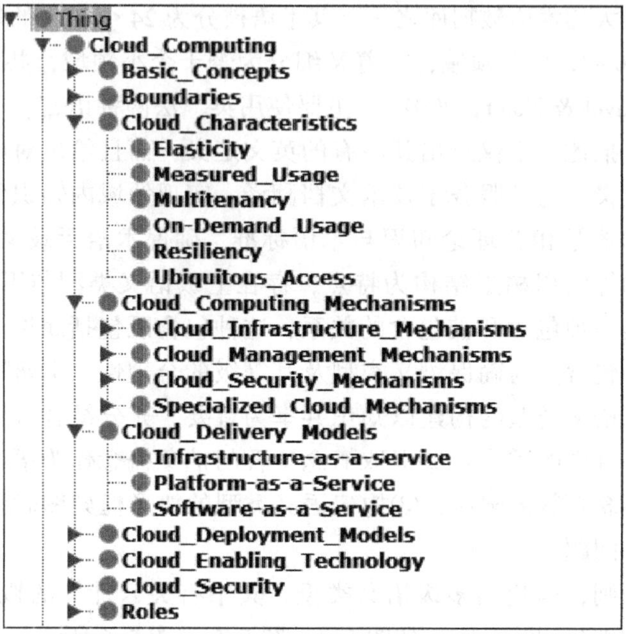

图 5.5　Cloud Computing 下属的第二、三级语义类型

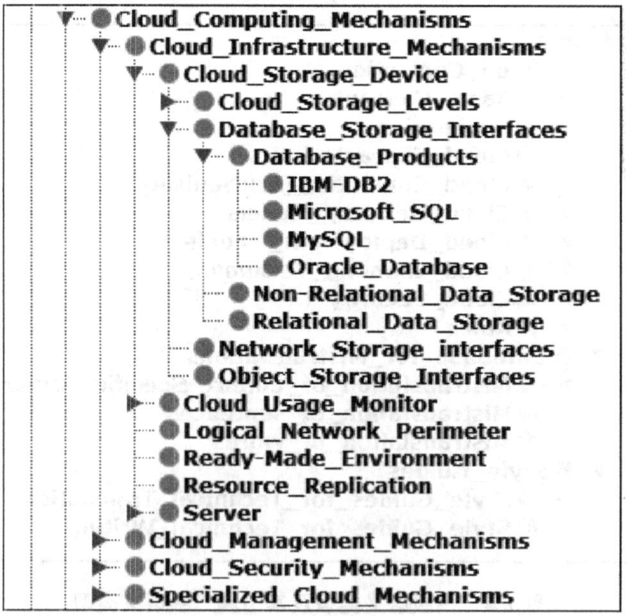

图 5.6　Cloud Computing Mechanism 下属的第三、四、五、六、七级语义类型

建立了语义类型之后，可以利用 Protégé 的“注解”（annotation）功能对其进行定义及其他属性描述，其界面如图 5.7 所示。

图 5.7　语义类型注解界面

“注解”板块自带约 10 种内容描述条目，包括“comment”（解释）、“isDefinedBy”（被定义为）、“seeAlso”（参照）等，但不一定完全符合具体建库的需要。该软件具有拓展功能，允许用户根据需要增删条目。根据内容需要，此处增加了一些注解项，如“ChineseDefinition”（汉语定义）、“context”（语境）、“abbr.”（缩略形式）、“synonym”（近义词）、“antonym”（反义词）及“reference”（参考文献）等。

5.1.5　定义类的语义关系及其约束

定义类的语义关系是指概念与概念之间的关系，这是建立语义网络的基本单元。特定领域的概念系统通过概念的划分得以实现，即在概念之间确定相互关系，这一关系主要有层级关系（hierarchical relations）和联想关系（associative relations）两大类，其中前者又可以细分为属种关系和整体部分关系。《术语工作：词汇》（Terminology Work：Vocabulary，ISO 1087-1）对关系的分类及其图示进行了详细规定，其中，层级关系用树形图来表示，可以进一步分为“一般-特殊”关系［即属种关系（genus-species）］、“整体-部分”关系（part-of）和相关关系（is-a）。分别举例如下：

例 1："vehicle" 与 "car"、"motorcycle" 和 "bicycle" 是属种关系，如图 5.8 所示。

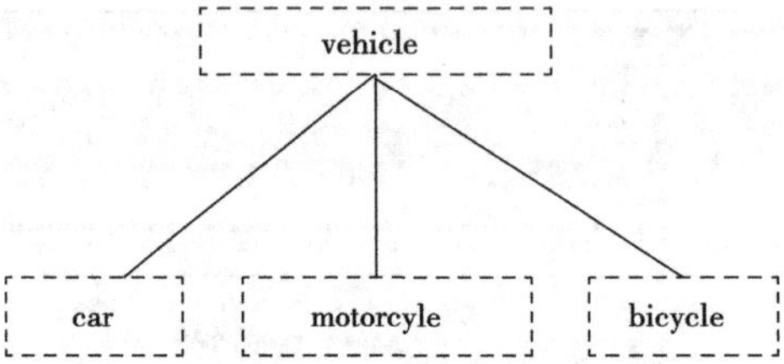

图 5.8　属种关系图示

例 2："car" 与 "wheel" "seat" "door" 等是整体-部分的关系，如图 5.9 所示。

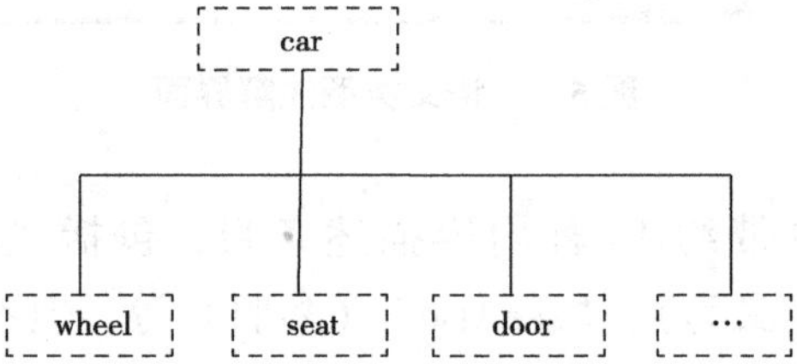

图 5.9　整体-部分关系图示

例 3："car" 与 "driver" "auto-maker" "colour" "size" "brand" 等则属于相关关系，如图 5.10 所示。

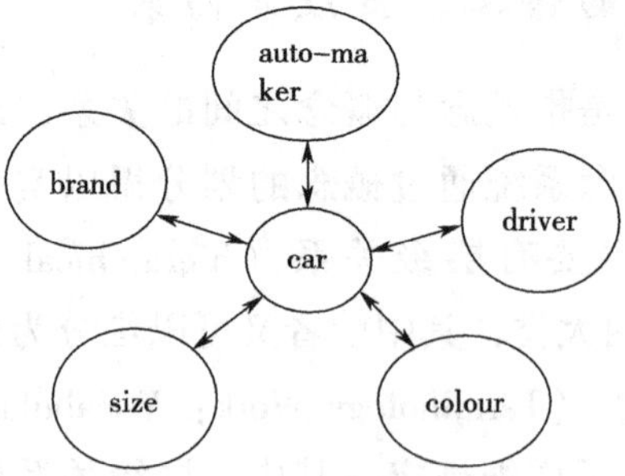

图 5.10　相关关系图示

相关关系是指两个概念之间通过经验建立起来的非层级关系，包含的具体关系比较多，比如 producer－product （bee－honey）、cause－effect （rain－flood）、action － tool （polishing － polisher）、container － contents （shoebox －shoes）等。

此外，两个或多个概念之间还存在一种等同关系。

概念间客观存在的各种关系需要在知识服务平台中表示出来，这是知识服务平台构建工具的重要服务内容。Protégé 环境下自主生成的四种语义关系就是根据这几种关系来设置的：表示语义类型节点与所属实例节点之间的实体关系（is-a），如图 5.11 所示；表示一种类节点与另一种更抽象类节点之间的泛化关系（a-kind-of）；表示某一概念与其组成成分之间的聚集关系（part-of）；表示概念、属性及其取值之间的属性关系。其中，前三种可以归为层级关系，最后一种是相关关系。

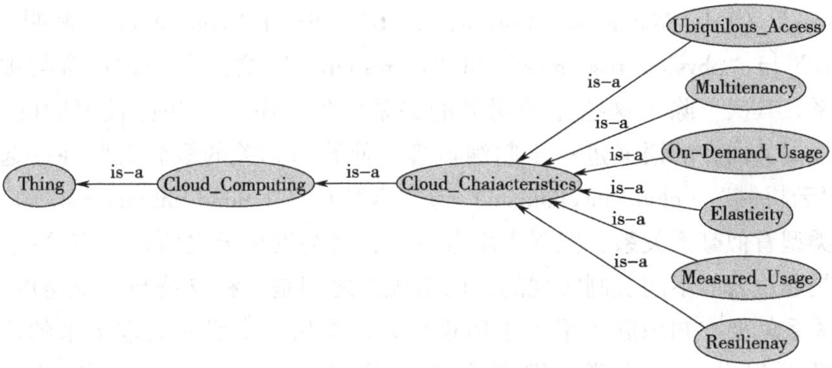

图 5.11　Protégé 自动生成的 is-a 关系图

Protégé 可以自动生成上下级语义类型的等级关系，还提供了概念间等同关系的表示法，既可以在编辑器中添加相应的标签，也可以选择 “same individuals as” 来实现。这两类关系容易表示，真正需要重点解决的是相关关系的提取和构建。Protégé 本体编辑器提供了可扩展的属性添加功能，提供了两种语义关系描述方式，即对象关系（object property）和数据关系（data property）[1]，每一种都可以根据需要添加不同的语义关系。如前所述，两者的

① 此处“property”的字面意思为“属性”，许多研究中也使用这一译名，但实际上指的是“关系”。

区别在于，前者用来建立概念与概念之间的关系，后者用来建立概念与属性值之间的关系（即对概念本身的描述）。可见，层级/相关关系的划分与对象/数据关系的划分是不同的，层级/相关关系描述的仅仅是概念之间的关系，实则可以归为对象关系。而数据关系指的是概念与其本身属性之间的关系，丰富了对概念的描述内容，使概念的信息更加完整。比如，“car”与“colour”两个概念之间是相关关系（a property of），如果知道该车的具体颜色是红色，还可以进一步在数据关系模块中继续描述“colour：red”。

本研究根据云计算领域术语概念的特征，重点建立了“对象属性关系”，构建过程大致可分为三步：语义关系发现→语义关系标准化/新增语义关系→语义关系构建（高明月，2016）。

首先，云计算领域的语言描述比较严谨、客观，语义关系外显化，较容易判断，主要的判断依据是《云计算：概念、技术与架构》一书正文句子中的谓语动词及其他连词。例如，“Data centers consist of both physical and IT resources”（Erl，Mahmood，Puttini，2016），谓词“consist of”表明“data centers”与“physical resources”和“IT resources”之间是一种包含与被包含的关系。其次，除了这些比较明显的关系之外，还有一些比较模糊的关系，需要根据其内在的语义进一步归纳梳理，使看似无关的概念关联在一起。例如，“云机制”（cloud mechanism）与“云特征”（cloud characteristics）两个语义类型看似毫无关系，但深入思考一下，就会发现云之所以具有这些特性，其实是通过云的不同机制实现的，两组概念之间是一种支持与被支持的关系。这种关系就要在知识服务平台中体现出来。最后，本研究梳理出来的语义关系大致可以分为三大类，即概念上相关（concept related）、物理上相关（physically related）和功能上相关（functionally related）。每一类又可以细分出不同的子关系，如图 5.12 所示。下面分别举例进行说明。

概念上相关：其下属的语义关系，比如“isCharacterizedWith”（具有……的特征），建立了术语“cloud computing”与术语“elasticity”（弹性）、“measured usage”（可测量的使用）、“multitenancy”（多租户）、“on-demand usage”（按需使用）、“resiliency”（可恢复性）、“ubiquitous access”（泛在接入）之间的关系，表示的意思是“Cloud computing is characterized with elasticity, measured usage, multitenancy, on - demand usage, resiliency and ubiquitous access”，即云计算具有这 6 个特点。

功能上相关：其下属的语义关系，比如“isSupportedBy”（由……支持），

图 5.12　语义关系构建界面

分别建立了云计算的上述 6 个特点与云机制（cloud computing mechanism）之间的对应关系，如连接了术语“elasticity”与术语“hypervisor”（虚拟机监控器）、“resource replication”（资源复制）、“failover system”（故障转移系统）、“resource cluster”（资源集群）、“resource management system”（资源管理系统），可以用一个完整的句子表示为“Elasticity is supported by hypervisor, rsource relication, failover system, resource culuster and resource management system”（云计算的弹性特征是由虚拟机监控器、资源复制、故障转移系统、资源集群、资源管理系统支持实现的）。

物理上相关：其下属的语义关系，比如“consistOf”连接了术语“service”（服务）和“container”（容器），语义关系的限制类型为“some”，表示的意思是“Service consists of some containers”（一个服务由若干个容器组成）。

如此便建立了一个庞大的术语家族，“辈分”、亲疏关系一目了然，用户获得的不是术语的个体，而是由多个术语个体组成的整体，形成了一个立体思维导图。

创建类的语义关系之后，还可以对关系的属性进行限定设置，这是为了方便 Protégé 进行自动推理。Protégé 自带推理机，能够根据设定的语义关系进行本体一致性的检验、语义类型中实例的自动添加、发现概念间的语义关系等，从而为构建大规模术语知识语义网奠定基础。其推理的成功取决于语义关系及公理（axiom）的正确设置，这就需要对概念间的关系、函数取值范围以及基数等进行限制，防止人为因素或文本错误导致的错误，确保推理结果的合理性。对象关系的属性主要包括“functional”（唯一性）、“inverse functional”（逆唯一性）、“transitive”（传递性）、“symmetric”（对称性）、“asymmetric”（非对称性）、“reflexive”（反身性）和“irreflexive”（非反身性）（如图 5. 13 所示）。

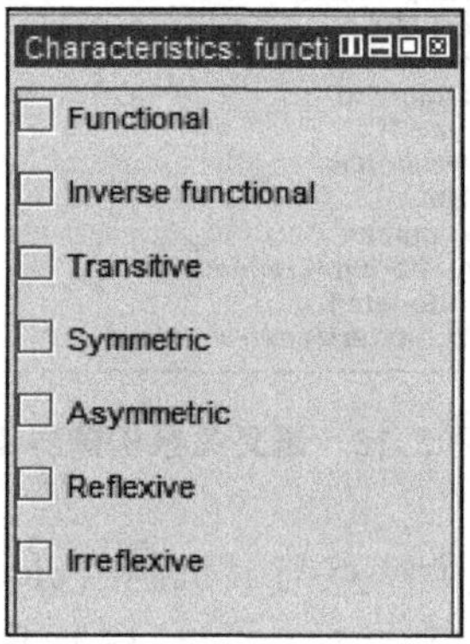

图 5. 13　语义关系属性设定框

本研究主要使用了“transitive”与“symmetric”这两种功能。“transitive”的具体含义是指，实例 A 与实例 B 通过关系 P 进行联系，实例 B 和实例 C 通过关系 P 进行联系，实例 A 和实例 C 之间没有直接联系，如果关系 P 含有“transitive”的功能属性，那么实例 A 和实例 C 可通过关系 P 进行联系，适合于“物理上相关”等可以通过逻辑推演进行推导的语义关系，例如“isMemberOf”。“symmetric”的具体含义是指，实例 A 与实例 B 通过有向关系 P 进行联系，如果关系 P 含有“symmetric”的功能属性，那么实例 B 也可以通过有向关系 P 与实例 A 进行联系，适用于“概念上相关”“功能上相关”等可以具有正反语义相同的语义关系，例如“isEnabledBy”。

5. 1. 6　创建实例

理解了上述步骤之后，就可以利用 Protégé 来创建具体的实例（individual）

了，每个实例都需要进行注解、语义关系设定、关系属性约定等，即进行形式化编码，以实现本体的共享与重用。这些实例组成实例库，实例的不断补充可以丰富知识本体。

5.1.7 知识检索与展示

Protégé 检索框支持对知识服务平台任意字段的检索，在搜索框中输入所查术语的全部或一部分即可获取与所输内容相关的所有数据信息。例如，在检索框中输入术语“scaling”，就可以得到如图 5.14 所示的检索结果，显示框分为三列，从左向右分别显示“scaling”出现的位置、所在条目及条目的进一步解释。

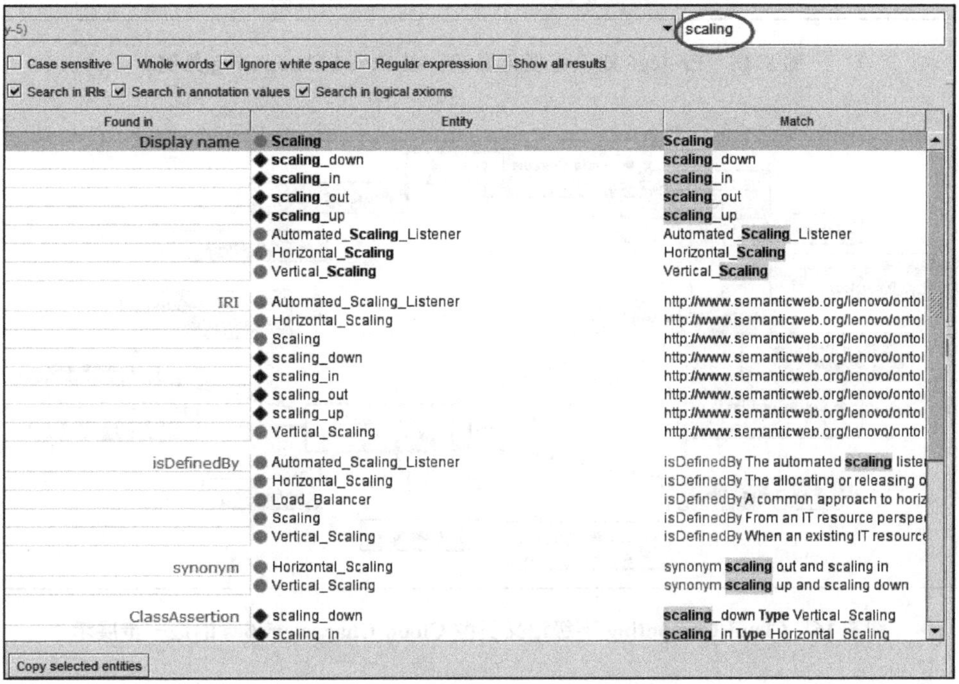

图 5.14 Protégé 检索结果示例图

Protégé 在知识展示上的一大亮点是可以利用视图插件实现对实例及其关系的可视化展示，被称作 E-R 图（Entity-Relationship Diagram），点击界面上的“OntoGraf”按钮即可将以某一术语为中心的概念关系展示出来，如

图 5. 15、图 5. 16 和图 5. 17 所示。

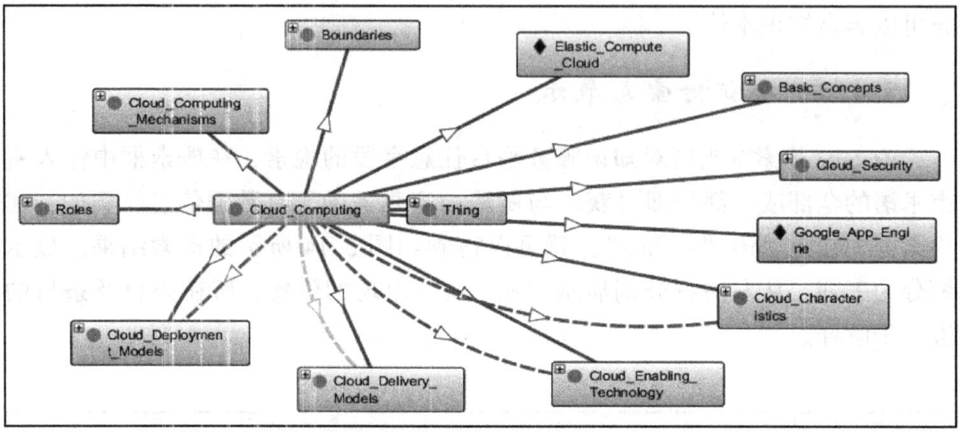

图 5. 15　Protégé 知识可视化展示：以 Cloud Computing 为例

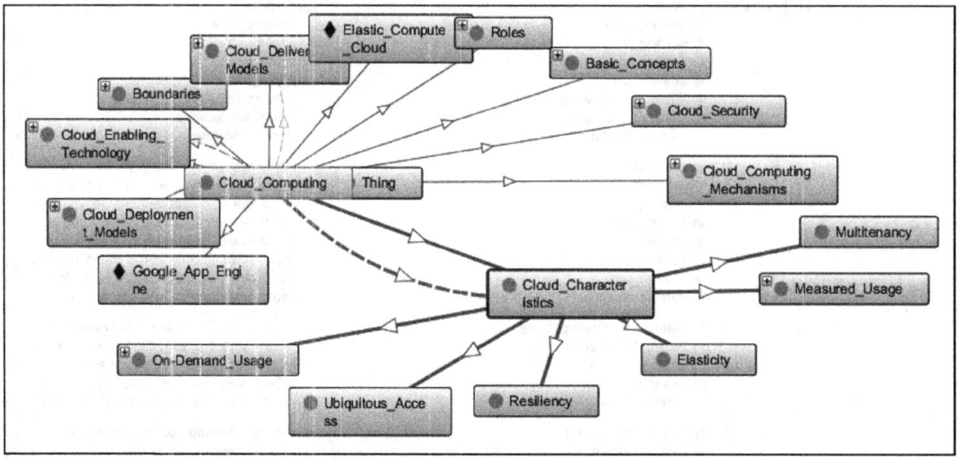

图 5. 16　Cloud Computing 下级语义类型 Cloud Characteristics 的进一步展示

Protégé 提供了多种知识展现方式，上述截图中的各类术语信息都是以“render by label”（显示标签）的方式显示的，这是知识服务平台的默认显示方式，即显示知识服务平台的各语义类型。此外，还有“render by annotation property”（显示注解项），在次级下拉菜单中提供了建库阶段所录入的所有注解项，可以按需选择。这里选择“comment”，该项注解录入的是术语的中文

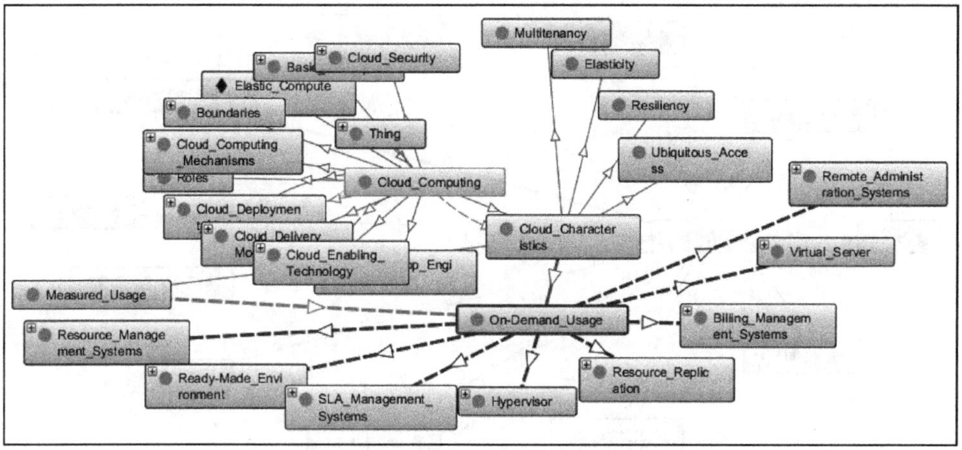

图 5.17　Cloud Characteristics 下级语义类型 On-Demand Usage 的进一步展示

对等语，即中文翻译，可以看到知识服务平台中的各语义类型是按中文显示的，如图 5.18、图 5.19 所示。

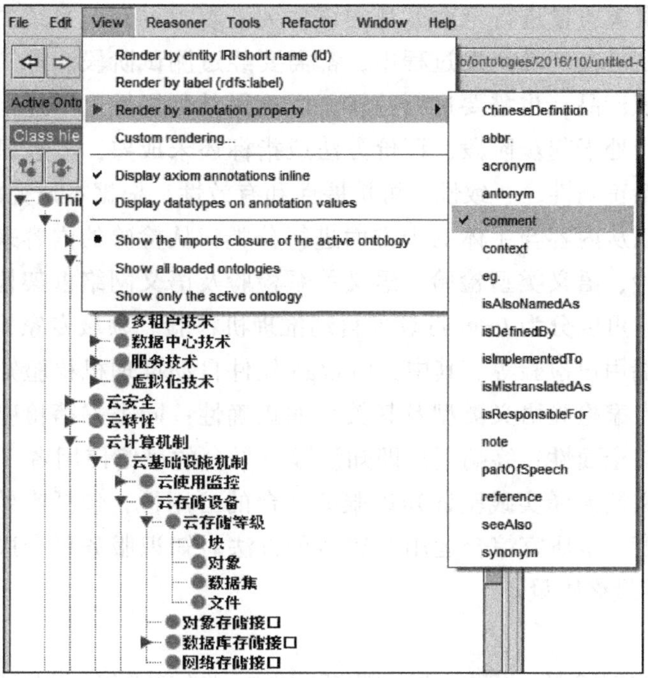

图 5.18　中文界面下的语义类型显示

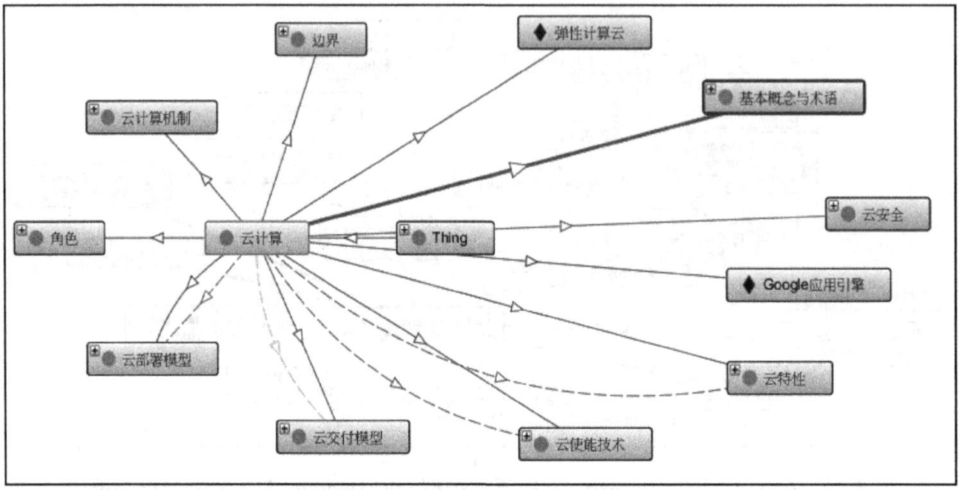

图 5.19　中文界面下的知识可视化展示

5.1.8　知识评价与进化

对术语资源质量进行全面客观的评估关系着术语知识系统的质量。无论在软件开发还是在产品研发过程中，都需要经过测试阶段。本知识服务平台作为一种知识产品，也需要进行检验，以确保其可用性。不过当前由于本体研究整体上尚处于起步阶段，评价方法或指标还未成熟，一般研究中总结的评价指标包括正确性、一致性、可扩展性和有效性。根据本研究的建库经验，检验方式可以从内容与主体两个方面进行分类：从检验的内容来看，可以分为一致性检验、语义类型检验、语义关系检验及语义网络框架检验；从检验的主体来看，可以分为 Protégé 软件自动推理机检验、领域专家检验、同类书籍检验及终端用户检验等。其中，Protégé 软件自动推理机检验知识本体的一致性；领域专家检验语义类型及其关系的正确性；同类书籍检验整个语义框架的合理性与全面性；终端用户即知识服务平台的最终使用者（比如译者），通过具体的文档翻译实践验证知识服务平台的可用性，包括有效性、高效性及用户满意度。本研究综合运用上述多种方法对知识服务平台进行多方面验证①，确保其最终质量。

① 由于研究条件所限，本研究未进行知识库用户检验，将在后续研究中增加相关内容，进行知识库可用性测试。

（1）Protégé 软件自动推理机检验

Protégé 自动推理机（reasoner），可以模拟人脑的推理方法，自动检验概念间语义关系的逻辑一致性。虽然目前推理机只能对一阶谓词这样简单的关系进行推理，不能像人脑那样思考更复杂的多阶关系，但可以满足本研究中对云计算概念逻辑关系检验的需要。本体一致性的检验包括语法一致性、语义一致性、用户自定义一致性（许勇、王智学、李宗勇，2009）。其中前两者主要检验所建的本体是否符合本体描述语言的逻辑基础及语法规则；后者主要是通过用户自己设定的具体领域规则对本体构建进行检测。

例如，在“object property”中定义“isEnabledBy”的属性为“Asymmetric”（不对称），建立实例“cloud computing”与“cloud enabling technology”（云使能技术）的关系为“isEnabledBy”，即“Cloud computing is enabled by cloud enabling technology”。在本例中，“Asymmetric”说明“cloud computing”是由“cloud enabling technology”来授权驱动的，而“cloud enabling technology”则不可能是由“cloud computing”来授权驱动的。如果推理机检测过程中出现“Cloud enabling computing is enabled by cloud technology”，则表明本体构建的逻辑一致性出错。发现异常之后，软件会提示“Reasoner active but the ontology is inconsistent”（推理机已启动，本体不一致），并以红色字体标出错误的位置，方便纠正。

（2）领域专家检验

由于云计算具有较强的专业性，笔者虽然在建库之前阅读了相关书籍，但对整个领域概念及其关系的掌握尚处于基础阶段，因而建库完毕，专门请云计算领域专家进行审核，确保术语知识的完整性和科学性，以及语义关系的正确性与合理性。审核的方面主要包括语义类型及语义关系，语义类型选取的是“继承关系”。这是上下级语义类型之间存在的最常见的关系，指的是一个子类继承一个父类的属性（包括语义关系），并可以增加它自己的新属性的能力。例如，如果将“virtual server”（虚拟服务器）添加到“hardware”的下级语义类型中，就意味着它要继承“hardware”的所有属性，但通过对“virtual server”的属性进行分析，发现它不能继承“hardware”的所有属性，这说明语义类型添加有误，“virtual server”可以继承“software”的全部属性，因而将其作为“software”的下级语义类型。

（3）同类书籍检验

由于云计算在全球范围内的普及，国内外的学者、从业者等纷纷从理念、技术、应用场景等方面介绍云计算，相继出版了大量相关的中英文书籍，比如 *Cloud Computing*：*Concept*，*Technology & Architecture*（中文版：《云计算：概念、技术与架构》）、*Mastering Cloud Computing*：*Foundations and Applications Programming*（中文版：《深入理解云计算：基本原理和应用程序编程技术》）等。这些都可以为检验本知识服务平台语义框架的完整性提供参考。虽然各书籍的侧重点不同，但涉及的云计算核心概念是可以互通的。如果发现新的术语难以添加到现有的语义类型中，说明语义类型框架构建存在缺陷，还需完善。

由于信息科学技术发展日新月异，新的术语层出不穷，领域知识几乎是不可穷尽的。此外，学科之间的互相渗透也使得之前相互分立的领域交叉融合，领域边界变得模糊，领域本体的建设既不可能一蹴而就，也不可能一成不变，而是先搭建出核心语义网络框架，即建立原型知识服务平台，再在此基础上不断丰富拓展，实现领域知识的进化与更新。进化的方式可以是集成新的术语知识，也可以由专家定义新的概念和关系，抑或通过机器学习等。知识的不断更新又会丰富知识本体。

5.2 可视化知识服务平台的分层构建

在文档翻译实践过程中，译员对术语知识的需求范围往往会因项目、产品及个人需求而有所区别。为使知识服务平台检索过程更加高效、检索结果更具针对性，有研究者提出分层构建的方式。例如，崔启亮（2012）在探讨企业语言资产管理平台的建设原则时提出“层次化”原则，即分层分级组织和管理资产内容，建议将“术语库”的内容分为行业、产品、项目、个体四个层次。李昕玥（2012）在硕士学位论文《面向多语言服务平台的术语管理》中提出通用术语库、项目术语库和用户术语库三个层次。同样，本研究也采用了分层构建的方式，将整个可视化知识服务平台分为四层：通用术语知识库、产品术语知识库、项目术语知识库和个人术语知识库。其中，通用术语知识库包含云计算领域的基础概念，这些术语涵盖了云计算的通用知识，可以供领域内的所有相关人士参考学习。其中收录的术语来自上文论及的《云计算：概念、技术与架构》一书，此处不再详述，着重介绍其余三个层次。

5.2.1 产品可视化知识服务平台的构建

在文档翻译过程中，译员往往负责一个翻译项目中某系列或某款产品的文档，也可以负责某款产品文档的一部分。因而以产品为导向可以方便译员较快地定位所需信息。云计算发展迅猛，产品种类繁多，且更新换代较快，以亚马逊旗下的云计算服务平台 AWS 为例，其开发应用的云产品多达 300 种，涵盖计算、数据库、网络、存储、支付、分析、管理与安全、应用程序及其他服务。国内具有代表性的云服务提供商，比如阿里云，其产品分类方式与亚马逊云大同小异，主要有计算类、存储类、网络类、数据库类、安全类、监控类、大数据分析类及应用服务类等。其中前三类，即计算类、存储类和网络类的产品最为重要，应用范围最广。本研究着重这三类产品术语知识的构建，不过，若面向单独的产品来建，既费时费力也没有必要。因此，本研究参考这些云计算服务提供商网站上的产品介绍方式，将云产品归为几大类，按照产品类别来搜集整理术语知识，这样既易于实施，又与行业实际情况相一致，方便用户查找。

这些术语主要来自国内外大型云计算服务提供商的官网，例如云计算领域的四大巨头企业：亚马逊云计算 AWS、微软云计算 WindowsAzure、谷歌云计算 Google Cloud 及 IBM 云计算 SoftLayer。这些企业不仅云产品丰富，文档写作比较规范，以多语形式发布，且有专门的术语表，易于搜集和整理，术语质量也较高；国内云计算领军企业如阿里云、腾讯云等也发布了中英文产品文档，有的附有术语表，例如阿里云、百度云（仅有汉语术语解释）等。这些丰富的资源为构建面向产品的可视化知识服务平台提供了高质量的语料。按照上述产品种类，选择英汉双语文档，分类下载，同一款产品的中英文文档保留在同一个文件中，以便对齐。之后利用 Tmxmall 在线对齐工具[①]，对齐双语文档，如图 5.20 所示。对文档去重后就可以进行双语术语的提取了。

目前的术语管理工具在术语提取上依然有一定的局限性，有的主要通过查词典的方式提取（例如 SDL Trados Multiterm），有的则按照词频来获取（例如 Tmxmall）。其内在假设是术语一般出现的频率较高，但在一篇文档中，有些非常重要的术语也许只出现一次，为防止遗漏，本次提取时将频数设为 1。按照这种方法提取的术语数量较多，还需要进一步筛选才能入库。筛选时一

① 参见 http://www.tmxmall.com/aligner。

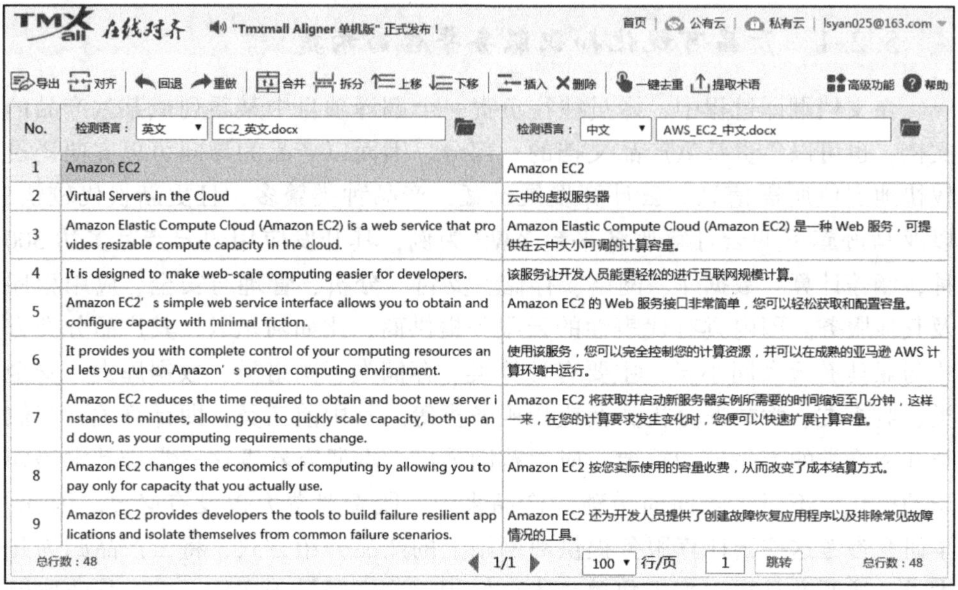

No.	检测语言：英文 EC2_英文.docx	检测语言：中文 AWS_EC2_中文.docx
1	Amazon EC2	Amazon EC2
2	Virtual Servers in the Cloud	云中的虚拟服务器
3	Amazon Elastic Compute Cloud (Amazon EC2) is a web service that provides resizable compute capacity in the cloud.	Amazon Elastic Compute Cloud (Amazon EC2) 是一种 Web 服务，可提供在云中大小可调的计算容量。
4	It is designed to make web-scale computing easier for developers.	该服务让开发人员能更轻松的进行互联网规模计算。
5	Amazon EC2' s simple web service interface allows you to obtain and configure capacity with minimal friction.	Amazon EC2 的 Web 服务接口非常简单，您可以轻松获取和配置容量。
6	It provides you with complete control of your computing resources and lets you run on Amazon' s proven computing environment.	使用该服务，您可以完全控制您的计算资源，并可以在成熟的亚马逊 AWS 计算环境中运行。
7	Amazon EC2 reduces the time required to obtain and boot new server instances to minutes, allowing you to quickly scale capacity, both up and down, as your computing requirements change.	Amazon EC2 将获取并启动新服务器实例所需要的时间缩短至几分钟，这样一来，在您的计算要求发生变化时，您便可以快速扩展计算容量。
8	Amazon EC2 changes the economics of computing by allowing you to pay only for capacity that you actually use.	Amazon EC2 按您实际使用的容量收费，从而改变了成本结算方式。
9	Amazon EC2 provides developers the tools to build failure resilient applications and isolate themselves from common failure scenarios.	Amazon EC2 还为开发人员提供了创建故障恢复应用程序以及排除常见故障情况的工具。

图 5.20　双语文本对齐视图

方面参考企业发布的术语表，确保这部分术语纳入进来；另一方面也要根据文档翻译的需求，将企业未公布但翻译时需要处理的术语也搜集在内。

术语搜集完毕，就需要确定术语的中英文定义及使用语境。确定定义的办法有两种：首先，查阅权威工具书（例如《微软双解计算机百科词典》）或相关学术著作（如《云计算：概念、技术与架构》）。其次，工具书或学术著作中未收录的，则查询维基百科等网站或参考企业官网发布的双语术语表；仍有一些找不到定义的术语，则暂时不录入定义，仅给出对应的汉语术语及其使用语境等信息。由于云计算属于新兴领域，国外领先云服务提供商生造了许多新术语或者对已有术语赋予了新的定义，工具书尚未收录，各企业间并没有统一的定义。此时在参考企业网站给出的定义时，本研究选择列出不同企业的代表性定义，并注明各自的出处，方便译者根据需要进行选择。拿云计算领域最常用的"instance"一词来说，在云产品文档中，这是一个出现频率极高的术语，翻译为"实例"，但在工具书中找不到从云计算角度给出的定义，而各企业的定义多带有鲜明的个体色彩。例如，亚马逊将其定义为"A copy of an Amazon Machine Image（AMI）running as a virtual server in the AWS cloud"（在 AWS 云中作为虚拟服务器运行的亚马逊系统映像的副本），而阿里直接以其主打产品 ECS 实例来解释该词。显然，这样的定义不适合作为该词的通用解释，本研究暂时将两个定义一并录入，并在术语“注解”中给出定义的出处。

对于新术语，无论英译汉还是汉译英，都存在译法不统一的情况。例如，“自定义镜像”一词，被译为“user-defined image”“custom image”“customized image”。这三种译法在行业中并行了很久，最后才统一为“custom image”。本知识服务平台除列出统一译法之外，还将曾经的译法也写明在“注解”中，以便译员了解术语的历史翻译演变。

术语的使用语境主要从不同企业的同类产品文档中获得。确定了术语、术语的中英文定义、使用语境等之后，就需要进行更为关键、更具有挑战性的一步，那就是理清术语所代表的概念之间的关系，找到单个术语在该类产品知识中的坐标。这一环节离不开专业人士的参与，鉴于目前本研究重在建库思路，不在建库容量，因此，笔者通过阅读产品文档、术语定义等材料，尝试梳理了一小部分术语间的关系，并请云计算专业人士进一步审核，确定无误后录入知识服务平台，建立概念间的关系，转为计算机可识别的语义知识网络。

无论大型企业还是专门的语言服务公司，其术语条目基本是按术语的首字母顺序排列的，在英汉双语文档中，以英文术语的首字母排列，中文版文档术语表也参照原来的英文顺序。这种方式与词典编纂是一致的，虽然条理清楚，方便检索，但不利于形成知识网络。具体到翻译实践中，要翻译某一款产品时，与该产品相关的术语分散在术语表的不同位置，译员获得的自然是比较零散的术语知识碎片，看不出术语所代表的各概念间的相互联系。译者除要经过一番查询之外，还需要进行一番爬梳与理解，才能对文档内容形成一个整体印象。这个过程将占用译员大量的时间，如果没有厘清概念便动手翻译，翻译过程中势必难以灵活自如。因此，在构建面向产品的知识库时，着重将与该类产品相关的术语组织到一起，找出其内在联系，让译者一目了然，缩短产品学习时间，提高翻译效率。现以阿里云的一款计算类产品为例，说明如何构建术语间的关系。该产品名称为“容器服务”（container service），其中涉及的核心概念及其定义如下：

Cluster（集群）：A cluster describes a collection of cloud resources required to run containers. It associates with several server nodes，Server Load Balancer instances，VPCs，and other cloud resources. 一个集群指容器运行所需要的云资源组合，

关联了若干服务器节点、负载均衡、专有网络等云资源。

Node（节点）：A node is a server（either a VM instance or a physical server）which is installed with a Docker Engine and is used to deploy and manage clusters. The Agent program of Container Service is installed in a node and registered to a cluster. The quantity of nodes in a cluster is scalable. 一台服务器（可以是虚拟机实例或者物理服务器）已经安装了 Docker Engine，可以用于部署和管理容器；容器服务的 Agent 程序会安装到节点上并注册到一个集群上。集群中的节点数量可以伸缩。

Container（容器）：A container is an instance created using a Docker image. A single node can run multiple containers. 一个通过 Docker 镜像创建的运行时实例，一个节点可运行多个容器。

Application（应用）：An application can be created from an image or an orchestration template. Each application can contain one or more Container Services. 一个应用可通过单个镜像或一个编排模板创建，每个应用可包含 1 个或多个服务。

Service（服务）：A service is a group of containers running identical images with identical configurations. It is used as scalable micro-service. 一组基于相同镜像和配置定义的容器，作为一个可伸缩的微服务。

通过这 5 个术语的定义可以发现，各概念之间是有联系的，在录入术语时，首先将 5 个术语作为语义类型一一录入，再根据定义分别设定两个概念间的语义关系及关系的属性，然后就可以通过 Protégé 的可视化功能得到如下效果，如图 5.21 所示，右侧为语义关系图例。

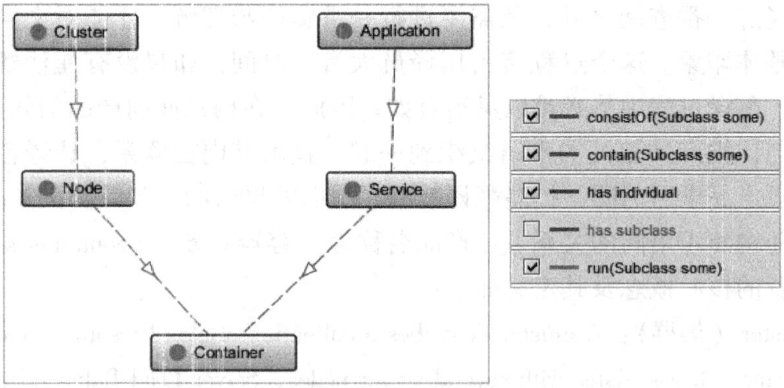

图 5.21　产品术语概念语义关系构建举例

概念之间的关系由不同的颜色来区分：橙色线表示“consist of”，灰色线表示“包含”，绿色线表示“运行”。从图中我们可以看出，一个集群（cluster）由一些节点（node）组成；一个节点（node）可以运行一些容器（container）；一个应用程序（application）包含一些服务（service）；一个服务（service）由一些容器（container）组成。这与上述各概念的定义是相符的，其相互联系可以用图 5.22 表示。

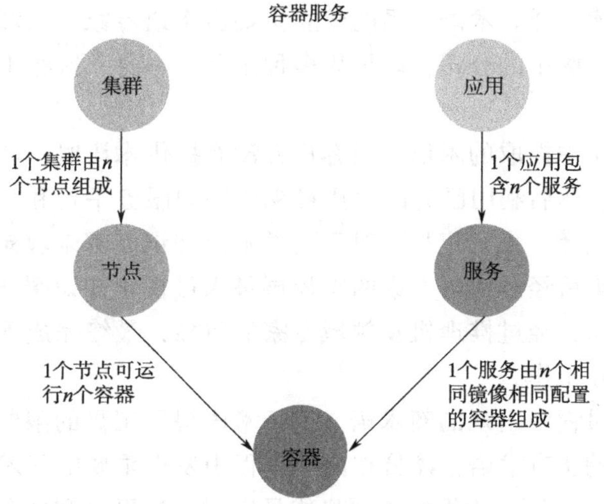

图 5.22　产品—容器服务有关概念关系图

资料来源：阿里巴巴云服务产品文档说明，参见 https://intl.aliyun.com/help/zh/doc-detail/25975.htm? spm=a3c0i.o25974zh.b99.7.SP7xgH。

5.2.2　项目可视化知识服务平台的构建

上文已经提到，在语言服务业翻译实践中，文档的翻译工作大多是以项目的形式进行的，术语管理是翻译项目管理的重要内容，贯穿于整个翻译项目的始终。相较于通用术语库和产品术语库，项目术语库收录的术语针对性更强，应用范围更窄，主要包括与具体翻译项目相关的术语，例如该项目所涉及的所有产品的名称、商标、型号、项目文本中的所有术语等。

项目可视化知识服务平台需要在翻译项目初期由术语专家审核建立，以便所有译员、审校人员等参考。项目术语知识的来源大致有四种情况：

一是客户方提供的术语。从客户方获得翻译项目的同时，有时还可以得到客户提供的术语表（单语术语表或双语术语表）。如果是双语术语表，将会省却译员不少工作量；如果是单语术语表，则需要术语专家或译员先翻译，确定统一的译文。这个过程中遇到有争议的地方还需要与客户方协商，以确保对术语原文理解无误，译文准确无歧义。在现有的翻译项目中，整理好双语术语表，术语工作基本就算完成了，但对于可视化知识服务平台来说，这还不够，还需要构建术语概念间的关系，具体操作方法与通用术语知识库和产品术语知识库一样。术语关系的建立主要由术语专家、领域知识专家来完成。当然，在一些小的公司，译员集多种角色于一身，这些工作就需要由译员来承担。

二是从原文中提取的术语。当客户方没有提供术语时，就需要从原文中提取单语术语，然后利用已有的通用可视化知识服务平台和产品可视化知识服务平台进行翻译、人工审核。对于两类术语知识库都未收录的术语，还要进行再翻译，最后经过术语专家的审校再录入可视化知识服务平台，并建立概念之间的关系，经过推理机及领域专家的审核，最终完成项目可视化知识服务平台的构建工作。

三是翻译过程中出现的新术语。由于术语提取工具的限制，难以一次性提取出文本中的所有术语，译员在翻译过程中发现重要的新术语可以提交给术语专家。Protégé 网页版提供了项目成员实时交流平台和任务扩展模块，翻译项目组可以建立一个术语提交与审核模块，及时发现、及时提交、及时审核、及时入库，保证可视化知识服务平台的更新与翻译项目的进展同步进行。

四是翻译过程中遇到的错译、误译及其他需要注意的问题。可视化知识服务平台不仅包含术语之类的显性知识，还包含翻译经验之类的隐性知识。后者往往是拉开译员翻译水平的重要因素，关系着译文的质量。目前这一类知识多存在于译员的头脑之中，隐而不显。对于译员来说，这类经验知识如果不及时整理、记录、保存，就会逐渐淡忘，翻译过程中难免还会出现同类错误。对于一个翻译团队或语言服务提供商来说，将每位翻译项目成员积累的这类知识汇聚起来，纳入可视化知识服务平台中，将是一笔巨大的财富。这类知识包括对原文整体结构的调整策略、对原句的重写方法举例、对术语翻译处理失误的原因分析及恰当的翻译方法等，可以一并纳入“错译术语知识库”。由于该类知识重在为今后翻译提供参考，因而不必像处理新术语一样实时更新，可以采取阶段性整理的办法，在翻译项目进展的不同阶段，进行探讨、反思、总结、入库。对于小型的翻译项目，也可以在翻译项目验收阶段进行。

5.2.3 个体可视化知识服务平台的构建

这里的“个体”是指“译员个体”，即不同译员可以根据自己的翻译任务需求构建个人专属的领域术语知识资产，可谓“专人专库”。这是针对比较大型的语言服务企业或大型翻译项目而言的。一些大型语言服务企业所承担的文档翻译通常涉及不同领域，由熟悉不同专业领域的译员来承担，有时甚至同一个翻译项目中涉及许多产品。各产品文档差别较大，文档内容之间的关联性较小，译员之间的合作和沟通的必要性不大，这时通用术语知识库、产品术语知识库或项目术语知识库就显得比较宽泛，难以满足译员个体的特殊需求。

鉴于此，译员可以建立自己的个体术语知识库，主要记录自己在翻译过程中形成的术语知识或相关经验，为今后翻译类似产品做好术语累积工作。个体术语知识库可以依据项目特点、个人需求等构建，在通读所译文档、了解大致内容之后，利用术语提取工具，抽取文档中的单语术语及自己认为需要特别处理的词组、语段等，利用前三类术语知识库进行预翻译；对于没有现成译文的术语，则需要与术语专家、翻译项目经理等协商，确定译法。然后在自我学习及多方查阅相关文档资料的基础上建立概念间的关系，达到对文档内容了然于胸。在翻译项目结束后，个体术语知识库可以交由术语专家或领域专家审核，以便进一步完善。对于一些常用术语，还可以添加到其他层级的知识库中。

分层次构建知识库或术语库的思想已开始在一些研究或翻译实践中得到关注，个别计算机辅助翻译软件工具（CAT）的术语管理模块就采用了这种分级方式。例如，Déjà vu X 就将术语分成术语库（terminology）和项目词典（lexicon）两个层次。项目词典中的术语主要针对当前的翻译项目。在实际翻译过程中，“Déjà vu 会首先搜寻项目词典，然后再搜寻术语库，最后才搜寻翻译记忆库”（徐彬，2010）。这种分层构建、分层检索、层层过滤的方式可以大大提高术语的查询效率，这是该款软件在术语管理方面的一大特色，其他 CAT 工具尚不具备此功能。本研究分层次构建术语知识库，其基本理念即在于此。当然，这里提出的通用、产品、项目及个体可视化知识服务平台是可以根据行业或企业发展需要进行调整的，比如，还可以建立面向特定企业的知识库，或更大范围的行业知识库。本体技术具有较强的可扩展性，建库过程中可以按需构建，灵活处理。

5.3 可视化知识服务平台的应用前瞻

术语知识管理软件必须足够灵活，才能满足真实世界模拟组织的术语和术语相关知识的需要①。知识工作者希望从他们的业务应用程序中访问术语资产：开发人员希望从设计工具中访问；技术写作人员希望从文字处理程序中访问；译员希望从翻译记忆库系统中访问（包括执行模糊搜索的能力，确保能够搜索到术语的屈折词或变形词）；营销管理人员希望从 Internet 浏览器或内容管理系统中访问。这意味着术语知识系统需要集成，也需要开放的应用程序接口（API）以允许其嵌入几乎任何工具。XML 或 SOAP 等开放的标准是实现此目标过程中的关键技术。德国术语学研究专家克劳斯-德克·史密茨（Klaus- Dirk Schmitz，2006）曾指出："应该提到的是大多数的商用术语管理系统都不适宜把传统的术语库设计扩展为术语知识库。"但德国 MultiTerm iX 经过改造升级，成为基于本体技术的术语知识库，也说明了这种改造的可行性。利用本体学习技术，结合多语言信息处理技术，可以半自动或者自动生成多语本体，将其用于跨语言信息检索（cross language information retrieval）或机器翻译等多语言信息服务领域。

Protégé 本身就是一种插件结构，提供了一个即插即用的环境，成为其他应用程序研发的灵活基础，可以用于构建简单或复杂的基于本体的应用程序，构成功能更强大的智能系统。从文档的生命周期来看，在文档设计、创作、本地化翻译、发布等各个阶段都离不开工具的支持，市场上流行的文档写作工具、翻译工具及内容管理平台已经比较成熟，并在不断改进。因此，要发挥可视化知识服务平台的价值，尽量依托现有的工具和平台，这不仅可以提升现有工具的性能，也可以减少不必要的研发投入。

5.3.1 促进技术写作软件升级

现阶段技术文档工程师常用的写作工具，如 FrameMaker、Arbortext Editor、

---

① 参见 SDL 术语管理白皮书，http://www.sdl.com/cn/download/managing-terminology-with-sdl-ultiterm/71998/thankyou。

RoboHelp、InDesign、Tagtool、Dreamweaver 等，其开发的重点在于实现文本的标准化及流程自动化。比如，采用 DITA XML 标准，实现对内容的结构化部署，即实现“模块化”写作，支持文档内容的复用（reuse），支持不同文档格式的输出，满足产品更新换代的需求。手册本地化翻译过程中，也开始启用 DITA XLIFF 标准，省去了文本手工提取和整合的环节，桌面排版工作也被取消，经过翻译的文档以统一的形式存储，变成可维护、可重用的语言资产。目前美国、瑞典、加拿大、中国等世界上比较大型的通信设备厂商开始部署 DITA CMS 集团版软件来解决其庞大手册内容复用需要手工操作的痛点。这些功能固然强大，但其强大的基础是高质量的内容，如果内容低劣、翻译较差，内容标准统一及内容复用的结果只能是更差的内容。因此，在提升软件功能的同时，还需要想方设法提升源语言输入的质量。这一重任还要靠文档工程师来完成。遗憾的是，对于陌生领域的文档，即使资深文档工程师也需要从基础开始学习，而对缺乏专业知识基础的外语类从业者来说则更加困难，甚至成为许多刚入职人员最大的压力。

了解一个领域较快的方法是熟悉该领域中的术语，而这些软件中很少具有术语模块功能。笔者就此问题专门咨询了文思海辉、科多思、阿里等企业中的几位资深技术文档管理人员和文档工程师。得到的答复是，在他们所使用及所了解的软件中很少见到具有术语功能的，除非是有些自主研发的写作工具。当然，也有个别软件（如 Tagtool）带有术语功能，能够自动提取文档中的术语，类似于 SDL Trados Multiterm 术语提取功能，但其中的术语条目内容非常简单，参考价值不太大，写作人员很少用到这个功能，有的甚至并不知道还有这个功能。

那么，写作中遇到陌生的术语、不懂的地方怎么办？解决的办法一般有上网搜索、查阅专业书籍、学习前人写过的文档、咨询专业人士等。然而，互联网并不是万能的，有时并不能检索到自己所需要的信息；专业书籍更新速度较慢，难以收录最新的术语；前人写作的文档多数情况下只能参考，不能解决现有文档中的问题；而若想随时随地请教专业人士或领域知识专家也是不现实的。如果这些常用的软件可以支持术语检索，不仅可以查到术语的定义、搭配、翻译，还能查到其他相关术语的语义关联，获取术语在概念系统中的位置。此外，还可以查到该术语通常出现的语境、易错易混的用法等，从而提升这些软件的功能，更好地协助文档工程师，有助于缩短专业知识的学习时间，加快文本产出速度，提高文本整体质量及企业语言资产质量。

Protégé 默认的本体建设语言是 OWL，导出的文件格式为 . owl，而目前各种文档写作工具大多采用单源语言 XML。可喜的是，Protégé 的结构是可以扩展的，通过一系列插件就可以轻松实现，这一点在本书 4. 2. 3 中有具体说明。就文本格式而言，可以通过语言转换插件，将 . owl 格式的文档转换为 XML 格式，也可以通过其他应用接口进行文本格式的转换，实现与写作工具的兼容，其应用如图 5. 23 所示。

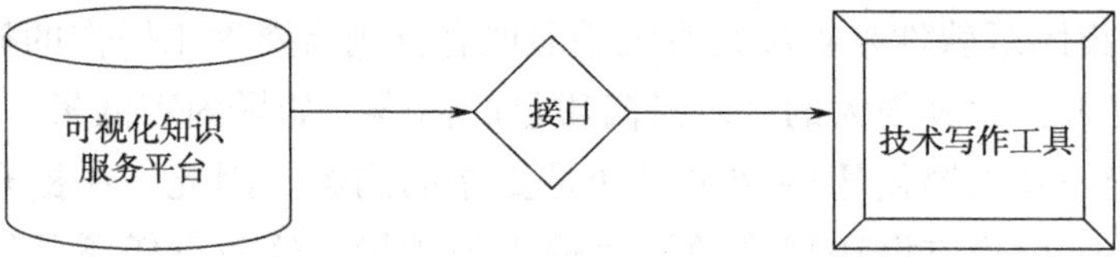

图 5. 23　可视化知识服务平台与技术写作软件的结合

5. 3. 2　促进翻译软件升级

语言服务行业的快速发展得益于翻译技术的强力推动。随着大量产品走向国际市场，文档本地化翻译成为一个必备环节，且需要符合国际标准。在保证效率、按时交付的前提下，务必保证文档准确、可用，提升用户体验。这就对文档本地化提出了更高的要求。文档本地化主要是指文档的翻译、排版等工作，通常借助翻译软件完成。这里的翻译软件既包括机器翻译（MT）软件，也包括计算机辅助翻译（CAT）软件。翻译软件的应用使得短时间内完成大规模的文档翻译项目成为可能，在翻译速度、术语统一、项目管理等方面为译者带来了极大的便利，翻译软件也成为推动语言服务业发展的技术力量。

但不可否认，无论 MT 还是 CAT，翻译结果都存在不尽如人意的地方，各种翻译“笑话”层出不穷，术语误译、句子拗口等问题屡见不鲜，所以“机器翻译不可能代替人的翻译”的声音不绝于耳。机器究竟能否代替人？这不仅是一个技术问题，也是一个哲学问题，此处不做任何价值判断，仅一窥误译之因并提供解决方案参考。本研究认为知识本体技术与翻译软件的结合可以优化翻译软件的性能，其应用模式如图 5. 24 所示。

由于术语知识库采用本体描述语言，文件格式为 . owl，CAT 工具的术语文件格式多为 . TBX 或 . TMX，MT 工具暂时无法识别该类文本，因而 Protégé

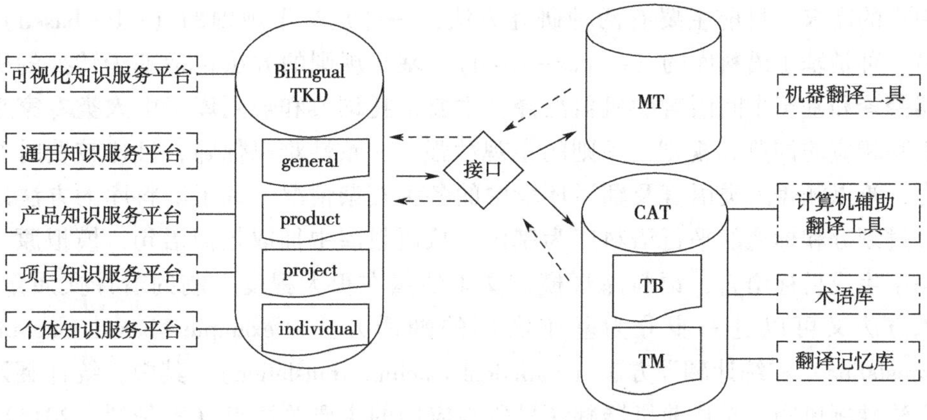

图 5.24 可视化知识服务平台与翻译软件的结合

构建的术语知识库不能直接导入翻译软件工具中，需要借助一个应用程序接口（API），进行格式转换，才能实现术语知识的导入与导出。

从图 5.24 可以看出，术语知识的共享是双向的，实线箭头表示可视化知识服务平台通过接口的转换作用导入 MT 或 CAT 中，或者译员通过接口从翻译软件就可以轻松访问知识服务平台中的术语知识。在访问时，可以根据文档翻译需要选择不同层级的知识服务平台，从个体知识服务平台、项目知识服务平台、产品知识服务平台到通用知识服务平台逐层检索；虚线则表示 MT 或 CAT 中的术语也可以添加到知识服务平台中，新的术语进入知识库之后，成为新的语义类型，获得了新的语义关系，结束孤立状态，成为语义网络的一个个节点，不断丰富着知识库。下文分别进行说明。

（1）与机器翻译软件结合

机器翻译，也可以称为自动翻译，是以语言学、数学和计算技术这三门学科为基础，利用计算机将一种自然语言（源语言，souce language）转换为另一种自然语言（目标语言，target language）的过程，完成这一过程的系统被称为机器翻译系统。机器翻译发轫于 20 世纪 50 年代初，60 年代中期进入萎靡期，70 年代中期之后再次兴起。近年来，随着互联网技术及跨境电商的迅速发展，机器翻译的市场需求越来越大（王华树，2015）。机器翻译研究的目标是提供高性能的实用翻译系统。当下国内外比较常用的机器翻译系统有 Google 翻译、WordLingo、百度翻译、有道翻译等。

机器翻译旨在以最快的速度、最少的人力产生最恰当的译文，满足不同用户的需求。目前主要有两种研究方法，一种是基于规则的（rule-based），另一种是基于语料库的（corpus-based）。基于规则的方法包括基于转换的机器翻译和基于中间语言的机器翻译，主要依托词典和规则库，由人类专家来编写相应的词典和规则，规则的主观性强，一致性难以保障，且比较费时费力，难以涵盖人类语言及翻译环境中的各种复杂情况。基于语料库的方法以经过划分和标注的平行语料库为基础，从语料库中抽取相似语句，模拟原文句型生成目标语言，语料库规模和文本质量在很大程度上制约着译文质量。该方法又可以进一步分为基于实例的翻译方法（example-based machine translation）和统计翻译方法（statistical machine translation），其中，统计翻译方法独领风骚，是目前机器翻译科研与应用的主要关注点（王华树，2015）。例如，谷歌在线翻译 Google Translator 就是基于统计的机器翻译系统，取得了引人注目的成绩。

然而，统计机器翻译也有不足：①深度依赖双语平行语料的质量与规模，领域适应性差；②对语言的分析不够深入，还未出现真正基于语言理解的统计机器翻译方法；③只关注句子层面的双语转换，忽略段落上下文和篇章信息，从而造成译文不连贯、衔接性差等问题。从整体上看，机器翻译还存在诸多问题：难以处理长句和复杂句式；难以应对非规范类文本；缺乏高质量及大规模的双语知识资源；缺乏基于理解的翻译模型；无法实时自动获取翻译知识；缺乏智能思考能力；应用方式比较单一；尚未与其他应用系统结合；未能实现各独立系统间的融合与资源共享。问题是研究与创新的突破点，未来机器翻译研究的着眼点即在于如何解决上述各类问题，其中探讨基于语言理解的统计翻译方法、基于篇章分析的翻译模型、基于群体智慧与深度学习的翻译资源获取等都是未来的研究热点与难点。以基于语言理解的翻译方法为例，这一直是机器翻译研究者们追求的终极目标，而语言理解的本质是语义理解，尽管当下已经有学者对语义分析展开研究，但所获取的语义分析结果并不理想，因而如何建立适合机器翻译的语义表示和利用方法是一个未解的难题（王华树，2015）。

作为一种新的知识表示和知识组织方式，知识本体可有效构建领域知识概念语义网络，强调知识进化、重用与共享，为不同系统间提供一种统一的语义集成，有望化解机器翻译的这一难题。对于机器翻译来说，知识获取比知识表达更为重要。知识获取是人工智能研究中一个极为重要且难以解决的问题，已成为智能系统向高层次发展的瓶颈，对于面向实用的机器翻译系统而言，这一问题更加突出。自然语言的无限性和不确定性要求翻译系统必须具备自动知识获取的能力，而对语境的分析能力一直以来都是机器翻译研究的软肋，译文多被人诟病，盖因如此。因此，将语言的理解引入机器翻译研究，让机器模拟人脑进行深度学习，检索更多的外部知识，自动提取术语、获取术语之间的关系是提升机器翻译系统性能的关键。当下，语义网的出现为计算机提供了可理解的语义信息环境，计算机可以用基于语义的信息组织方式通过自动分析知识来完成人机交互。基于此，国内外在知识本体建设技术上正在探索自动化或半自动化构建，并且取得了初步的研究成果（陈薇，2010；李德霞，2011；支丽平、王恒山，2012），实现了对领域术语知识进行自动标注与提取，克服了人工构建过程中效率低、任务重的不足。此外，现有一些本体建设工具（如本研究使用的 Protégé）具有一定的语义推理功能，模拟人脑进行思维与推理，开始利用深度学习技术，进行无监督的特征学习，能够学到高度抽象的语义表示，有助于发现新的领域知识及其语义关系，实现知识创新，从而向着智能化学习迈出了坚实的一步。

术语处理技术一直是机器翻译的关键技术，准确的术语翻译有赖于术语知识的获取及对术语使用语境的分析。术语翻译离不开知识库的支持。赵铁军、李生、高文（1996）在梳理机器翻译的发展历程时指出："在翻译过程中，总有一个附加的知识库在起作用，这个知识库中可以包括篇章级的上下文，不同背景下的用法以及文章所属的特定领域等。"在基于知识的机器翻译研究中，"使用语义映射器（semantic mapper）将句子映射为某种形式的语义网，再从语义网络生成句子，是一种研究方法"。周海中①也指出：在人类尚未明了"人脑是如何进行语言的模糊识别和逻辑判断"的情况下，机译要想达到"信、达、雅"的程度是不可能的。而本体技术驱动的知识库研究就是要模拟人脑的思维和逻辑推理方式，建立概念间的语义网络。基于领域本体重用的机器翻译系统能有效解决传统机器翻译中存在的一些问题。本体与机器翻译的结合，既有历史的渊源，也是未来的发展所趋，必将带来机器翻译的变革。

（2）与计算机辅助翻译软件结合

计算机辅助翻译"专指为提高翻译效率，优化翻译流程而设计的专门的

① 周海中．机器翻译50年［C］//黄国文，张文浩．语文研究群文集．广州：中山大学出版社，1997.

计算机翻译辅助软件”（徐彬等，2007）。它由机器翻译发展而来，由于机器翻译产生的译文难以直接使用，人工介入成为一种必需，借助计算机技术，发挥人的主导地位的计算机辅助翻译技术应运而生。当前国内外比较流行的CAT工具有SDL Trados、Déjà vu、Wordfast、雅信、赛迪等，这些软件在大小、功能、主要服务对象等方面存在差异，但在主要功能模块上是相同的，基本包括翻译记忆系统、术语管理工具、对齐工具和项目管理工具等，其中前两者是软件最重要的两种功能。术语管理工具用于对双语或多语术语库的创建、维护和管理。除雅信自带70多个专业术语词库之外，其他的术语库都是空壳，需要译员添加术语，支持对术语的导入、导出、查询等。有的还配有术语提取工具，比如SDL Multiterm Extract，可以通过筛选条件的设定，从文档中自动提取单语或双语术语。基于本体技术的术语知识库对CAT软件至少可以带来两方面改进或启发：一方面表现在术语知识的存储方式上；另一方面表现在术语的识别与提取上。

CAT术语库中的术语存储方式也是基于概念的，即一个概念对应一个术语，一个术语对应一个概念。就单个术语条目所涵盖的内容而言，CAT术语管理工具与知识本体建设工具对术语内容的输入基本是一致的，比如都可以对术语的概念信息、语言信息、管理信息、文献信息等进行描述。在某些方面，CAT工具甚至更胜一筹，比如支持图片、图表的录入。而本研究所选用的Protégé目前仅支持文字和数据库的录入，不支持其他类型信息。不过，CAT工具的术语信息仅限于此，术语各个条目之间是分立的，各个术语不分种属、不分整体或部分，不分顺序，“老死不相往来”，不参与新知识的创造，术语库的更新只能靠不断地录入新的术语。虽然也具有人机互动功能，即提供用户（译员）反馈平台，可以及时将用户反馈更新到术语库中，但这种更新或学习是被动的，受制于信息录入者。

而Protégé除描述单个术语的数据信息外，还支持术语语义关系的描述；除基本的层级、联想关系之外，还可以根据需要自行设定术语之间的关系。语义关系又可以分为不同的类别，每个类别可以分出不同的层级。比如，本研究云计算核心概念语义关系分成了概念上相关、功能上相关与物理上相关三大类，每一大类又包含不同的小类，呈现了领域概念的知识框架，定位了每个术语概念在概念体系中的坐标。用户因此可以形成一个立体的思维导图，更加快捷地获取领域知识，较快熟悉文本和产品，减轻术语理解的负担，提高文本理解的速度与效果。这就改变了译员在检索术语时“见木不见林”，在学习时有术语没知识，在翻译时有文本没产品的被动局面。

CAT工具添加术语方式有三种：手动添加，导入已有结构化的术语表，识别并提取文档中的候选术语。手动添加虽然可以保障质量，但人力成本较高，且难以应对大型翻译项目，因此自动提取术语成为研发的关键。一般CAT工具采取两种术语提取方法，一种是基于规则的语言方法，另一种是统计概率方法，与MT的两种计算方法一致。前者将某段落中的某个新词或短语与标准词汇的大型内置字典相比较，以确定其是否为新词或短语；后者根据术语在文档中出现的频率来确定，认为出现次数越多，某个词或短语成为新术语的可能性就越大。第二种方法的应用范围比较广泛，如在线术语提取工具TmxMall即采用这种方法。不过单单通过术语出现的次数来判定也有其弊端，虽然这些软件可以将重复出现的介词、连词等虚词排除在外，但由于计算机无法像人那样进行逻辑思考和价值判断，无法全面分析原文，有些重要术语可能会因在一篇文档中出现的次数达不到设定的频数而“落选”。那么，能否通过设定算法，赋予计算机一定的“逻辑分析”能力，模拟人脑进行推理呢？当下机器的深度学习技术已经在朝着这个方向发展，并取得了一定的研究成果。让翻译软件自动挖掘大数据，识别领域知识，本体层面的思考和技术支持或许可以带来一些启发，成为翻译工具升级的一个突破口。

随着互联网、云计算的深入发展，翻译技术不断提升，功能不断完善，从而推动语言服务能力的稳步提高。未来，翻译软件工具将向着智能化、语境化、可视化、集成化、网络协作化等方向发展。各类功能板块将日趋整合，集成文本输入、编辑、拼写检查、译后质量保证、语言资产管理等多个功能，不再局限于翻译本身，而涵盖技术写作、术语管理、文档管理、内容管理、产品发布等各个环节。因此，将基于本体的知识库与翻译软件相结合，必将强强联手，克服翻译软件术语知识碎片化的弊端，提高译者学习效率；同时，知识库具有的推理功能还可以使翻译软件根据设定的语义关系（比如“对称性”“可传递”等）进行推理，自动获取一些术语概念之间的知识关联，变被动为主动，实现知识自主创新，使翻译软件更加智能化。

5.4 本章小结

本章承接第4章，分三部分论述了如何实现可视化知识服务平台。

第一部分按照知识库构建模型，逐步分析整个构建流程，具体包括需求分析与计划制定、领域知识的搜集与预处理、抽取双语概念、定义类及类的等级、定义类的语义关系及其约束、创建实例、知识检索与展示、知识评价与进化等8个环节。其中在抽取双语概念时，设定了概念抽取原则：基础性原则，即选取云计算的核心概念；概念导向原则，即概念与术语一一对应；多层次性原则，即对术语进行细化分类，分别存放在不同级别、满足不同翻译需求的知识库中，从而为多层次知识库建构提供了指导。本部分还根据ISO相关术语标准、国内外关于术语数据结构的研究及当前比较通用的术语管理工具中的术语结构，结合技术文档翻译实践需求，设定了术语条目的存储结构，包括概念相关的知识、术语相关的知识和管理相关的知识，每一部分又细分为多个子项。需要强调的是，Protégé 支持对语义关系进行描述："对象关系"用于描述概念与概念之间的关系；"数据关系"用于描述概念与属性值之间的关系，是对概念自身的描述。随着概念关系的逐渐添加，领域知识图谱越发清晰完善。而且这种关系可以通过可视化显示，形象地展现语义网络，有效辅助文档从业人员快速获取领域专业知识。

第二部分考虑语言服务业技术文档翻译的实际需求，提出分层构建可视化知识服务平台，即通用层、产品层、项目层与个体层，重点介绍了后三种术语知识库的构建方式。产品术语知识库主要按照云产品的类型进行构建，可以从国内外云服务提供商发布的产品双语文档中获取术语知识信息，以一篇阿里云双语文档中的术语概念关系描述为例，说明了产品术语知识库的优势所在。项目术语知识库主要录入与当前项目有关的术语知识，包括客户方提供的术语、从原文中提取的术语、翻译过程中出现的新术语以及错译、误译及其他需要注意的问题或翻译经验等。个体术语知识库是译员的专属知识库，根据个人需求量身定做。检索术语时按照"个体层→项目层→产品层→通用层"的顺序逐级查询，提高检索效率。

最后一部分论证了可视化知识服务平台在文档工作中的应用方式，可以集成到文档写作与翻译工具（包括MT工具与CAT工具）的术语管理模块，弥补现有软件术语管理功能的不足。Protégé 本身属于插件结构，非常灵活，便于嵌入其他软件程序，其默认的本体描述语言OWL可以通过语言转换插件转换为XML格式，XML是当前内容管理的通用标准格式。这些都为术语知识库与写作工具、翻译工具的结合提供了应用基础，将来两者的联合必将带来语言服务技术与内容管理技术的升级，也将大大拓宽知识库的适用范围。

第6章 技术文档翻译可视化知识服务平台管理

本章在概述术语知识管理重要性的基础上，分析现有文档翻译过程中术语管理的不足，并提出双语术语知识多角色管理流程和多层面知识转化，借鉴知识管理理论，提出术语知识共享策略，以期通过多种激励措施有效地维护术语知识库，营造良好的双语术语知识管理生态环境。

6.1 术语知识管理在技术文档翻译中的重要性概述

当术语库转向知识库时，对术语的管理也随之变为对知识的管理。知识本体理论与技术在术语学研究与实践中的应用取得了一定的成果，从而也使术语知识管理获得长足发展。一些企业已采取先进的内容管理工具，对术语等内容进行管理。一些翻译软件已开发出强大的术语管理功能，如SDL Trados的Multiterm Termbase模块，实现了对术语的存储与共享。一些国际会议专门设立了术语管理论坛，相关行业组织和跨国公司也成立了术语管理部门，如本地化行业标准协会（LISA）术语特别兴趣组和微软公司等都有自己的术语管理部门，专门关注标准化术语的使用与翻译。近年来，术语管理已成为语言服务业的一个重点关注领域，术语库与翻译记忆库、翻译规范等共同构成企业的语言资产，代表了语言服务企业的核心竞争力。

6.1.1 术语知识管理的概念

“翻译工作是以知识为基础的纯智力工作……翻译过程其实就是知识管理的过程”（李昕玥，2012），而“术语是知识的分子细胞，是知识的基础单元”（王少爽，2012），因此，术语管理是知识管理的重要组成部分，也是翻译增值服务的一个重要方面。如果没有集中统一的术语管理，本地化工作将需要返工 15%①。

国际术语管理领域比较著名的指南《术语管理手册第一卷：术语管理的基本方面》（*Handbook of Terminology Management Vol. I. Basic Aspects of Terminology Management*）从比较宽泛的意义上将“术语管理”定义为“对术语信息的任何有意处理”（Wright & Budin，1997），并分析了术语管理涉及的三大方面：第一，数年来各行业领域专家（如工程师、生物学家及社会科学家等）所做的实际术语工作，表现为他们创立的概念和术语；第二，对这些概念和术语的系统记录（通常为多种语言）及记录的形式（如词典、术语编写、术语数据库等）；第三，对这些概念和术语的检索，主要用于口笔译、技术传播中的文本创作（即技术写作）、信息管理等。

王华树、张政（2014a）分别从企业、语言服务业和翻译项目三个层面分析了术语管理的范围：从企业层面来看，“术语管理的目标是确保某特定组织机构中与其产品、服务和商标相关的专业名词，能够在其源文档和所有目标翻译文档中保持一致”（Muegge，2009）；从语言服务业层面来看，术语管理是为了满足某种目的而对术语资源进行管理的实践活动，通常包括术语的收集、描述、处理、存储、编辑、呈现、搜索、维护和分享等；从翻译项目层面来看，术语管理可以为写作内容和翻译质量的一致性提供保障，通过在项目流程各个环节中借助术语管理系统（terminology management system）和术语库（term database）技术实现。苏·埃伦·赖特与杰哈德·布丁（Sue Ellen Wright & Gerhard Budin，1997）按照术语管理的性质，将其分为两类：描述性术语管理（descriptive terminology management）和规范性术语管理（prescriptive terminology management）。前者是指翻译人员、技术写作人员、社会科学家等为了翻译和写作而对术语进行的记录工作，他们一般不对术语在某个领域中的用法进行规定。而后者则由标准化工作者、命名专家、语言规划人员实施，他们本身就是领域专家或者与领域专家密切合作，对科学技术、法律等这些对语言精确度要求较高的领域术语进行统一规范，确保领域内人员对专业术语达成共识，促进领域知识的交流与传播，并保证标准的顺利实

① 参见 Lionbridge 企业术语管理（白皮书），https://zh-cn. lionbridge. com/translation-localization/knowledge-center/terminology-management. htm。

施。王少爽（2012）按照术语管理的对象，将其分为面向翻译实践的术语管理和面向翻译研究的术语管理，前者侧重描述性，后者兼顾描述性和规范性。

梁爱林（2005）将术语管理看作多种行为过程：从信息处理过程看，知识管理是发现信息、选择信息、组织信息、提取与表现信息的系统方式；从价值创新过程看，知识管理是一个组织机构从自身的以智力和知识为基础的资产中创造价值的过程，体现与创造知识资产的价值；从不同类型知识的转换角度看，知识管理还是把隐性知识清晰化，使之成为显性知识的行为过程。

本书中的术语知识库研究主要是针对语言服务业中的技术文档翻译而言的，因而属于侧重描述性、面向翻译实践的术语管理，主要是指在文档的整个生命周期（包括文档写作、翻译和管理）对所涉及的术语进行识别、提取和整理，辅助文档写作人员、译员、审校人员及内容管理人员更好地开展工作，从而保障文档术语使用的正确性、一致性和专业性，提高文档的可读性和可用性，提升用户使用体验，降低客户支持费用。

6.1.2 术语知识管理的作用

梁爱林（2007）认为："术语知识管理体系的建设在今天的知识经济中早已被纳入许多国家的发展战略，许多国家都把术语知识管理系统作为国家和地区的基础设施加以建设，高度重视术语学和知识工程学的研究以及术语知识库的构建。"

术语管理可以在多个领域辅助专业人员处理日常工作中的术语问题，比如技术翻译、技术传播、信息标准化、信息管理、单语和多语及多文化环境中的专业与科学话语管理，语言规划、语言学、信息科学、翻译研究、术语管理软件以及术语学研究。这也充分说明术语工作的跨学科性质，或者说术语管理工作的有效开展需要多领域、多方面协同工作。

术语管理有助于保持术语的正确性和一致性，确保企业技术传播与知识传递的有效进行。因此，术语管理是企业全球知识管理和信息共享的重要手段，是全球化企业语言资产管理的重要组成部分，属于企业语言战略的范畴。假定在技术文档开发过程中使用的某个术语不一致，例如，"Press the Enter key""Push Enter""Press Enter"三个术语使用不一，那么在联机帮助、用户手册、维修手册、产品包装或网站简介中都会出现这种不一致，如果再经过翻译环节，被翻译为多种语言，就会造成比较严重的后果。

我们可以算一笔账：假如在产品研发阶段有一处术语错误，这款产品有7

种类型，那么错误就是 1×7=7 处；每种产品有 3 种不同类型的文档（终端用户文档、维修人员文档、管理人员文档），此时错误就变成了 7×3=21 处；每种文档以 4 种不同形式（网页版、印刷版、CD 版和视频版）发布，错误就变成了 21×4=84 处；文档又被翻译成了 20 种语言，那么就会出现 84×20=1 680 处错误，可想而知，这将会带来多大的经济损失。“最后维护阶段的术语更改成本要比在产品数据设计阶段的术语更改成本高 200 倍”（Childress，2007），如图 6.1 所示。比如，一家医院因为一个术语翻译错误，直接造成 7 100 万美元的损失（Nataly & Zetzsche，2012）。

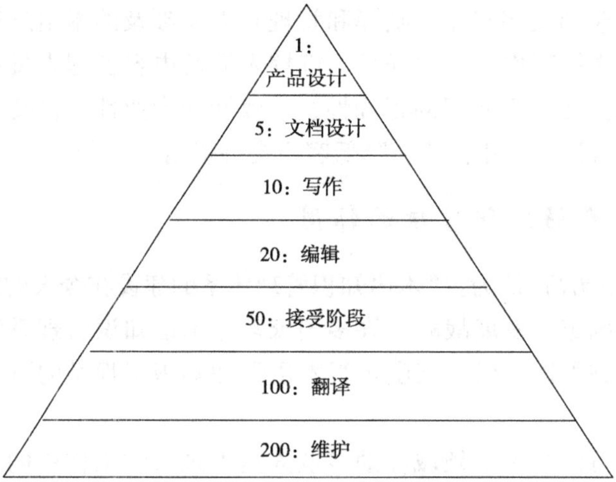

图 6.1　术语管理成本金字塔

资料来源：王华树，张政．翻译项目中的术语管理研究［J］．上海翻译，2014（4）：65.

可见，在文档的生命周期内，不但需要实施术语管理，而且实施得越早越好，应该将术语管理从翻译阶段提前到文档写作阶段，甚至产品设计阶段。因此，本研究将技术文档写作人员与翻译人员共同作为术语知识管理的重要角色，一起纳入术语知识管理生态圈。

术语管理在翻译实践中的重要性已经不言而喻。为详细了解其对翻译支持的力度，SDL 公司于 2010 年进行了一项国际范围内的术语调查，认为术语非常重要的占 92%；认为术语不一致会降低翻译质量的占 95%；35%的译者认为术语管理使翻译效率提高了 25%~50%；13%的译者认为可以提高到 75%~100%（SDL，2010）。这有力地说明了在全球化商业时代，通过有效的术语管理，可以保持品牌一致性，降低翻译成本，提高企业的软实力。术语管理的作用可以大致归纳如下：

- 确保不同职能部门之间术语使用一致
- 确保不同生产线之间术语使用一致
- 确保同一产品不同版本之间术语使用一致
- 确保不同文本类型之间术语使用一致
- 与其他组织合作的前提条件
- 促进组织内部与组织之间的交流与知识传递
- 减少搜索与查询术语的时间
- 有效利用员工时间
- 培训新员工
- 提升产品安全性、提升服务质量
- 减少产品和文档的上市时间
- 降低售后服务支持费用
- 增强企业品牌认可度
- 在全球化、多语言服务市场上创造战略性优势
- 提升文档质量
- 便于用户理解文档
- 减少额外的内容或解释
- 降低文档生产费用
- 提高信息复用率
- 更高效地使用可控语言检查工具
- 更高效地使用翻译记忆系统和其他 CAT 工具
- 简化文本编辑和审校程序
- 便于译者自动检查和复用术语
- 降低翻译成本
- 简化译后质量保障
- 确保翻译文本更快地走向市场

美国翻译界知名专家莫里·索夫（Morry Sofer，2009）在《翻译者手册》（*The Translator's Handbook*）中将术语管理看作技术翻译过程中最关键的一个环节，并将术语管理视为区分一般译者和优秀译者的重要标准，认为术语管理得越好，越能获得更多优质术语资源，也越有机会成为某一领域真正值得

信赖的译者。

6.1.3 术语知识管理的趋势

“内容为王”是大数据时代的一个鲜明特征。最初，“内容”一词指的是书刊、媒体出版等行业中的创作。随着互联网的发展，各种电子文档、视频、音频、社区交流等使资料迅速增加，“内容”的范围也逐渐扩展到企业的所有资料信息。在这些浩如烟海的信息中，据统计，有80%属于非结构化内容，比如电子邮件、视频、音频等，难以进行有效利用。随着各个领域积累的信息资源越来越多，信息的格式也越来越多样化，有效管理内容资产已成为推动企业发展的主要手段。

为此，一些大型企业早就部署了专业的内容管理系统（Content Management System，CMS）。在翻译项目中，内容管理系统通常会与翻译管理系统（Translaiton Management System）一同使用，或同企业其他系统，比如ERP（Enterprise Resource Planning，企业资源计划）系统相互配合，从而实现更高层次的企业信息化管理（崔启亮、罗慧芳，2016）。

2016年，The Content Wrangler公司对全球技术传播行业进行了标杆调查（Technical Communication Industry Benchmarking Survey），以了解技术传播行业在内容的创作、管理及发布方面的发展现状与未来趋势。该调查通过电子问卷的方式在全球知名企业中发放，涉及硬件与软件、金融服务、制造、医疗卫生、移动通信等多个领域，共收到700余份反馈。调查内容涉及文档发布形式、内容管理系统、文档质量保证方式、文档写作语言、内容复用、内容质量、术语管理、多语创作、敏捷内容开发、文档创新形式、技术传播工具等。

调查结果显示，越来越多的企业计划采用高端信息开发管理技术，如部件内容管理系统（Component Content Management，CCMS）、XML写作工具、机器翻译等，以便降低成本，为用户提供更好的内容服务。而那些未实行内容管理的企业，其技术内容开发人员在确保文档质量方面面临的最大挑战即是缺乏统一的内容策略及软件工具。在术语管理方面，43%的企业使用受控术语以降低术语的多变性；而71%的企业并没有术语管理系统，多靠人工编辑确保术语的合理使用。此外，56%的受访企业发布的文档使用两种或多种语言，与发布单语文档的企业相比，这些企业遇到的内容方面的挑战更大。

在内容管理方面，多数企业采用了CCMS管理系统，这也是一种内容管理系统（CMS），但与CMS不同的是，它在更小的粒度层面（granular level），即部件（component）层面而非文档层面对内容实施管理。每一个部件代表一个单一主题、一个概念或一个特性（比如一个图像、表格、产品描述及程序等）。该系统能够追踪的内容不仅包括主题与图像的各种版本，还包括这些不同主题、图像、图示、出版物及交付物之间的各种关系。此外，CCMS还支持文档出版，可以输出面向纸质、网页及电子读者的多种文档格式，实现了对文档的一站式管理。采用部件层面的内容管理有较大的优势，如提高文档的统一性与准确性、降低维护成本、降低交付成本、降低翻译成本、提升协同管理水平等。

CCMS在管理内容、方式及服务对象等诸方面都为可视化知识服务平台的应用提供了便利条件。在内容方面，CCMS主要是为技术信息研发服务的，管理的正是企业各类技术文档中的内容，并且将管理的基本单位细化到某个主题、概念、图像、产品描述、安装程序等层面。本可视化知识服务平台同样包含关于技术文档中的各类术语，也以术语概念为单位；在语言方面，二者都使用XML标准；在管理目的方面，两者都不满足于以呈现概念为主的传统方式，而是在此基础上呈现各部件或概念之间的关系；在服务对象方面，二者都服务于技术传播从业者，为其进行文档创作和翻译提供知识参考。这些共同之处为两者之间的对接与融合提供了必备基础。

所不同的是，作为CMS的一个子类，CCMS管理的内容属于显性知识，比如文字、图像、视频等信息；而本知识服务平台除了收录这些显性知识外，还会涉及从业经验之类的隐性知识，努力促进两种知识之间的转化。今天的CCMS也许会发展为CKMS（Component Knowledge Management System，知识部件管理系统），依托现有的内容管理系统，本知识服务平台将发挥巨大的发展潜力与商业价值。

6.2 当前技术文档翻译过程中术语知识管理的不足

术语管理方式目前有两种：传统管理模式和术语管理系统（Terminology Management System，TMS）。传统管理模式一般是指采用纯人工方式或Word、Excel等比较简易的工具对术语进行管理的方式，由于效率比较低下，在应对大型翻译项目时捉襟见肘，逐渐被专业的术语管理系统所代替。然而目前流行的术语管理系统也有其盲点，术语知识的组织方式等还有待提升。本节首先分析传统人工术语管理的不足，接着重点分析当下 TMS 的不足，为提出本研究的术语知识管理模式做好铺垫。

6.2.1 人工术语知识管理的不足

为专门术语确立等值的对应术语往往是翻译项目的主要部分，译者寻找特定术语的过程往往是费时费力的（魏向清、赵连振，2012）。对于传统人工术语管理的缺点，行业界与学术界探讨得比较多，王华树、张政（2014）进行过较为全面的总结。例如，不便记录术语动态属性、元数据，不便添加图像等非文本性信息，不便添加术语之间的交叉引用，不便导出术语数据，不便共享知识等。遗憾的是，尽管有诸多不足，但国内大部分企业仍然沿用传统方式，只有 6%的公司部署了专门的术语管理工具，2% 的公司有专门的术语管理专家，27% 左右的公司表示尚未进行有效的术语管理（王华树，2013）。李昕玥（2012）在分析人工翻译流程的基础上，指出了其不足：遇到陌生术语时译员需要东翻西找，四处查询，耗费大量时间；信息源零散且针对性不强，需要译员筛选，再次耗费时间与精力；辛辛苦苦获取的术语数据得不到有效存储，复用困难；译员各自为政，沟通不畅，造成重复劳动或术语不一致。当然，在这些人工术语管理过程中，也会借用计算机来辅助工作，但计算机、网络、语料等资源并没有得到充分的利用，没有从根本上为术语的获取、存储、共享等带来改变。

从上述分析来看，对传统术语管理不足的分析着眼于翻译的外在过程（例如术语检索、存储、分享等），对译员个体内在的翻译过程并未进行深入考察，而这些外在的流程实则是译员内在思维过程的体现，或者说外在的术语管理流程都需要内化为译员的内在心智活动，才能落到实处。归根结底，人（译员）才是翻译的主体，一切的翻译活动最终都要由翻译主体来支配，译文的准确与通顺要建立在对原文透彻理解的基础之上，“任何表现知识的手段或者方式都得要人或者经人能够明白才行”（梁爱林，2005）。因此，我们需要对人在翻译过程中的理解过程做一番窥视。

赵铁军、李生、高文（1996）指出：“从人进行自然语言的翻译过程来看，许多情况下是先理解了语言的意思，然后再用目标语叙述。这个过程不是直接从源语言到目标语言的，而是要经过以语义的细粒度知识为基础的某种中间形式。”以人工翻译过程为例，译员拿到一篇文章，需要经过反复阅读，技术文档语言一般比较简明，句子不会太长，句子结构也比较简单，多使用简单句、并列句，其理解的难点在于句子中使用的术语及句子所要表达的整体意思。这就需要进行一番检索，查询工具书、电子词典、网络资源等。虽然互联网时代这些信息比较易于获得，但需要注意的是，这些信息中有许多是冗余的，例如纸质版的字典，会列出与该词条有关的所有定义，译员需要逐条查找，从而花费大量宝贵的时间。如果从传播学的角度来看，这些无用信息就是传播过程中的“噪音”，影响着信息传播的效果。

在文档翻译中往往还存在这样一种普遍现象，即一个句子或一个段落中的每个术语都查到了确切的译文，但仍然搞不懂整句话或整个段落的意思，翻译出来的句子连自己都不知所云，更何况用户。究其原因，就在于对术语的理解停留在碎片化阶段，没有搞清楚各概念间的关系。这时译员又需要重新阅读原文，开始将概念进行关联、对比、融合、贯通，最后吃透文档，这个理解的过程不仅需要时间，更需要一番苦思。当然，这个过程因人而异，但不可否认，它是隐形的，甚至是不被认可的，因为没有任何客户会为一位译员理解原文而支付费用。所以，从效率或收益方面来说，在保障理解质量的前提下，这个过程越短越好。

然而可惜的是，一位译员在完成这个理解过程、把握住了概念间的关系之后，便着手翻译，随着翻译的推进，逐渐进入下一组术语的理解过程中。在翻译项目终结之后，对概念的理解仅仅成为译员个体的隐性知识财产，当其他译员遇到同样或类似的文档时，又需要重复这样一个理解过程，实则是对译员精力的一大浪费，也是语言服务提供商乃至整个语言服务业的一大浪费。如果第一位对这些概念进行思索的译员将自身获得的概念关系梳理出来，并以计算机可以识别的语言表示出来，那么第二位译员就可以在此基础上进行学习，可想而知，其效率自然会大幅提升，也减少了不必要的重复工作。而且第二位译员还可以把更多的精力放在对先前理解的优化与补充上，第三位译员再次学习时，会更加省力。如此承接下来，便实现了术语知识的有效利用、分享、循环与增值。如果仅仅是译员共享一个术语库，虽然可以确保术语翻译的一致与正确，却解决不了个体对原文理解的问题，语言服务难以实现质的飞跃。本知识库通过模拟人脑的思维过程，促进理解过程的显化转换，有望成为语言服务业的一个新的增值点和突破口。不仅使翻译经验之类的隐性知识从隐到显，也通过对概念间关系的构建，将知识的理解过程从隐到显。

6.2.2 术语管理系统的不足

由于传统术语管理的种种不足，专业的术语管理系统应运而生，国内外语言服务技术与工具开发商相继推出了各种术语管理工具，可以满足企业、个人等不同群体的翻译需求。国际标准化组织（ISO）下属的技术委员会IC37专门负责“术语及其他语言和内容资源”，2009年该委员会出台了《术语、知识及内容管理系统：术语管理系统的设计、应用与维护》（Systems to manage terminology，knowledge and content：Design，implementation and maintenance of terminology management systems）。该标准将术语管理系统定义为“为便于译者、术语专家和各类其他用户搜集、管理和获取术语数据而专门设计的一款软件工具”（ISO/DIS 26162—2009：8）。

该标准接着指出，术语管理系统既可以是独立式的（stand-alone），比如TermStar；也可以是集成式的（integrated）。独立型TMS是完全独立的工具，其唯一的功能就是搜集、存储并检索术语信息；而集成型TMS是作为其他翻译软件的一个部件，除了具有独立型TMS所具有的功能外，还可以与TM或CAT软件互相配合，成为交互式翻译的重要辅助资源。有些术语管理工具既可以作为独立的软件使用，也可以与其他软件集成。例如，SDL Multiterm既可作为独立的桌面工具管理所有的客户术语，也可以通过与SDL Trados Studio 2009集成来增强翻译环境的功能。再比如国内的语帆术语宝（LingoSail TermBox）①，既可以作为独立的在线术语管理工具，也可以作为插件形式嵌入SDL Trados Studio中，还可以与文本对齐工具Tmxmall结合，提取后的双语可以直接存入术语宝中。这些术语管理工具虽然在性能方面有差异，但都是为了辅助译员更好地完成翻译任务，实现文本对齐、术语识别、术语提取、术语储存与术语管理的一体化。

按照使用的主体，可以将术语管理工具分为个体/团体级和企业级。面向个人或团队的工具通常比较小巧灵活，成本不高，比如，AnyLexic、Lingo这样的独立式管理工具或者Déjà vu X、Wordfast、东方雅信之类的CAT工具中的术语管理模块，都支持多种文本格式术语表的导入和导出，允许译员添加术语数据信息，可以满足个体或团体翻译项目的需求。面向企业级的工具通常是功能更加庞大、部署成本更高的大型管理系统，比如SDL推出的一系

① 参见http://termbox.lingosail.com/。

列术语管理方案（例如 SDL Multiterm Extract、SDL Multiterm Server）及 crossTerm、MultiTrans TermBase、Transit TermStar 等。此外，还有一些在线工具，比如 SDL Multiterm Online、crossTerm Web、Termweb 等。因此，术语管理系统已成为确保一致和高质量单语或多语文档的必需方法①。实现对术语的集中管理，使不同国家、不同区域、不同职能部门的所有用户都可以在访问权限之内获取术语资源，大大提高术语的一致性，增强本地和全球品牌与信息的一致性和准确性，大幅降低生产成本，从而为所有的客户提供更好的内容体验和文档使用体验，是企业内容全球化不可或缺的有力工具。

虽然各语言技术服务提供商不断升级术语管理系统，使其功能日益强大，借助于大数据促使术语库的内容不断增加、更新，但需要注意的是，其所支持的术语库中的术语条目存储结构并没有发生根本性的变化或升级，包含的主要信息不外乎几个方面：一个术语在不同语言中的对等语，术语的定义、语法信息、所属专业领域、同义词、缩略词、曾用名、语境范例及管理信息等。从形式上看，虽然这些术语资源是以结构化的形式存储的，但实际上相当于一种丰富了的术语表或电子化的术语词典，并没有实现术语信息的深层次或细粒度描述。而实际上，用户更加关心的是，术语所代表的概念是指什么，多个概念间有何联系，而非仅仅停留在术语本身的语义、语法、语用等信息上。梁爱林（2007）曾深刻分析了现有术语库的弊端："主要提供术语的语言信息，例如术语构成的信息、其他语言的对等名称、文体标记等，而对于术语的概念信息则描述得不充分，以至不能对概念结构的排序、一致性和清晰程度进行深入的描述，另外术语的定义和语境知识提供的不够完备。"

胡安·塞杰（Juan Sager，1990）根据术语管理软件将术语库分为两代，20 世纪 80 年代之前的术语库属于第一代，80 年代之后的术语库属于第二代。梁爱林（2007）表示仅仅同意术语管理软件决定术语库的观点，但并不同意两代软件的划分，认为第二代与第一代相比，并没有根本性的差异和提升，"因为都侧重对术语的表征，而不是把概念的表征和组成语义网放在首位"，因而将这两代术语库都归为传统的术语管理方式。鉴于现阶段术语库存在的弊端，国际上的相关研究者提出术语库向术语知识库方面提升，早期的一批推动者，例如迈尔等（Meyer et al，1992）将术语知识库的目标界定为"在专

① 参见 SDL 术语管理（白皮书），http://www.sdl.com/cn/download/managing-terminology-with-sdl-ultiterm/71998/thankyou。

业领域来表征语言和语言之外的知识，用把概念组织为复杂的网络的方法来表示术语之间的概念关系”。

如果说术语数据库的价值和意义不在于仅仅提供单个的术语，而在于提供有关术语及其用法的说明性信息，那么知识库的价值不在于仅仅提供单个术语的用法说明，而在于建立多个术语的语义网络。如果说现有翻译软件中的术语库模块是对传统单词表、叙词表、电子表格的升级，实现了术语在分布式环境中的集中共享，便于多位技术文档作者和译者管理大型词汇表，那么知识库就是在术语库基础上的再一次升级，有助于呈现专业领域概念间的关系，形成语义网络，并促进隐性知识与显性知识在多方用户中的共享，加快知识创新与知识增值。

6.3 服务技术文档翻译的可视化知识服务平台管理模式探索

长期以来，在我国术语理论研究与实践方面，术语知识管理是个被人们忽视的领域（梁爱林，2005）。近年来，随着全球市场对高质量多语言内容的需求日益加大，企业不得不开始重视对语言资产的管理。作为企业语言资产的重要组成部分，术语知识管理得到越来越多的重视，成为企业实施内容全球化战略的重镇，这一点从术语管理工具方面的研发和投资可见一斑，研究人员也开始关注术语管理领域的问题。需要指出的是，无论在实践还是在学术研究中，对术语管理的论述多集中在管理内容与流程上，而没有对管理的主体加以研究。管理者（包括译者、写作者、内容管理者等）是隐身的，或者说管理者的思维活动是隐身的，隐藏在表面的具体管理活动之中。然而，如果管理工具或管理流程不考虑管理主体的需求和思维习惯，就不能很好地发挥辅助作用。本节首先呈现在文档的整个生命周期中的术语知识管理流程；其次探讨术语知识管理中的各个角色，分析各角色对术语知识的需求和贡献，并分析两种类型知识之间的相互转移和转化；最后尝试提出面向技术文档翻译的术语知识管理策略，为可视化知识服务平台的良好运转保驾护航。

6.3.1 可视化知识服务平台在文档生命周期中的管理流程

第3章我们论述了技术文档的写作与翻译是可视化知识服务平台应用的两个重要方面，在一些大型语言服务企业（例如 Lionbridge）或国际化企业

（例如微软、华为），文档创作、翻译及内容管理形成了一个完整的流程，术语管理贯穿始终，而且越早介入越好。王华树、张政（2014）描述术语管理流程时建议从项目立项或产品研发阶段就应该将术语问题纳入考虑范围，这样有利于较早统一术语，消除产品设计、文档写作、文档翻译等各环节中的术语障碍。

“术语是公司生产的所有文档的重要组件，术语必须在所有内容创建者和译员之间共享以供学习，同时遵循标准、法律或法规要求，维护品牌和消息一致性。”① 使用术语比较频繁的阶段主要是写作、翻译和内容管理，它们也构成了文档的生命周期。因此，我们主要从这三个阶段，针对这三个群体来分析术语管理的流程，如图 6.2 所示。

图 6.2 主要展示了人（作者、译者、内容管理者）、术语知识、工具（可视化知识服务平台、翻译记忆库、内容管理系统）三者之间的联系，而人终究是主导者，是术语知识的需求者和创造者，工具则在两者之间起到辅助作用，辅助知识的查询与录入，知识在这个过程中往复循环、生生不息。分别概述如下。

（1）写作阶段

无论文档的写作还是翻译过程，都是将外部的产品知识、写作知识或翻译知识（显性知识）与自身的已有经验（隐性知识）相结合，从而产生新的显性知识与隐性知识的过程。在此，我们假定文档写作者和译者对产品不熟悉，需要从零开始学习。写作阶段可以大致分为写前、写中与写后三个阶段。

第一，写前阶段。写作人员首先要确定文档写作目的及文档读者，根据产品设计原理或在研发人员提供的初级文档基础之上搜集产品知识，了解产品所属领域专业知识，熟悉产品部件、外观及各部分功能。这个过程往往比较长，涉及的术语比较多，除了指称产品各组成部分的术语名称之外，还有描述产品功能、配置或操作之类的专业术语，如果已经有类似的文档可以参考，就可以从知识库中查询。而一些前沿科技类产品首次推出市场，没有既成文档，写作人员除了自我学习之外，有时还需要亲自观察产品，弄清楚其内部构造，才敢动笔来写。笔者在调研过程中就了解到，一位资深技术文档工程师为了撰写一款爱立信大型路由器的用户说明书，带着工具亲自到生产

---

① 参见 SDL 术语管理（白皮书），http://www.sdl.com/cn/download/managing-terminology-with-sdl-ultiterm/71998/thankyou。

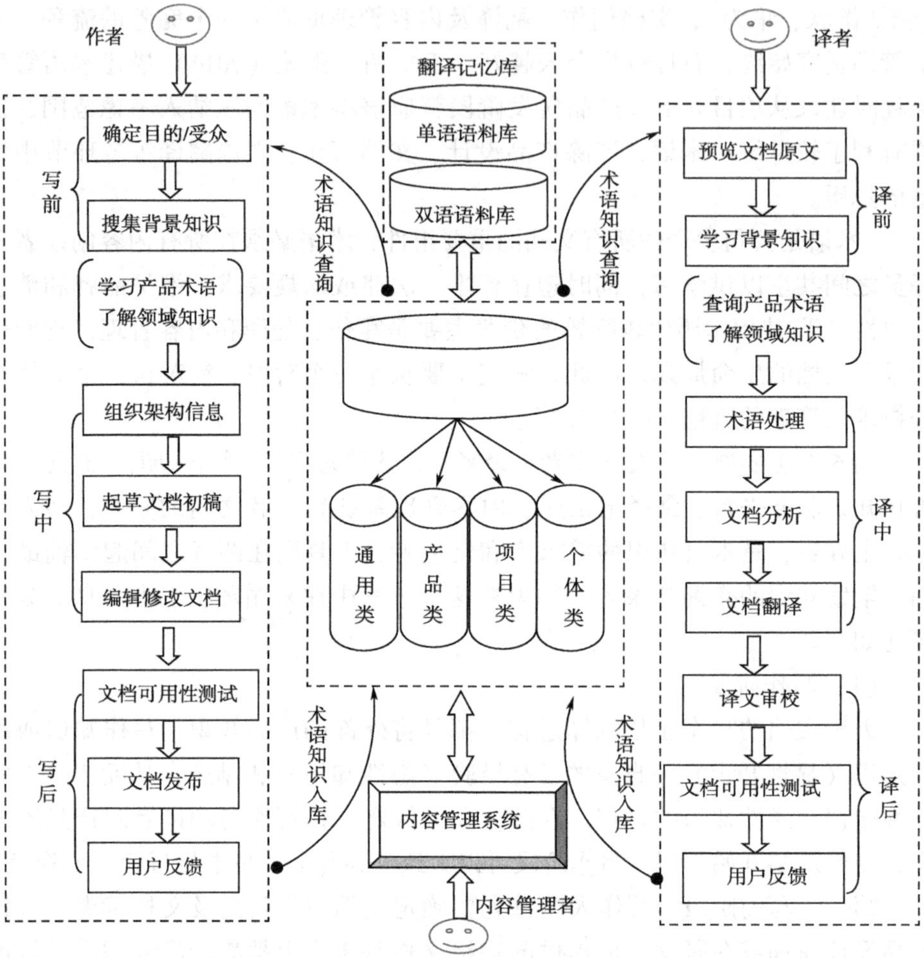

图 6.2　双语术语知识在文档生命周期中的管理流程

间拆解设备，逐一了解内部结构，向生产商请教各部分的功能，详细记录，还原研发人员的设计思路，然后再从用户的角度将研发人员的思维进行转换，以便用户更好地理解和使用产品。

第二，写中阶段。了解产品背景知识之后就可以进入文档设计与写作阶段了，按照用户的思维习惯和使用习惯架构文档信息。在撰写过程中，要根据不同用户的类型把握术语的表述方式及术语使用的多少。如果是面向没有专业基础的初级用户，则要避免大量使用专业术语，尽量用浅显的文字来表达。也许有人认为用简单的文字来写比较容易，殊不知，把复杂的内容写复杂并不难，而把复杂的内容写简单却不易。如果没有对领域知识高屋建瓴式的把握，没有对术语知识的了然于胸，就不可能深入浅出、以简驭繁。

第三，写后阶段。文档初稿落定之后，还需要进行文字方面的修改和功能方面的测试，有时由专门的测试部门负责进行，有时需要写作者负责。这个过程中需要检查关键术语表达得是否清楚、地道，概念间的关系是否符合逻辑、易于理解，确认无误之后生成文档。

至此，写作人员的工作并没有结束，还要通过项目结项会议、研讨或自我总结之类的方式，及时梳理术语，并建立概念之间的联系，将产品的理解过程及写作经验等知识转化为结构化的数据，经过术语专家或领域内容专家的进一步审核与确认，存入术语知识库的不同层面（通用层、产品层、项目层或个体层）。此时的术语是以单语形式存储的，转化为结构化的数据信息，并将生成的文档存储在单语语料库，以备后续之需。术语数据的丰富程度及概念关系的逻辑性将会影响内容资产的质量及后续翻译理解过程的进展。

（2）翻译阶段

翻译可以看作使用目的语进行的二度写作，译者在文档的翻译过程中需要经历的步骤与写作人员的写作过程是一致的，唯一的不同在于是否有原文作为参考（当然，在文档写作过程中，有时可以参考研发人员提供的初稿）。同样，可以将翻译分为译前、译中和译后三个阶段。

第一，译前阶段。译员在了解翻译需求之后，需要尽快熟悉译文所涉及的专业知识。首先预览原文，明确原文所属的专业领域及翻译难度，评估翻译量和所需时间，然后开始学习背景知识，重点理解关键概念。此时译员就可以访问可视化知识服务平台，在写作阶段梳理的术语及概念间的关系将为译员提供有力参考。一般而言，写作人员对产品的熟悉程度和专业知识的掌握程度要高于译员，对语义关系的梳理更为准确全面，这将省却译员重新构建概念关系的时间，加快译员对文档内容的理解进程。当然，译员也需要根据翻译需要，对术语进行补充调整，对于新发现的术语，可以通过知识库平台提交候选术语，供术语专家审核才能入库。如果知识库中没有相关知识，则需要译员查阅资料；如果多人合译一个项目，则译员可以相互合作，一起学习背景知识，探讨文档内容，确保理解无误，然后共同梳理术语知识，完成术语的翻译工作。

第二，译中阶段。术语翻译完成之后，就可以开始文档翻译了。首先利用翻译工具进行预翻译。假定这是一篇全新的文档，翻译记忆中没有资源可供参考，就需要译员逐句分析文档，排除理解障碍。遇到新术语或概念关系不太理解的地方，还需要进一步请教专家或检索网络一一解决，并将获得的新知识进行简单标记，以便项目结束之后录入知识库。解决了所有的疑难点之后，就可以开始翻译全文。需要注意的是，由于文档写作是从用户的角度出发的，翻译时译者必须考虑用户的接受程度，“因为帮助用户了解功能并掌握如何使用功能始终是软件文档及手册的主旨，也是此类文档本地化项目的核心要求之一”（崔启亮、罗慧芳，2016）。

第三，译后阶段。译文完成之后需要逐级进行自我检查、同行审校、技术审校等。可利用受控语言检查工具（controlled language checker）辅助检查，包括语法、句子长短、术语一致性、标点、行文逻辑等多个方面。如果由专人负责审校，则审校者依然可能会有术语方面的需求，遇到翻译不恰当或术语表达不明确的地方，还需要查询术语知识及概念关系，才能最终确定译文。

在一般的纯翻译项目中，很少对翻译后的文档进行可用性测试，这个环节一般在文档写作阶段完成。当然，针对多语种文档写作，即直接使用目的语创作的文档，或文档从写作到本地化翻译都在同一个项目环境中完成的情况，文档译文的可用性测试必不可少。单就文字方面的问题而言，有时会因为语言自身的特点不得不更换术语，比如，译文与原文长短通常不一致，有时译文比原文长，控件容纳不下，显示界面上就会出现截断问题。举例来说，云计算产品中有一个术语叫作“自动快照”，开始时翻译为“automatic snapshot”，后来在测试环节发现在一些按钮中放不下，就改为“auto snapshot”，这个翻译便成为标准译名。可见，在翻译的各个阶段都有可能发现术语方面的问题，这些问题已经超出了纯粹语言层面的考量，而更加关注与产品本身相关的细节。功能性、适用性成为技术文档翻译的重要标准。如果不考虑文档翻译的特殊性，仅仅满足于文档的可读性、准确性，就会使术语知识管理乃至企业语言资产流于表面。单纯跑流程不能称为术语知识管理。

文档翻译需要在译前、译中和译后三个阶段都做到专业和尽责，对于定稿的译文、翻译记忆库和术语库等进行归档存储，录入术语知识库中，为今后翻译奠定良好基础。

（3）内容管理阶段

企业内容管理系统可以为术语知识库提供应用平台。内容管理系统相当于一个中央服务器，是企业管理所有内容资产的集中平台，可以向所有授权用户开放，提供内容查询、录入、更新等服务。

语言服务企业或大型国际化企业的内容管理平台主要集成企业的语言资产。崔启亮（2012）将企业的语言资产概括为“四库两规范”，“四库”包括翻译记忆库、术语库、项目案例库和语言知识库；“两规范”包括技术写作规范和翻译风格规范。本研究中的术语知识库除了可与翻译软件及写作软件融合之外，还可以直接作为一个独立的模块，通过格式转换之后与企业语言资产管理平台对接。此外，除语言资产平台之外，知识库还可以集成到企业全球化信息管理（GIM①）系统或企业资源计划（ERP②）系统，形成一个更大的知识互联集成平台，实现所有用户的共享与管理，分享的知识越多，其价值也就越大。

从上述分析可见，在文档的设计、创作、翻译及内容管理的各个阶段都离不开术语知识。可视化知识服务平台如果得到有效维护和高效利用，可以成为文档作者和译者自学成长的重要平台，为专业的文档工程师和译员培训提供训练素材，对提升企业整体语言资产价值具有关键作用。

6.3.2 双语术语知识多角色多层面共享

知识共享的前提是具有可供分享的知识，即知识的生产与创新，仅仅认识到知识库的重要性，仅仅靠用户自觉去维护是远远不够的，还需要企业建立长效激励机制，为知识库的成长保驾护航。本节首先分析不同类型知识之间的转化和共享过程，再明确不同用户对术语知识的需求及其主要的知识贡献，最后提出术语知识管理策略。

（1）术语知识多层面共享

从知识管理的角度来讲，知识共享是知识提供者通过一定的传递渠道，将知识传递给接受者且被接受者吸收的过程，从而使组织的每个成员都能接触和分享集体和其他个体的知识，也将自己的知识转移给集体和其他个体成员，使组织内的知识能够得到充分全面的利用，以提高知识的生产率。在本书1.3.2我们提到了知识的隐性与显性之分，并且知道这两种知识之间是可以相互转化的，那么在术语知识库中两者又是怎样转化的呢？它们之间的转化过程其实也是知识的共享过程。与其他领域知识共享过程一样，这里的知识共享也可以分为四个过程，如图6.3所示。

---

① GIM 英文全称为 Global Information Management。

② ERP 英文全称为 Enterprise Resource Planning。

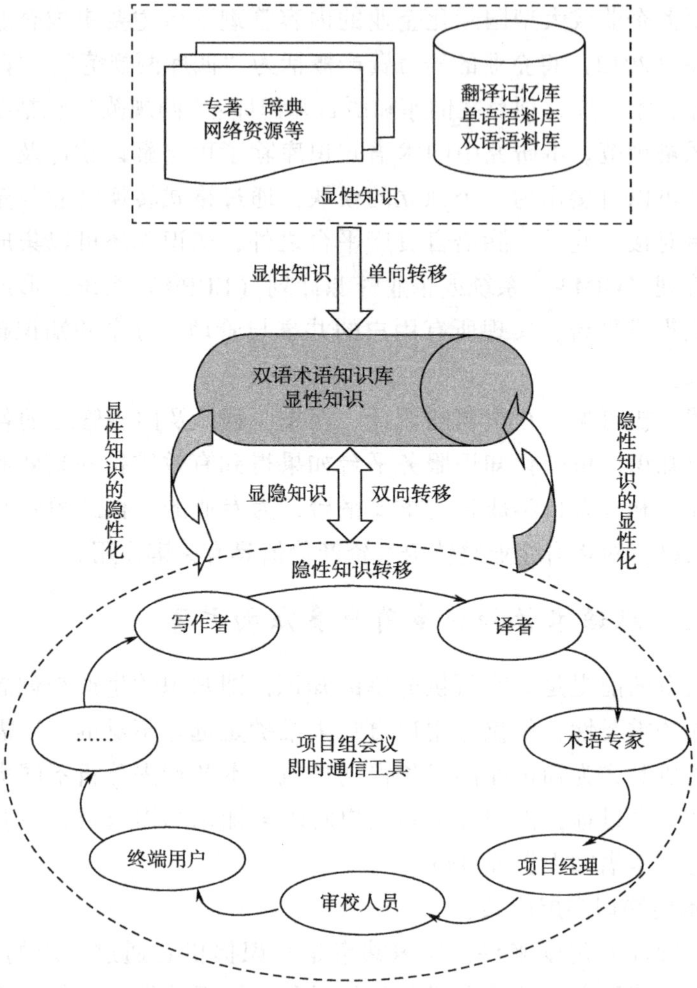

图 6.3　双语术语知识共享生态圈

第一，显性知识到显性知识的转移。这是将外部既有显性知识或零碎的显性知识加以整合和系统化的过程。比如，整理从外部获得的术语资料及项目过程中产生的新术语知识等。首先为这些术语寻找坐标，根据其概念语义关系，找到它们在知识库概念体系中的位置；然后按照可视化知识服务平台中的术语条目格式将其转化为结构化的知识，并进一步设定其语义关系属性。这个过程大多是单向的，即外部知识源向术语知识库输入显性知识。

第二，显性知识到隐性知识的转移。这是用户个体通过可视化知识服务平台学习的过程。个体通过访问可视化知识服务平台，从知识库中查询所需术语知识，通过认知过程将所获得的概念语义网络内化到自己的认知结构当中，增加自己的隐性知识储备。

第三，隐性知识到显性知识的转移。这是用户个体向知识库贡献自己的隐性知识的过程。即个体对文档写作、翻译、审校等过程中遇到的术语及其处理方案进行总结、归档，用本体语言进行描述，将自身经验转化为计算机可以识别的结构化的数据信息，增加知识库的显性知识储备。

第四，隐性知识到隐性知识的转移。这是用户个体之间相互交流、传授文档写作或翻译心得等隐性知识的过程。各类用户通过项目组会议或各种即时通信工具进行交流，分享经验、互通有无，确定术语处理方案，实现隐性知识的共享。

这四个过程或相互交替，或相互重叠，参与知识转移的知识库和用户都获得了知识，知识在转移过程中实现了共享，在共享过程中达到了增值。在以往的术语管理过程中，多注重显性知识之间或显性知识到隐性知识之间的转移，即着眼点在外部知识的获取方面，对隐性知识向显性知识的转移，尤其是隐性知识之间的转移不太重视。虽然在项目结束之后，会有相应的结项会议，总结翻译过程中的得失，但一般以非结构化的文字存储，而对于项目进行过程中召开的项目组会议中有关术语的处理信息，也多止于个人的理解或笔记记录，并未进一步提炼成计算机可以理解的语言。诚然，在项目执行过程中，时间一般比较紧，难以抽出多余的人力、精力和财力来管理这部分知识。从短时间来看，这方面的投资回报率低；但若从长远来看，将特定领域内大量的术语连接成一个知识网络，结束术语之间的“割据”状态，必然带来企业语言资产的根本性转化与升级，术语知识库即可变为高附加值的投资项目。

（2）术语知识多角色协同管理

上文已经提到，术语知识库的主体是“人”，即用户，用户是术语知识的需求者和创造者。术语知识管理伴随文档的整个创作与翻译流程，涉及的用户比较多，这一点在术语研究及术语翻译实践中已经达成共识。SDL 公司指出，在大型本地化项目中，术语管理涉及许多人员，有时候一个项目需要几十种甚至上百种的本地化语种。对于这样工作量巨大，操作过程复杂，涉及产品经理、销售经理、技术经理、项目经理、术语专家、翻译团队等上百上千人的密切协作，如何在团队成员之间有效管理术语便是首先要解决的问题。

为更好地落实术语管理工作，有必要按照一定的标准对各类用户进行划分。梁爱林（2016）根据用户的专业水平，将有术语需求的用户分为两大类：专业用户与普通用户。专业用户包括术语集创立者（研究人员、行政管理者）、术语数据制造者（术语数据库开发者、专业词典编纂者）、术语数据发行者（词典出版商、在线信息服务）；普通用户包括科技翻译者、口译员、标准化专家、语言规划者、技术编辑者、领域专家、文献专家、信息中介、知识工程师、信息检索专家及机器翻译专家等。

本研究主要分析普通用户，根据他们在文档写作与翻译过程中的不同角色，分析其对术语知识的需求与管理职责，简析如下：

①写作者：写作人员，即文档工程师，是术语知识库的直接使用者。该群体大多具有文科（英语专业）背景，缺乏专业领域知识，需要花费大量时间学习专业知识，参加产品培训等。

②译者：术语知识库的直接使用者。翻译人员中文科的人更多，更加缺乏专业知识，对产品知识培训的需求更为迫切。

③术语专家/领域知识专家：术语知识的权威，一般是某个领域的专业人士，对项目相关术语知识及术语翻译有较为深入的理解和把握，负责术语知识的收录、整理和校对工作，并负责术语答疑工作，是保证术语知识有效性和正确性的核心角色。

④项目经理：术语知识管理的总调度师。项目经理分为写作项目经理和翻译项目经理。写作项目经理负责写作项目中的术语知识管理，翻译项目经理负责翻译项目中的术语知识管理。项目经理的职责在于确保术语使用的一致性，保障团队成员沟通顺畅，促进术语知识共享。

⑤审校/测试人员：术语知识的把关人。在审校过程中，审校人员发现文档术语不一致或表达不通顺时，需要查询术语知识库进行核实，并将新的解释完善到知识库中。

⑥文档用户：术语知识库的最终服务对象。文档用户是指文档发布之后的终端使用者，包括消费者、维修人员、销售人员等。这些用户的专业知识水平高低不同，对术语的需求也不同，维修人员和销售人员通常比较专业，普通用户相对缺乏专业知识（当然，普通用户中也有高级或中级用户，专业水平也比较高）。此类人员对术语知识的需求主要表现在：维修人员进行故障排查，销售人员进行产品宣传，用户进行安装操作或遇到产品故障的情况，文档不能满足需求时，就需要借助知识库进一步查询。需要指出的是，终端

用户往往能发现一些内部人员注意不到的细节，因而是完善知识库的重要角色。

术语管理流程之复杂，用户之多样，由此可见一斑。因此，充分调动所有用户的积极性，实施高效的管理策略，确保术语知识的质量，便成为知识经济时代企业需要重点规划的内容战略。

(3) 双语术语知识共享策略

根据知识的不同性质，需要采取不同的共享方法。对于显性知识之间的转化，主要通过本体建设工具及术语管理工具的支持来实现，需在工具性能的提升上下功夫。比如，如何将现有的术语数据库改造成为基于本体技术的知识库？如何将术语知识库与MT或CAT工具结合，或者与企业内容管理平台结合，或者实现概念关系的自动提取？这些需要自然语言处理领域或软件工程领域专业人士进行专门研发，不在本研究探讨范围之内。由于知识管理也是把隐性知识清晰化，使之成为显性体系的行为过程（梁爱林，2005），下面主要就隐性知识之间或隐性知识到显性知识转化的障碍进行简单分析，并提出相应的应对措施，以更好地促进隐性知识的转化和有效利用。

翻译团队的隐性知识主要包括：①内化的语言知识；②对专业概念的理解和把握；③对该专业双语知识的掌握；④术语管理经验。

自古就缺少对隐性知识的有效组织方式，隐性知识存在于人脑之中，载体主要是人，往往因人而异，难以通过固定的方式转化为结构化的知识。在实际的翻译工作中，上述隐性知识大量存在于有经验的译员和管理人员的头脑中，且主要应用在原文理解、译文编写、译文审校和术语管理过程中，阻碍其共享的因素有以下几个方面：①隐性知识自身特点，作为一种固有经验，一般只可意会，不可言传。②隐性知识呈现碎片化状态，不便于统计、转化和管理。③拥有经验的主体不愿分享，“教会徒弟饿死师傅”是一种常见顾虑。④传统翻译模式中，译员单打独斗，各自为政，缺乏有效的沟通途径。⑤在现代化的翻译服务组织中，从上层领导到普通译员，尚未深刻意识到知识共享的重要性，没有形成知识共享的观念。⑥即使具有知识共享的观念，因知识共享短期内投资回报率低，不能较快产生商业利润，企业缺乏投资动力。

隐性知识的分享虽然比较困难，但我们还是可以通过创造多方面便利条件，比如平台建设、文化氛围、经济奖励、知识保护和知识审计等方式促进这一转化。具体包括以下几点：①积极支持术语知识共享需要创建用户交流的平台，方便领域之内、企业各部门之间或文档团队内部及时交流，及时解决翻译过程中的各种问题，将零散的知识及时记录整理，免于流失。②营造良好的知识创新与分享文化环境，让大家认识到相互分享是共赢之举，抛开顾虑，敞开心扉，分享经验，提供建议。③建立有偿分享措施，对主动分享的用户给予一定奖励；设定知识访问权限，具有相应权限的人才能访问该类知识，保护分享者的利益。④建立双语术语知识审计机制，对于每位用户分享的知识，需要经过专业人士的审核才能存入知识库，确保知识的正确性。⑤建立终端用户反馈机制，比如微软的术语社区（Terminology Community），方便用户提问交流，对用户反馈进行梳理、挑选，录入知识库。⑥对企业高层进行宣传教育，着眼于企业长远利益，让其充分认识到知识共享的重要性；对现有术语管理系统进行改造升级，在横向和纵向两方面按需扩展，将多个用户实时连接到同一个术语知识库，这样不仅能大幅削减数据复制成本，还能避免过时数据。访问系统的人越多，维护知识库内容的益处就越多。

6.4 本章小结

术语知识库的建设与更新实则是一个知识管理的过程。随着新技术、新产品的不断涌现，语言服务范围的不断扩大，企业语言资产逐步向网络化、纵深化、集成化方向发展，越来越倚重对各类术语知识的管理。

首先，介绍了术语知识管理的概念及其重要作用。术语知识管理是企业全面质量管理的重要组成部分，对于多语言文档设计与开发、多语言跨文化沟通、多语种文档本地化翻译、企业语言资产建设、企业品牌认可度、规避法律风险等都具有重要的研究意义与实践价值。

其次，分别分析了人工术语知识管理与术语管理系统中存在的不足。人工方式费时费力、知识碎片化，难以保持术语统一。术语管理系统虽然克服了这些缺点，但各术语条目分散而立，没有形成知识体系，无法解决知识理解的问题，这一不足还有待知识服务平台来弥补。

最后，探索了术语知识库的管理模式。将术语管理纳入技术文档整个生命周期，从文档写作前、写作中、写作后，文档翻译前、翻译中和翻译后的各个阶段描述了术语知识的管理流程，揭示了从业者从查询知识到运用知识再到总结知识、分享知识、创新知识的循环过程。在这个过程中，人占主导地位，是知识的使用者、创建者和分享者。知识的共享实则是显性知识与隐性知识的彼此转化，其中人与人之间的共享是隐性知识之间的转化，用户访问知识服务平台或向知识服务平台录入数据是显性知识与隐性知识之间的转化，而从外界获取术语资源加入知识服务平台则是显性知识之间的转化，它们共同构成了术语知识共享生态圈。

这个生态圈的建设需要所有用户共同努力。本部分详细描述了不同角色用户对术语知识的需求与管理职责，包括文档写作者、译者、术语专家/领域知识专家、项目经理、审校/测试人员及文档终端用户等。重点探讨了隐性知识的共享，分析隐性知识的形态及共享困难，并提出了一系列针对性措施。从企业内容战略角度实施激励措施，为隐性知识的转化创造合理、融洽且安全的环境，将碎片化的隐性的知识转化为系统的显性的知识，实现双语术语知识的创新与增值。

第7章 结论

本章主要总结整个研究的成果与价值，反思研究过程中存在的不足，并提供改进建议，设想未来的研究内容与方向。

7.1 研究结果

技术文档是产品的必备组成部分，代表着企业的软实力与品牌形象，是用户了解、使用及维护产品的重要参考资料。多语文档写作或本地化翻译是企业开拓全球市场、实施内容战略的重要举措。技术文档的核心知识体现在术语之中。随着科技的快速发展，产品更迭加快，代表产品名称、产品功能及关键技术的术语需要在不同语种、不同格式、不同类型的文档中同步更新，保持一致。译员每接触到一个新的翻译领域，都需要花费很多时间学习术语，以便了解领域知识。没有对术语所属领域知识的掌握和正确理解，就没有高质量的文档翻译。

正如王宏印（2007）所说："各种题材的英汉翻译，文科的文史哲，理科的数理化，以及政治、经济、文教、卫生、新闻、出版、文物、旅游等，再加上今日各种新学科的层出不穷，必然会涉及种类繁多的专业术语……在一定程度上，译文的质量首先取决于专有名称和基本范畴的正确无误。"这里不单单强调术语的正确，还强调术语的基本范畴正确，体现了译者主体认知的重要性。译者需要对术语进行范畴化、观念化处理，进而构建世界图景，即了解特定领域的概念，并激活大脑中与这一概念相关的其他概念，理清概念之间的语义关系，进而形成领域概念系统和知识系统。可视化知识服务平台利用本体建设技术，模拟人类认知思维推理过程，呈现概念间的语义关系，对单一概念进行细粒度描写，在实现术语一致性和正确性的基础上，进一步实现术语的系统性和完整性，使译员学习更加快捷高效，也使企业语言资产实现质性的提升。

根据绪论部分提出的研究问题，本书的研究成果总结如下。

7.1.1 技术文档翻译相关概念辨析与研究定位

技术文档、技术写作自产生以来便没有一个统一的定义，称谓也五花八门。根据英文“technical”的含义，本研究将国内外的各种定义分为狭义与广义，使用“技术”之义的归为狭义，使用“专业”之义的归为广义。本研究取其狭义，认为技术写作属于科技写作范畴，属于一种应用文体。通过历史溯源、词源辨析、内涵分析、近似称谓比较等方法，理清了技术写作的名实关系。

技术写作从最初的工程英语，经过第二次世界大战期间科学技术与军事的推动，逐渐发展成为涵盖文档设计、写作、排版、翻译等一系列活动的技术传播。技术文档翻译成为技术传播的一个分支，而由于文档创作与翻译的相继相承关系，技术写作也进入翻译研究与翻译实践领域，从而使技术传播与翻译研究趋于融合，这为本研究借鉴技术传播领域相关理论来分析技术文档翻译提供了理论基础。

技术文档的特殊性在于依附于产品且本身就是一种知识产品，具有明确的目的和受众，旨在以简明正确的语言为特定用户提供所需信息。技术文档的信息不是目的而是手段，是用来帮助读者了解产品、使用产品完成特定任务的工具。因而翻译时面对新的文化语境读者，译者除了考虑文档信息内容，还要考虑信息传递方式与传播效果，进行文档、产品、用户三位一体式观照。这就需要译员同时具备至少三方面知识：源语与目的语的文本结构、领域专业术语和领域专业知识。对于译员来说，语言能力是自身的专业所长，术语可以通过双语术语表或术语库在短时间内获得，但术语所代表的领域专业知识却不是朝夕可得的。这是制约译员成长，影响翻译速度与质量，造成文档译文可读性差、难以理解的首要原因。这一事实为可视化知识服务平台的建设与应用提供了现实基础。

7.1.2 可视化知识服务平台构建模型与平台实现

可视化知识服务平台作为一种高效的信息组织方式，克服了传统数据库不能揭示领域概念关系的弊端，实现了语义关系互联与知识推理，可以作为企业内容管理及文档从业者增长领域知识的有力工具。本研究详细探讨了面向技术文档翻译的可视化知识服务平台构建模型与平台实现。主要研究结果如下：

通过调查可知，对技术文档需求最大的是信息通信技术领域（ICT），针对该领域建立可视化知识服务平台具有重要的实践价值。由于ICT涉及范围非常广泛，短时间内难以完成所有术语知识的搜集与整理工作，故将研究范围缩小在其前沿分支——云计算领域，采用人工方式构建。通过对多种本体建设工具性能及其可获得性的比较，最终选择斯坦福大学开发的开源本体建设工具Protégé，其本体结构是以树形目录结构显示的，用户无须了解具体的本体语言就可以在概念层次上设计领域知识模型。为确保知识创新和知识共享的顺利实现，结合技术文档翻译需求，制定了几项知识库构建原则：开放、共享、创新和可复用。

借鉴斯坦福大学手工构建本体知识库的七步法，构建了面向技术文档翻译的可视化知识服务平台模型，将知识管理、知识库系统架构及建库流程融为一体。从知识管理角度来说，整个过程分为知识规划、知识采集、知识组织和知识运用；从知识库的系统架构来说，分为宏观层、基础层、数据层和应用层。具体流程有：需求分析与计划制定、领域知识的搜集与预处理、抽取双语概念、定义类及类的等级、定义类的语义关系及其约束、创建实例、知识检索与展示、知识评价与进化等8个步骤。

其中在抽取双语概念时，设定了概念抽取原则：基础性原则、概念导向原则和多层次性原则，多层次性原则也为分层构建知识库提供了指导。本部分还根据ISO相关术语标准、国内外关于术语数据结构的研究及当前比较通用的术语管理工具中的术语结构，结合技术文档翻译实践需求，设定了术语条目的存储结构，包括概念相关的知识、术语相关的知识和管理相关的知识，每一部分又细分为多个子项。需要强调的是，Protégé 支持对语义关系进行描述：“对象关系”用于描述概念与概念之间的关系；“数据关系”用于描述概念与属性值之间的关系，是对概念自身的描述。随着概念关系的逐渐添加，领域知识图谱越发清晰完善，且能够可视化显示，形象地展现语义网络，有效辅助文档从业者获取领域专业知识。

为更好地满足不同的文档翻译需求，本研究提出可视化知识服务平台的分层构建方式，分别构建通用知识库、产品知识库、项目知识库与个体知识库，便于信息检索与维护。可视化知识服务平台作为一种知识管理和术语管理工具，可以集成到现有的文档写作软件与翻译软件（包括 MT 工具与 CAT 工具）的术语管理模块，弥补现有软件术语管理功能的不足。Protégé 本身属于插件结构，非常灵活，便于嵌入其他软件程序，其默认的本体描述语言 OWL 可以通过语言转换插件转化为当前通用的 XML 标准格式。这些都为术语知识库与写作工具、翻译工具的结合提供了应用基础，将来二者的结合必将带来语言服务技术的升级，更加彰显知识库的应用价值。

7.1.3 双语术语知识的共享与管理

科技快速发展带来产品的不断更迭，新技术、新产品必然带来新的术语。只有及时有效地对知识库进行更新维护，淘汰旧知识，补充新知识，才能为文档写作与翻译提供高质量的参考。因此，术语知识的管理越来越重要。

术语知识管理贯穿于文档的整个生命周期，不仅需要在文档翻译阶段，还需要在文档创作，甚至在项目立项阶段就开始进行管理，越早越好。本研究从文档写作前、写作中、写作后及文档翻译前、翻译中和翻译后各个阶段描绘了术语知识的管理流程，揭示了从业者从查询知识到运用知识再到总结知识、录入知识库的循环过程。在这个过程中，人占主导地位，是知识的使用者、创建者和分享者。知识按其存在形态可以分为显性知识与隐性知识，其中人与人之间的交流是隐性知识之间的转化，人访问知识库或向知识库录入数据是显性知识与隐性知识之间的转化，而从外界获取术语资源加入知识库则是显性知识之间的转化，它们共同构成了术语知识共享生态圈。这个生态环境的建设需要平台所有用户共同努力。本研究详细描述了不同角色的用户对术语知识的需求与管理职责，包括文档写作者、译者、术语专家、领域知识专家、项目经理、审校人员、测试人员及文档终端用户等。重点探讨了隐性知识的共享，分析隐性知识的形态及知识共享困难，并提出了一系列针对性措施。从企业内容战略角度实施激励机制，为隐性知识的转化创造合理、融洽且安全的环境，将碎片化的隐性知识转化为系统的显性知识，实现术语知识体系的创新与增值。

7.2 研究价值

建立面向技术文档翻译的可视化知识服务平台是一项具有开拓性与前瞻性的研究工作，具有重要的理论价值与应用价值。

7.2.1 理论价值

本研究的理论价值主要在于促进术语、翻译、知识本体、技术传播等理论的交叉研究，将技术与人文相结合。具体分析如下：

第一，推动应用翻译学的跨学科研究。本研究综合借鉴术语学、语言学、技术传播学、认知科学、知识工程学等学科的前沿成果，将知识本体理论引入技术文档翻译，对领域概念及概念间的关系进行规范化描述，模拟人类认知思维过程构建概念语义网络。学科交叉为翻译研究带来许多新问题与新启示：面向翻译的知识库与其他类型的知识库有哪些异同？如何评价可视化知识服务平台对文档翻译质量及其传播效果的影响？为更好地推动中国文化“走出去”，可探索构建面向文学作品，尤其是中华典籍（例如《黄帝内经》）翻译的可视化知识服务平台。

第二，拓展技术文档翻译的认知维度研究。认知语义学、计算机语义学等的快速发展，使得术语学的研究和实践越发与知识表示和知识管理相结合(邱碧华，2019)。基于本体的可视化知识服务平台不仅将术语作为语言单位，更作为思维单元、知识单元和认知单元，在文本中发现术语间存在着的语义关系，有助于将以往技术文档翻译研究中对翻译策略、技巧等语言文字转换层面的关注，推进到对技术文档中的核心概念、概念间的逻辑关系、概念和术语的历时演变等知识综合加工与再现的认知层面，促进概念向“理解单元”转变；同时，借助图像的优势，凸显概念的多维度特质，显示专业领域中概念间的各种关系，与专业实体的语言描述相得益彰。此外，还将文档创作者、翻译者及使用者的专业知识水平、需求特色等作为术语知识管理的参数，提升文档的可读性、可理解性、可用性等。

第三，促进技术文档向人文关怀的回归。本研究突出人的核心地位，对技术文档领域知识概念的理解需基于人的认知思维；构建概念间的语义网旨在服务人、减轻人的理解负担，使人更加全面更加高效地把握领域知识；术语管理中提出多角色协同管理，术语知识共享中突出人的隐性知识与显性知识的转化，从而辅助技术文档写作与翻译，使文档更加易读易用。借助本体建设技术，让科技更好地服务于人，体现技术文档的人文旨归。

7.2.2 应用价值

本研究的应用价值主要体现在对译才培养、文档翻译实践，以及知识服务体系建设的推动方面。

第一，助力译员成长，提高我国语言服务水平。本研究开发的面向技术文档翻译的可视化知识服务平台不仅包含云计算领域共有的显性知识，也融入了领域专家的个人知识与从业经验等隐性知识，并结合文档写作与翻译的需求，配以英—汉或汉—英错译题库、国内外技术文档写作风格指南与翻译风格指南等，将领域知识组织形态可视化，使得云计算领域知识具有较强的知识关联性，知识学习更加智能化、个性化。该平台可用于高校技术写作教学、翻译教学、企业员工培训、从业者自学等，提高领域知识习得效率和效果，培养“语言与专业”双馨的人才，促进我国国际语言服务升级。

第二，服务文档写作与翻译实践，提升企业软实力。在实践操作层面，本研究结合语料库、术语库等翻译技术，对云计算领域术语的元数据、信息粒度、知识本体等知识部件进行描写与解释，构建双语语言世界与现实世界间的映射关系，能够提高译者对领域知识的高效习得和深度加工能力，从而在企业技术文档信息设计、文档撰写、翻译及传播等各个环节发挥基础性支撑作用，提升文档写作与翻译质量。本书所提出的分层构建与管理机制有利于专业知识的共建共享，形成知识服务良性生态圈，促进企业及行业的语言资产建设，完善企业知识服务，推进企业创新发展，服务中国品牌国际形象建设。

第三，建设知识工程，贡献国家知识服务体系建设。本知识库利用领域本体建设技术，有力地改善了云计算领域知识采集、知识表示及知识应用等一系列知识组织活动，将文档翻译所需的多种知识整合到一个共享平台，鼓励领域内的各企业、各从业者合作，减少知识的重复建设，降低知识习得和管理成本，实现了知识从点到面再到体的飞跃，形象地再现了知识之间的联系，符合人类的认知思维模式，体现了数字化、信息化时代万物互联的信息传播特点。该平台的价值不仅在于借助本体技术呈现云计算领域术语，也不仅在于借助本体建立一个单纯的术语知识、文档写作与翻译知识的查询系统，而在于借助本体对显性知识与隐性知识进行形式化、结构化语言描述，使知识在人与机器之间共享，进而实现个体知识与群体知识的共享，满足创新型国家知识服务体系建设的深层次需求。

7.3 研究局限

面向技术文档翻译的可视化知识服务平台研究是翻译研究的一个新兴领域，无论有关技术文档翻译的研究、有关术语的研究还是有关知识库的研究，在翻译研究中尚不多见，而将这三者融入一个研究中的更是少之又少，因此，缺少可以借鉴的成熟研究案例。本书所提出的可视化知识服务平台构建模型、术语知识管理流程及知识共享生态圈，以及对知识库未来应用的前瞻等皆为初次尝试，难免留有遗憾和不足，主要表现在知识平台构建内容、工具与方式上。

7.3.1 构建内容的局限

基于本体技术的可视化知识服务平台研究是本体、知识工程、术语与翻译等多学科理论交叉的新兴领域，国外可以借鉴的相关研究并不多。国内对技术文档翻译的研究长期以来流于翻译技巧的探讨，缺乏理论化的深入研究；再加上云计算领域是 ICT 的新兴领域，笔者对该领域知识的学习不够深入，在知识库的各层次构建阶段，选取的核心术语数量不够庞大，难以全面且深入地呈现云计算领域的概念知识图谱。

7.3.2 构建工具的局限

先前的一些研究指出了 Protégé 的一些不足，比如：可视化只能展示二元关系，无法展示多元关系；自带的推理功能只能实现一阶谓词推理，无法实现高级推理（高明月，2016）。此外，该软件目前仅支持文本文件与数据库方式存储本体，不支持图或表的输入，对于形象地呈现云计算术语概念具有一定的局限性。图表对于技术文档非常重要，在描述产品时，通常会配以图或表说明术语所代表的具体部分及各部分之间的联系，让用户一目了然。在构建本知识库的过程中，笔者围绕云计算的核心概念，搜集了 30 余幅概念关系图，基本上涵盖《云计算：概念、技术与架构》一书的重要术语，但遗憾的是软件不支持，无法加入知识库中。希望该软件的后续版本可以弥补这一缺憾，实现图文并茂。

7.3.3 构建方式的局限

受研究目的及研究条件的限制，本研究所构建的可视化知识服务平台纯粹由人工构建，费时费力、效率低、规模小，难以应对大数据时代信息通信技术领域知识的快速增长。因此，急需探索一条知识库的自动化或半自动化构建之路，通过机器学习，自动高效地收集、存储、分析、综合处理知识。不过，机器学习得来的知识属于显性知识，要提高技术文档的翻译质量，还应特别关注从业经验之类的隐性知识，将其最大限度地外显化，这就需要翻译领域、ICT 领域及技术传播等各界人士协同努力，实现面向翻译的专题术语知识库的自动化构建。

7.4 研究展望

本研究是对可视化知识服务平台在技术文档翻译中构建与应用的初次探索，完成了对其必要性的调研分析，初步设计了相关模型，并实际构建了云计算领域核心概念语义关系图谱，所获得的研究成果不是终结性的、静态的，而是开放的、动态的，还可以在后续研究中进一步完善。展望未来，可从以下三个方面着手：

第一，完善云计算领域可视化知识服务平台的建设工作。本研究选取的是云计算领域的核心概念，对其他相关的非核心概念尚未深入学习研究，未录入知识库中。由于所收录的概念不全面，概念间的语义类型关系不够丰富。随着新术语条目的录入，还应根据需要进一步定义新的语义关系、深化已有语义关系。此外，本研究提出的多层次术语知识库中主要录入了与产品相关的部分术语，未来在文档翻译实践中还需根据项目需求和个人需求填充项目知识库与个体知识库的内容。鉴于云产品种类繁多，产品知识库还需要进行大量的录入与构建工作，因而需要从事云产品设计开发、文档写作与翻译等工作的专业人士共同努力。

第二，开展可视化知识服务平台的可用性研究。本研究对所构建的可视化知识服务平台进行检验的方式主要有 Protégé 自动推理机检验、领域专家检验与专业书籍检验三种方式，侧重的是知识库本身的质量，可以看成内部检验。其在实践中的效果如何，还需要接受用户的考验，属于外部检验，而外部检验是评价知识库可用性的重要方法。本研究由于知识库库容不大，难以全面展示云计算领域概念体系，如果进行可用性测试，恐难反映知识库的实际价值，因而暂且搁置。未来可以在扩大完善知识库内容的基础上，进行可用性测试研究，了解其对译员实际翻译工作的支持程度、用户使用体验、不足之处等，以便了解并不断提升知识库的使用效果。对知识库可用性的测评可以考虑以下几个因素：①用户完成任务的有效性，即是否能够检索到某个术语，能否帮助新手较快了解某个领域的知识结构等。②用户完成任务的效率，即检索某个术语所用的时间，理解某个术语、某篇文档或特定领域知识所使用的时间等。③用户满意度，即用户对检索到的结果是否满意，是否愿意共享自身知识，是否愿意使用知识库作为学习专业知识的平台等。

第三，探索可视化知识服务平台与相关软件的具体结合方法。对于可视化知识服务平台的应用前景，本研究认为可以与文档写作工具及翻译软件相结合，并从理论上论证了其必要性与可行性。但具体需要哪些技术支持是一项专业性较强的研究课题，需要与计算机科学、软件工程、自然语言处理、本体技术、语言服务技术等领域的专业人士紧密合作，才能将知识库的应用落到实处。

参 考 文 献

[1]陈薇．面向语义信息检索的模糊本体自动化构建的研究[D]．武汉：华中师范大学,2010.

[2]崔启亮．企业语言资产内容研究与平台建设[J]．中国翻译,2012(6):64-67.

[3]崔启亮,罗慧芳．翻译项目管理[M]．北京：外文出版社,2016.

[4]当代中国与世界研究院课题组．2016—2017 中国国家形象全球调查分析报告[J]．对外传播,2018(2):18-21.

[5]邓晓君．从功能翻译理论看英文技术文档的汉译[D]．上海：上海外国语大学,2008.

[6]杜文化,董慧．本体建设工具比价研究[J]．情报杂志,2005(2):5-7.

[7]段平,顾维萍．专业信息交流英语教程[M]．北京：中国人民大学出版社,2010.

[8]范慧阳．中医对外援助工作的翻译研究及术语库建设[D]．北京：北京大学,2012.

[9]方梦之．科技翻译：科学与艺术同存[J]．上海翻译,1999(4):32-36.

[10]方梦之．近半世纪我国科技翻译研究的回顾与评述[J]．上海科技翻译,2002(3):1-4.

[11]方梦之．应用翻译研究：原理、策略与技巧[M]．上海：上海外语教育出版社,2013.

[12]冯志伟．现代术语学引论[M]．北京：语文出版社,1997.

[13]冯志伟．现代术语学引论[M]．增订本．北京：商务印书馆,2011.

[14]格里尼奥夫．术语学[M]．郑述谱,等译．北京：商务印书馆,2011.

[15]高明月．基于本体的《备急千金要方》语义网络构建研究[D]．北京：北京中医药大学,2016.

[16]韩子满．科技翻译研究的理论化：读拜恩的 *Technical Translation*[J]．复旦外国语言文学论丛,2009(春):57-61.

[17]韩涛,高志军,刘璐．强化技术传播与本地化　助力中国品牌走出去

[J]. 科技导报,2016,34(17):105-109.

[18]费尔伯. 术语学、知识论和知识技术[M]. 邱碧华,译. 北京:商务印书馆,2011.

[19]何京燕. 基于语料库的技术文档模糊限制语使用研究[D]. 北京:北京大学,2013.

[20]胡开宝. 语料库翻译学概论[M]. 上海:上海交通大学出版社,2011.

[21]胡清平. 技术写作、综合科学与科技翻译[J]. 中国科技翻译,2004(1):44-47.

[22]嵇峰. 传播学框架下的技术传播研究[J]. 现代传播,2013(3):103-104.

[23]焦喜音. 可用性视角下技术文档的翻译研究[D]. 北京:北京大学,2014.

[24]蒋永福,李景正. 论知识组织方法[J]. 中国图书馆学报,2001(1):3-7.

[25]柯平. 知识管理学[M]. 北京:科学出版社,2007.

[26]李德霞. 一种基于关系数据库的半自动化本体构建方法[D]. 成都:西南交通大学,2008.

[27]李海斌. 认知术语学:术语学研究的新方向[J]. 外语学刊,2014(3):149-154.

[28]李慧敏. 技术写作在分布式敏捷开发中的沟通管理研究:以K公司为例[D]. 北京:北京大学,2018.

[29]李季. 民航飞行手册的翻译探究[D]. 西安:陕西师范大学,2011.

[30]李景. 本体理论在文献检索系统中的应用研究[M]. 北京:北京图书馆出版社,2005.

[31]李梅. 技术传播性质课程的设计与实现探索:以同济大学实用英语写作课为例[J]. 上海理工大学学报(社会科学版),2017,39(2):101-107.

[32]李倩. 跨文化传播下中国用户对技术文档需求的实证研究:以归纳/演绎结构以及图文关系为例[D]. 北京:北京大学,2015.

[33]李诗坤. 利用软件工具提高技术文档写作质量和效率方法的研究[D]. 上海:上海交通大学,2016.

[34]李双燕. 中国技术传播教育研究浅述[J]. 文化与传播,2015(6):29-34.

［35］李双燕．国内技术文档翻译效果量化研究［J］．外国语文,2017(1)：132-139.

［36］李双燕,崔启亮．中国技术写作发展现状调查及其对 MTI 教育的启示［J］．外语学刊,2018(2):50-56.

［37］李双燕,苗菊．面向技术文档翻译的双语术语知识库建设研究［J］．中国科技术语,2021(1):43-52.

［38］李双燕,孙晔芃,李欣春．技术写作与翻译的融合:现状调查与教学启示［J］．外语界,2022(2):63-71.

［39］李昕玥．面向多语言服务平台的术语管理［D］．北京:北京大学,2012.

［40］李勇,李晓峰．面向领域知识库的电信业务本体创建［J］．计算机科学,2008,35(4):77-79.

［41］李雨．技术文档英汉翻译中模糊语的处理方法研究［D］．北京:北京大学,2015.

［42］梁爱林．从术语学的角度看知识管理体系的建设［J］．科技术语研究,2005,7(4):4-9.

［43］梁爱林．论术语知识工程学的发展［J］．术语标准化与信息技术,2007(2):4-10.

［44］梁爱林．论认知术语学的理论基础及其应用［J］．术语标准化与信息技术,2009(1):4-10,18.

［45］梁爱林．术语资源的质量评估［J］．辞书研究,2016(1):32-44.

［46］梁茂成,李文中,许家金．语料库应用教程［M］．北京:外语教学与研究出版社,2010.

［47］林克难,籍明文．应用英语翻译呼唤理论指导［J］．上海科技翻译,2003(3):10-12.

［48］林克难．从信达雅、看易写到模仿—借用—创新:必须重视实用翻译理论建设［J］．上海翻译,2007(3):5-8.

［49］林煌天．中国翻译词典［M］．武汉:湖北教育出版社,1997.

［50］林梦姣．面向技术文档写作修改过程的书面沟通优化方法的设计与实现［D］．北京:北京大学,2017.

［51］隆多．术语学概论［M］．刘钢,译．北京:科学出版社,1985.

［52］刘明．信息经济学视角下的本地化翻译研究［D］．天津:南开大

学,2013.

[53]刘鹏. 云计算[M]. 北京:电子工业出版社,2015.

[54]刘阳. 结构化的技术写作与内容管理[M]. 上海:同济大学,2018.

[55]吕俊. 翻译学:传播学的一个特殊领域[J]. 外国语,1997(2):39-44.

[56]马林. 英语技术写作与交流[M]. 哈尔滨:哈尔滨工业大学出版社,2007.

[57]苗菊,高乾. 构建 MTI 教育特色课程:技术写作的理念与内容[J]. 中国翻译,2010(2):35-38.

[58]苗菊,宁海霖. 翻译技术的知识体系化演进:以双语术语知识库建设与应用为例[J]. 中国翻译,2016,37(6):60-64.

[59]苗菊,牛军. 政治话语双语术语知识库的谱系法构建:以“一带一路”倡议相关术语体系为例[J]. 中国翻译,2020(2):99-106.

[60]索夫. 翻译者手册[M]. 第 6 版. 马萧,熊霄,译. 武汉:武汉大学出版社,2009.

[61]宁海霖. 面向汽车工程翻译的可视化知识服务平台构建[J]. 中国科技术语,2020(1):21-25.

[62]宁海霖. 专业领域知识单位的结构化认知[J]. 中国科技术语,2021(2):27-31.

[63]宁海霖. 译者专业领域知识的多模态习得研究[J]. 中国科技术语,2021(3):42-48.

[64]宁海霖. 基于多模态术语知识库的译者知识获取[J]. 中国科技术语,2022(3):34-40.

[65]钱利华,李梅. 面向市场需求的英语技术传播课程设计与实施:以同济大学为例[J]. 中国 ESP 研究,2021(1):71-81,109-110.

[66]秦洪武. 双语语料库的研制与应用[M]. 北京:外语教学与研究出版社,2021.

[67]邱碧华. 当前欧洲术语学的认知理论方向[J]. 中国科技术语,2015(2):21-26.

[68]邱碧华. 术语本体编纂学:本体建造和术语描述的社会认知方法[J]. 中国科技术语,2019,21(4):24-29.

[69]宋培彦,王星,李俊莉. 术语知识库的构建与服务研究[J]. 情报理论与实践,2014(11):110-113.

[70]苏昊明．基于交际翻译理论的技术文档本地化[D]．北京:北京大学,2011.

[71]苏新宁．面向知识服务的知识组织理论与方法[M]．北京:科学出版社,2014.

[72]陶友兰,谢敏,周全,等．英文技术写作精要[M]．上海:复旦大学出版社,2020.

[73]埃尔,马哈茂德,帕蒂尼．云计算:概念、技术与架构[M]．北京:机械工业出版社,2016.

[74]王斌．技术写作与译者角色转变[J]．四川职业技术学院学报,2014(6):82-93.

[75]王传英,王斌,张雅雯．技术写作规范研究[J]．上海翻译,2016(2):64-70.

[76]王传英,王丹．技术写作与职业翻译人才培养[J]．解放军外国语学院学报,2011,34(2):69-73.

[77]王宏印．英汉翻译综合教程[M]．修订版．大连:辽宁师范大学出版社,2007.

[78]王华树．浅议实践中的术语管理[J]．中国科技术语,2013(2):11-14.

[79]王华树．计算机辅助翻译实践[M]．北京:国防工业出版社,2015.

[80]王华树,张政．面向翻译的术语管理系统研究[J]．中国科技翻译,2014(2):20-23.

[81]王华树,张政．翻译项目中的术语管理研究[J]．上海翻译,2014(4):64-69.

[82]王克非．中国英汉平行语料库的设计与研制[J]．中国外语,2012(6):23-27.

[83]王立非,崔启亮,蒙永业．中国企业“走出去”语言服务需求蓝皮书[M]．北京:对外经济贸易大学出版社,2016.

[84]王少爽．译者术语能力探索[D]．天津:南开大学,2012.

[85]王育烽,陈智淦．技术写作课程与高校英语专业复合型人才培养[J]．东莞理工学院学报,2013(2):59-64.

[86]魏向清,赵连振．术语翻译研究导引[M]．南京:南京大学出版社,2012.

[87]伍锋,何庆机．应用文体翻译:理论与实践[M]．杭州:浙江大学出版社,2008.

[88]吴亚琦．语块在技术文档写作中的应用研究[D]．北京:北京大学,2017.

[89]邢厚媛．中国企业走出去的现状和对语言服务的需求[J]．中国翻译,2014(1):12-17.

[90]胥光红．英语技术文本的语法特征及翻译策略[D]．济南:山东师范大学,2013.

[91]徐彬．翻译新视野:计算机辅助翻译研究[M]．济南:山东教育出版社,2010.

[92]徐昉．英语写作教学与研究[M]．北京:外语教学与研究出版社,2012.

[93]徐国虎,许芳．本体构建工具的分析与比较[J]．图书情报工作,2006(1):44-48.

[94]许家金．语料库与话语研究[M]．北京:外语教学与研究出版社,2019.

[95]许鑫,郭金龙．基于领域本体的专题库构建:以中华烹饪文化知识库为例[J]．现代图书情报技术,2013(12):2-9.

[96]许勇,王智学,李宗勇．领域本体的一致性检查[J]．计算化工程,2009,35(1):55-57,64.

[97]闫晓宁．基于支架式理论的技术文档写作教学研究[D]．北京:北京大学,2018.

[98]杨莹．第二人称代词在科技英语中的汉译策略研究:以《技术写作101》为例[D]．北京:北京大学,2014.

[99]野中郁次郎,竹内弘高．知识创造的企业[M]．吴庆海,译．北京:知识产权出版社,2006.

[100]余瑶．情感化设计在技术文档中的应用研究[D]．北京:北京大学,2017.

[101]赵晨．受控语言在英语技术文档写作中的应用研究[D]．北京:北京大学,2010.

[102]赵铁军,李生,高文．翻译研究的现状与发展方向[J]．计算机科学,1996,23(3):63-66.

[103]张凤．本地化用户文档系统功能分析及其翻译[D]．北京:北京大学,2011.

[104]张宏岩、徐彬彬．回译在英文技术写作教学中的应用研究[J]．中国ESP研究,2018,9(1):88-97,164.

[105]张鸰．论美国TC的学科属性[J]．厦门理工学院学报,2012,20(1):103-107.

[106]张鸰．中美技术传播教育比较对外语教育提升的思鉴[J]．外语电化教学,2020(2):22-27,41.

[107]张敏．技术文档英汉翻译中冗余的处理方法[D]．北京:北京大学,2014.

[108]张文英,张晔．英语科技应用文翻译实践教程[M]．北京:国防工业出版社,2015.

[109]张晓林．走向知识服务:寻找新世纪图书情报工作的生长点[J]．中国图书馆学报,2000(5):32-37.

[110]郑国政．软件本地化翻译质量面面观[J]．科技咨询导报,2007(2):81-83.

[111]郑述谱．术语的定义[J]．术语标准化与信息技术,2005(1):4-14.

[112]郑述谱．俄罗斯当代术语学[M]．北京:商务印书馆,2005.

[113]支丽平,王恒山．基于多Agent的中文专利本体自动化构建方法[J]．情报理论与实践,2012,35(3):109-114.

[114]中国技术传播联盟．技术传播入门手册[Z]．北京:中国标准化协会,2018.

[115]中华人民共和国国家质量监督检验检疫总局,中国国家标准化管理委员会．术语工作:原则与方法:GB/T 10112—1999[S]．北京:中国标准出版社,1999.

[116]中华人民共和国国家质量监督检验检疫总局,中国国家标准化管理委员会．术语工作:词汇　第一部分　理论与应用:GB/T 15237.1—2000[S]．北京:中国标准出版社,2000.

[117]中华人民共和国国家质量监督检验检疫总局,中国国家标准化管理委员会．消费品使用说明:第1部分　总则:GB 5296.1—2012[S]．北京:中国标准出版社,2013.

[118]中兴通讯学院．科技文档写作实务[M]．北京:人民邮电出版社,

2013.

[119]祝吉芳,孙巧玲. 从把关人理论的视角探讨技术文档翻译质量控制模式的运行:以某知名企业产品升级指南英译为例[J]. 文学界,2013(1):140-141.

[120]朱方雨. 外媒:印尼高铁"开工即受挫"为中企敲警钟[N]. 参考消息,2016-02-01(1).

[121]朱鹏飞. 读者主体视角下国内技术文档写作与翻译研究[D]. 北京:北京大学,2011.

[122]朱皖晋. 产品使用手册的文体分析及其在汉译英中的应用[D]. 北京:外交学院,2009.

[123]祝颖. 基于 DITA 的技术文档写作研究[D]. 北京:北京大学,2010.

[124] ARLIK M. Two worlds, one text: the original text production and translation[M]. Hamburg: Verlag Dr. Kova, 2010.

[125] AUSTERMÜHL F. The theory of translation between specialized communication and cross-cultural discourse: a process-oriented analysis of the translation profession in the frame of a technical change of paradigm[D]. Heidelberg: Universität Heidelberg, 1998.

[126] BARNUM C, et al. Globalizing technical communication: a field report from China[J]. Technical communication, 2001, 48(4): 397-420.

[127] BASSNETT S. The translator as writer[C]//ZANOTTI S, GARZELLI B, BUFFAGNI C. The translator as author: new perspectives on literary translation. London: Lit Verlag, 2011.

[128] BORST N. Construction of engineering ontologies for knowledge sharing and reuse[D]. Enschede: University of Twente, 1997.

[129] BOWKER L. Terminology[C]//BAKER M, SALDANHA G. Routledge encyclopedia of translation studies. 2nd ed. London: Routledge, 2009: 286-289.

[130] BROCKMAN R J. Writing better computer user documentation: from paper to hypertext - version 2.0.[M]. New York: John Wiley & Sons, 1990.

[131] BURNETT R E. Technical communication[M]. Australia: Thomson, 2001: 7.

[132] BUSSMANN H. Routledge dictionary of language and linguistics[M]. London: Routledge, 1996.

[133] BYRNE J. Technical translation: usability strategies for translating technical documentation[M]. Dordrecht: Springer, 2006.

[134] BYRNE J. Caveat translator: understanding the legal consequences of errors in professional translation[J]. The journal of specialised translation, 2007(7): 2-24.

[135] CHILDRESS M D. Terminology work saves more than it costs[J]. Multilingual, 2007, 18(3): 43-46.

[136] COE M. Human factors for technical communicators[M]. New York: John Wiley & Sons Inc, 1996.

[137] CONNORS R J. The rise of technical writing instruction in America[J]. Journal of technical writing and communication, 1982(12): 329-351.

[138] DING D. The emergence of technical communication in China—Yi Jing(I Ching): The budding of a tradition[J]. Journal of business and technical communication, 2003, 17(3): 319-345.

[139] DING D. Introducing China's first comprehensive technical writing book: On technological subjects by Song Yingxing[J]. Technical writing and communication, 2010, 40(2): 161-177.

[140] DING D. When traditional Chinese culture meets a technical communication program in a Chinese university: report on teaching technical communication in China[J]. Technical communication, 2011, 58(1): 34-51.

[141] DING D. An important link in the chain connecting ancient Chinese philosophy to present-day style of Chinese technical communication: introducing Yellow Emperor's Classic of Internal Medicine—China's first comprehensive medical book[J]. Technical writing and communication, 2014, 44(1): 43-59.

[142] DING D, JABLONSKI J. Challenges and opportunities: two weeks of teaching technical communication at Suzhou University, China[J]. Technical communication, 2001, 48(4): 421-435.

[143] DAUTERMANN J. Teaching business and technical writing in China: confronting assumptions and practices at home and abroad[J]. Technical communication quarterly, 2005, 14(2): 141-159.

[144] DING H L. Technical communication instruction in China: Localized programs and alternative models[J]. Technical communication quarterly, 2010, 19

(3):300-317.

[145]DING H L. Development of technical communication in China: program building and field convergence [J]. Technical communication quarterly, 2019, 28 (3):223-237.

[146]DOMBROWSKI P. Humanistic aspects of technical communication [M]. New York: Baywood Pub. Co. ,1994.

[147]DUAN P, GU W P. Technical communication and English for specific purposes: the development of technical communication in China's universities [J]. Technical communication,2005,52(4):434-448.

[148] DURIEUX C. Documentary research in technical translation: necessary and sufficient conditions[J]. Meta,1990,35(4):669-675.

[149] ELENA S T. Investigación traductológicaen la traduccióncientífca y técnica(A translation studies look at scientific and technical translation)[J]. Trans, 2005(9):131-148.

[150] ERL T, MAHMOOD Z, PUTTINI R. Cloud computing: concepts, technology and architecture [M]. Beijing: China Machine Press,2016.

[151] ESSELINK B. A practical guide to localization [M]. Amsterdam: John Benjamins Publishing Company,2000.

[152]FELBER H. Terminology manual[M]. Paris: UNESCO and INFOTERM, 1984.

[153] GNECCHI M, et al. Field convergence between technical writers and technical translators: consequences for training institutions[J]. IEEE transactions on professsional communication,2011,54(2):168-184.

[154]GAO Z. Establishing technical communication as a professional discipline [J]. Tcworld,2014(8):11-13.

[155]GAUTON R, SCHRYVER M. Translating technical texts into Zulu with the aid of multilingual and/or parallel corpora[J]. Language matters,2004,35(1): 148-161.

[156]GENTZLER E. Contemporary translation theories [M]. London: Routledge, 1993.

[157]GORETI M M. Uma década de tradução técnica(A decade of technical translation)[J]. Génesis,2004(4):66-73.

[158]GOULD J R, LOSANO W A. Opportunities in technical writing careers [M]. New York: McGraw-Hill, 2008.

[159]HALLIDAY M A K, HASAN R. Language, context and text: aspects of language in a social-semiotic perspective [M]. Oxford: Oxford University Press, 1989.

[160]HALLMAN M. Differentiating technical translation from technical writing [J]. Technical communication, 1990(3): 244-247.

[161] HATIM B, MASON I. The translator as communicator [M]. London: Routledge, 1997.

[162] HEIDRICH F. Die Fachkommunikationswissenschaft: Einführung in das Themenheft von trans-kom (Specialized Communication Studies: introduction to the special issue of trans-kom) [J]. Journal of translation and technical communication research, 2017, 10(3): 271-283.

[163] HERMAN M. Technical translation style: clarity, concision, correctness [C]//WRIGHT S E. Scientific and technical translation. Amsterdam: John Benjamins Publishing Company, 1993: 11-22.

[164]HOUSE J. Translation quality assessment: a model revised [M]. Tubingen: Gunter NarrVerlag, 1997.

[165] INFOTERM. Guidelines for terminology policies: formulating and implementing terminology policy in language community [S]. Paris: UNESCO, 2005.

[166]INTERNATIONAL ORGANIZATION FOR STANDARDIZATION. Ergonomic requirements for office work with Visual Display Terminals (VDTs)-part 11: guidance on usability. ISO 9241-11: 1998 [S]. Genève: International Organization for Standardization, 1998.

[167] INTERNATIONAL ORGANIZATION FOR STANDARDIZATION. Computer applications in terminology—data categories: ISO 12620: 1999 [S]. Genève: International Organization for Standardization, 1999.

[168] INTERNATIONAL ORGANIZATION FOR STANDARDIZATION. Translation-oriented terminology: ISO12616: 2002 [S]. Genève: International Organization for Standardization, 2002.

[169] INTERNATIONAL ORGANIZATION FOR STANDARDIZATION. Systems to manage terminology, knowledge and content: design, implementation and

maintenance of terminology management systems. ISO/DIS 26162: 2009 [S]. Genève: International Organization for Standardization, 2009.

[170] INTERNATIONAL ORGANIZATION FOR STANDARDIZATION. Instructions for use of products by consumers: ISO/IEC Guide 37: 2012 [S]. Genève: International Organization for Standardization, 2012.

[171] JUNG H S. Problems in the translation of calligraphy history and solution [J]. Journal of interpretation & translation research institute, 2011, 14(2): 253-268.

[172] KEMBLE I. The translator as writer [C]. Portsmouth: University of Portsmouth, 2010.

[173] KETOLA A. Towards a multimodally oriented theory of translation: a cognitive framework for the translation of illustrated technical texts [J]. Translation studies, 2016, 9(1): 67-81.

[174] KINGSCOTT G. Technical translation and related disciplines [J]. Perspectives, 10(4): 247-255.

[175] KIRALY D A. Passing fad or the promise of a paradigm shift in translator education? [C]//JAMES B, GEOFFRE S K. Beyond the ivory tower: rethinking translation pedagogy. Amsterdam: John Benjamins Publishing Company, 2003: 3-32.

[176] KOLTAY T. Including technical and academic writing in translation curricula [J]. Translation journal, 1998, 2(2).

[177] KYNELL T C. Technical communication from 1850-1950: where have we been? [J]. Technical communication quarterly. 1999, 8(2): 143-151.

[178] MAIER C, MASSARDIER-KENNEY F. Toward an expanded pedagogy of specialized translation [C]//WRIGHT S E. Scientific and technical translation. Amsterdam: John Benjamins Publishing Company, 1993: 151-160.

[179] MARIA G M. Umadécada de traduçãotécnica [J]. Génesis, 2004(4): 66-73.

[180] MARKEL M. Technical communication [M]. 6th ed. Boston & New York: Bedford/St. Martin's, 2003.

[181] MARKEL M. Technical communication [M]. 10th ed. Boston & New York: Bedford/St. Martin's, 2012.

[182] MARQUANT H. The "understanding" of a technical text [C].

DESBLACHE L. Aspects of specialised translation. Paris:La Maison Du Dictionnaire, 2001:55-59.

[183]MAYORAL A R,SALVADOR N. Reflexiones sobre la traducción científico-técnica(Considerations on scientific and technical translation)[J]. Sendebar,1992(3):185-192.

[184]MILLER C R. A humanistic rationale for technical writing[J]. College English,1979,40(6):610-617.

[185]MUSAU P M. Disseminating scientific knowledge in African languages: the experience of translating an agriculture manual into Kiswahili[J]. Babel,2002,(48)2:163-173.

[186]MÜLLER I. Cultural differences as a problem of technical translation [J]. Trans-Kom,2008,1(2):188-208.

[187] NEWMARK P. A textbook of translation [M]. Shanghai: Shanghai Foreign Language Education Press,1998.

[188]NIELSEN J. Usability engineering[M]. San Francisco:Morgan Kaufmann Publishers,1993.

[189] NONAKA I. The knowledge-creating company [M]. Boston: Harvard Business Press,2008.

[190]NORD C. Text analysis in translation[M]. Amsterdam:Rodopi,2006.

[191] OKTAY S A. Discursive features of operation manuals in terms of technical communication[J]. Journal of faculaty of letters,2011,28(2):25-40.

[192]OLOHAN M. Scientific and technical translation[M]. London:Routledge, 2016.

[193]OTAVA A. Focus on the audience:three cases of user-centered translation [D]. Tamper:University of Tampere,2013.

[194] PAVEL S, NOLET D. Handbook of terminology [M]. Canada: The Translation Bureau of Canada,2001.

[195]PEARSALL T E. Audience analysis for technical writing[M]. Beverly Hills,CA:Glencoe,1969.

[196]PFEIFFER W S. Technical communication: a practical approach[M]. Beijing:Publishing House of Electronics Industry,2006.

[197] RISKU H. A cognitive scientific view on technical communication and

translation: do embodiment and situatedness really make a difference? [J]. Target, 2010(22):94-111.

[198] RISKU H, PIRCHER R. Visual aspects of intercultural technical communication: a cognitive scientific and semiotic point of view[J]. Meta, 2008, 53 (1):154-166.

[199] RUTTER R. History, rhetoric, and humanism: toward a more comprehensive definition of technical communication[J]. Journal of technical writing and communication, 1991, 21(2):133-153.

[200] SAGER J C. A practical course in terminology processing [M]. Amsterdam: John Benjamins Publishing Company, 1990: 165-186.

[201] SAGER J C. Text types and translation [C]//TROSBORG A. Text typology and translation. Amsterdam: John Benjamins Publishing Company, 1997: 25-41.

[202] SÁNCHEZ T E. Investigación traductológica en la traducción científca y técnica[A translation studies look at scientific and technical translation][J]. Trans, 2005(9):131-148.

[203] SCHRIJVER I, VAERENBERGH L V. Writing skills: bare necessity or added value for translators? [EB/OL]. [2022-07-01]. http://www.trans-kom.eu/bd01nr02/trans-kom_01_02_05_Schrijver_Vaerenbergh_Redaktionskompetenz.20081218.pdf.

[204] SCHUBERT K. "Translation studies: broaden or deepen the perspective?" [C] //DAM H V, ENGBERG J. Knowledge systems and translation. Berlin: Mouton de Gruyter, 2005: 125-145.

[205] SCHUBERT K. Technical translation [C] //GAMBIER Y, DOORSLAER L. Handbook of translation studies. Amsterdam: John Benjamins, 2010: 350-355.

[206] SÉGUINOT C. Technical writing and translation: changing with the times [J]. Journal of technical writing and communication, 1994, 24 (3): 285-292.

[207] SHUTTLEWORTH M, COWIE M. Dictionary of translation studies [M]. Manchester: St. Jerome Publishing, 1997.

[208] SNELL - HORNBY M. Translation studies: an integrated approach [M]. Amsterdam: John Benjamins Publishing Company, 1988.

[209] STEURS F. Knowledge management and quality control in technical and scientific translation: the case of the automobile industry [C] //CHABÁS J, CASES M, GASER R. Proceedings of first international conference on specialized translation. Barcelona: Fundació La Caixa, 2000: 105-109.

[210] STUDER R. Knowledge engineering: principles and methods [J]. Data & knowledge engineering, 1998, 25 (2): 161-197.

[211] SUN K. Translation in China as a form of technical communication: rethinking social roles of technical communication in the current political and economic contexts in China [D]. Ohio: Bowling Green State University, 2005.

[212] SUOJANEN T. Comparing translation and technical communication: a holistic approach [M]. Tampere: Tampere University Press, 2010 (4): 47-60.

[213] TAO Y L, XIE M. Technical writing as a supplement [C] //YUE F. Restructuring translation education: implications from China for the rest of the world. Singapore: Springer, 2019: 45-156.

[214] TEAGUE B, TEAGUE F. Technical writing and translation [J]. Journal of technical writing and communication, 1982, 12 (2): 93-102.

[215] TEGTMEIER P, et al. China is hungry: technical communication in the People's Republic of China [J]. Technical communication, 1999, 46 (1): 36-41.

[216] TIBOR K. Including technical and academic writing in translation curricula [J]. Translation journal, 1998, 2 (2): 1-10.

[217] VÁZQUEZ E. Aspectos de la traducción técnica: errores e incorreciones graves en la traducción de los manuales de instrucciones alemanes e italianos al español (Aspects of technical translation: serious errors and inaccuracies in the Spanish translation of German and Italian manuals) [J]. Lebende sprachen, 2008, 53 (1): 2-6.

[218] WHITE F D. Communication technology: dynamic processes and models for writers [M]. New York: Harper Collins College Publishers, 1996.

[219] WRIGHT S E. The initial phase of terminology management [C] //NRIGHT S E, BUDIN G. Handbook of terminology management Vol. I. basic aspects of terminology management. Amsterdam: John Benjamins Publishing Company, 1997: 13-23.

[220] XU J. Communicating technical information to the Chinese: a cultural analysis with guidelines [D]. Oklahoma: Oklahoma State University, 1996.

[221] YU H. Integrating technical communication into China's English major curriculum [J]. Journal of business and technical communication, 2011, 25 (1): 68-94.

[222] ZHANG Y J. Examing scientific and technical writing strategies in the 11th century Chinese science Book Brush Talks from Dream Brook [J]. Technical writing and communication, 2013, 43 (4): 365-380.

[223] BASQUIN E A. The first technical writer in English: Geoffrey Chaucer [J]. Technical communication, 1981, 28 (3): 22-24.

[224] BROCKMANN R J. Bibliography of articles on the history of technical writing [J]. Journal of technical writing and communication, 1983, 13 (2): 155-165.

[225] CAMERON M L. Bald'sLeechbook: Its sources and their use in its compilation [J]. Anglo-Saxon England, 1983 (12): 153-182.

[226] FREEDMAN W A. Geoffrey Chaucer, technical writer [J]. Society of technical writers and publishers review, 1961, 8 (4): 14-15.

[227] HAGGE J. The first technical writing in English: A challenge to the hegemony of Chaucer [J]. Journal of technical writing and communication, 1990, Vol. 20 (3): 269-289.

[228] VOIGTS L E. Anglo-Saxon plant remedies [J]. Isis, 1979 (70): 250-268.

后 记

本书是在我的博士论文基础上修改完善而成的。本书的出版凝聚着高校、企业、朋友、家人等各方人士的关心和帮助。在本书即将付梓之际，我要向所有给予我支持的师友前辈和同仁表达诚挚谢忱。

首先我由衷感谢导师苗菊教授。我于 2012 年开始在南开大学攻读博士学位，期间有幸参与了苗老师主持的 2015 年度国家社科基金重大项目“双语术语知识库建设与应用研究”，并在导师的悉心教导下，关注信息通信技术（ICT）领域可视化知识服务平台建设。导师不仅给予我思想上的引领、科研方法的训练，还给予我生活方面的关心，如师如母，永远感恩。

开展可视化知识服务平台研究对我而言是一个全新的领域，期间幸有师门相互帮扶，尤其是宁海霖博士分享的研究思路、本体建设理念和技术等，功莫大焉；还有王少爽师兄、孙子尧、牛军、王红芳、孙喜晨等诸位博士，大家一起探讨，彼时情景，仍历历在目。

为深入了解 ICT 领域技术写作与翻译现状，在对外经济贸易大学崔启亮老师和北京大学高志军老师的引荐下，我有幸深入科多思（北京）咨询有限公司进行了为期一年的实习调研，跟随中国区总经理张勇先生（在行业界被称为 Nate 老师）进行学习和实践。在科多思这个温暖的集体里，侯发欣、姜绍丽、盛红英、侯光欣、殷晴、刘溢杰等多位同事带领我开展真实文档写作项目，教会我很多技能。更为幸运的是，期间 Nate 老师承担了北京大学软件与微电子学院“技术写作”课程教学任务，我得以与北大学子一起学习，逐渐认识到文档的价值和研究的意义，怀着深深的使命感和紧迫感，一头扎进技术文档的蓝海。

在企业调研期间，我还曾深入文思海辉技术有限公司进行考察，在刘劲松老师的引荐下，有幸得到副总裁王华伟、欧美事业部总监刘彤蕾、产品全球化事业部高级经理刘洋、本地化测试部门经理杨丽莉等诸位专业人士的亲自指点，了解到文档质量管理、可用性测试等流程概貌。同时，在本体建设工具使用方面，感谢北京深晶科技有限公司产品总监肖可伟和北京视桥光网科技发展有限公司总经理李月娥夫妇给予的及时帮助。

在本书出版过程中，责任编辑杨丹璇老师，工作认真负责，令我感佩。她收到书稿之后，耐心细致地进行审阅，一个标点都不放过，并通过微信等方式及时反馈，对于文中的图表、内容表述、逻辑关联等反复揣摩，借此表示由衷感谢。同时也感谢首都经济贸易大学出版社赵杰老师协调合同签订、出版等事宜，让我感受到了首都经济贸易大学出版社的一丝不苟、温暖如春。

当然，整个研究过程离不开家人的大力支持，感谢我的父母、爱人帮忙照看孩子，感谢弟弟、弟妹孝敬双亲，操持家中事务，免去我的后顾之忧；也感谢儿时好友丽叶时常帮我探望父母，以报平安。他们在我的研究遇到困难时给予我无限的包容和鼓励，是我在学术领域不断前进的坚强后盾。

要感谢的人还有很多，限于篇幅，不再一一列出。由于技术文档相关研究在国内尚处于起步阶段，且国内汉英术语知识服务平台建设可资借鉴的案例较少，限于本人学术水平有限，书中难免存在不足，敬请读者批评指正。

李双燕

首都经济贸易大学博远楼

2022 年 9 月 10 日

无权提起侵害商标权纠纷之诉，该主体提起诉讼的，应裁定驳回起诉。

【规范依据】

《商标法》第 5 条、第 60 条；《商标民事案件若干解释》第 3 条、第 4 条；《民事诉讼法解释》第 72 条、第 74 条。

（二）被告主体要素

1. 被告为法人时的审查

实践中，若被诉侵权行为的实施者为法人，原告应当以该法人作为被告提起诉讼，此时在审查其主体资格时应当注意以下内容。

当被告为只有一个股东的公司时，根据《公司法》第 23 条第 3 款的规定，只有一个股东的公司，股东不能证明公司财产独立于股东自己的财产的，应当对公司债务承担连带责任。故，当原告起诉只有一个股东的公司请求其承担责任时，可以将其股东作为共同被告一并起诉；原告在诉讼过程中申请追加其股东作为共同被告参加诉讼，应当予以准许。

【注意事项】

1. 侵权行为发生之后，公司唯一股东发生变更，变更前的股东及变更后的股东是否均应对公司债务承担连带责任？只有一个股东的公司具备法人资格，本应以其独立的财产对外承担责任，只要股东能够证明公司财产独立于其自己的财产，无论其何时入股，均无须对公司债务承担连带责任。但当公司财产与股东个人财产混同，公司实际持有的财产不明，偿债能力受影响，则无论该股东何时入股，均应对公司的债务承担连带责任。故，对于只有一个股东的公司实施侵权行为的，原告在诉讼过程中申请追加侵权行为发生时的股东或侵权行为发生后变更的股东作为共同被告参加诉讼，应当予以准许。

2. 当被诉实施侵权行为的法人已经注销时，原告可将该已注销法人的原股东列为被告进行起诉，但其是否应当承担相应的责任则需要依据其举证情况予以认定。法人在诉讼过程中注销，原告申请追加其原股东作为共同被告参加诉讼，应当予以准许。

3. 当被诉侵权产品系通过电子商务平台进行销售时，原告可能会将该电子商务平台作为共同被告进行起诉，此时电子商务平台属于适格的被告，但其是否应承担相应的侵权责任则需要依据具体事实予以认定。

2. 自然人作为被告时的审查

自然人作为被告的，应审查原告提交的证据是否能够将被诉侵权行为直接指向该自然人，如电子商务平台提供的经营者身份披露信息明确记载涉案网店的经营者为该自然人。

3. 个体工商户作为被告时的审查

《民事诉讼法解释》第59条规定，在诉讼中，个体工商户以营业执照上登记的经营者为当事人。有字号的，以营业执照上登记的字号为当事人，但应同时注明该字号经营者的基本信息。营业执照上登记的经营者与实际经营者不一致的，以登记的经营者和实际经营者为共同诉讼人。

根据上述规定，当被诉实施侵权行为的个体工商户已经注销时，原告可以将原经营者作为被告进行起诉；如个体工商户在诉讼过程中注销，可直接将被告变更为其经营者。在案件审理过程中，如发现个体工商户的实际经营者与登记经营者不一致时，应当向原告释明，引导原告将实际经营者追加为共同被告。

4. 关于追加被告的申请

除了前述追加法人股东、个体工商户实际经营者的情形之外，下列追加被告的申请应予准许：（1）原告仅以电子商务平台或市场管理方作为被告提起诉讼，电子商务平台或市场管理方在诉讼过程中披露了被诉侵权店铺经营者信息的，应引导原告追加该店铺经营者为共同被告；（2）在案件审理过程中发现可能存在共同侵权人，原告申请追加其为共同被告的。例如，被诉侵权实体店铺未悬挂营业执照，原告以店铺经营地址对应登记的商事主体为被告提起诉讼，但相关名片、收款单据、租赁合同等显示实际经营者与该地址上的商事主体不一致的。

另，生产商、批发商、零售商生产、销售侵权商品的行为虽有关联关系，但相互之间并不存在共同实施侵权行为的意思联络，而是各自独立完成了侵权商品的生产或销售行为，相互之间不构成共同侵权。故在起诉侵权商品销售者的案件中，生产商或供货商并非必须共同进行诉讼的当事人，原告可另案起诉。但为了避免当事人诉累，原告申请追加生产商或供货商为共同被告的，可以准许。

【规范依据】

《公司法》第23条；《民事诉讼法解释》第59条。

（三）涉外主体要素

1. 起诉状签章的审查

实践中，外国企业作为原告提起诉讼时，起诉状上一般未加盖企业公章或由法定代表人签字，而是由境内的代理人签章。

此类案件中，首先，应审查代理人的权限是否包括提起民事诉讼，相关授权文件上应明确记载代理人具有向法院提起诉讼、在起诉状上签字等内容，而不能仅笼统地记载授予维权的权利。

其次，应审查代理人的身份是否符合法律规定，根据《民事诉讼法》第61条的规定，诉讼代理人应为个人，仅限于：（1）律师、基层法律服务工作者；（2）当事人的近亲属或者工作人员；（3）当事人所在社区、单位以及有关社会团体推荐的公民。律师事务所并非符合法律规定的诉讼代理人，如涉外主体的起诉状上仅加盖了其委托的律师事务所的公章，而无受托律师签字，则不符合我国程序法的规定。

实践中，还有个别外国企业在授权书中载明授予其控股的国内子公司代表其签章的权利，由该子公司及子公司法定代表人在起诉状上签字盖章，并主张该子公司是行使签章的权利而非诉讼代理的权利。这实际上混淆了诉讼代理行为与一般民事代理行为，向法院提起诉讼、在起诉状上签字属于诉讼代理行为，应遵循《民事诉讼法》关于诉讼代理的特殊规定，只能由原告本人或符合法律规定的诉讼代理人进行签章。更直观地讲，国内企业提起诉讼时，起诉状上的签章不得以其关联公司的签章替代，外国企业同样如此。

最后，应审查代理人签字时是否仍享有诉讼代理权限，一方面要审查涉外主体出具授权委托的起止时间，另一方面要审查签字的代理人是否已将诉讼代理事项转委托他人。超过授权期限或者转委托他人之后，原代理人在起诉书上签字的，不再发生法律效力。

对于起诉状签章存在上述程序瑕疵的，应引导原告补正，拒不补正的，驳回起诉。

2. 转委托的审查

实践中，涉外主体委托代理人提起诉讼，普遍存在转委托的情形。关于直接向法院提起诉讼的代理人取得授权的手续是否完善，应对授权范围、授权时间、授权人数三方面进行审查：（1）原代理人是否具有提起诉讼的权限，是否具有转授权的权限；（2）转授权的期限是否在原代理人取得授权的期限内，起诉的时间是否在转授权的期限内；（3）委托诉讼代理人的人数是否超过 2 人，如超过，引导原告撤销对部分诉讼代理人的授权。对于提起批量诉讼的当事人，尤其是代理人经过多次转委托的，应严格审查诉讼代理人的授权情况。

在转委托的审查中，还要注意区分原代理人取得的授权是概括性的授权还是具体到个案的授权。如果原代理人取得的授权是针对不特定的侵权行为采取维权措施的概括性授权，则原代理人对具体个案的转委托可以撤销，原代理人在具体案件中未提交所函、律师证等授权资料的，不计入个案的委托诉讼代理人数；如果原代理人取得的授权是针对特定主体的侵权行为采取维权措施的个案授权，则原代理人作出转委托后不再享有代理权限，转委托亦不可撤销。

3. 使领馆认证程序的审查

当事人提交的涉外主体在境外形成的主体资质证明、授权文件，根据《民事诉讼法》第 275 条规定，应当经所在国公证机关证明，并经中华人民共和国驻该国使领馆认证，或者履行中华人民共和国与该所在国订立的有关条约中规定的证明手续后，才具有效力。

【规范依据】

《民事诉讼法》第 61 条、第 275 条。

（四）诉讼请求审查

1. 诉讼请求具体内容的审查

侵害商标权纠纷案件中，原告提出的诉讼请求主要包括停止侵权、赔偿经济损失及维权合理开支、消除影响。在案件审理过程中，应要求原告明确停止何种侵权行为，明确赔偿经济损失及维权合理开支的具体金额，明确消除何种影响。

需要注意的是，当原告以销售商和生产商作为共同被告提起诉讼时，尤其是同一时期就不同的销售商和相同的生产商提起多个诉讼时，应要求原告明确在个案中主张生产商承担的侵权赔偿责任是仅限于同案销售商销售的侵权产品，还是包括其生产的所有侵权产品，以此作为判断在后的案件中对生产商的起诉是否构成重复诉讼的依据。同时，此类案件的判决中应写明生产商承担的赔偿责任范围，避免在其他案件中重复判赔。

【注意事项】

部分案件中原告诉请侵权人赔礼道歉，但赔礼道歉仅适用于侵害人格权的侵权责任承担，商标侵权行为侵犯的是权利人的财产权，而非人格权，故不适用赔礼道歉的责任承担方式，该项诉请于法无据，不予支持。

2. 侵权行为停止后对诉讼请求的审查

大多数侵害商标权纠纷在案件审理过程中，被诉侵权行为已经停止，主要表现为网店销售的侵权商品已经下架停售、被诉侵权主体已经注销等，原告因此撤回停止侵权的诉请，应予准许。原告如确认侵权行为已经停止的相关事实，但坚持不撤回停止侵权的诉请，则该项诉请不予支持。

3. 诉请变更企业名称的审查

实践中，原告主张被告在其企业名称中将原告的注册商标作为企业字号使用构成商标侵权或不正当竞争的案件中，原告往往会诉请被告变更企业名称，变更之后的企业名称中不得再使用含有原告注册商标的字样。《反不正当竞争法》第 18 条规定，经营者登记的企业名称违反本法第 6 条规定的，应当及时办理名称变更登记；名称变更前，由原企业登记机关以统一社会信用代码代替其名称。《反不正当竞争法若干解释》第 25 条规定，依据《反不正当竞争法》第 6 条的规定，当事人主张判令被告停止使用或者变更其企业名称的诉讼请求依法应予支持的，人民法院应当判令停止使用该企业名称。故，对于变更企业名称的诉求，应由行政主管途径解决，法院仅支持停止使用现名。

4. 诉讼请求涉及权利竞合的审查

（1）对同一行为同时主张商标侵权与著作权侵权或外观专利侵权的，应对该行为是否同时构成多种侵权分别予以认定，但同一侵权行为给权利人造成的经济损失或给侵权人带来的获利是固定的，并不因其侵犯多种权利而有所增加，故在判决赔偿时应在综合考虑的基础上确定一个赔偿金额，而不应就各种侵权认定分别确定赔偿金额。

（2）对同一行为同时主张商标侵权与不正当竞争的。商标侵权实质上是一种特殊的不正当竞争行为，根据《反不正当竞争法若干解释》第 24 条的规定，对于同一侵权行为，法院已经认定侵害注册商标专用权并判令承担民事责任，当事人又以该行为构成不正当竞争为由请求同一侵权人承担民事责任的，不予支持。

【规范依据】

《民法典》第 179 条、第 995 条；《反不正当竞争法》第 18 条；《反不正当竞争法若干解释》第 24 条、第 25 条。

三、权利基础要素审查

（一）注册商标有效性的审查

1. 注册商标有效期限的审查

《商标法》规定注册商标的有效期为10年，自核准之日起计算；有效期届满前的12个月和届满后的6个月宽展期内，商标权人可以申请续展注册。续展注册没有次数限制。每次续展注册的有效期亦为10年，自该商标上一届有效期满次日起计算。

【注意事项】

根据《商标民事案件若干解释》第5条的规定，商标注册人或者利害关系人在注册商标续展宽展期内提出续展申请，未获核准前，以他人侵犯其注册商标专用权提起诉讼的，人民法院应当受理。

【规范依据】

《商标法》第39条、第40条；《商标民事案件若干解释》第5条。

2. 注册商标稳定性的审查

商标一经核准注册，非经法定机关、非依法定程序不得撤销或宣告无效。

（1）注册商标的撤销争议。根据《商标法》第55条的规定，被依法撤销的注册商标，该注册商标专用权自商标局公告之日起终止。因此，注册商标的撤销申请并不影响权利人在该注册商标被撤销前提起的侵权诉讼，法院无须中止诉讼。

（2）注册商标的无效争议。《商标法》第47条规定，被依法宣告无效的注册商标，该注册商标专用权视为自始即不存在。宣告注册商标无效的决定或者裁定，对宣告无效前人民法院做出并已执行的商标侵权案件的判决、裁定、调解书和工商行政管理部门做出并已执行的商标侵权案件的处理决定以及已经履行的商标转让或者使用许可合同不具有追溯力。但是，因商标注册人的恶意给他人造成的损失，应当给予赔偿。依照前款规定不返还商标侵权赔偿金、商标转让费、商标使用费，明显违反公平原则的，应当全部或者部分返还。因此，案件审理过程中出现商标权有效性争议时，为避免不当保护商标注册人，法院可以考虑中止诉讼。实务中可以参考《专利案件若干规定》[①] 有关中止诉讼的规定，依据当事人所提交的相关商标权无效材料、行政主管机关的审查意见、行政诉讼程序进程等，判断涉案商标权被宣告无效的可能性，从而作出是否中止诉讼的决定。

【规范依据】

《商标法》第 47 条、第 55 条；《专利案件若干规定》第 5 条、第 6 条、第 7 条。

（二）注册商标专用权范围的审查

注册商标的专用权，以其核准注册的商标标识和核定使用的商品或服务范围为限。

1. 核准注册的商标标识的审查

注册商标标识的保护范围以其核准注册的商标形态为限。权利人实际使用的商标标识与核准注册的商标形态有细微差别，但未改变其显著特征的，可以视为注册商标的使用。

---

① 参见《专利案件若干规定》第 5 条规定："人民法院受理的侵犯实用新型、外观设计专利权纠纷案件，被告在答辩期间内请求宣告该项专利权无效的，人民法院应当中止诉讼，但具备下列情形之一的，可以不中止诉讼：（一）原告出具的检索报告或者专利权评价报告未发现导致实用新型或者外观设计专利权无效的事由的；（二）被告提供的证据足以证明其使用的技术已经公知的；（三）被告请求宣告该项专利权无效所提供的证据或者依据的理由明显不充分的；（四）人民法院认为不应当中止诉讼的其他情形。"第 6 条规定："人民法院受理的侵犯实用新型、外观设计专利权纠纷案件，被告在答辩期间届满后请求宣告该项专利权无效的，人民法院不应当中止诉讼，但经审查认为有必要中止诉讼的除外。"第 7 条规定："人民法院受理的侵犯发明专利权纠纷案件或者经国务院专利行政部门审查维持专利权的侵犯实用新型、外观设计专利权纠纷案件，被告在答辩期间内请求宣告该项专利权无效的，人民法院可以不中止诉讼。"

【注意事项】

注册商标指定颜色的，权利人在实际使用中不能变更核准注册的商标图样中的颜色。注册商标不指定颜色的，权利人在实际使用中可以自由附着颜色，但实务中要注意与以攀附为目的附着颜色实施商标侵权行为的区别。

【规范依据】

《商标法》第56条；《商标民事案件若干解释》第9条第1款；《商标行政案件若干规定》第26条第2款；《商标侵权判断标准》第14条、第24条。

2. 核定使用商品或服务范围的审查

一般情况下，注册商标必须是在核定使用的商品或服务项目上进行使用。

【注意事项】

1. 审查原则

判定注册商标实际使用的商品或服务属于核定使用的商品或服务，应当在坚持商品或服务自然属性的同时，以相关公众能否区分二者为原则，结合商品的功能、用途、主要原料、销售渠道、消费对象，或服务的目的、内容、方式、对象等方面是否相同予以认定。

2. 名称不同但指向同一事物的商品或服务的核定项目认定

商品或服务名称[①]不同，但所指向的是同一事物的商品或服务，属于在核定使用的商品或服务项目上使用。所谓"名称不同但指向同一事物的商品或服务"，是指在商品的功能、用途、主要原料、销售渠道、消费对象，以及服务的目的、内容、方式、对象等方面相同或基本相同，相关公众一般认为是同一种事物的商品或服务。主要包括：（1）实

① 指国家知识产权局在商标注册工作中对商品使用的名称，即《分类表》中规定的商品名称。

际使用的商品或服务名称与核定使用的商品或服务名称不同，但该实际使用的商品或服务与核定使用的商品或服务名称对应。例如，“吹风机”“插电式风力干发器”在《区分表》中对应的商品名称均为“电吹风”。（2）实际使用的商品或服务在《区分表》中属于不同的商品或服务，甚至分属不同的商品或服务类别，但商品或服务的基本要素相同，在某种程度上可以相互替代，相关公众难以区分其不同的。例如，“人用药（050328）”与“打虫药（人用）（050154）”。

【规范依据】

《商标法》第56条；《最高人民法院、最高人民检察院、公安部关于办理侵犯知识产权刑事案件适用法律若干问题的意见》第5条。

（三）注册商标保护范围的审查

1. 注册商标显著性的审查

注册商标不以注册前已实际使用和具有识别作用为必要，只是以具有显著特征为最低要求。《商标法》第9条规定，申请注册的商标，应当有显著特征，便于识别。可见，显著特征是商标发挥识别商品或服务来源功能的内在要求，可以为相关公众指示商品或服务的唯一、特定来源。

（1）显著性的基本属性。有学者认为，“具有显著特征”和“便于识别”是显著性要求的一个条件，而非两个条件，“显著性”和“识别”也具有同一含义。[①] 换言之，商标注册时要求的显著性应当是该标识所具有的显著特征可以起到识别商品或服务来源的作用。也有学者称之为商标显著性的标识性和区别性，即强调通过商标标识将特定商品或服务与特定经营者相联系的标识性和将不同经营者提供的相同商品或服务区别开来的区别性。[②] 简单来说，注册商标的显著性，是指将商标使用于商品或服务时，其识别特征能够引起相关公众的注意，并能够以该标识区别商品或服务的

---

① 参见杜颖：《商标显著性与商标权的保护》，载《科技与法律》2006年第3期。

② 参见何颖、季连帅、韩立丽：《商标显著性研究》，中国政法大学出版社2013年版，第7~12页。

提供者与其他同种或类似商品或服务的提供者。

（2）显著性判断的基本原则。识别商品或服务来源是商标的基本功能。不管是商标授权确权行政案件，还是商标侵权民事案件，其保护和关注的核心都是商标的识别功能，因此，两类案件关于商标近似的裁判规则互相具有借鉴意义。

《商标行政案件若干规定》第 7 条规定："人民法院审查诉争商标是否具有显著特征，应当根据商标所指定使用商品的相关公众的通常认识，判断该商标整体上是否具有显著特征。商标标志中含有描述性要素，但不影响其整体具有显著特征的；或者描述性标志以独特方式加以表现，相关公众能够以其识别商品来源的，应当认定其具有显著特征。"根据上述规定，商标显著性判断的基本原则有以下几种。

①以"相关公众"为判断主体。根据《商标民事案件若干解释》第 8 条的规定，相关公众，是指与商标所标识的某类商品或者服务有关的消费者和与前述商品或者服务的营销有密切关系的其他经营者。通常而言，"相关公众"即指商标核定使用商品或服务类别的消费者和同业经营者。"相关公众的通常认识"即指相关公众的普遍知识水平和认知能力。

②结合商标核定使用的商品或服务进行认定。商标是使用于商品或服务之上的标记。换言之，商标不能脱离商品或服务存在，仅有标记而无载体充其量只是一个符号而已。因此，注册商标的显著性并非单指商标标识的显著性，而是结合了商品或服务之后的商标标识的显著性。

③采用整体认定原则。商标标识的设计元素多样，既可以独创，也可以使用公有领域元素。但注册商标之显著性，不同于外观专利之新颖性或作品之独创性，并不强调标识的新颖、独创，而是注重该标识的区别性。因此，即使商标标识的一部分甚至各个组成部分均不具有显著性，但只要其整体具有显著性，该标识即具有显著性。正如最高人民法院在"避风塘"商标行政纠纷案件[①]中的认定，虽然"避风塘"商标包含通用名称等

---

① 参见最高人民法院（2013）行提字第 8 号行政判决书。

不具有显著性的部分，但其他具有显著性的图案或者文字仍然具有突出的识别效果，可以认定商标整体具有显著性。

④包括先天固有的显著性和后天使用获得的显著性。根据取得方式的不同，注册商标的显著性可分为先天显著性和后天显著性。

先天显著性，即固有显著性，指符合《商标法》第9条的规定，商标核准注册时该商标在其核定使用商品或服务上的市场区别力。商标标识与商品或服务本身的联系越紧密、关联度越高，相关公众越不容易识别，固有显著性就越低。以传统平面商标为例，不同类型商标显著性的高低依次为臆造性商标的固有显著性 > 任意性商标 > 暗示性商标 > 描述性商标 > 通用标识。

后天显著性，又称获得显著性，是指商标通过商业使用获得的市场区别力。商标标识与商品或服务结合后取得的市场区别力及其所产生的市场信誉，是商标的商业价值所在。因此，注册商标专用权的保护范围，既包括商标的先天显著性，又包括该商标通过使用获得的后天显著性。

【规范依据】

《商标法》第9条第1款、第11条；《商标民事案件若干解释》第8条；《商标行政案件若干规定》第7条、第8条、第9条。

（3）显著性判断的考量要素。注册商标的显著性并非一成不变，其从产生到灭失一直处于变化的动态结构中，其强度取决于相关公众通过该标识区分商品或服务来源的难易程度。最高人民法院曾经在批复中指出："商标的显著性，即能够起到区别作用的特性的强弱，是商标侵权判断中确定商标专用权权利范围以及确认是否构成侵权的重要因素之一。"[①] 可见，注册商标显著性的强弱判断，是商标侵权案件的重要审查要素。实务中影响注册商标显著性强度的要素主要有以下几种。

①注册商标的后天显著性。我国实行商标注册制度，具有先天显著性

---

① 参见《最高人民法院关于对TCL集团公司在产品促销活动中使用与汉都公司注册商标相近的"千禧龙"文字是否构成商标侵权请示的批复》(〔2003〕民三他字第4号)。

的未使用商标在注册后即取得商标专用权。因此，商标的先天显著性实质上更多的是一种法律上的拟制显著性。而商标的后天显著性系在实际的商业使用中获得，有着一定范围的使用基础。因此，在商标侵权案件的显著性强弱判断中，后天显著性较之先天显著性，占据着更为主要的地位。

②注册商标的商业使用方式。商标的使用离不开商业环境。不在商业使用环境下的商标标识，只是一个孤立的符号，无法发挥其来源识别的功能。因此，注册商标的商业使用方式是否真实、合法、连续、公开，或者说该注册商标与商品或服务的联结方式是否容易导致相关公众区分商品或服务来源，直接影响注册商标显著性的强弱。例如，商标使用于商品或服务角落的一隅，与突出使用于商品之上或服务场所，对相关公众所能起到的区分作用截然不同。相关公众越容易区分，显著性则越高。

③注册商标的市场知名度。注册商标的市场知名度越高，意味着相关公众对该注册商标及其使用的商品或服务越熟悉，越容易将该注册商标与其经营者或商品及服务联系起来，也就越容易区分商品或服务来源，显著性也就随之提升。

④商品或服务的质量。通常情况下，注册商标知名度指的是相关公众的正面影响评价。但由于实践中还存在知名度的负面影响，而负面影响的大小对相关公众的品牌认同心理有着密切影响，严重时甚至弃之不用，该注册商标的显著性可能也就随之日益淡化甚至消散。因此，随着注册商标的使用，其所标识的商品或服务质量是保持如一或者更进一步，还是质量下降，同样影响注册商标的显著性。

⑤显著性元素的通用化。通用性是注册商标显著性的对立面。通用性的出现，意味着该标识指向的是商品或服务的特定种类，而非商品或服务的特定来源，已无法实现注册商标区分商品或服务来源的基本功能。因此，若注册商标呈现通用化的趋势，说明其显著性已开始弱化，可能会被淡化为与特定商品或服务种类之间的联系，从而成为一般描述性词语或特定商品名称。例如“优盘”商标的演化。

⑥注册商标权利人的保护意识。注册商标在商业使用过程中，存在被

他人侵权或者是被通用名称化等可能，相关公众能否一直清晰、稳定地知晓该注册商标的市场指向，离不开权利人对注册商标的保护。权利人的保护意识越强，则越能避免相关公众陷入来源识别模糊甚至混淆的境地，注册商标的显著性也就不会减弱或丧失。

2. 注册商标知名度的审查

知名度,《现代汉语词典》对其的解释为某人或某事物被社会、公众知道熟悉的程度。商标法中的知名度，又称市场知名度，指中国境内相关公众对该注册商标的知悉程度，涵摄了注册商标与相关公众稳定联系的范围和程度。

（1）知名度与显著性的关系。显著性强调商标的区别能力，关注的是商标能否与其他相同类别商品或服务区分以及能否与权利人意图指向的商品或服务来源建立稳定联系的问题；而知名度则反映了注册商标与相关公众稳定联系的范围和程度。可以说，注册商标的显著性是其知名度的基础来源之一。

注册商标的知名度越高，意味着相关公众对该注册商标及其使用的商品或服务越熟悉，越容易将该注册商标与其经营者或使用的商品或服务联系起来，也就越容易区分商品或服务的来源。也就是说，注册商标的知名度是其显著性的增强因素之一。

（2）知名度认定的考量要素。

①“相关公众”的范围。“相关公众”的范围，既包括相关公众的数量多寡，又包括相关公众的地域范围。相关公众的数量越多，地域范围越宽，知名度越高。由于我国幅员辽阔、风俗习惯各有不同，同一商品或服务的市场知名度在不同地域并不完全一致，存在高低不一的现象，实务中需要对此予以甄别。同时，“相关公众”的判断也不能脱离人员流动或网络环境的影响，单独判断注册商标在某一特定地域的影响力，尤其是在该注册商标使用的商品或服务尚未在某一特定地域进行实体经营但已在其周边地域进行商业布局的情形下。

②商标使用的持续时间。商标必须以通常方式使用于其核定使用的商

品或服务上，并在经营中商业性地使用。一般而言，商标使用时间与其知名度成正比例关系，但又不能绝对地认为商标使用的时间越长，该商标的知名度就越大，还需要考虑其是否在商业经营中持续、真实地使用。

③商品销售的时间、区域、数额和对象。一般情况下，商标核定使用的商品或服务的销售时间越长，销售范围越大，销售数额越高，销售对象越广，市场占有率越高，其知名度也就越大。

④宣传的持续时间、程度、方式和地域范围。注册商标的宣传离不开商品或服务。商标促销的时间、程度和地域范围，包括商标使用的商品或服务有关的广告、公关及在集会或展览上的展示。因此，实务中需要注意商标权利人进行广告宣传和促销活动的方式、地域范围、宣传媒体的种类以及广告投放量等相关因素，以及宣传中是否对注册商标进行了突出展示。此外还需要特别注意的是，广告并非总能取得正面影响，不能简单地将广告费用开支作为商标知名度强度的判断标准，两者并非绝对的正比例关系。

⑤标识受保护的情况，包括但不限于驰名商标的认定记录，海关、市场监督局、地方政府等各级行政主管单位的保护记录。

（3）知名度认定的辐射因素。

①权利人的其他商业标识。商业标识是商业主体用以区分商品 / 服务、经营主体和经营活动的标识。具体来说，根据标识对象的不同，商业标识可以分为区分商品或服务来源的标识、区分经营主体的标识和区分经营活动的标识，例如商标、字号和域名。商业标识都能彰显企业或商品的声誉，知名度之间存在正相关性，相辅相成，互相辐射。若权利人的注册商标与其他商业标识相同或高度近似，使用的商品或服务类别也基本一致，则知名度之间相互影响的正相关性较一般情形更为显著。

②商事主体的历史传承。家族传承为我国老字号企业的商业惯例。与老字号有历史渊源的企业或个人在特定历史因素消失之后重新经营家族产业的，若两者使用标识并无显著变化，其历史知名度的辐射应当予以考虑。

③权利人使用相同标识的主要产品的知名度。若注册商标使用的商品或服务是权利人主要产品的配套使用产品，在商标标识相同的情形下，相对具有较高知名度的权利人主要产品对其知名度具有辐射渗透作用。

④商品或服务的附属因素。若商品或服务使用的技术、包装装潢、联名品牌等附属因素在相关公众中具有一定的知名度，且在该商品或服务的推广宣传报道中，相关公众可将该附属因素与商品或服务及其商标标识一一对应，使得该附属因素具有知名度的事实映射到商品或服务的知名度，从而映射到相关公众对商标知名度的认知。

【规范依据】

《商标法》第 9 条第 1 款、第 11 条；《商标行政案件若干规定》第 23 条第 2 款；《反不正当竞争法若干解释》第 4 条第 2 款。

（四）驰名商标的认定与审查

1. 驰名商标的保护

驰名商标是指在中国境内为相关公众所熟知的商标。与普通商标相比，驰名商标具有以下特点：一是驰名商标在相关公众中享有很高的知名度，相关公众看到与驰名商标相近似的标志时，很容易就联想到驰名商标。二是驰名商标中凝结的商誉较高，具有突出的广告宣传功能。三是某些驰名商标不仅具备识别商品来源的功能，还具有表现和彰显使用者身份和地位的功能。[①]

（1）未注册驰名商标的非跨类保护。《商标法》第 13 条第 2 款规定："就相同或者类似商品申请注册的商标是复制、摹仿或者翻译他人未在中国注册的驰名商标，容易导致混淆的，不予注册并禁止使用。"《商标民事案件若干解释》第 2 条规定，复制、摹仿或者翻译他人未在中国注册的驰名商标或其主要部分，在相同或者类似商品或服务上使用，容易导致混淆

① 参见王迁：《知识产权法教程》（第 7 版），中国人民大学出版社 2021 年版，第 667 页。

的，构成侵犯他人商标权。如何认定“容易导致混淆”，《驰名商标保护若干解释》第9条第1款规定，足以使相关公众对使用驰名商标和被诉商标的商品来源产生误认，或者足以使相关公众认为使用驰名商标和被诉商标的经营者之间具有许可使用、关联企业关系等特定联系的，属于《商标法》第13条第2款规定的“容易导致混淆”。

（2）已注册驰名商标的跨类保护。《商标法》第13条第3款规定：“就不相同或者不相类似商品申请注册的商标是复制、摹仿或者翻译他人已经在中国注册的驰名商标，误导公众，致使该驰名商标注册人的利益可能受到损害的，不予注册并禁止使用。”《商标民事案件若干解释》第1条第2项规定，复制、摹仿或者翻译他人已经在中国注册的驰名商标或其主要部分，在不相同或者不相类似的商品或者服务上使用，误导公众，致使该驰名商标注册人的利益可能受到损害的，构成侵犯他人商标权。如何认定“误导公众，致使该驰名商标注册人的利益可能受到损害”，《驰名商标保护若干解释》第9条第2款规定，足以使相关公众认为被诉商标与驰名商标具有相当程度的联系，而减弱驰名商标的显著性、贬损驰名商标的市场声誉，或者不正当利用驰名商标的市场声誉的，属于《商标法》第13条第3款规定的“误导公众，致使该驰名商标注册人的利益可能受到损害”。

【规范依据】

《商标法》第12条、第13条；《商标民事案件若干解释》第1条第2项、第2条；《驰名商标保护若干解释》第9条。

2. 驰名商标司法认定的案件类型

主要包括：（1）以商标与其驰名商标相同或者近似为由，提起的侵犯商标权诉讼；（2）以企业名称与其驰名商标相同或者近似为由，提起的侵犯商标权或者不正当竞争诉讼；（3）原告以被诉商标的使用侵犯其注册商标专用权为由提起民事诉讼，被告以原告的注册商标复制、摹仿或者翻译其在先未注册驰名商标为由提出抗辩或者提起反诉的诉讼。

在上述案件中，当事人以商标驰名作为事实根据，人民法院根据具体案情认为确有必要，对所涉商标是否驰名作出认定。

【规范依据】

《驰名商标保护若干解释》第2条。

3. 对于商标是否驰名不予审查的案件类型

主要包括：（1）被诉侵犯商标权或者不正当竞争行为的成立不以商标驰名为事实根据，包括原告以被告注册使用的域名与其注册商标相同或者近似，并通过该域名进行相关商品交易的电子商务，足以造成相关公众误认为由，提起的侵权诉讼；（2）被诉侵犯商标权或者不正当竞争行为因不具备其他法定要件而不成立的诉讼。

【规范依据】

《驰名商标保护若干解释》第3条。

4. 驰名商标司法认定的原则

驰名商标司法认定的原则为“被动认定”和“个案认定”。

《商标法》第14条第1款规定：“驰名商标应当根据当事人的请求，作为处理涉及商标案件需要认定的事实进行认定。”根据上述规定，“被动认定”是指人民法院在审理商标纠纷案件中，可以根据当事人的请求对案涉商标驰名情况作出认定；但如果当事人没有提出请求，人民法院不能主动依职权认定驰名商标。《驰名商标保护若干解释》第8条规定：“对于在中国境内为社会公众所熟知的商标，原告已提供其商标驰名的基本证据，或者被告不持异议的，人民法院对该商标驰名的事实予以认定。”

“个案认定”是指人民法院认定驰名商标的效力仅限于个案，即在个案中认定案涉商标构成驰名商标进而认定被诉行为是否构成侵权，认定驰名商标效力不能及于之后的他案纠纷，生产者、经营者也不得将“驰名商标”字样用于商品、商品包装或者容器上以及广告宣传、展览及其他商业活动中。《驰名商标保护若干解释》第7条规定，被诉侵权行为发生前，曾被人民法院或者行政管理部门认定驰名的商标，被告对该商标驰名的事实不持异议的，人民法院应当予以认定。被告提出异议的，原告仍应当对该商标驰名的事实负举证责任。

【规范依据】

《商标法》第14条；《驰名商标保护若干解释》第7条、第8条。

5. 驰名商标的认定标准

当事人主张商标驰名，应当对被诉侵权行为发生时，其商标已属驰名的事实承担举证责任。主要包括：（1）使用该商标的商品的市场份额、销售区域、利税等；（2）该商标的持续使用时间；（3）该商标的宣传或者促销活动的方式、持续时间、程度、资金投入和地域范围；（4）该商标曾被作为驰名商标受保护的记录；（5）该商标享有的市场声誉；（6）证明该商标已属驰名的其他事实。

其中涉及商标使用的时间、范围、方式等，包括其核准注册前持续使用的情形。

【规范依据】

《商标法》第14条；《驰名商标保护若干解释》第5条。

四、商标侵权行为要素审查

（一）商标使用行为的认定

1. 商标使用的构成要素

《商标法》第48条规定，商标的使用，是指将商标用于商品、商品包装或者容器以及商品交易文书上，或者将商标用于广告宣传、展览以及其他商业活动中，用于识别商品来源的行为。根据上述规定，商标使用行为的构成要素有二。

（1）形式要素：在商业活动中使用。非商业活动中的使用，通常处于有限的接触状态，无法达到相关公众进行识别的基础条件。例如，为办理相关行政审批手续而将商标标识予以备案，商品未投入市场，此时在相关公众中未产生识别商品来源的作用，不属于商标法意义上的商标使用。又如，行为人收购二手商品或正品是为了分装、改装、翻新后再次出售的，则该商品收购后的储存行为是为商品再次销售所做的准备工作，属于在商业活动中使用。

（2）实质要素：用于识别商品来源。商标的来源识别功能，并非识别商品或服务的生产者、加工者或提供者，而是识别该商品或服务是否来源于商标权人。商品或服务的生产者、加工者或服务提供者可以有多个，但商标权人只有唯一一个。因此，商标侵权审查中，判断被诉标识的使用行为是否用于识别商品或服务来源，关键在于该使用行为客观上是否可以产生来源识别的实际效果，行为人的主观使用意图并非唯一评判标准。

【规范依据】

《商标法》第 48 条。

2. 商标侵权行为的本质

由商标使用的本质可知，商标侵权行为的本质是对商品或服务来源识别作用的损害，以致造成相关公众对商品或服务的来源产生误认或者认为其来源与注册商标的商品或服务存在某种特定的联系。

商标来源识别作用的损害是商标侵权行为认定的依据。如果被控侵权标识的使用并不是为了区分商品或服务的来源，则不会构成对他人商标权的侵害。

3. 商标使用的具体形式

实务中，商标使用的形式主要有：（1）将商品商标用于商品、商品包装或者容器以及商品交易文书上；（2）将服务商标用于服务场所内外、为提供服务所使用的物品以及服务内容的交易文书上，包括服务场所招牌、店堂装饰装潢、服务人员的服装鞋帽、服务用具、可外带的服务内容的包装或容器、介绍手册、菜单、价目表、奖券、服务证明、服务合同等；（3）将商标用于广告宣传，包括书报、杂志、期刊、广播、电视、音像、网络等纸质或电子媒体，以及广告牌、流动广告或者其他广告方式；（4）在展览会、博览会上使用，包括在展览会、博览会上提供使用该商标的印刷品及其他资料；（5）其他商业活动。

【规范依据】

《商标侵权判断标准》第 4 条、第 5 条、第 6 条。

4. 商标使用在商标侵权认定和商标维持程序中的不同

《商标法》第 48 条对商标使用进行了明确定义。从该条文在《商标法》中的体系地位和表述来看，商标使用的基本概念在商标侵权认定和商标维持程序中并无区别。从《商标法》关于商标撤销和商标专用权的规定来看，商标维持程序的立法意图在于防止注册人违背诚信原则，利用符号圈地；商标保护的立法目的则在于防止混淆，故商标侵权认定和商标维持程序中的“使用”在使用意图、使用主体、使用对象、使用标识等方面有所不同。

（1）使用意图不同。商标侵权中的“使用”既有商标意义上的使用，也有为描述商品或服务的特点、属性等非商标意义上的使用。商标维持中的“使用”则要求真实使用的意图和实际使用的必要准备。

（2）使用主体不同。商标侵权中的“使用”主体是未经许可的第三人。商标维持中的“使用”的主体是商标专用权人或被许可人，第三人的使用（或称被动使用）通常不构成维持注册的商标使用。

（3）使用对象不同。商标侵权中的“使用”涉及商标禁用权的范围，商标标识依附的对象可以是商品或服务，也可以是交易文书等，没有载体类型的限制。商标维持中的“使用”涉及商标专用权的范围，商标标识依附的对象必须是核定使用的商品或服务，且该商品或服务已自注册之日起三年内进入流通领域。故，象征性使用在商标维持中不认定为商标使用，但却可能构成商标侵权。

（4）使用标识不同。商标侵权中“使用”的是相同或近似的标识。商标维持中“使用”的则是相同或高度近似的标识，该高度近似限于“虽有细微差别，但未改变其显著特征”。

【规范依据】

《商标行政案件若干规定》第26条。

（二）商品或服务类别的认定

1. 商品或服务相同

商品或服务相同，指名称相同的商品或服务，以及名称不同但指同一事物的商品或服务。其中“名称”是指国家知识产权局商标局在商标注册工作中对商品使用的名称，通常即指《分类表》中规定的商品名称；“名称不同但指同一事物的商品”是指在功能、用途、主要原料、消费对象、销售渠道等方面相同或者基本相同，相关公众一般认为是同一种事物的商品，具体类型可参见本书第二章“权利基础要素审查”部分“注册商标专用权范围的审查”中关于相同商品或服务的认定情形。

由于“双相同”的侵权认定中并无混淆可能性的构成要件，因此，在商品或服务类别是否相同的认定中，应遵循客观主义原则，侧重于商品或服务在自然、物理因素上的异同。例如，商品类别相同的考量因素为“主要原料”，商品类似在这方面的考量因素则为“生产部门”。

【规范依据】

《最高人民法院、最高人民检察院、公安部关于办理侵犯知识产权刑事案件适用法律若干问题的意见》第5条。

2. 商品或服务类似

类似商品，是指在功能、用途、生产部门、销售渠道、消费对象等方面相同，或者相关公众一般认为其存在特定联系、容易造成混淆的商品。

类似服务，是指在服务的目的、内容、方式、对象等方面相同，或者相关公众一般认为存在特定联系、容易造成混淆的服务。

商品或服务类似，是指商品和服务之间存在特定联系，容易使相关公众产生混淆。

【规范依据】

《商标民事案件若干解释》第11条。

3. 类似商品或服务的认定规则

认定商品或服务是否类似，应当以相关公众对商品或服务的一般认识综合判断。《分类表》《区分表》可以作为判断类似商品或服务的参考。

（1）以相关公众的一般认识进行判断。相关公众的一般认识，是指相关市场的一般消费者对商品或服务的通常认知和一般交易观念，不囿于商品、服务的自然属性。

（2）商品或服务之间具有较大的关联性，容易造成混淆。类似商品或服务判定中的“混淆”，指的是相关公众将两类商品或服务视为“相同或类似”，混为一谈，是对商品或服务属性的混淆，并非混淆可能性判断中的“出处混淆”。

（3）《分类表》和《区分表》仅具有参考性。商标侵权纠纷中认定类似商品或服务的目的在于确定商标禁用权的范围。《分类表》《区分表》是我国商标行政主管机关在商标授权确权中为划定商标专用权范围使用定期调整的参考文件。然而市场交易复杂多变，商品和服务项目亦会随着市场变化而调整更新，因此，在商标侵权判定中，《分类表》和《区分表》只能作为判断商品或服务类似的参考，不能作为唯一的认定标准。

（4）个案考量原则。商标侵权判定中的商品或服务类似，是一种司法上的、实质上的动态认定，以相关公众的一般认知为核心。实践中，商品种类的发展和消费者消费习惯、群体构成的变化都会导致相关公众对商品或服务类别的认知产生变化。因此，对商品或服务的类似判断应当进行个案考量，个案中对《区分表》的突破不代表商品或服务之间的类似关系发生了根本性的改变。

4. 类似商品或服务的证成路径

根据《商标民事案件若干解释》第 11 条关于类似商品或服务的定义，其证成路径有以下两种：

（1）商品或服务的自然属性具有一定的共同性，是指商品或服务具有竞争关系且客观特征相同，即商品的功能、用途、生产部门、销售渠道、消费对象，或者服务的目的、内容、方式、对象等方面具有一定的共同性。换言之，两商品或服务在同一行业或者领域进行生产、销售，在功能、用途上具有替代性、辅助性或互补性。例如，毛毯（床上用品）与电热毯（电器）属于类似商品；《区分表》中同一群组内的“电力供应服务”与“汽车运输、贮藏、液化气站、运输”不属于类似服务。[①]

（2）商品或服务存在特定联系，容易造成混淆，是指商品或服务的客观特征不尽相同，但相关公众一般认为两商品或者服务存在特定联系，以为两商品或服务是同一主体提供的，或者其提供者之间存在特定关联。特定联系，包括原料或者零部件与成品存在对应关系，或者销售渠道、销售场所、销售对象相同或者相近，一般属于同一行业或者领域生产、销售等。例如，沙拉酱与花生酱。

判断商品或服务之间的特定联系是否足以导致混淆，需要考虑请求保护商标的显著性和知名度、商品或服务的销售渠道、特定地区的消费习惯等因素。

5. 商品或服务类似的认定标准

对商品或服务的类似判断并不能脱离其自然属性，需要有一定程度的关联性才可构成类似，且商品或服务类别的自然属性通常情形下亦不会与相关公众的认知偏离太多，故客观因素应当是主要的、最先考虑的必要因

---

① 参见北京市第一中级人民法院（2010）一中知行初字第 2782 号民事判决书、北京市高级人民法院（2011）高行终字第 115 号民事判决书。

素，类似商品或服务的证成路径应采用客观标准，即自然属性的共同性为首选。

而在客观因素不能完全满足，或是商品或服务类别的自然属性与相关公众的一般认知存在较大差距时，从《商标法》防止混淆的立法目的出发，在商标近似的前提下，考虑商标的显著性、知名度等辅助因素，以确定相关公众是否容易将两类商品或服务视为“相同或类似”。此时类似商品或服务的证成路径即为混淆可能性标准，又称特定的关联性。

最高人民法院在（2017）最高法行申69号裁定中的论述可作参考：“进行商标法意义上商品是否类似的判断，更重要的是需要综合考虑商品的功能、用途、生产部门、销售渠道、消费群体等是否相同或者具有较大的关联……成品（终端产品）和主要原料（上游原料）位于商品流通关系的上下游，原料的功能和用途之一是为了制造成品，成品的功能和用途因不同成品而不同，原料的消费对象有时恰恰是成品的生产者，成品的消费对象一般不会去直接购买原料，成品和原料的生产部门和销售渠道也有一定差别。因此，在一般情况下，成品和原料在功能、用途、销售渠道、消费群体等方面存在较大差异，不构成类似商品。”

此外，商品与服务的类似认定，由于商品与服务的自然属性的共同点较少，其证成路径为混淆可能性标准。

【规范依据】

《商标民事案件若干解释》第12条。

（三）商标相同或近似的判定

1. 商标相同的判定要件

《商标民事案件若干解释》第9条第1款规定：“商标法第五十七条第（一）（二）项规定的商标相同，是指被控侵权的商标与原告的注册商标相比较，二者在视觉上基本无差别。”根据上述规定，商标相同只要满足“在视觉上基本无差别”即可。具体而言，指被控侵权的商标与请求保护的注册商标完全相同，其文字的字形、读音、含义或者图形的构图及颜色，或者其各要素组合后的整体，在视觉上基本无差别，或者其立体形状、颜色组合在视觉上基本无差别，相关公众难以分辨。

实务中判定商标相同的情形主要有[①]：（1）文字商标有下列情形之一的：①文字构成、排列顺序均相同的；②改变注册商标的字体、字母大小写、文字横竖排列，与注册商标之间基本无差别的；③改变注册商标的文字、字母、数字等之间的间距，与注册商标之间基本无差别的；④改变注册商标颜色，不影响体现注册商标显著特征的；⑤在注册商标上仅增加商品通用名称、图形、型号等缺乏显著特征内容，不影响体现注册商标显著特征的。（2）图形商标在构图要素、表现形式等视觉上基本无差别的。（3）文字图形组合商标的文字构成、图形外观及其排列组合方式相同，商标在整体视觉上基本无差别的。（4）立体商标中的显著三维标志和显著平面要素相同，或者基本无差别的。（5）颜色组合商标中组合的颜色和排列的方式相同，或者基本无差别的。（6）声音商标的听觉感知和整体音乐形象相同，或者基本无差别的。（7）其他与注册商标在视觉效果或者听觉感知上基本无差别的。

【规范依据】

《商标法》第 57 条第 1 项、第 2 项；《商标民事案件若干解释》第 9 条第 1 款；《商标侵权判断标准》第 13 条、第 14 条。

2. 商标近似的判定要件

《商标民事案件若干解释》第 9 条第 2 款规定："商标法第五十七条第（二）项规定的商标近似，是指被控侵权的商标与原告的注册商标相比较，其文字的字形、读音、含义或者图形的构图及颜色，或者其各要素组合后的整体结构相似，或者其立体形状、颜色组合近似，易使相关公众对商品的来源产生误认或者认为其来源与原告注册商标的商品有特定的联系。"根据上述规定，商标近似需要满足以下两个要件：一是商标标识的近似；

① 参见国家知识产权局《商标侵权判断标准》第 14 条。

二是容易引起商品来源误认或者引起商品之间的特定联系。可见，商标近似的判定中包含混淆因素的考量。

需要特别指出的是，商标近似中的混淆，指的是商标标记本身是否可能在市场交易中被混淆。而《商标法》第 57 条第 2 项中“容易导致混淆”中的“混淆”，是对商品或服务来源出处的混淆。两者的具体指向并不一致，不存在重复考量的问题，只是实务中由于案情复杂可能未能够予以截然区分而已。

【规范依据】

《商标法》第 57 条第 2 项；《商标民事案件若干解释》第 9 条。

3. 商标相同或近似的认定原则

商标法意义上的侵权近似是指足以产生市场混淆的近似，而不仅仅是商标标识即外观上的近似性。《商标民事案件若干解释》第 10 条规定：“人民法院依据商标法第五十七条第（一）（二）项的规定，认定商标相同或者近似按照以下原则进行：（一）以相关公众的一般注意力为标准；（二）既要进行对商标的整体比对，又要进行对商标主要部分的比对，比对应当在比对对象隔离的状态下分别进行；（三）判断商标是否近似，应当考虑请求保护注册商标的显著性和知名度。”

根据上述规定，认定商标相同或者近似，应按照以下原则：（1）以相关公众的一般注意力为标准。相关公众，是指与商标所标识的某类商品或者服务有关的消费者和与前述商品或者服务的营销有密切关系的其他经营者。这两部分公众中，涉及任何一部分人都是《商标法》规定的相关公众。

相关公众的一般注意力，是指对商标所标识的某类商品或服务具有一般知识和经验的公众，按照通常的消费习惯对商品或服务进行判断。这种注意力不是该领域相关专家所具有的注意力，也不是一个与一般消费者有别的粗心大意的消费者的注意力，而是两者之间大多数相关公众通常的、普通的、一般的注意力标准。

需要注意的是，相关公众的范围和注意程度并不固定，随着商品性质及其所属种类、价格等因素的不同而变化。一般来说，日常生活用品应以一般消费者为相关公众，公众由于经常性接触而通常施之以较低的注意力；汽车、房屋等价值高的商品，一般消费者的注意力标准则比购买日常生活用品时高。

（2）判断被控侵权标识与请求保护的注册商标是否构成相同或者相近似，应当遵循以下比对原则：隔离状态下对两者的构成要素或者整体构图进行整体比对兼要部比对。

（3）考虑请求保护注册商标的显著性和知名度。注册商标的显著性越弱，其指向性越弱，越不容易实现区分商品或服务来源的功能，而具有唯一指向性是造成混淆的现实基础，其被混淆的可能性就越低。注册商标的知名度越高，在相关公众心目中的认可度越高；基于过往的消费记忆，相关公众在购买时施加的注意力可能下降，发生混淆的可能性则越高。因此，从《商标法》识别来源、防止混淆的立法目的出发，对于强显著性、高知名度的商标，应当给予更多的保护。形象地说，注册商标的保护范围是以商标为圆心、知名度为底面半径、显著性为高的圆柱体。知名度越高，显著性越强，注册商标的保护范围越宽，保护力度越大。体现在商标近似的判定中，就是注册商标的显著性、知名度对商标混淆的考量具有非常重要的影响。换言之，即使被控侵权标识与注册商标标识近似，但如果注册商标的显著性、知名度均不突出，两者也不一定构成近似商标。

【规范依据】

《商标民事案件若干解释》第 10 条。

（四）商标比对要素

1. 商标标识的比对方法

根据《商标民事案件若干解释》第 10 条第 2 项的规定，商标比对要在比对对象隔离的状态下，对商标标识进行整体比对和要部比对。商标标识，指商标所使用的文字、图形、字母、数字、三维标志、颜色组合和声音等以及上述要素的组合。商标标识比对，是对商标外观的客观状态比对，也就是对标识构成要素和整体效果的比对。具体比对方法如下：

（1）以注册商标的形态与被控侵权标识进行比对。原则上，注册商标的保护范围以其核准注册的商标形态为限。因此，注册商标的实际使用形态与注册形态不一致的，应以注册商标核定使用的商标形态与被控侵权标识进行比对。比对时应剔除商标标识中所包含的公有领域部分。

（2）隔离比对。隔离比对，又称为对商标的隔离观察比较，是指将注册商标与被控侵权标识放置于不同的地点在不同的时间进行观察比对，而非将注册商标与被控侵权标识摆放在一起进行对比观察。隔离比对的目的是在相对客观、不受其他因素影响的情形下，判断被控侵权标识是否使用了注册商标的显著性要素、是否产生了与注册商标相同或类似的标记效果，从而判断被控侵权标识是否容易对相关公众造成混淆影响。因此，隔离比对是基本的商标比对方法，无论在进行整体比对还是要部比对时，都应当采用隔离比对的方式。

（3）整体比对。整体比对，又称为商标整体观察比较，是指将商标作为一个整体来进行观察，而不是仅仅将商标的各个构成要素抽离出来分别进行比对。整体比对可以按照部分到整体的顺序进行：商标的构成要素→要素组合后的整体结构→整体视觉效果。

（4）要部比对。商标的主要部分，是指最具商品或服务来源的识别性、最容易使相关公众将商标与商品或服务联系起来的商标构成要素。要部比对，或者称为商标显著性比对，是对商标主要显著特征的重点观察、比较和对照，是对整体比对的补充。

【规范依据】

《商标民事案件若干解释》第10条第2项。

2. 商标比对的权重要素

（1）相同商标形态的比对。通常情况下，消费者对不同种类的商品或服务施加的注意力不同。而商标的近似性判断，是基于商标标识在一般消费者记忆中的总体印象。因此，商标比对时要根据商品或服务的种类和销售时的条件，赋予比对要素不同的权重。

①文字商标。我国文字属于形意字，讲究以形会意，比对时通常应侧重于字形和读音，兼顾含义。例如“远东”与“运东”。而对同音词、谐音词或是以电话、音像销售方式为主的文字商标，其商品或服务的宣传、推广、销售过程中使文字的读音为公众熟知，构成了商标显著性的重要组成部分，故比对时应侧重于读音和含义，兼顾字形。例如“阿曼尼”与“阿曼妮”。

②图形商标。图形商标的认知和识记更多依赖于相关公众的视觉印象，故其比对一般以外观比对为主，采用整体结构比对，主要考虑构图、色彩、形状和设计元素，从整体视觉效果上进行判断。

③图文组合商标。要考虑商标的显著特征及通常的呼叫习惯等因素进行比对。多数情形下，将图文组合商标中的文字字形及读音作为主要部分加以比对，同时兼顾商标整体外观的比对。

④外文商标。外文商标之间的比对，首先应考虑我国境内相关公众的外文认知水平和能力。从相关公众尤其是消费者的一般注意力角度进行考虑，如为简单外文词汇，可参考中文商标的比对；如为复杂或臆造词汇，则该外文商标首先体现的是一种符号，侧重于文字外观的比对，例如“DELL”与“DFLL”。

⑤三维标志商标。三维标志商标的近似性判断，一般应从整体上进行比对，并重点关注三维标志的显著特征。

（2）不同商标形态的比对。①中文商标与汉语拼音商标。由于中文发音使用汉语拼音，中文商标与汉语拼音商标之间具有天然的联系性。在中文商标知名度较高的情形下，比对时应侧重于读音和含义，例如“海信”与“HaiXin”。

②中文商标与外文商标。由于中文商标与外文商标在读音、字形上既不相同也不近似，因此中文商标与外文商标的比对主要从含义上进行，需要考虑相关公众对外文商标的认知水平和能力，被控侵权商标译文选择的自由度，中文商标与外文商标在含义、呼叫等方面的关联性及对应性，以及请求保护商标的知名度等因素。

【规范依据】

《商标民事案件若干解释》第9条第2款；《商标侵权判断标准》第15条、第17条。

3. 注册商标的知名度和显著性对比对选择方法的影响

根据注册商标知名度和显著性的不同，比对中需要选取相应的比对方法。

其一，比对的两个商标均未曾使用或者不具有太高知名度的，通常按照音、形、义等自然因素进行整体比对。此时的比对主要是商标标识的比对，是一种静态比对。

其二，比对的两个商标具有旗鼓相当的较高知名度的，比对就不限于商标标识的构成因素，而需要同时考虑其实际使用背景等深度的社会因素，是一种动态比对。易言之，此种情形下，音、形、义上的商标标识近似并不必然构成商标近似。如中青旅的CYTS商标与国旅的CITS商标。[①]

其三，比对的两个商标的知名度相差悬殊的，此时主要采取要部比对而不采取整体比对，即比较主要部分决定其近似性，也是一种动态性的比对。当两个商标的主要显著部分相同或者近似，在请求保护商标的知名度远高于被控侵权标识的情况下，可以认定为近似商标。如“嘉裕长城”文字图形组合商标与“长城牌”注册商标。[②]

① 参见北京市第一中级人民法院（2003）一中行初字第182号行政判决书。

② 参见最高人民法院（2005）民三终字第5号民事判决书。

（五）混淆可能性的判断

商标侵权判断要素中，混淆可能性是对商标保护范围的进一步限定。

1. 混淆的内涵和外延

此处的混淆[①]指的是出处混淆，包括现实的混淆和混淆的可能性，其判断主体仍然是相关公众。

（1）混淆的内涵。混淆包括狭义上的混淆和广义上的混淆，即来源混淆和关联关系混淆。

来源混淆，指相关公众对商品或服务的来源产生混淆，即相关公众误认为被控侵权标识与注册商标所标示的商品或服务来自同一市场主体。

关联关系混淆，指相关公众对双方法律或者经济关系产生的混淆，即相关公众虽然认为被控侵权标识与注册商标所标示的商品或服务来自不同的市场主体，但是误认为两个市场主体之间存在商标许可、投资合作、特许经营、联营等关联关系。

（2）混淆的外延。从时间上看，混淆包括事前混淆、事中混淆、事后混淆。商标侵权纠纷中的混淆主要为事中混淆。事前混淆和事后混淆，由于涉及商标专用权是否过度扩张的问题，认定时应当严格把握相关公众的认定范围和混淆可能性的认定标准。[②]

【注意事项】

构成关联关系混淆的条件有三个：一是商标权人的注册商标在先，且该商标经过使用获得了较高的知名度；二是在后行为人未经商标权人许可，在相同或类似的商品或服务上，使用与在先注册商标相同或相近似的商标标识；三是行为人的行为导致消费者对商标权人与行为人之间的经营关系产生混淆。

---

① 混淆可能性判断中的“混淆”不同于类似商品或服务判定中的“混淆”，后者指的是相关公众将两类商品或服务视为“相同或类似”，混为一谈。

② 参见李扬：《商标法基本原理》，法律出版社 2018 年版，第 227 页。

【规范依据】

《商标法》第 57 条第 2 项。

2. 混淆可能性的判断因素

《商标行政案件若干规定》第 12 条规定："当事人依据商标法第十三条第二款主张诉争商标构成对其未注册的驰名商标的复制、摹仿或者翻译而不应予以注册或者应予无效的，人民法院应当综合考量如下因素以及因素之间的相互影响，认定是否容易导致混淆：（一）商标标志的近似程度；（二）商品的类似程度；（三）请求保护商标的显著性和知名程度；（四）相关公众的注意程度；（五）其他相关因素。商标申请人的主观意图以及实际混淆的证据可以作为判断混淆可能性的参考因素。"参考上述规定，商标侵权判定中混淆可能性的判断因素主要包括以下内容。

（1）商标标识的近似程度和商品的类似程度。商标近似程度、商品类似程度是混淆可能性判断的必要条件，但其近似及类似程度因个案不同而存在区别，具有较大的差异性。

（2）请求保护商标的显著性和知名度。商标显著性的强弱和知名度的高低，决定着其司法保护力度的大小，也就是对市场混淆程度的要求。

（3）相关公众的注意程度。不同类别的商品或服务往往代表着不同的销售渠道、消费群体、营销方式、交易条件、经营理念等，相关公众的注意力程度自然不同。

（4）双方相关标识使用的历史和现状。如果双方当事人使用的标识已经长期形成共存和使用的市场格局，拥有各自的相关公众，在市场上已经形成客观的划分，均已成为可区别的标识，则两标识的共存不容易使相关公众对其商品或服务来源产生混淆。尤其是对一些具有复杂历史渊源的商标或老字号等商业标识，相关当事人对于商标和品牌的创立和发展都作出了自己的贡献，加之还可能具有法律、政策变化等其他原因，在双方均为善意使用时，即便相关商业标识的共存可能会产生一定程度的市场混淆，也应当允许其标注来源之后的适当共存，以实现经营者之间的包容性发展。

（5）商标申请人的主观意图、业务拓展可能等可以作为判断混淆可能性的参考因素。

【注意事项】

需要注意的是，实际混淆并非混淆可能性，不是商标侵权判断的必要条件，而是商标权人胜诉的有力证据。商标权人并不需要证明有消费者实际发生了混淆。

【规范依据】

《商标行政案件若干规定》第 12 条。

3.“双相同”情形下“混淆”的辩证理解

《商标法》第 57 条第 1 项规定，未经商标注册人的许可，在同一种商品上使用与其注册商标相同的商标的，属于侵犯注册商标专用权。对上述规定，学界看法不一，有学者从《TRIPs 协定》第 16 条第 1 项关于“在对相同商品或者服务使用相同标识的情况下，应当推定具有混淆的可能性”的规定出发，认为是“推定”的混淆；有学者则从该条款的侵权构成要件出发，认为是“绝对”的保护。而从司法机关法条寻找和法律解释的角度来看，该条款并无“混淆可能性”这一侵权构成要件。

首先，我国作为《TRIPs 协定》的签约国，除声明保留条款外，国内立法只要不低于其保护标准即可。也就是说，我国国内立法的某些条款可以高于国际条约标准，此并不违背立法逻辑。

其次，从《商标法》第 57 条来看，该条为商标侵权行为的列举，各分项之上并无总括适用原则或情形。也就是说，《商标法》第 57 条的各个分项之间具有独立性，其侵权构成要件由各分项单独规定，并不完全相同。

再次，从《商标法》第 57 条第 1 项的具体条文规定来看，其并未使用“混淆”及相近似词语。换言之，该条款的侵权构成要件上，确无单独的“混淆可能性”要件。

又次，商标标识和商品类别比对中的“混淆”，并不等于“混淆可能性”要素中的混淆。前者是对标识和类别在事实状态的混淆，后者是对商品或服务出处来源的混淆。

最后，从支配权角度考虑，在相同商品或服务上使用相同商标，属于注册商标专用权的核心支配范围。未经商标权人同意，他人进入上述范围实施被诉行为，显然会损害注册商标专用权的支配效力。①

【注意事项】

“双相同”的适用前提仍然是首先构成商标使用行为，不属于商标使用的情形不落入保护范围。实务中对“双相同”情形之下的行为，还要注意结合非商标使用、在先使用、正当使用等抗辩因素进行综合分析。

【规范依据】

《商标法》第57条第1项。

4. 集体商标、证明商标的“混淆”内容

《商标法》第3条规定：“经商标局核准注册的商标为注册商标，包括商品商标、服务商标和集体商标、证明商标；商标注册人享有商标专用权，受法律保护。本法所称集体商标，是指以团体、协会或者其他组织名义注册，供该组织成员在商事活动中使用，以表明使用者在该组织中的成员资格的标志。本法所称证明商标，是指由对某种商品或者服务具有监督能力的组织所控制，而由该组织以外的单位或者个人使用于其商品或者服务，用以证明该商品或者服务的原产地、原料、制造方法、质量或者其他特定品质的标志。”商品或服务商标是使用在商品或服务上，用以区分商

① 参见曹佳音：《支配权视角下的商标侵权混淆可能性研究》，载《知识产权》2016年第4期。

品或服务来源的标志。[①] 据此，在《商标法》框架下，商品或服务商标与集体商标、证明商标在性质、功能、主体、对象等方面均有所不同。商品或服务商标是商品或服务的提供者为了将自己的商品或服务与他人提供的同种或类似商品或服务相区别的标记，商标的首要功能是区分商品或服务来源，使消费者能够通过商标将相同或类似商品或服务的提供者区分开来。集体商标是用以表明使用者在该集体中的成员资格的标志，彰显的是使用者的主体资格，其商标的识别性指向为商品或服务提供者的地区范围。证明商标是用来标示商品原产地、原料、制造方法、质量或其他特定品质的商标，彰显的是商品或服务的特定品质，其商标的识别性指向为商品或服务的地理来源和特定品质。

因此，判定是否构成侵犯集体商标或证明商标的专用权，应以被诉侵权行为是否容易导致相关公众对该商标的识别性指向产生误认作为判断标准，而不是以被诉侵权行为是否容易导致相关公众对商品或服务提供者产生混淆作为判断标准。

【注意事项】

由于集体商标、证明商标标识中大多含有地名要素，实务中需要注意结合非商标使用、正当使用等抗辩因素进行综合分析。

【规范依据】

《商标法》第3条。

（六）商标共同侵权的类型及责任承担

广义的共同侵权，是指二人或者二人以上实施侵害行为导致同一损害结果的侵权类型，包括主观的共同侵权（共同故意或共同过失致人损害）、拟制的共同侵权（教唆、帮助行为）、准共同侵权（共同危险行为）、客观的共同侵权（行为关联共同致人损害）四种类型。主观的共同侵权和客观的共同侵权，并称为共同加害行为。

---

① 参见《商标法》第4条规定："……本法有关商品商标的规定，适用于服务商标。"

1.《民法典》第1168条规定的共同侵权

《民法典》第1168条规定："二人以上共同实施侵权行为，造成他人损害的，应当承担连带责任。"结合该法第1171条、第1172条关于无意思联络数人侵权的规定作体系解释，可以判断《民法典》第1168条规定的共同侵权是指意思关联共同的主观共同侵权，而不包括行为关联共同的客观共同侵权。[①] 其行为特征表现在：客观上，各行为人的行为存在相互依存和相互结合的关系；主观上，各行为人存在共同的过错。

以商标侵权认定中常见的生产商和销售商为例。生产商和销售商是否构成《民法典》第1168条规定的共同侵权，关键在于两者对对方的侵权行为是否具有共同的过错。商品的出厂销售并不等于商品的终端销售，其面对的对象并非一般消费者，而是经销商。虽然商品生产的目的通常是销售，但若无证据显示生产商对该商品出厂之后的销售情况知情并参与其中，则生产商所知悉的"销售"并未超过商品生产的出厂销售环节，而该环节附随于生产环节，为商品生产环节所吸收，故在此情形之下，生产商与销售商并不构成共同侵权，其对各自实施的侵权行为各自承担相应的责任。

实务中，另有主张生产商和销售商成立行为关联的客观共同侵权，承担不真正连带责任的观点。《民法典》第1171条规定："二人以上分别实施侵权行为造成同一损害，每个人的侵权行为都足以造成全部损害的，行为人承担连带责任。"第1172条规定："二人以上分别实施侵权行为造成同一损害，能够确定责任大小的，各自承担相应的责任；难以确定责任大小的，平均承担责任。"根据上述规定，承担不真正连带责任的前提在于侵权人分别实施的侵权行为是造成同一损害结果必不可少的一环。也就是说，不真正连带责任中，各侵权行为虽然是各侵权人独立实施的，但受害人的损害结果却是由各侵权行为联合导致的，也即行为关联共同的客观共同侵权。然而，行为关联共同的客观共同侵权中，其行为表现特征虽然不

---

① 《民法典》颁布前施行的《侵权责任法》对此的规定并无二致。

要求主观上的共同意思联络，但在客观上仍然要求各行为人的行为存在相互依存和相互结合的关系。而在商标侵权案件中，侵权商品的生产和销售并无必然的联系，造成的损害后果是可分的，不存在同一性或不可分性。此外，《商标法》将销售商销售侵权商品的行为单独作为一种侵权类型，亦可予以印证。因此，在生产商和销售商没有共同侵权故意分别实施各自侵权行为的情形下，同样难以具备行为关联的共同性或一致性，不能满足上述法律规定的责任承担要件。

【注意事项】

1. 各个市场主体具有独立性，在市场经济环境下自主、独立经营。因此，法定代表人、股东等自然人的行为不能当然视为市场主体的行为，须结合行为背后的主观意识进行判定。

2. 市场主体登记的经营范围属于行政管理范畴，其是否超出登记经营范围经营可能影响侵权事实的判断，但并非侵权判定的必要条件，更非共同侵权判定的要件。

【规范依据】

《民法典》第 1168 条。

2.《商标法》第 57 条第 6 项规定的帮助侵权

《商标法》第 57 条第 6 项规定，故意为侵犯他人商标专用权行为提供便利条件，帮助他人实施侵犯商标专用权行为的，属于侵犯注册商标专用权的行为。根据上述法律规定，帮助侵权行为成立的法律要件有：其一，帮助侵权人在主观上必须是“故意”，即知道或者应当知道其提供帮助的对象正在实施侵犯商标专用权的行为。其二，客观上存在直接侵害他人商标专用权的行为。其三，帮助行为与损害后果之间具有因果关系，即帮助侵权人为该直接侵权行为提供了便利条件。而所谓的便利条件，则包括为侵害他人商标权提供仓储、运输、邮寄、印制、隐匿、经营场所、网络商品交易平台等。

《民法典》第1169条第1款规定："教唆、帮助他人实施侵权行为的，应当与行为人承担连带责任。"而帮助侵权人在主观上存在"明知"和"应知"之分，在大多数情形只起到某种辅助作用，教唆人则对侵权行为的发生具有决定性的作用，两者的责任承担方式是否应当一致？帮助侵权人在"明知"和"应知"情形之下的责任承担方式是否又应当加以区分？德国冯·巴尔教授指出："一个被广泛接受，甚至被成文法所规定的法治概念是：不当行为责任要么是作为责任要么是不作为责任。这一两分体系的主要目的是避免归责中的一些问题。概括地讲，作为就是指侵权行为人在受害人的法益上制造了危险；不作为则是指未排除威胁到受害人的危险。精确一点就是：在作为行为中被主张权利者自己启动了具有法律意义的因果链；而在不作为中则是未中断这一因果链。"①

在"明知"情形之下，帮助侵权人显然是以积极作为的方式加入他人实施的侵犯商标专用权的行为中。换言之，帮助侵权人对其帮助行为所能造成的损害后果是明知的，其与直接侵权人存在共同的侵权故意，应当承担连带责任。

而在"应知"情形之下，帮助侵权人则是知道其行为可能会对他人侵犯商标专用权的行为有所帮助或放任，如受托印制带有商标标识的包装材料、提供商品经营场所或网络交易平台等，但却未履行这一注意义务，属于不作为的侵权行为。法无禁止皆可为，不作为侵权行为应当限定于特定的注意义务。换言之，不作为行为构成侵权的前提是存在作为的义务，作为义务则或基于法律规定，或基于合同约定，或基于公序良俗。②作为的侵权行为人与不作为的侵权行为人之间通常无法形成共同侵权行为的一致性，但若二者之间存在主观过错的联系，则基于直接侵权人的主观故意和

① 参见［德］克雷斯蒂安·冯·巴尔：《欧洲比较侵权行为法》，焦美华译，法律出版社2001年版，第261页。

② 依公序良俗而发生的作为义务主要包括：因自己行为致发生一定结果的危险而负有防范义务；开启或维持某种交通或交往，应为必要警告或照明；因从事一定营业或职业而承担防范危险的义务。参见王泽鉴：《侵权行为法》（第一册），中国政法大学出版社1998年版，第105~106页。

帮助侵权人的“应知”，两者在主观故意上存在趋同，使得直接侵权人的作为与帮助侵权人的不作为联接为一个实质上的作为侵权行为整体，由此导致了受害人同一不可分割的损害结果，此时可以成立共同侵权行为。[①] 但也正如上所述，此时帮助侵权人与直接侵权人分别实施的侵权行为属于同一损害结果链条上的不同行为环节，其对损害结果的产生具有不同责任大小的原因力。因此，帮助侵权人“应知”情形之下，其与直接侵权人成立的是不真正连带责任。根据《民法典》第1171条、第1172条的规定，“二人以上分别实施侵权行为造成同一损害，每个人的侵权行为都足以造成全部损害的，行为人承担连带责任”。“二人以上分别实施侵权行为造成同一损害，能够确定责任大小的，各自承担相应的责任；难以确定责任大小的，平均承担责任。”帮助侵权人“应知”情形之下应当承担的责任应视其责任大小确定，而非一律不加以分辨地连带，否则在帮助行为对损害结果的发生未起到决定性的作用时却令帮助侵权人负与教唆人同样的民事责任，未免过于苛刻。

【规范依据】

《民法典》第1168条、第1169条、第1171条、第1172条；《商标法》第57条第6项。

五、商标侵权抗辩要素审查

（一）诉讼时效抗辩

诉讼时效，是指权利人未在法定期间内行使权利而丧失请求人民法院依法保护其权利的法律制度。诉讼时效属于强制性规定，具有法定性，当事人不得约定排除适用诉讼时效规定，也不得预先放弃诉讼时效利益，对诉讼时效期间、计算方法以及中止、中断等事由的约定无效。

---

① 参见张铁薇：《共同侵权制度研究》（修订版），人民法院出版社2013年版，第144页。

诉讼时效期间，是指权利人请求人民法院保护其民事权利的法定期间。注册商标权作为普通民事权利，适用《民法典》第 188 条普通诉讼时效的规定，诉讼时效期间为三年，自商标注册人或者利害关系人知道或者应当知道权利受到损害以及义务人之日起计算。但自权利受到损害之日起超过二十年的，人民法院不予保护，有特殊情况的，人民法院可以根据权利人的申请决定延长。

根据《民法典》第 196 条第 1 项的规定，请求停止侵害、排除妨碍、消除危险的请求权不适用诉讼时效的规定。因此，若经审查，商标注册人或者利害关系人提起诉讼时确已超过三年的，其应当举证证明被控侵权行为在起诉时仍在持续，或者行为人停止被控侵权行为的时间距离起诉之日未满三年。

1. 诉讼时效的中止

诉讼时效中止，是指因特定事由发生，诉讼时效期间在特定期间停止进行。中止事由发生后，诉讼时效期间的计算处于暂停状态。自中止时效的原因消除之日起满六个月，诉讼时效期间届满。构成诉讼时效中止应当具备以下要件：第一，发生了客观法律事由，即存在客观障碍；第二，中止事由发生在诉讼时效期间届满前六个月；第三，由于中止事由的发生，权利人主观上虽有主张权利的意思，但在客观上无法主张权利。

实务中需要注意的是，权利人被采取刑事强制措施的，由于刑事诉讼程序过程中均可依法委托代理人主张权利，故一般认为该情形不属于诉讼时效中止事由。但如果权利人在被采取强制措施之前不知道或不应当知道侵权事实的发生，或者被非法控制或者被非法剥夺上述委托权、自身无法也无法委托他人主张权利的，则属于诉讼时效的中止事由。

2. 诉讼时效的中断

诉讼时效中断，是指在诉讼时效期间进行中，因发生一定的法定事由，使已经经过的时效期间全部归于无效，待诉讼时效中断事由终结后，诉讼时效期间重新起算。当事人一方向人民法院提交起诉状或者口头起诉的，诉讼时效从提交起诉状或者口头起诉之日起中断，而非“法院依法受理之日”。

（1）关于“有关程序终结”的理解。《民法典》第195条规定，构成诉讼时效中断的，诉讼时效期间从中断、有关程序终结时起重新计算。诉讼时效中断事由有持续性事由和非持续性事由。对于持续性事由，并非在事由发生之时中断事由即结束，而是持续一段时间，在该期间内，权利人持续主张权利，诉讼时效期间应持续中断。例如，权利人提起诉讼或者申请仲裁之后，在诉讼程序或者仲裁程序进行过程中，权利人仍然在主张权利，该过程应作为诉讼时效持续中断期间。因此，在上述情形之下，诉讼时效期间的重新起算点应从上述程序终结时起重新计算。

（2）民刑交叉案件中的诉讼时效期间中断。在民刑交叉案件中，存在当事人先提起民事诉讼后进行刑事报案、先进行刑事报案后提起民事诉讼以及在同一天既提起民事诉讼又进行刑事报案三种情形。对上述第二种情形，权利人报案、请求公权力机关保护其民事权利的意思表示明确，该意思表示在到达公权力机关时即发生法律效力。因此，公安机关、人民检察院对犯罪行为的侦查行为，人民法院对犯罪行为的审理行为，既是公权力机关代表国家对损害社会利益的行为主张权利，同时也可以视为其代表被害人（权利人）向犯罪嫌疑人（义务人）主张权利。故《民事案件适用诉讼时效制度若干规定》第13条规定：“权利人向公安机关、人民检察院、人民法院报案或者控告，请求保护其民事权利的，诉讼时效从其报案或者控告之日起中断。上述机关决定不立案、撤销案件、不起诉的，诉讼时效期间从权利人知道或者应当知道不立案、撤销案件或者不起诉之日起重新计算；刑事案件进入审理阶段，诉讼时效期间从刑事裁判文书生效之日起重新计算。”

【注意事项】

《民法典》第188条第1款规定的三年诉讼时效期间，可以适用《民法典》有关诉讼时效中止、中断的规定，不适用延长的规定。该条第2款规定的二十年期间不适用中止、中断的规定。

诉讼时效期间的“延长”必须由权利人提出申请后由人民法院审查决定。人民法院决定是否延迟诉讼时效，着重审查权利人本身是否具有过错，理由是否具有正当性。

【规范依据】

《民法典》第一编第九章；《最高人民法院关于适用〈中华人民共和国民法典〉总则编若干问题的解释》第35条至第38条；《民事案件适用诉讼时效制度若干规定》；《商标民事案件若干解释》第18条。

（二）基础事实抗辩

基础事实抗辩，既包括对商标侵权行为要素的抗辩，也包括对商品（正品）来源的抗辩，即通常所说的商标权利用尽抗辩。

1. 对侵权行为要素的抗辩

商标标识不相同也不近似、商品或服务类别不相同也不类似、不产生混淆误认的后果均属于侵权行为的基本要素事实，对该抗辩事由主要依据本书第二章“基本要素审理指引”第四部分“商标侵权行为要素审查”的内容进行审查。

2. 对正品转售行为的抗辩

通说认为，商标权用尽，是指商标权人投放或者经其许可附着商标的商品投放市场后，他人转售或者以其他方式向公众提供该商品的行为，以及为前述目的而进行的储存或者广告行为，商标权人无权再行使排他权。即使商标权人声明其商品只能在特定地域范围或是特定销售渠道内销售，该声明也不具有限制购买者转售该商品的效力。

正品转售行为通常不构成商标侵权，是因为商标的来源识别功能旨在将特定的商品指向特定的提供者，即商标权人，而非指示商品提供者的具体身份。再次转售的商品流通于商品市场时，商标所指向的商品提供者仍然是商标权人。因此，商品的转售，通常情况下并不会影响商标标示商品与其来源之间联系的功能，不构成商标侵权。但如果商品在被投放市场之后状态已经发生了改变，如损坏、变质等品质变化，或是商品特性被实质性改变，此时从品质保障和来源识别功能出发，商标权人有合法理由阻止其已售出的商品再次销售，商标权用尽原则不再适用。

（三）正当使用抗辩

正当使用抗辩为不侵权抗辩。注册商标中含有的本商品或服务的通用名称、图形、型号，或者直接表示商品或服务的质量、主要原料、功能、用途、重量、数量及其他特点，或者含有的地名，或者三维标志注册商标中含有的商品自身的性质产生的形状、为获得技术效果而需有的商品形状或者使商品具有实质性价值的形状，注册商标专用权人无权禁止他人正当使用。上述使用行为中，行为人系将与注册商标相同或近似的标识用来叙述、说明商品或服务的特定属性、用途、产地、形状等，或者描述某种商业活动的客观事实等，并不具有区分商品或服务来源的作用，不属于商标使用，不构成对他人商标权的侵害。

正当使用与商标使用的区别主要在于：一是主观目的不同，前者只是为了说明、描述自己的商品，后者则是为了标识商品的来源；二是客观后果不同，前者只是对商品的某些特征进行描述，使相关公众了解这些特征，不会使相关公众将之与商品的提供者形成联系，后者则能起到识别商品来源的作用，在所标识的商品与商标权人之间建立一种固定联系，使相关公众能够以此来区分商品的提供者。

【规范依据】

《商标法》第59条第1款、第2款。

1. 正当描述商品或服务的特定属性

根据《商标法》第11条的规定，描述性标识对商品或服务的质量、原料、功能、用途、重量、数量等特点进行了直接描述，缺乏固有显著性，只有经过使用取得“第二含义”获得显著性之后，方能被注册为商标。由于该类商标的“第一含义”依然停留于公有领域，商标权人无权禁止公众对该类商标“第一含义”的自由使用。因此，为客观说明商品或服务的用途、品质、对象或者其他特定属性等使用他人注册商标标识，属于对商品或服务特定属性的直接描述，不具有区分商品或服务来源的作用，不属于商标使用，不构成对他人商标权的侵害。

【规范依据】

《商标法》第 11 条、第 59 条第 1 款。

2. 正当使用本商品或服务类别的通用名称、图形、型号

通用名称是指在某一区域内为生产经营者或者消费者普遍用于称呼某一商品、服务或其他对象的名称，包括全称、简称、缩写、俗称等。通用名称具有规范性和区域广泛性，反映一类商品或服务与另一类商品或服务之间的根本区别，为国家或某一行业所共用，或是在由历史传统、风土人情、地理环境等原因形成的区域性相关市场通用。

【注意事项】

1. 通用名称既包括依据法律规定或者国家标准、行业标准属于商品或服务通用名称的，也包括约定俗成的商品或服务通用名称。相关公众普遍认为某一名称能够指代一类商品或服务的，应当认定为约定俗成的通用名称。被专业工具书、辞典等列为商品或服务名称的，可以作为认定约定俗成的通用名称的参考。

2. 约定俗成的通用名称一般以全国范围内相关公众的通常认识为判断标准。对于由于历史传统、风土人情、地理环境等原因形成的相关市场固定的商品或服务，在该相关市场内通用的称谓，法院可以认定为通用名称。

【规范依据】

《商标法》第 59 条第 1 款。

3. 正当使用地名

地名包括行政区划规定的地理名称，以及行政区划规定的地理名称以外的表示地理区域的名称，如泰山、天池等。

判断行为人使用地名的行为是否属于正当使用，需结合行为人的使用目的和方式，商标和地名的知名度，相关商品或服务的性质和分类，相关公众的注意程度，地名使用的具体环境等因素综合判断相关公众是否会产生混淆误认。[①] 若使用行为系出于攀附地名商标知名度或商誉的意图，可能使相关公众产生混淆误认的，则该使用行为超出了正当使用的范畴，构成侵害商标权。若使用行为有正当理由，且不会使相关公众产生混淆误认，则属于法律规定的正当使用，商标权人无权禁止他人在相同或者类似商品上正当使用该地名来表示商品与产地、地理位置等要素之间的联系。

【规范依据】

《商标法》第 10 条第 2 款、第 59 条第 1 款。

4. 正当使用地理标志

正当使用地理标志，指的是正当使用该地理标志中的地名。

地理标志，是指标示某商品来源于某地区，该商品的特定质量、信誉或者其他特征，主要由该地区的气候、地质、土壤以及品种等自然因素或者生产技术、加工工艺等人文因素所决定的标志，是一项地区性、公有性的财产权，产地内所有符合条件的厂商和个人都有权使用。根据《商标法》和《商标法实施条例》的规定，地理标志可以作为证明商标或者集体商标申请注册。《商标法实施条例》第 4 条第 2 款规定，以地理标志作为证明商标注册的，其商品符合使用该地理标志条件的自然人、法人或者其他组织可以要求使用该证明商标，控制该证明商标的组织应当允许。以地理标志作为集体商标注册的，其商品符合使用该地理标志条件的自然人、法人或者其他组织，可以要求参加以该地理标志作为集体商标注册的团体、

① 参见李扬:《商标法基本原理》，法律出版社 2018 年版，第 164~168 页。

协会或者其他组织，该团体、协会或者其他组织应当依据其章程接纳为会员；不要求参加以该地理标志作为集体商标注册的团体、协会或者其他组织的，也可以正当使用该地理标志，该团体、协会或者其他组织无权禁止。

以地理标志证明商标为例。根据《商标法》第 3 条的规定，证明商标是指由对某种商品或者服务具有监督能力的组织所控制，而由该组织以外的单位或者个人使用于其商品或者服务，用以证明该商品或者服务的原产地、原料、制造方法、质量或者其他特定品质的标志。可见，证明商标彰显的是商品或服务的特定品质，其商标的识别性指向为商品或服务的地理来源和特定品质。证明商标注册人的权利以保有、管理、维持证明商标为核心，应当允许其商品符合证明商标所标示的特定品质的自然人、法人或者其他组织正当使用该证明商标中的地名；同时，其也不能剥夺虽没有向其提出使用该证明商标的要求，但商品确产于该特定地域的自然人、法人或者其他组织正当使用该证明商标中地名的权利。

基于证明商标在识别性指向上的特性，判断行为人使用地理标志证明商标中地名的行为是否属于正当使用，应当以被诉侵权行为是否容易导致相关公众对商品或服务的地理来源和特定品质等产生误认作为判断标准。具体考量因素包括被诉侵权商品或服务是否来源于该地理标志特定区域内、是否具备特定品质、被诉侵权标识的使用方式是否正当以及使用者主观上是否出于善意。[①] 如果行为人提供的证据能够证明其商品或服务确实来源于地理标志特定区域，具备特定品质，且未使用地理标志中的特有图案，不会导致相关公众对商品的原产地等特定品质产生误认的，则应当认定行为人的使用系对特定地名的正当使用，不构成侵害商标权。

举重以明轻，集体商标注册人同样不能剥夺不要求参加以该地理标志作为集体商标注册的团体、协会或者其他组织正当使用该地理标志中地名的权利。

---

① 参见《江苏省高级人民法院侵害商标权民事纠纷案件审理指南》（修订版）第 6.1.4 条。

【规范依据】

《商标法》第 16 条；《商标法实施条例》第 4 条。

5. 正当使用三维标志的功能性要素

三维标志注册商标中含有的商品自身的性质产生的形状、为获得技术效果而需有的商品形状或者使商品具有实质性价值的形状，注册商标专用权人无权禁止他人正当使用。

【规范依据】

《商标法》第 12 条、第 59 条第 2 款。

（四）在先使用抗辩

商标注册人申请商标注册前，他人已经在同一种商品或者类似商品上先于商标注册人使用与注册商标相同或者近似并有一定影响的商标的，注册商标专用权人无权禁止该使用人在原使用范围内继续使用该商标，但可以要求其附加适当区别标识。

在先使用抗辩制度是知识产权保护中利益平衡原则的体现，旨在保护在申请日前已经在市场上存在并具有一定影响但未注册的商标标识所有人的权益。但由于注册商标的强保护，该条对在先使用商标在保护水准上又有所限制。上述因素体现在其构成要件上，具体包括以下内容。

1. 时间要件：早于注册商标申请日或实际使用日

在先商标应当在注册商标申请日前即开始使用。如商标注册人在商标注册申请日之前已开始实际使用商标，则该在先使用行为原则上还应当早于商标注册人对商标的使用行为。但若在先使用人不具备恶意，对商标申请人申请前的使用行为也不知情，那就不能仅以此否定在先使用人的先用抗辩。①

---

① 参见芮松艳、陈锦川：《〈商标法〉第 59 条第 3 款的理解与适用——以启航案为视角》，载《知识产权》2016 年第 6 期。

2. 使用要件：在相同或类似的商品或服务上持续、公开使用

在先商标应当真实、持续地在相同或类似的商品或服务使用，且在实际使用地域内起到来源识别功能。

3. 知名度要件：在先商标应当具备一定的影响力

在先使用人对该未注册商标的使用，必须在商标注册人申请商标注册日和使用日之前，就已经具有一定影响。经过实际使用，在相关公众中已经具有一定影响的未注册商标，承载了一定的商誉和产品质量保障，在一定范围和区域具有识别功能，即使在后注册申请的商标依照法律获得注册专用权，也不能剥夺商标在先使用人通过实际使用凝结的在先商标的商誉和利益。因此，对在先商标是否具备“一定影响力”，应基于在先使用商标在其实际持续使用的区域是否有一定影响，并不要求在全国范围内有一定影响。就其影响深度而言，在先使用商标通过在其主要使用区域内发挥识别商品来源的功能，使得该商标为特定地域或领域内的相关公众所知悉即可，不需要达到为相关公众熟知的程度。

4. 范围要件：在原有范围内使用被控侵权标识

原有范围包括原有使用标识、原有商品或服务类别、原有使用地域、原有使用方式。在确定原有范围时，应以在先使用人使用其未注册商标所形成的商誉所及的范围为主要判断依据，参考在先使用未注册商标所标识的商品或服务的经营模式，主要考量在先商标原有的商标使用方式进行判断。一般而言，在先仅通过实体店铺销售商品或者提供服务的，在商标注册人申请商标注册或使用该商标后，又在原实体店铺影响范围之外的地域新设店铺或者拓展到互联网环境中销售商品、提供服务，则应当认定为超出了原有范围。此外，使用该商标的商品产能、经营规模等也可以在个案中作为考量因素予以考量。

【注意事项】

商标在先使用抗辩成立的前提是对商标标识作商标意义的使用，即将该商标用于商业活动中，起识别商品或服务来源的作用。因此，

在先使用抗辩的主体应为该商标所使用的商品的生产者或服务的提供者。在先使用人之外的其他人，无论是否取得在先使用人的同意，均无权依据《商标法》第 59 条第 3 款提出在先使用抗辩。故而，在注册商标权人仅起诉销售商或被许可人的情形下，如销售商或被许可人在诉讼中提出在先使用理由的，因使用该商标标识所产生的利益一般应归于商标标识的权利人或商品生产者（服务提供者），销售商或被许可人无权针对合法的商标权人独立主张商标在先使用，此时应根据案件具体情况决定是否追加在先使用人。

【规范依据】

《商标法》第 59 条第 3 款。

（五）合法来源抗辩

销售不知道是侵犯注册商标专用权的商品，能证明该商品是自己合法取得并说明提供者的，不承担赔偿责任。合法来源抗辩的立法本意是在规范市场交易、便于权利人从源头上打击侵权维护自身合法权益的同时，适当保护善意销售商，维护交易安全，促进商品的正常流通。

1. 合法来源抗辩成立的构成要件

适用合法来源抗辩须符合主客观要件：一是所售产品来源明确且合法；二是销售商“不知道”侵权。

（1）客观要件：“来源明确且合法”。①“来源明确”指销售商提供的前手交易对象应当明确、具体，包括个人身份信息、工商登记资料等，足以令权利人“按图索骥”。②“来源合法”指该合同关系的形式和程序符合法律规定，即交易过程本身的合法性，而非产品本身的合法性。包括合法的购货渠道、正当的进货方式、合理的价格等。“来源合法”的证据应当符合市场交易习惯，即同一市场大部分同类销售者的商业惯例。

（2）主观要件：销售商“不知道”是侵权产品。“不知道”指不可能知道和没有合理理由应当知道，其反面含义是明确知道和有合理理由应当知道。“有合理理由应当知道”是对销售商当时行为的主观状态推定，需要结合具体案情，即商品本身的信息，原、被告双方提交的证据等进行综合判定，以确定销售商当时的合理注意义务程度，判断其是否符合“善意”销售商之标准。

需要注意的是，销售商的注意义务应为普通人的注意义务，即销售商要尽到社会上一般理性人对他人应尽的注意，但对一般理性人的界定应结合其职业、社会经验、行业要求、经营状况等具体因素，并不能将一般理性人的注意义务等同于普通消费者的注意义务。[①]因此，合理注意义务的判断标准应为销售商在正当市场交易中对产品是否侵权的认知能力。

【规范依据】

《商标法》第64条第2款。

2. 合理注意义务的审查要素

销售商是否已尽到合理注意义务，实务中可以参考以下因素进行判断。

（1）销售商的认知能力。销售商认知能力的高低通常与其资质密切相关，例如经营规模、从业时间、经济实力、专业程度、对权利人的了解程度等。经营规模、从业时间、经济实力在经营过程中通常可转化为商业经营优势，商业经营优势越大，在确定交易手续、审查供货商资质方面更容易拥有对等地位，能够办理较为完善的购销商品手续，如大型超市比个体工商户更具有商业经营优势，负有更高的审查注意义务。专业程度越高，更有能力判断其所售商品是否存在权利瑕疵，如专业经营某种或某类商品的销售商比经营多种类的销售商应负有更高的审查注意义务。对权利人的了解程度越深，也越有能力判断其所售商品是否存在权利瑕疵，对商品真假的辨识能力也越高，例如总经销商接触、了解权利人及其产品的程度比分销商更深，也就负有更高的审查注意义务。

（2）权利人产品的可识别性。识别性与产品的知名度、进货价格、进

① 参见郭军涛、郭静:《商标侵权案件中被控侵权者合法来源抗辩的认定》，载《中华商标》2015年第2期。

货渠道相关。知名度越高，市场影响力范围越大，销售商知晓该产品、价格及进货渠道的可能性就越大，其对产品的权利审查注意义务也就越高。

（3）侵权产品的表面合法性。产品的表面合法性主要是指从产品本身外观上看是否是合法产品。商标不同于专利和著作权，商标标识指示功能的判断通常不涉及知识产权专业知识。普通民众对于商标标识可以指示商品的生产者、出品方或服务的提供者，有着基本的认知。因此，如果产品上没有生产日期、质量合格证、生产厂家、保质期等基本信息，或者信息不完全甚至有明显冲突，则销售商应承担较高的审查注意义务。例如俗称的没有生产日期、质量合格证、生产厂家的“三无产品”，普通消费者均可认识到该产品可能存在质量或品牌瑕疵，作为商品流通领域的销售商也应当对此有所认知，进而意识到该“三无产品”存在仿冒可能，合理怀疑该产品的合法性并仔细、全面地审查其品牌标识、权利人标注、生产日期等基本信息，否则即未尽到注意义务。

（4）侵权产品是否属于特殊产品。国家对某些特殊产品，如药品、保健食品、烟花爆竹、化妆品等，在经营主体和产品的生产、运输、流通等环节规定了特殊要求，当其成为被控侵权产品时，销售商的审查注意义务应当提高，但由于销售商经营主体的不同，对该类特殊规定的了解程度不一，故应当结合销售商的审查能力、是否为强制性规定对销售商的审查注意义务程度加以区别。

（5）市场交易习惯。市场交易习惯并非普遍适用于所有交易行为，交易习惯在不同的销售主体、经营行业或区域内有所不同。因此，在判断审理案件的交易行为是否符合市场交易习惯时，首先应当根据交易主体的不同、标的物价款的高低、行业或区域内的普遍交易方式等认定“交易习惯”，进而判断审理案件的交易行为是否符合该交易习惯。如该交易行为不符合市场交易习惯，则因其“不符合”之特殊性，销售商应该合理提高注意义务，以防范可能出现的侵权风险。例如，连锁大超市因其商业优势，其交易方式相对正规，具备书面合同、发票等商业交易资料，而个体工商户由于体量较小，加上个体能力和区域、行业习惯的不同，实践中大多没有书面合同，而是以收据、送货单为主，更有甚者现金交付即时结清，因此两者的“交易习惯”不能同一而论，而应视具体案情具体分析。

【规范依据】

《知识产权民事诉讼证据若干规定》第 4 条。

（六）权利商标未使用抗辩

注册商标专用权人请求赔偿，被控侵权人以注册商标专用权人未使用注册商标提出抗辩的，人民法院可以要求注册商标专用权人提供此前三年内实际使用该注册商标的证据。注册商标专用权人不能证明此前三年内实际使用过该注册商标，也不能证明因侵权行为受到其他损失的，被控侵权人不承担赔偿责任。

关于“此前三年”的起算点，司法实践中存在以侵权行为发生之日为起算点和以起诉之日为起算点两种做法。广东省高级人民法院 2019 年在“江中药业”案[①]中明确指出，应将“此前三年”认定为“侵权行为发生前三年”，如果侵权行为是持续侵权，则“此前三年”指整个侵权持续期间的前三年，即商标权人举证证明的侵权起始日前三年加上整个侵权持续期间。法院在该案中认为，侵权行为是否会造成实际损失一般取决于侵权行为发生时各方当事人对商标的使用情况，通常与商标权人的在后使用情况无关。如果截至侵权行为发生时，商标权人已经连续三年未实际使用商标，致使商标被推定为无价值，故而他人此刻实施侵权行为也可以被推定为不会给权利人造成损失，行为人可根据行为前的情况有效预判到自己的行为后果，而如果将此前三年确定为起诉之前，行为人的行为后果可能因侵权行为发生后的事实而有所变化；从立法目的和法律效果来看，将此前三年确定为侵权行为发生前三年，有利于鼓励商标使用，激活商标资源，又可以有效防止商标权人利用注册商标不正当投机取巧。但是在 2020 年

① 参见广东省高级人民法院（2018）粤民终 1740 号民事判决书。

的“茅台”案[①]中，广东省高级人民法院认可原审法院关于权利人未提供证据证明其在本案起诉前三年内实际使用涉案商标，也不能证明其因侵权行为受到的其他损失，被控侵权人无须对侵犯涉案商标权的行为承担赔偿责任的论述。在2023年的“拉菲”案[②]中，最高人民法院亦明确权利人对于其起诉之日起前三年使用涉案商标的事实负有证明责任。

【注意事项】

1. 注册商标专用权人在核定使用的商品或服务项目内的其他项目的使用，不属于其在侵权案件中主张保护的具体商品或服务类别项目的使用。

2. 被控侵权人提出该抗辩主张的，并不需要提供证据。相反，权利人应当举证证明其实际使用注册商标的事实。如在案证据显示权利人的注册商标在此前三年内已经实际使用，被控侵权人仍然提出免赔抗辩主张的，法院也无须要求权利人另行提供相关证据。

3. 没有实际使用注册商标，仅有转让或者许可行为；或者仅是公布商标注册信息、声明享有注册商标专用权的，不属于商标使用。

4. 因侵权行为受到其他损失的范围，应当包括为制止被控侵权行为继续发生而支付的合理开支。权利人通过提起诉讼的方式制止被控侵权行为所支付的律师费、公证费等合理开支，属于因侵权行为受到的其他损失，应当由被控侵权人承担。

【规范依据】

《商标法》第48条、第49条第2款、第64条第1款；《商标民事案件若干解释》第18条；《商标行政案件若干规定》第26条第3款、第4款。

---

① 参见广东省高级人民法院（2019）粤民终2618号民事判决书。

② 参见最高人民法院（2022）最高法民终313号民事判决书。

（七）权利冲突抗辩

知识产权权利冲突[1]，是指对争议的智力成果或者标记，权利主体双方均拥有知识产权，如注册商标专用权、著作权、外观设计专利权、企业名称权、商品包装装潢、作品形象商品化权益等。根据知识产权权益的类型，权利冲突可以分为两大类：一类是相同类型的权益之间的冲突，如商标权与商标权的冲突；另一类是不同类型权益之间的冲突，如商标权与著作权、商标权与企业名称权的冲突。

1. 商业标识类的权利冲突

商业标识，是指市场主体在商业活动中用来区分其商品或者服务、经营主体和经营活动的标识。商业标识种类多样，获取途径也不尽相同，对其进行规制和调整的法律也相应不同。例如，注册商标、企业字号、有一定影响的商品名称以及域名等可能使用相同或者近似的文字，但其分别属于不同法律调整的对象。根据标识对象的不同，商业标识分为区分商品或服务来源的标识、区分经营主体的标识和区分经营活动的标识，例如商标、企业名称（字号）、域名。

涉及商业标识的权利冲突，包括商业标识之间的权利冲突以及商业标识与其他民事权利之间的冲突。

（1）商业标识之间的权利冲突。商业标识的权利冲突，主要指不同市场主体因使用相同或者近似的商业标识导致市场混淆或者构成侵权，从而产生的权利之间的抵触。

商业标识之间的冲突属于知识产权权利冲突中比较常见和突出的问题，其基本特征包括以下几个方面。

第一，外观上的相同或近似。商业标识客观上的相同或者近似，是商业标识产生冲突的客观基础。例如，商标与字号的相同或者近似就是认定商标与企业名称发生冲突的基础。

---

① 知识产权既包括法律规定的权利，又包括法律规定的利益，如有一定影响的企业名称、商品名称、包装装潢等。为行文方便，本书所指的权利冲突均包括法益冲突，两者不作区分。

第二，形式上均具有合法的权利来源。根据商业标识权利来源的不同，存在以下两种情况：其一，不同类别的商业标识权利冲突。此情形之下，商业标识权利分属于不同的法律调整。例如，有一定影响的商品包装、装潢（未注册商标）受《反不正当竞争法》的保护，而相同或者近似的包装装潢申请商标注册时，又产生了注册商标专用权，受《商标法》的保护。其二，相同类型的商业标识权利冲突，如注册商标之间的冲突、企业名称之间的冲突。此类冲突产生的原因一般在于授权的地域性（如企业名称实行分级管理），或者是使用过程中的不规范性，或者是权利取得时的不正当性。

第三，权利之间互不兼容。不同市场主体使用相同或者近似的商业标识，容易在市场上造成或者足以造成商品（服务）及其提供者之间的来源或者关联关系的混淆。这种市场混淆的后果决定了其不能在市场上共存，否则会损害特定的权利主体或者误导消费者。如果不足以产生市场混淆，则不存在冲突问题。也正因为商业标识权利冲突之间难以共存，即使在后的商业标识权利是合法取得，在市场混淆的情形下法院也可以判决其停止使用。

（2）商业标识与其他民事权利的冲突。商业标识与其他民事权利之间的冲突虽然不产生市场混淆，但属于侵犯他人智力成果的情形。例如，未经许可使用他人在先的著作权申请注册商标的，著作权人一般可以通过商标无效程序使该注册商标无效；如该注册商标已在商品或服务上进行了使用，著作权人还可通过著作权侵权诉讼维护自身权益。

2. 权利冲突侵权审查的基本原则

在对权利冲突侵权进行判断时，除了商标侵权判定的一般要件外，还应遵循以下处理原则。

（1）保护在先权利原则。保护在先权利原则，是指在权利人各自以诚信的方式合法取得权利时，法律保护在先获得权利的一方。适用该项原则时，应当注意以下几点：一是该在先权利应为完整、独立的合法权利。二是双方权利的形成时间存在先后之分，且此时间的不同应由在先权利主张人承担举证责任。三是在先权利与在后权利在权利适用范围上存在重合。

（2）诚信原则。诚信原则作为民商事领域的“帝王”法则，排除了以欺诈、仿冒、混淆等方式利用他人市场信誉与优势获取经济利益的行为，也排除了因恶意仿冒他人的商标而取得权利的合法性，是对保护在先权利原则的补充。实务中主要考察双方权利的取得及使用是否善意、正当、合理，有无攀附的主观故意。

（3）维护公平竞争原则。要把握《商标法》有关保护在先权利与维护市场秩序相协调的立法精神，在诚信原则的引领下注重维护已经形成和稳定了的市场秩序，维护公平竞争，防止市场混淆。

（4）利益平衡原则。权利冲突中，市场混淆即相关公众对商品（服务）及其提供者之间的来源或者关联关系的混淆，会损害特定权利主体的利益或者误导消费者，这是《商标法》立法规制的目的所在，因此，足以导致市场混淆是该种权利冲突必须得到处理的原因。换言之，市场混淆与否是判断不同市场主体的相同或近似商业标识能否共存的关键所在。因此，在权利冲突侵权审查中，要注意避免以在先权利人的利益作为唯一衡量因素，尤其是在在后权利人没有主观攀附故意、诚信经营的情形下，法院应当在尊重在先权利的前提下，结合具体案情对冲突利益进行分析，必要时可以对在先权利进行适度的限制，平衡双方利益，以维护公平竞争的市场环境。

【规范依据】

《商标法》第 7 条第 1 款、第 9 条第 1 款、第 32 条；《权利冲突民事纠纷若干规定》第 1 条第 1 款。

3. 注册商标之间的权利冲突

（1）注册商标冲突下的侵权判定因素。注册商标之间的权利冲突是典型的商业标识权利冲突。由于两个注册商标均为合法注册，两者之间的冲突原则上应当通过商标行政授权确权程序解决，先行申请无效或撤销注册商标。但若商标权人主张他人超出核定商品的范围或者以改变显著特征、拆分、组合等方式使用的注册商标，与其注册商标相同或者近似为由提起诉讼的，人民法院应当受理。因此，判断被控侵权行为人使用其合法注册的商标是否超出核定使用的商品或服务范围以及使用方式是否规范，是法院受理商标权之间权利冲突纠纷的基础，也是权利冲突审查中侵权判定的主要因素。

判断是否超出核定使用的商品或服务范围以及使用方式是否规范，可参考本书第二章第四部分“商标侵权行为要素审查”中关于“商品或服务类别的认定”“商标比对要素”的内容。

（2）注册商标冲突下的商标侵权情形。人民法院可以受理的注册商标冲突的商标侵权情形包括：①被告实际使用的商标超出了核定使用商品或服务的范围，原告主张侵入了其注册商标核定使用商品或服务范围的；②被告虽然将其注册商标使用在核定的商品或服务上，但未规范使用其商标标识，自行改变了商标的外观特征或式样，包括改变显著特征、拆分使用、将自己的多个注册商标不当叠加或组合使用，并通过文字处理，弱化或淡化部分文字，突出其他文字等方式使用注册商标，原告主张与其注册商标相同或者近似的；③被告使用的注册商标属于复制、摹仿或者翻译他人驰名商标，原告主张构成侵犯商标权，请求根据《商标法》第13条的规定禁止被告使用的；④被控侵权商标在法院受理案件时尚未获得注册或已被撤销、无效的；⑤被控侵权行为发生时，被控侵权商标尚未获得注册，而受理案件时被控侵权商标获得注册的。

对上述被控侵权行为，人民法院审理后如认为权利人主张不成立的，依法应驳回其诉讼请求；主张成立的，法院可以判决停止使用。

【规范依据】

《商标法》第13条；《商标民事案件若干解释》第5条；《权利冲突民事纠纷若干规定》第1条第2款；《商标行政案件若干规定》第23条。

4. 注册商标与企业名称权的冲突

注册商标与企业名称同属于商业标识的使用范畴，但功能不同。注册商标识别的是商品或服务的来源，企业名称识别的是市场经营主体。我国对商标和企业名称的注册登记管理分属两个系统：商标由国家知识产权局商标局统一实行全国集中核准注册；企业字号是由县级（含）以上四级市场监督管理局登记注册，四级市场监督管理局在各自辖区范围内进行检索。两个系统各自独立，核准注册时均不审查申请注册的商标或企业名称是否与在先企业名称权或在先注册商标发生冲突，更不审查两者是否会发生混淆。因此，在注册商标的客体为文字或图文商标的情形下，现实中存在大量商标与相同或近似企业字号并存的情况。

注册商标专用权与企业名称权的冲突实质是企业经营过程中的市场混淆行为。企业名称在简化使用的情形下，可发挥商品或服务来源的识别功能，从而与注册商标发生冲突。《商标民事案件若干解释》第 1 条第 1 项规定，将与他人注册商标相同或者相近似的文字作为企业字号在相同或者类似商品或服务上突出使用，容易使相关公众产生误认的，属于侵害商标权。根据上述规定，企业字号构成商标侵权的构成要件包括以下内容。

（1）使用文字：与他人注册商标相同或者相近似。这里的文字，一般指中文汉字、拼音或英文。比对时一般参照商标比对的判定原则和标准进行。需要注意的问题有：①拼音或英文商标在与企业字号进行比对时，由于文字字形和读音的区别，需要额外增加对应程度的考量，故而拼音或英文商标与中文企业字号之间要求具备稳定的对应关系。②图文商标与企业字号发生冲突时，其比对应当根据商标的特征和通常消费习惯，将图文商标中的文字字形及读音作为标准与企业字号进行比对，以判断两者是否相同或近似。

（2）使用行业：相同或者类似商品或服务。企业有明确的经营范围，商标也有具体的商品或服务类别，而不同行业的商品和服务有不同的销售和服务对象，不同商品或服务类别的商业标识也通常容易区分，因此，只有两者所经营的商品或服务的行业相同或类似时才可能造成混淆。

（3）使用方式：突出使用。实务中常见的企业字号突出使用形式主要有两种：一是将字号单独地突出使用；二是将字号作为企业名称的一部分以不同的字体、大小、颜色等方式突出使用。但所谓的“突出使用”，是指该使用方式在形式上使企业字号与其周边文字的特征有所区别，相关公众根据视觉效果将注意力集中于字号而忽略其他相对不引人注目的文字，从而使企业字号在实质上具有了商标意义上的来源识别功能。因此，实务中需要注意不能机械地将一切字体特征不同的使用均认定为“突出使用”，或者是遗漏表面未“突出”但意图“突出使用”的情形。

（4）混淆可能性：容易使相关公众产生误认。在混淆可能性的审查中，除了普通商标侵权混淆可能性的判定原则外，还需要考察在先商标或企业字号的独创性、商标和字号的市场知名度、商标和企业名称的权利基础正当性、实际使用情况、已经客观产生的市场格局等因素。企业名称与注册商标的冲突适用公平竞争和诚信的基本原则，在后商标或企业名称是否不正当地利用了他人的在先商誉进行恶意竞争是解决冲突的重要考量因素。如果在先企业名称的注册、使用不具有不正当性，自始合法善意地使用，未攀附在后注册商标的商誉，则在后商标权不能排除在先企业名称的使用。同时为了防止市场主体的混淆和冲突，保护消费者权益与正常的市场竞争秩序，法院可以在判决中明确要求当事人各自规范使用其企业名称和注册商标，必要时附加适当区别标识。

【规范依据】

《商标法》第32条、第57条第7项、第58条；《商标民事案件若干解释》第1条第1项；《权利冲突民事纠纷若干规定》第4条；《商标行政案件若干规定》第21条。

5. 注册商标与著作权的冲突

根据我国《商标法》和《著作权法》的规定，商标权和著作权的客体分别为商标和作品。当两者在构成要素上重合，权利客体亦有可能同一。此时若商标权与著作权分别归属于不同的主体，则不同的主体在行使各自应有的权利时容易发生冲突。当商标权与著作权发生冲突时，商标权人可以侵犯商标权为由提起民事诉讼，著作权人也可以选择以侵犯在先著作权为由直接到法院起诉或者向商标评审委员会申请撤销侵权注册商标。不管哪方提起民事诉讼，法院民事诉讼中涉及的商标权与著作权冲突，均是著作权人将与注册商标相同或近似的著作权作品图样在商品或服务中使用。[①]

《商标法》第7条第1款规定："申请注册和使用商标，应当遵循诚实信用原则。"商标侵权案件中审查商标权与著作权的冲突，主要审查要点有：

（1）被控标识是否属于商标使用。如被控标识可以起到来源识别作用，容易使相关公众误以为其指示的商品或服务来源于商标权人或与商标权人有某种特定关系，则被控标识可能侵入了他人商标权的权利范围，构成商标侵权。若被控标识只是商品或服务装潢的一部分，不具有来源识别功能，则不属于《商标法》的评价对象，也不受《反不正当竞争法》的保护。

（2）被控侵权人是否对被控标识拥有合法的在先著作权。被控标识是否构成作品以及被控侵权人是否属于著作权人等应当根据《著作权法》的相关规定进行审查。需要注意的是，商标申请人不一定是著作权人，将图文组合作为商标在某类商品或服务上申请注册以及在商品经营中使用商标的行为，只能证明商标申请人希望获得商标权并应接受《商标法》关于商标权的保护和规制，不能直接证明商标申请人同时获得了该"图文组合"的美术作品著作权。

（3）被控标识与注册商标是否构成相同或近似。商标近似混淆的认定标准与作品实质性相似的认定标准并不一致，即使同一商标权与著作权冲突，根据适用法律的不同，其比对结果也可能不同。商标近似混淆的认定中，既要考虑商标标识构成要素及其整体的近似程度，也要考虑商标的显著性和知名度、所使用商品的关联类似程度、相关公众的注意程度等市场

---

① 由于注册商标的公示效力，在后著作权通常并无合法、正当的理由，本书主要讨论商标权与在先著作权的冲突。

因素。而作品实质性相似是指作品的独创性表达实质相似，比对范围限于作品本身，认定中并不需要考虑知名度、注意力等市场因素，也不要求整体近似。

（4）商标权人注册、使用涉案商标的行为是否具有正当性，也即商标权人是否具备其所主张商标专用权的权利基础。商标权的取得需要经过申请和核准，但这并不意味着经过核准注册的商标便不具有瑕疵。核准注册的商标虽然具有了合法性，但仍然可能因为法律规定的原因被撤销或被宣告无效。在权利基础具备的前提判断下，商标权人的诉讼请求能否支持还需要结合具体案情进行认定。

【规范依据】

《商标法》第 7 条第 1 款、第 9 条、第 31 条、第 48 条；《权利冲突民事纠纷若干规定》第 1 条；《商标行政案件若干规定》第 19 条、第 22 条。

6. 注册商标与姓名权的冲突

当事人主张注册商标损害其姓名权，如果相关公众认为该商标标志指代了该自然人，容易认为标记有该商标的商品系经过该自然人许可或者与该自然人存在特定联系的，人民法院应当认定该商标损害了该自然人的姓名权。当事人以其笔名、艺名、译名等特定名称主张姓名权，该特定名称具有一定的知名度，与该自然人建立了稳定的对应关系，相关公众以其指代该自然人的，人民法院予以支持。

此处的姓名权，并非人格权意义上的姓名权，而是该姓名用作商业标识时所附着的商誉在《商标法》《反不正当竞争法》等市场竞争性法律上的权益，即该姓名标识可以用来识别商品或服务来源。公民在将姓名进行商业使用时，应当遵循诚信原则并遵守相关法律、法规的规定，不得侵害他人的在先权利。

【规范依据】

《商标行政案件若干规定》第20条。

7. 注册商标与域名的冲突

域名是对计算机用户IP地址的一个识别标志，可以起到识别商品和服务来源的作用。且由于域名注册采取唯一性和在先原则，最先成功注册的主体有权拥有这个域名。所以，如果域名注册人抢先将与他人商标相同或近似的文字申请注册域名，则有可能发生域名与商标的冲突问题。

人民法院审理域名商标权冲突纠纷案件，对符合以下各项条件的，应当认定被告注册、使用域名等行为构成侵害商标权：第一，注册商标合法有效。第二，域名或其主要部分构成对驰名商标的复制、模仿、翻译或音译；或者与注册商标相同或近似，足以造成相关公众的误认。第三，域名注册人对该域名或其主要部分不享有权益，也无注册、使用该域名的正当理由。第四，域名注册人对该域名的注册、使用具有恶意。第五，通过该域名进行相关商品交易的电子商务。

【注意事项】

1. 争议域名注册人是否享有合法权益及正当理由，其相关信息一般只有其自己掌握，故上述第三点的举证责任应当由域名注册人承担。

2. "通过该域名进行相关商品交易的电子商务"并不局限于该域名网站上的直接交易，而是通过该域名网站进行的所有交易，既包括该域名网站上的直接交易，也包括通过该网站跳转或引导至其他网站的交易，还包括通过该网站所载的联络方式进而实现的线下交易。

【规范依据】

《商标民事案件若干解释》第1条第3项；《网络域名民事案件若干解释》第4条、第5条、第6条、第7条。

六、举证要素审查

审理侵害商标权纠纷案件，一般按照“审查权利基础→审查被控侵权行为→审查抗辩理由→确定侵权责任承担”的思路进行。详见图1。

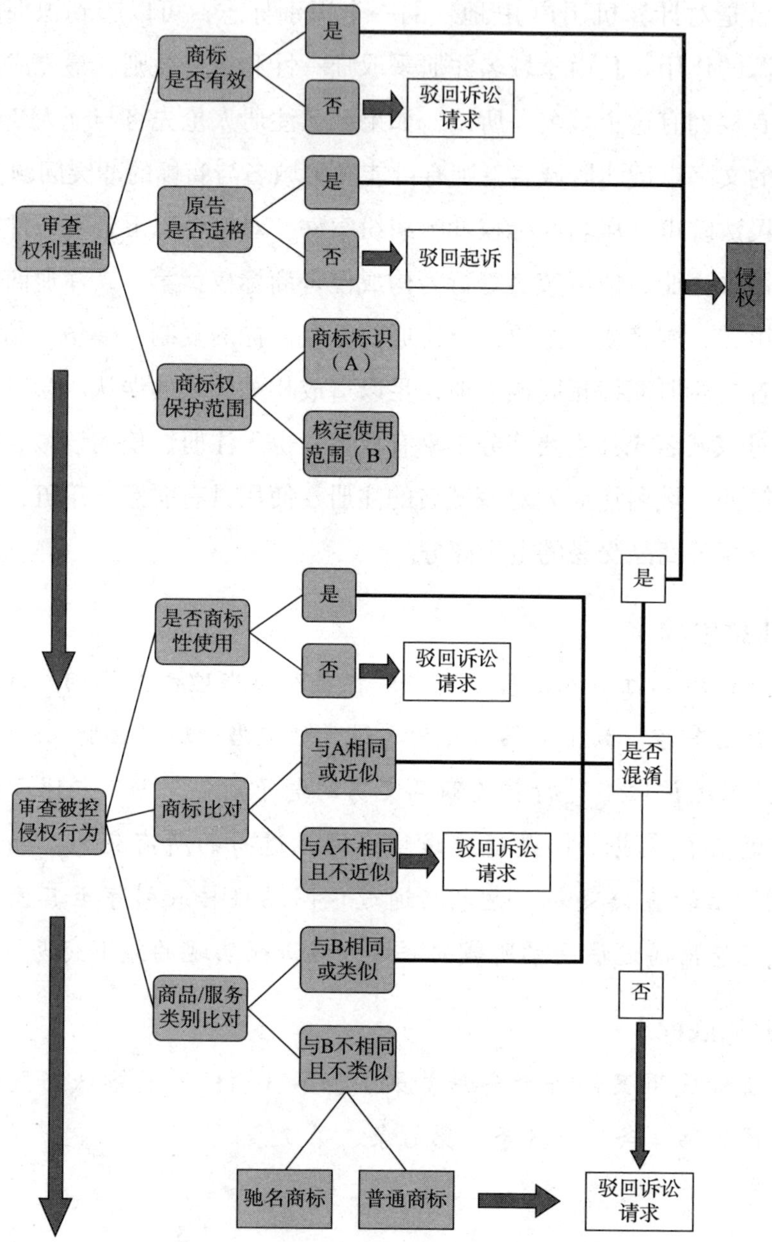

图1 侵害商标权纠纷案件审理思路

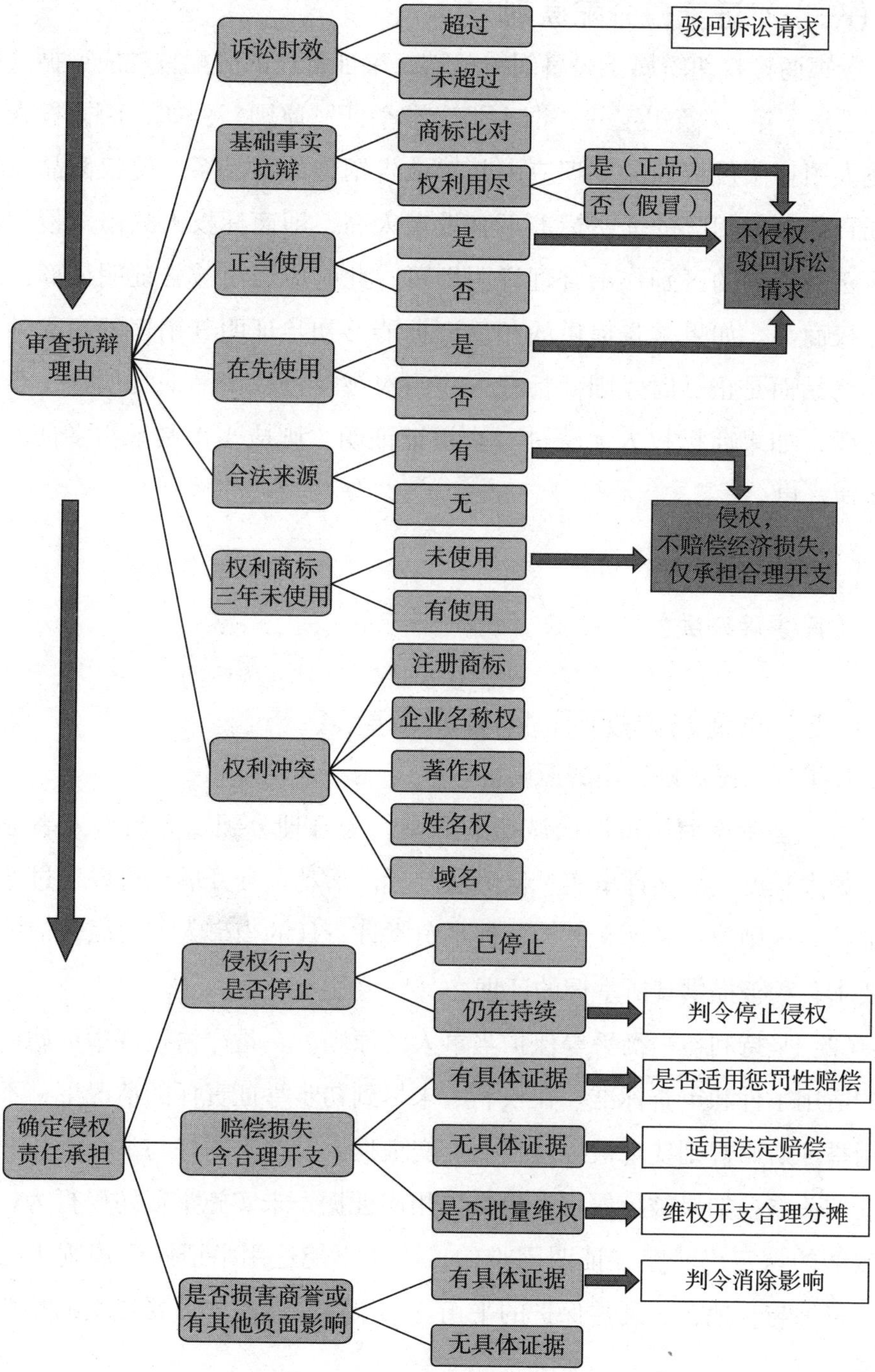

图 1　侵害商标权纠纷案件审理思路（续）

（一）举证责任分配原则

侵害商标权纠纷属于民事纠纷范畴，举证责任的分配首先应遵循《民事诉讼法》第67条规定的“谁主张、谁举证”原则。例如，商标权人主张他人销售了侵权商品，理应由其对被告销售的商品系“侵权商品”负举证责任，但相应的证明标准不宜设定太高，即商标权人只需对侵权商品与正品之间的区别作出合理说明即可，此时应当由被告证明该商品并非侵权商品。如果被告提供的相反证据能够初步证明其销售的商品并非侵权商品而是正品时，则商标权人应当对被控侵权商品的真伪进一步举证证明，如果商标权人无法进一步举证证明，则应当由其承担举证不能的法律后果。[①]

【规范依据】

《民事诉讼法》第67条。

（二）举证妨碍规则适用要素审查

1. 举证妨碍规则适用的原则

（1）坚持贯彻民事诉讼诚信的原则。为合理分配双方当事人举证责任，最大程度查清案件事实，保障法院诉讼活动顺利开展，可以通过适用举证妨碍规则确定举证义务，督促不负举证责任的当事人，按照诚信原则的要求，积极提供其所掌握的证据。

（2）坚持利益平衡平等保护当事人的原则。一是严格把握举证妨碍规则的适用条件和审查标准。在权利人未尽到初步举证责任的情况下，不能适用举证妨碍规则要求被控侵权人提交证据。二是平衡好与举证责任分配制度的关系。如果被控侵权人提交了相应证据，未实施举证妨碍行为，赔偿数额的认定仍然存在证明困难的，依法不能适用举证妨碍规则进行裁判。三是与其他合法利益保护的平衡。如果被控侵权人需要提交的相关证

---

① 参见《江苏省高级人民法院侵害商标权民事纠纷案件审理指南》（修订版）第6.3条第1点。

据同时也是其他合法利益的载体，而提交该证据将不可避免地导致该合法利益受损的，应当在进行审慎利益权衡的基础上，决定是否要求被控侵权人提交相关证据。

（3）坚持突出重点有效适用的原则。通过法定赔偿方式确定赔偿数额与适用举证妨碍规则判定赔偿数额，都体现了对权利人举证能力不足的关注，都是为了更好地满足权利人的赔偿主张，两项制度在功能上具有互补性。法定赔偿方式的适用具有广泛性和灵活性，举证妨碍规则的适用程序严格，针对性强。举证妨碍规则的适用既要当用尽用，又要突出重点，讲究实效，划清其和法定赔偿方式的界限。

2. 举证妨碍规则适用需满足的条件

（1）在知识产权侵权诉讼中，权利人已经尽力举证，而与侵权行为相关的账簿、资料主要由被控侵权人掌握的，为合理确定赔偿数额，可以根据权利人的申请，责令被控侵权人提供与侵权行为相关的账簿、资料。

（2）权利人虽然未提出责令被控侵权人提交证据的申请，为合理确定赔偿数额，可以结合在案其他证据已经证明的事实，适用《民事诉讼法》第67条第2款的规定，依职权主动要求掌握证据的被控侵权人提供与侵权行为相关的账簿、资料。

（3）权利人申请人民法院责令被控侵权人提交证据的，应当在第一次法庭辩论终结前以书面形式提出，并载明申请责令被控侵权人提交的证据内容以及相应的事实和理由。

3. 举证妨碍规则适用的具体案件情形

案件有下列情形之一，权利人提出责令被控侵权人提交证据申请的，应当重点予以审查：（1）权利人主张的赔偿数额超出法律规定最高赔偿限额的；（2）权利人主张适用惩罚性赔偿责任的；（3）权利人主张的赔偿数额较大，可能全额支持的；（4）被控侵权人通过网店销售侵权产品，网页显示销售数量较大的。

权利人起诉金额较小，且被控侵权人是自然人或自然人经营的个体工商户的，一般不适用举证妨碍规则责令被控侵权人提交相关证据。

4. 举证妨碍规则适用的审查流程

对权利人提出的责令被控侵权人提交证据的申请，应当对其理由是否成立进行审查，主要审查以下事实：（1）权利人主张的侵权事实是否成立；（2）权利人是否提供了有关赔偿的初步证据，对其主张的赔偿数额是否作出了合理说明；（3）与侵权行为相关的账簿、资料是否主要由被控侵权人掌握；（4）申请责令被控侵权人提交的证据与赔偿主张之间是否存在关联性。

权利人未能就其赔偿主张提供初步证据或者申请责令被控侵权人提交的证据与其赔偿主张之间不存在关联性的，应当认定其申请理由不成立，对其责令被控侵权人提交证据的申请不予准许。

在知识产权侵权惩罚性赔偿案件的审理中，被控侵权人故意侵权与侵权情节严重等基本事实清楚，在权利人已经提供了有关赔偿的初步举证，但无能力进一步举证的情况下，为确定惩罚性赔偿的赔偿基数，权利人申请责令被控侵权人提供与侵权行为相关的账簿、资料的，应当予以准许。

责令被控侵权人提供其掌握的与侵权行为相关的账簿、资料，被控侵权人未能按要求提供的，应当责令其书面说明理由，并对其是否具有正当理由进行审查。

对被控侵权人未按要求提供证据是否具有正当理由的审查，应当综合以下因素进行判断：（1）权利人提供的初步证据是否充分；（2）被控侵权人的过错大小和侵权行为的具体情节；（3）责令被控侵权人提交的证据与赔偿主张之间的关联程度；（4）被控侵权人提交其所掌握的相关证据是否会损害其本人或者其他人的合法利益；（5）被控侵权人提交相关证据是否确有客观困难；（6）被控侵权人的经营范围、经营能力等。

对故意侵犯知识产权且情节严重的行为，在是否具有正当理由的认定上，应从严把握。

5. 如何适用举证妨碍规则确定赔偿数额

（1）被控侵权人存在未按要求提交证据且无正当理由或者提供虚假证据的，应当根据权利人的赔偿主张以及初步举证等具体情况，采取优势证据标准，判定赔偿数额。该判定的赔偿数额可以是权利人主张的赔偿数额的全部或者部分，同时也可以作为惩罚性赔偿的赔偿基数。根据举证妨碍规则判定赔偿数额，应当充分考虑被控侵权人所实施的具体妨碍行为以及所产生的具体妨碍后果，需符合比例原则。

（2）被控侵权人按要求提供了其掌握的相关证据，或者未按要求提供证据但具有正当理由，或者其未按要求提交证据的行为没有造成不良后果的，不适用举证妨碍规则判定赔偿数额，应当根据在案证据的具体情况，按照法律规定的方式确定赔偿数额。

（3）权利人提供的被控侵权人网店销售页面显示的销售数量较大或巨大，而被控侵权人没有应诉或者答辩的，可以结合已经查明的侵权事实和侵权情节，在权利人主张的赔偿数额内从高酌定赔偿数额。

（4）适用举证妨碍规则判定赔偿数额的，对双方诉辩意见应全面分析，审慎衡量，充分说理，兼顾法律效果和社会效果的统一。

【规范依据】

《商标法》第 63 条；《知识产权民事诉讼证据若干规定》第 31 条。

举证妨碍规则适用的具体思路见图 2。

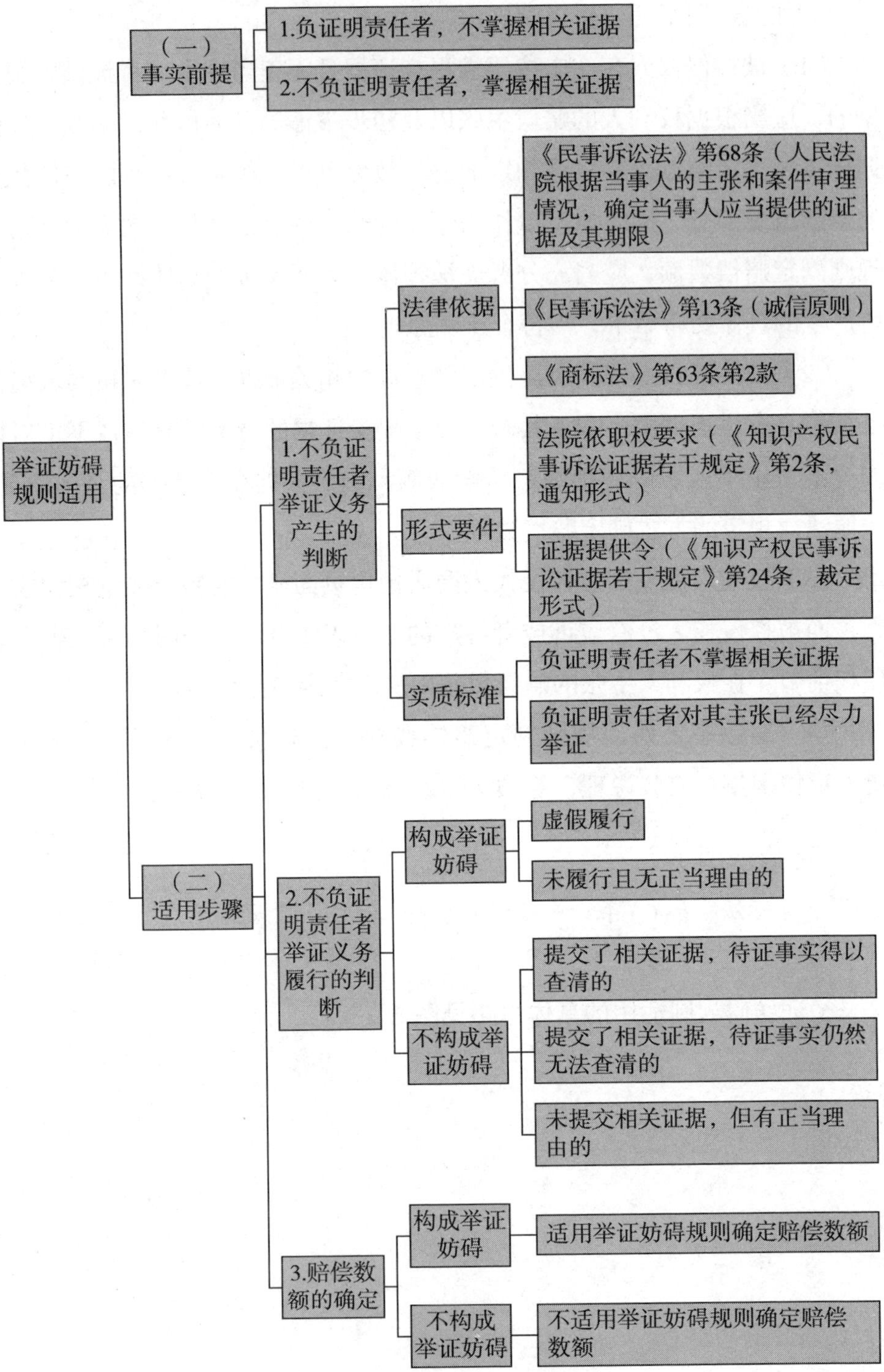

图 2　举证妨碍规则适用思路

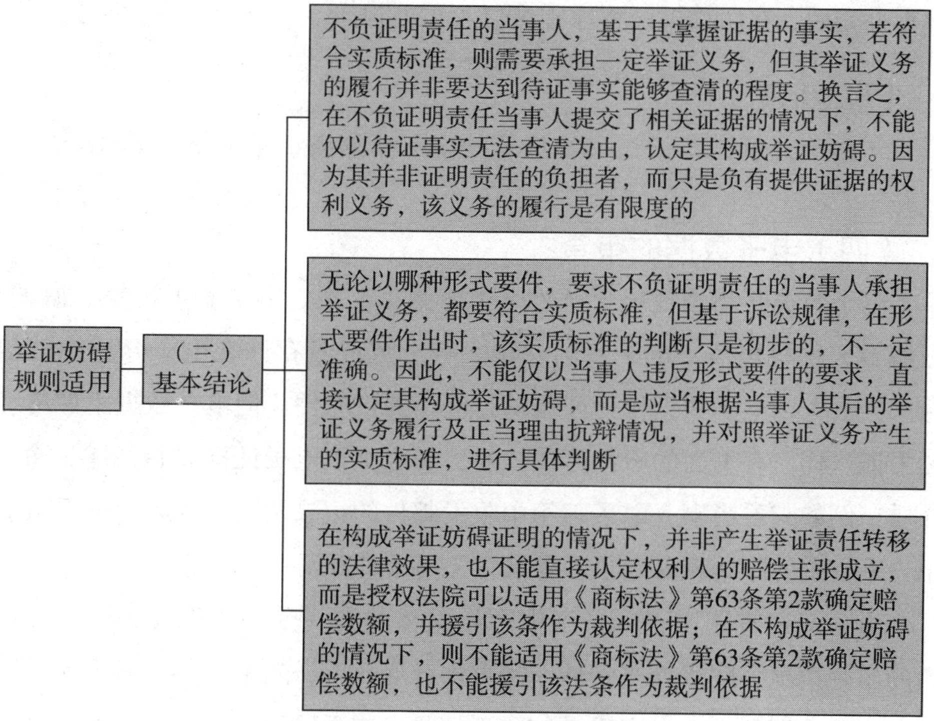

图2　举证妨碍规则适用思路（续）

（三）域外证据的审查

2020年《知识产权民事诉讼证据若干规定》出台以前，我国法律对所有域外形成的证据都要求经过国外公证机构的公证以及我国驻外使领馆的认证，但这一要求客观上加重了权利人的举证负担。一方面，域外公证往往只是对原本副本一致、当事人当场签名等情况进行公证，并不涉及证据内容的真实性；另一方面，部分域外形成的证据拟证明的事实，实际上可以通过其他证据予以佐证或通过庭审质证予以确认。

鉴于此，《知识产权民事诉讼证据若干规定》第8条、第9条规定，法院生效裁判和仲裁机构生效裁决确定的域外证据、从公开渠道获得的出版物等域外证据可以不办理公证、认证；对方认可真实性或有证人证言确认真实性的域外证据可以不办理认证。根据《知识产权民事诉讼证据若干规定》第10条的规定，域外当事人授权委托书的证明手续也可以简化，一审办完后，在后续诉讼程序中可以不再办理。

【规范依据】

《知识产权民事诉讼证据若干规定》第8条、第9条、第10条。

（四）电子数据的审查

电子数据是指通过电子邮件、电子数据交换、网上聊天记录、博客、微博客、手机短信、电子签名、域名等形成或者存储在电子介质中的信息。当事人以电子数据作为证据的，应当提供原件。但电子数据不像传统的书证一样，有书面的原件可供核对，需审查该电子证据原始载体、输出介质，例如查看当事人电子邮箱中收发邮件的记录及邮件内容、查看微信用户手机中的原始聊天记录、登录相关网站查看网页内容等。

由于上述直接审查电子证据原始载体的方式受限于设备或账户持有人的出庭情况、网络连接条件、网页内容变化等，越来越多当事人通过可信时间戳认证的方式对查看微信聊天记录、查看网页内容、购买商品等过程进行视频拍摄，来保全证据。可信时间戳取证的方式相对于传统的公证取证方式更加经济、便捷，但该取证方式一般由原告或其代理人单方（1人或数人）自行操作进行取证而无第三方见证，所以需严格把握其证明效力。

可信时间戳取证视频完整呈现取证人员对取证电子设备及网络进行了清洁性检查，取证过程完整、清晰，取证、固证程序符合可信时间戳取证操作指引的，可以采纳。反之，可信时间戳取证视频未完整呈现取证过程，未显示有对取证电子设备及网络进行清洁性检查的，则不予采纳。

【规范依据】

《民事诉讼法解释》第116条；《最高人民法院关于民事诉讼证据的若干规定》第14条、第15条、第94条。

（五）公证书瑕疵的审查

1. 公证申请人并非原告

公证申请人非原告时，有的被告会对公证申请主体资格提出异议，否认公证书与本案的关联性。

《公证法》第 26 条规定："自然人、法人或者其他组织可以委托他人办理公证，但遗嘱、生存、收养关系等应当由本人办理公证的除外。"《知识产权民事诉讼证据若干规定》第 7 条第 1 款规定："权利人为发现或者证明知识产权侵权行为，自行或者委托他人以普通购买者的名义向被诉侵权人购买侵权物品所取得的实物、票据等可以作为起诉被诉侵权人侵权的证据。"根据上述规定，对知识产权侵权行为进行证据保全的公证，并不属于不得委托办理公证的范围，申请人并非原告，而是受托于原告的律师事务所、知识产权代理公司等主体，并不影响公证的效力。即使公证书上未载明申请人与原告之间是否存在委托代理关系，也不影响公证取证内容的真实性。因此，对该公证书应予采纳。

2. 跨执业区域公证

《公证法》第 25 条第 1 款规定："自然人、法人或者其他组织申请办理公证，可以向住所地、经常居住地、行为地或者事实发生地的公证机构提出。"《公证程序规则》第 14 条规定："公证事项由当事人住所地、经常居住地、行为地或者事实发生地的公证机构受理。涉及不动产的公证事项，由不动产所在地的公证机构受理……"在诉讼过程中，当原告提交的公证书显示为公证机构跨区域公证时，有的被告会援引上述规定对公证书的合法性提出异议。

实务中，公证机构之间在业务范围、服务水平、收费标准以及公证人员的业务能力等方面有所差别，导致知识产权权利人在维权时主动寻求异地公证。从《公证法》的条文规定看，并未明确规定公证机构只能在执业区域内受理公证业务。公证机构跨核定地域受理公证业务是否存在程序瑕疵，与公证机构出具的公证书所记载的事实是否客观真实，属于两个不同范畴的问题。在现行法律未对异地公证行为作出明确的禁止性规定的情况下，即使存在公证机构违反相关行政管理性规定跨核定地域受理公证业务的情形，亦不足以影响公证书本身的真实性与证明力。[①] 因此，对该公证书应予采纳。

3. 公证云系统取证

公证书是公证机构按照法定程序制作的文书，不宜轻易否定其证明效力，除非有相反证据足以推翻公证证明的事实。随着技术的发展，部分公证机构推出了公证云系统，申请人通过该系统进行取证，无须公证员到场见证。对于使用公证云系统进行证据保全公证的，在取证程序和取证内容的审查上，应比公证员到场取证的传统公证更为严格。

如果所附公证云系统取证视频未显示取证操作人员对取证电子设备进行清洁性检查，被告提出异议的，可要求当事人在指定期限内向出具该公证书的公证机构提出复查，如公证机构复查后对公证书存在的瑕疵、错误进行说明或更正并能确认公证书的法律效力，可采纳公证书。

如公证书记载内容与公证书所附公证云取证视频内容明显不符，原告未能对取证情况作出合理解释，或者拒不向出具该公证书的公证机构提出复查，或者公证机构出具的复查意见明显不能成立的，不采纳公证书，但应阐明不采纳的理由。

【规范依据】

《公证法》第 36 条；《民事诉讼法》第 72 条。

七、行为保全要素审查

（一）申请主体

1. 诉前行为保全的申请主体

《商标法》第 65 条规定："商标注册人或者利害关系人有证据证明他人正在实施或者即将实施侵犯其注册商标专用权的行为，如不及时制止将

① 参见最高人民法院（2019）最高法知民终 417 号民事判决书。

会使其合法权益受到难以弥补的损害的，可以依法在起诉前向人民法院申请采取责令停止有关行为和财产保全的措施。”故诉前行为保全的申请主体包括商标权利人及商标许可合同的被许可人。其中独占被许可人可以单独提出申请；排他被许可人在商标权利人不申请的情况下，可以单独提出申请；普通被许可人经权利人明确授权以自己的名义起诉的，可以单独提出申请。

2. 诉中行为保全的申请主体

《民事诉讼法》第 103 条规定：“人民法院对于可能因当事人一方的行为或者其他原因，使判决难以执行或者造成当事人其他损害的案件，根据对方当事人的申请，可以裁定对其财产进行保全、责令其作出一定行为或者禁止其作出一定行为。”当事人既包括原告，也包括被告。可见，诉中行为保全的申请主体并不限于原告。

尤其是在涉电子商务平台知识产权侵权纠纷中，允许被诉侵权的平台内经营者在符合前述《民事诉讼法》第 103 条规定的条件下申请行为保全，要求电子商务平台经营者采取恢复链接等行为保全措施，对于合理平衡知识产权权利人、电子商务平台经营者和平台内经营者的合法利益，促进电子商务市场健康发展具有重要意义。①

法院根据被告提出的申请采取的行为保全措施通常称为“反向行为保全”。

【规范依据】

《商标法》第 65 条；《民事诉讼法》第 103 条、第 104 条；《知产行为保全规定》第 2 条。

（二）管辖法院

1. 申请行为保全的管辖

诉中保全应当向正在审理相关诉讼的法院（包括一审、二审和再审法

---

① 参见最高人民法院（2020）最高法知民终 993 号民事裁定书。

院）提出申请，不存在确定管辖法院的问题。

诉前行为保全应当向被申请人住所地具有相应知识产权纠纷管辖权的人民法院或者对案件具有管辖权的人民法院提出。即使当事人约定了仲裁机构或管辖法院，也不能向上述规定以外的其他法院申请行为保全。

2. 行为保全错误赔偿诉讼的管辖

申请人申请诉前行为保全后没有起诉或者当事人约定仲裁的，由采取保全措施的人民法院管辖；申请人已经起诉的，由受理起诉的人民法院管辖。

【规范依据】

《知产行为保全规定》第 3 条、第 18 条。

（三）审查程序

1. 审查期限

根据《民事诉讼法》第 103 条第 3 款的规定，情况紧急的诉中行为保全申请，必须在 48 小时内作出裁定。根据《知产行为保全规定》第 6 条的规定，诉争商标即将被非法处分；申请人的商标权在展销会等时效性较强的场合正在或者即将受到侵害；被控侵权商品即将被出口等即属于情况紧急的情形。如裁定采取行为保全措施，应立即执行。

对于非情况紧急的，法律虽未明确规定审查期限，但法院也应当及时进行审查并作出裁定，否则将会影响行为保全作为一项程序性救济所本应具备的及时性。

裁定采取保全措施的，在保全裁定执行之前一般应当向双方当事人送达裁定书。但是，如果送达可能影响采取保全措施的，也可以在采取保全措施后 5 日内及时向被申请人送达裁定。

当事人不服行为保全裁定申请复议的，法院应当在收到复议申请后 10 日内审查并作出裁定。

2. 以询问为原则、不询问为例外

人民法院裁定采取行为保全措施前，应当询问申请人和被申请人，但因情况紧急或者询问可能影响保全措施执行等情形除外。询问可以通过听证的方式进行。

【注意事项】

由于行为保全的启动时间不同，诉前行为保全的必要性条件应当比诉中行为保全的必要性条件更为严格。诉前行为保全的前提是情况紧急，而诉中行为保全并未一律要求情况紧急。

【规范依据】

《民事诉讼法》第103条；《知产行为保全规定》第5条、第6条、第14条。

（四）保全必要性的考量因素

1. 商标权利基础是否稳定

审查判断申请人请求保护的商标权效力是否稳定，应当综合考量所涉权利是否处于宣告无效或者撤销程序中，以及被宣告无效或者撤销的可能性；所涉权利是否存在权属争议等因素。

判断商标权利基础是否稳定，是为了判断申请人的请求是否具有胜诉可能性。审查行为保全申请时，对于胜诉可能性的程度把握达到优势可能性即可。

2. 利益平衡的考量

（1）不采取行为保全措施是否会使申请人的合法权益受到难以弥补的损害或者造成案件裁决难以执行。难以弥补的损害一般包括：①金钱赔偿无法弥补的情形，例如商誉损害；②申请人的损失非常大或者非常复杂，以至于无法准确计算其数额。

（2）不采取行为保全措施对申请人造成的损害是否超过采取行为保全措施对被申请人造成的损害。

（3）采取行为保全措施是否损害社会公共利益。

3. 申请人是否提供足够担保

申请人提供的担保数额，应与被申请人可能因执行行为保全措施所遭受的损失相当，包括责令停止侵权行为所涉产品的销售收益、保管费用等合理损失。

在执行行为保全措施过程中，被申请人可能因此遭受的损失超过申请人担保数额的，法院可以责令申请人追加相应的担保。申请人拒不追加的，可以裁定解除或者部分解除保全措施。

【规范依据】

《民事诉讼法》第103条、第104条；《知产行为保全规定》第7条、第8条、第10条、第11条。

（五）保全措施的效力期限

法院裁定采取行为保全措施的，应当根据申请人的请求或者案件具体情况等因素合理确定保全措施的期限。裁定停止侵害商标权行为的效力，一般应当维持至案件裁判生效时止。

【规范依据】

《知产行为保全规定》第13条。

（六）申请有错误的认定

申请有错误的，申请人应当赔偿被申请人因保全所遭受的损失。申请人撤回行为保全申请或者申请解除行为保全措施的，不因此免除其赔偿责任。

行为保全申请错误的情形主要包括：（1）申请人在采取行为保全措施后30日内未依法提起诉讼或者申请仲裁；（2）行为保全措施因请求保护的商标权被宣告无效等原因自始不当；（3）申请责令被申请人停止侵害商标权或者不正当竞争，但生效裁判认定不构成侵权或者不正当竞争。

【规范依据】

《民事诉讼法》第108条；《知产行为保全规定》第16条、第17条。

（七）保全措施的解除

当事人申请解除行为保全措施，法院收到申请后经审查符合《民事诉讼法解释》第166条规定的情形的，应当在5日内裁定解除。

法院采取的行为保全措施，一般不因被申请人提供担保而解除，但是申请人同意的除外。

【规范依据】

《知产行为保全规定》第12条、第17条。

（八）保全费用的确定

申请人申请行为保全，应当依照《诉讼费用交纳办法》关于申请采取行为保全措施的规定交纳申请费。目前，《诉讼费用交纳办法》中关于行为保全的规定仅有第14条第7项关于海事强制令的规定，即申请海事强制令的，每件交纳1000元至5000元申请费。考虑到行为保全的性质与海事强制令的性质一致，且行为保全申请审查的工作量大、时间紧、难度高，故依照关于海事强制令的规定收取费用。如果将来《诉讼费用交纳办法》修订增加了行为保全的一般规定，则依照修订后的规定交纳申请费。[①]

【规范依据】

《知产行为保全规定》第20条 。

① 参见宋晓明、王闯、夏君丽、郎贵梅：《〈关于审查知识产权纠纷行为保全案件适用法律若干问题的规定〉的理解与适用》，载《人民司法》2019年第7期。

第三章　实务难点裁判思路

一、关于权利基础问题

（一）起诉主体的审查

本部分主要阐述注册商标转让公告前受让人提起商标侵权诉讼的主体审查。根据《商标法》的规定，注册商标的取得可分为原始取得和继受取得。自然人、法人或者其他组织可以通过依法申请审查核准等法定程序原始取得注册商标，也可通过受让、继承等继受取得。

《商标法》第 42 条第 4 款规定，转让注册商标经商标局核准后，予以公告，受让人自公告之日起享有商标专用权。因此，商标转让公告之日是注册商标专用权移转之日。商标转让合同签订后至转让公告前，受让人是否有权提起商标侵权诉讼？

首先，根据《民法典》第 143 条的规定，具备下列条件的民事法律行为有效：其一，行为人具有相应的民事行为能力；其二，意思表示真实；其三，不违反法律、行政法规的强制性规定，不违背公序良俗。强制性规定包括效力性规范和管理性规范。所谓效力性规范，指法律、行政法规明确规定违反该等禁止性规定将导致合同无效或合同不成立的规范，或是法律、行政法规虽然没有明确规定违反该等禁止性规定将导致合同无效或合同不成立，但是违反该等禁止性规范后如合同有效将损害国家利益和社会公共利益的规范。因此，《商标法》第 42 条关于商标局对书面转让协议、共同提出申请、受让人保证商品质量、同种或类似商品上注册的相同或者近似的商标一并转让、容易导致混淆或有其他不良影响的商标不予转让的审查要求，并非商标转让合同效力性的强制性规定，而是管理性规范的强制性规定，其规制的是商标权属变动的程序和公示效力，并不涉及商标转让合同这一设定债权的行为。即使注册商标转让未办理权属变动登记或未获得商标局核准转让的商标权，因其未损害国家利益和社会公共利益，也仅是合同履行中的法律不能，注册商标转让合同并不因此无效。

其次，若注册商标转让合同有效，又因某种原因未办理权属变动登记或未获得商标局的核准转让公告，此时受让人并未获得注册商标专用权，但因其选择提起商标侵权之诉，可以推定其对注册商标转让合同的履行不能并不主张解除合同。且即使该合同履行不能系转让人的原因导致，也只是违约责任的承担与否问题。故此时的受让人实际取得的是注册商标自合同生效之日起的独占使用权。《商标民事案件若干解释》第 4 条第 1 款规定：《商标法》第 60 条第 1 款规定的利害关系人，包括注册商标使用许可合同的被许可人、注册商标财产权利的合法继承人等。因此，即使注册商标转让未办理权属变动登记或未获得商标局核准转让的商标权，合同有效的注册商标受让人也有权作为利害关系人提起商标侵权诉讼。

再次，注意商标转让与商标许可的区别。商标转让与商标许可最重要的区别在于商标转让会导致商标权权属的变更。此外，商标权的转让一般不涉及期限问题，而商标许可使用一般涉及期限问题。判断是否构成继受取得，应当审查当事人之间是否就权属变更、使用期限、使用性质等作出了明确约定，并根据当事人的真实意思表示及实际履行情况综合判断。在许可使用关系中，被许可人使用并宣传商标，或维护被许可使用商标声誉的行为，均不能当然地成为获得商标权的事实基础。

最后，关于共有商标权人未经其他共有人同意擅自转让注册商标的情形。根据《民法典》的规定，善意取得制度的适用范围限于动产和不动产，并未包括作为无形财产的知识产权，故商标权属认定中不能直接适用《民法典》关于善意取得制度的规定。至于商标权可否类推适用善意取得制度，目前司法实践中观点不一。鉴于物权和知识产权同属财产权，且均为绝对权，拥有诸多共性，能否类推适用尚有讨论空间。

典型案例 1：某终端有限公司诉深圳市某通科技有限公司侵害商标

权纠纷案[广东省深圳市福田区人民法院(2021)粤0304民初48541号]。

裁判要旨：注册商标转让合同有效情形下，即使注册商标转让未办理权属变动登记或未获得商标局核准转让的商标权，注册商标受让人也有权作为利害关系人提起商标侵权诉讼。

典型案例2：某维他命饮料有限公司诉某医药保健有限公司商标权权属纠纷案［最高人民法院（2020）最高法民终394号］。

裁判要旨：除非存在特别的约定，设计商标、为商标注册提供帮助，均非商标法上取得商标权的法定要件。在许可使用关系中，使用并宣传商标、维护被许可使用商标的声誉，不能成为享有商标权的理由。

（二）商标保护范围的审查

1. 市场环境变化对核定使用商品或服务项目的影响

《商标法》第56条规定："注册商标的专用权，以核准注册的商标和核定使用的商品为限。"但正如《区分表》在其说明中所述，"商品和服务项目正不断更新、发展，市场交易的状况不断发生变化"，《区分表》不能穷尽现实中出现的所有商品和服务，其会因市场的变化而不断调整。而《区分表》的修订有其自身的规则和程序，存在滞后性，也无法考虑个案情况。因此，个案中对注册商标使用之商品或服务是否在核定范围之列的判定，不能固守《区分表》，而应更多考虑市场环境，根据商品的功能、用途、生产部门、销售渠道、消费对象，或者服务的目的、内容、方式、对象等因素，与注册商标核定使用的商品或服务进行比较。

注册商标实际使用的商品或服务与其核定项目不一致，但可以认定是在核定使用的商品或服务上使用的情形主要有以下几种。

（1）随着商品或服务的发展，《区分表》中名称不同的商品或服务趋于一致。例如"EURASIA"案[①]，法院认定"节目制作"服务与"广告片制作"服务随着社会发展有趋于一致或者是存在交叉的趋势，二者从服务的

① 参见北京市高级人民法院（2014）高行（知）终字第3737号行政判决书。

目的、内容、方式、对象等方面进行判定属于同一种服务。

（2）原不属于《区分表》名录，但后来随着商品变迁和市场变化进入了名录。例如“爱国者”案[①]，涉案“爱国者”商标申请注册时市场上尚不存在移动电源商品，故其核定使用的商品项目并不包括移动电源商品。后移动电源商品面世，《区分表》新增了“移动电源”商品，并将其划入0922群组，与电池、电池充电器为同一类似群组。从商品的功能用途、使用方法、销售渠道、消费群体等方面考量，移动电源商品与电池、电池充电器构成类似商品。因此，法院认定涉案“爱国者”商标在移动电源商品上的使用，并未超出其核定使用的商品“电池、电池充电器”范围，亦未超出其注册商标专用权的保护范围。

（3）核定使用的商品或服务与实际使用的商品或服务属于上下位概念。既包括二者均在《区分表》中的情形，例如“象棋（C280025）”与“国际象棋（C280026）”，也包括实际使用的商品或服务不属于《区分表》的情形，例如“润滑剂”与“润滑油”[②]，“法律服务”与“法律研究”[③]。

（4）注册商标实际使用在核定商品的组成部分或零部件上，该组成部分与核定使用的商品之间存在着密不可分的关系，相关公众难以区分的。换言之，若注册商标在核定商品的组成部分上的使用即可以体现在最终商品上的来源识别功能时，该组成部分的使用可以认定延及核定注册的最终商品或完成品。例如“鲨鱼图形”案[④]中法院认定，虽然眼镜与眼镜架在《区分表》中属于类似商品，但由于眼镜商品在实际交易中通常以眼镜架搭配镜片的形式进行销售，眼镜架与眼镜之间存在着密不可分的关系，二者在眼镜服务领域难以区分，故注册商标使用在眼镜架上时即可体现在最终商品眼镜上的来源识别功能，属于在其核定使用的“眼镜”商品上的使用。

---

① 参见北京市高级人民法院（2018）京民终23号民事裁定书。

② 参见北京市高级人民法院（2010）高行终字第647号行政判决书。

③ 参见北京市高级人民法院（2022）京行终1720号行政判决书。

④ 参见北京知识产权法院（2015）京知行初字第3774号行政判决书。

典型案例：某数码科技有限公司、某电子科技有限公司与深圳市某未来科技有限公司、北京某科技有限公司侵害商标权纠纷案［最高人民法院（2018）最高法民申3270号、北京市高级人民法院（2018）京民终23号］

裁判要旨：《区分表》无法穷尽现实生活中的所有商品和服务类型，人民法院在判断商标使用是否超出核定商品范围时，应当考虑市场环境下商品类型的客观变换情况。

2. 港澳特别行政区企业商业标识知名度审查的特别因素

（1）知名度的地域性。在知名度的产生和实现过程中，除了权利人的单方使用行为，"生产→流通→销售→消费者认知→市场影响力"的全链条、多方主体互动交融的动态变化过程也日益重要。尤其是在互联网和跨境电商的高速发展之下，商品跨境交易频繁，商业标识知名度的产生地不一定就是其使用行为的实施地，即商业标识知名度的产生地可与其使用行为的实施地相分离。而在消费者对某一商业标识产生来源识别的认知之后，该商业标识即对该国消费者和竞争市场产生了实质性的影响，该国也就成为商业标识使用行为的结果地之一。从《商标法》识别来源、防止混淆的立法宗旨出发，形成来源识别认知之后的本国消费者和市场利益，理当成为本国法所及的地域性边界。[①] 因此，市场经济环境下，对商业标识知名度的地域性理解，应当以该商业标识在一国法域内的知名度所及地域为标准，而非以市场主体实际经营使用的地域为标准。

（2）知名度的跨境辐射。市场知名度，或者说相关公众的知悉程度，考察因素既包括相关公众的数量多寡，也包括相关公众的地域范围、行业范围等，以及特定区域内人员流动的影响。粤港澳三地居民同文同源，三地居民之间联系紧密的血缘、亲缘和地缘关系使其在社会生活层面呈现"血浓于水"的高度融合。尤其是深港、珠澳毗邻，跨境工作、居住的居民越来越多，便捷的通关政策使得两地居民的融合度更高。某种意义上，

① 参见杨静：《商标授权确权中地域性原则的重构——基于中美实践的比较》，载《知识产权》2020年第3期。

珠三角地区居民对港澳特别行政区商品或服务的熟悉度有时甚至高于广东省内的商品或服务。因此，在对港澳特别行政区企业的商标知名度进行审查时，尤其需要注意是否涉及知名度的跨境辐射。若存在知名度的跨境辐射，即使该主体此前并未在中国内地使用其商标，但只要其正式进入中国内地市场，知名度也就非从零开始，而是在此前跨境辐射的基础上进行加深。[①]

事实上，由于珠三角地区与港澳地区在地理上彼此接近，文化上相互影响，经济上联系紧密，三地市场的活跃度相当，消费者在品牌认知和消费情感上具有较强的趋同性。随着粤港澳大湾区内部市场要素的高度流动和区域内人员、信息的深度融合，港澳特别行政区企业商品或服务的知名度在大湾区内更是难以进行严格的地域划分。故而在判断港澳特别行政区企业商品或服务的知名度时，应当根据商标权人提交的证据，结合地缘关系和区域发展背景，考虑港澳特别行政区商品或服务的知名度辐射影响。

典型案例：某曲奇小熊饼干有限公司与深圳市某食品有限公司不正当竞争纠纷案［广东省高级人民法院（2019）粤民终1501号］。

裁判要旨：港澳地区企业是否在内地设厂并非判断商品知名度的决定性因素。对于在香港特别行政区已经知名的商品，我国内地法律对其特有的包装装潢的保护，仍应以其在内地为相关公众所知悉为前提，是否在内地设厂只是其中一个考量因素而并非决定性因素。在互联网经济及粤港澳大湾区发展背景下，应充分考虑网络经济特点和“网红”商品知名情况，以及因地缘关系产生的知名度辐射影响。

3. 比例原则在注册商标保护范围中的运用

注册商标专用权的保护范围与其显著性、知名度直接相关。知名度越高，商标的标识性或者说来源识别功能就越强，对他人使用相同或者近似商标的排斥范围就越大，保护范围也越宽。可见，商标权的排斥力与其知名度成正比。《最高人民法院关于当前经济形势下知识产权审判服务大局

---

① 参见黄瑜瑜、李雯：《香港企业字号的司法保护——黄道益活络油有限公司诉深圳黄道益健康产品有限公司侵害商标权及不正当竞争纠纷案》，载《中华商标》2022年第8期。

若干问题的意见》明确指出："认定商品类似和商标近似要考虑请求保护的注册商标的显著程度和市场知名度，对于显著性越强和市场知名度越高的注册商标，给予其范围越宽和强度越大的保护，以激励市场竞争的优胜者，净化市场环境，遏制不正当搭车、模仿行为。"

商标法意义上的商标近似和商品类似均是法律概念，并不只是事实概念。从商标法防止市场混淆的立法宗旨出发，只有构成市场混淆的近似（混淆性近似），才是商标侵权判定中的近似，而不仅仅是商标各要素在外观事实上的近似或是商品（服务）在自然属性上的近似。

最高人民法院在中某公司与嘉某长城公司商标侵权案[①]中阐述，"认定被控侵权商标与主张权利的注册商标是否近似，应当视所涉商标或其构成要素的显著程度、市场知名度等具体情况，在考虑和对比文字的字形、读音和含义，图形的构图和颜色，或者各构成要素的组合结构等基础上，对其整体或者主要部分是否具有市场混淆的可能性进行综合分析判断。其整体或主要部分具有市场混淆可能性的，可以认定构成近似；否则，不认定构成近似。换言之，判断商标侵权中的近似不限于商标整体的近似，还包括主要部分的近似。在商标法意义上，商标的主要部分是指最具商品来源的识别性、最易于使相关公众将其与使用该商标的商品联系起来的商标构成要素"。因此，对主张权利的商标的知名度远高于被诉侵权商标的，可以采取比较主要部分的方式决定其近似与否，而不能仅以商标整体上的近似作为判断依据，以免人为缩小注册商标的保护范围。

对商品或服务的类似判断而言，比例原则的运用主要体现在两商品或服务是否存在特定联系的判断方面。商品或服务之间的客观关联不是一个有无的问题，而是程度问题，且商标的显著性、知名度会影响这个程度。[②]在商标相同或近似条件下，若商品或服务之间存在的客观关联度较低，此时如果主张权利的商标的知名度远高于被诉侵权商标，那么相关公众容易

① 参见最高人民法院（2005）民三终字第5号民事判决书。

② 参见蔡崇山：《再论商品类似判断标准——兼评新商标法的有关修订》，载《电子知识产权》2014年第6期。

以为两商品或服务是同一主体提供的，或者其提供者之间存在特定关联，从而将两商品或服务视为“相同或类似”；反过来说，如果被诉侵权商标的知名度远高于主张权利的商标，而后者的使用方式又能区分商品来源的，那么相关公众不容易认为两商品或服务是同一主体提供的，或者其提供者之间存在特定关联，自然也就不存在混淆。

总而言之，注册商标的保护应坚持比例原则，以是否容易造成相关公众的混淆为根本标准，注册商标的保护强度应与其显著性、知名度、使用方式及范围、相关公众的认知度等相适应。

典型案例：浙江某新能源有限公司、浙江某电器有限公司与杭州某卫厨有限公司、杨某侵害商标权纠纷案［最高人民法院（2016）最高法民再216号］。

裁判要旨：商标权的保护强度，应当与其应有的显著性和知名度相适应。商标法所要保护的是商标所具有的识别和区分商品或服务来源的功能，而并非仅以注册行为所固化的商标标识本身。商标标识本身的近似不是认定构成侵害商标权行为是否成立的决定性因素，如果使用行为并未损害主张保护的注册商标的识别和区分功能，亦未因此导致市场混淆的后果，该种使用行为即不在商标法所禁止的范围之中。主张保护的注册商标使用人攀附知名度较高的被控侵权商标，且被控侵权商标的使用能够区分商品来源的，不构成侵权。

二、关于侵权判定问题

（一）商标使用

1. 商标使用的界定标准

《商标法》第48条规定：“本法所称商标的使用，是指将商标用于商品、商品包装或者容器以及商品交易文书上，或者将商标用于广告宣传、展览以及其他商业活动中，用于识别商品来源的行为。”上述规定以法律条文的形式，明确规定了“商标使用”的法律概念。也就是说，不管商标使用于何种环境，传统物质环境也好，网络虚拟环境也罢，除了因商标维持、商标侵权等具体审查阶段的特性而在使用意图、使用主体、使用对象、使用标识等方面有所不同外，其基本概念或者说是界定的实体标准是一致的。

（1）商业活动范围标准。《商标法》第 48 条明确商标的使用是在商业活动中进行，是商标法上商标使用的重要认定标准。依据该标准和地域性原则，商标使用行为须为公开在我国市场流通领域中的使用，可以为相关公众所接触、感知和识别，具体包括促销、为销售而储存以及推销（允诺销售）等行为。

（2）识别来源功能标准。在《商标法》第 48 条的具体规定中，“用于识别商品来源”是构成商标使用的核心特征和本质要素，是商标使用的首要标准。而对这一标准，实践中存在使用意图标准和客观行为标准之争。

所谓的使用意图标准，主要是指在判断商标使用时，考察商标使用人的主观意图，其重点是“意图”而非“使用”。而客观行为标准，主要考察该使用行为在客观上是否可以产生来源识别的实际效果，其侧重点是“实际效果”而非“意图”。本书认为，在商标侵权审查中，由于审查的标识使用行为业已进入或是即将进入我国市场流通领域，随着商标使用人→生产者→储存者→广告宣传→消费者的多级流转，商标使用人对标识所依附的对象——商品或服务的控制力逐渐减弱乃至消失，相关公众的范围逐渐增大。对商标使用人以外的其他相关公众而言，商标使用人的标识使用行为显然会对其产生影响。而该标识使用行为在客观上产生的实际效果是否包括来源识别的作用，并不以商标使用人的使用意图为转移。

最高人民法院在“本田”案[①]中明确指出：“商标使用行为是一种客观行为，通常包括许多环节，如物理贴附、市场流通等等，是否构成商标法意义上‘商标的使用’应当依据《商标法》作出整体一致的解释，不应该割裂一个行为而只看某个环节，要防止以单一环节遮蔽行为过程，要克服

① 参见最高人民法院（2019）最高法民再 138 号民事判决书：本田某会社与重庆恒某鑫泰贸易有限公司、重庆恒某集团有限公司侵害商标权纠纷案。

以单一侧面代替行为整体。”因此，在商标侵权审查阶段，判断行为人的标识使用行为是否“用于识别商品来源”，应当坚持客观行为标准，同时兼顾行为人的主观使用意图。

典型案例：湖南某制药有限公司诉武汉某医药科技有限责任公司、武汉某药业有限公司、广东某医药连锁有限公司侵害商标权及不正当竞争纠纷案［最高人民法院（2020）最高法民申5452号］。

裁判要旨：在涉案商标兼具产品名称和品牌混合属性的情况下，要结合商标权利人、市场上其他主体对商标的使用情况，从商标的识别功能出发，综合判断被诉侵权标识系对产品名称的使用还是对商标的使用，以是否容易造成相关公众混淆误认为标准，判定被诉侵权行为是否构成商标侵权。

2. 竞价排名中关键词侵权的认定

互联网环境下的网络搜索结果，包括自然搜索结果和竞价排名结果。[①]竞价排名，又称关键词搜索或关键词广告，是互联网环境下由网络服务商基于搜索引擎技术提供的一种广告服务。[②]实务中，竞价客户在选定关键词、设计标题、描述摘要信息、设置链接网页内容过程中，可能包含对他人商标的使用，从而引发纠纷。

根据关键词是否在搜索结果中体现，竞价排名服务有两种模式，即关键词的显性使用和隐性使用。

（1）关键词的显性使用。所谓关键词的显性使用，是指网络用户以投放广告者设置的关键词进行搜索后，关键词会出现在广告条目上，即搜索结果页面的网页标题与网页描述部分。

与传统商标侵权判定规则一致，判定关键词的显性使用是否构成商

---

① 对购买了竞价排名服务的搜索结果，网络服务商通常会在其网页标题或网页描述部分标注“广告”“推广”等字样，以便于同自然搜索结果区分。

② 提供竞价排名服务的运营商不仅包括通用网页搜索引擎，即百度、谷歌、必应等专业提供搜索服务的网站，还包括行业垂直搜索引擎，即提供信息搜索服务的行业信息积聚类网站，比如亚马逊、京东等电商网站，其内部提供商品或店铺搜索竞价排名。

标侵权的首要条件仍然是构成商标使用。《商标法》第48条规定，商标的使用是指将商标用于商品、商品包装或者容器以及商品交易文书上，或者将商标用于广告宣传、展览以及其他商业活动中，用于识别商品来源的行为。据此，显性使用的竞价排名关键词属于商标使用的构成要件有二：其一，该使用行为属于商业广告宣传；其二，网络用户可以通过该关键词识别商品或服务的来源。

其次，根据个案情况判断网络用户是否会对竞价排名信息中所涉及的商品或服务来源产生混淆，是否存在对他人商标的正当使用情形。如果该设置行为足以产生对消费者的误导，使消费者无法区分商标所标识的商品或服务的正确来源时，就实质性地损害了商标的区分功能，构成商标侵权。

至于竞价排名信息所链接的网页内容中有无使用权利商标，并不影响对竞价排名信息侵权与否的判断。

（2）关键词的隐性使用。关键词的隐性使用，是将关键词作为用户搜索的选择词汇，但最终搜索结果页面上不出现该关键词。

由于隐性使用是在搜索引擎的后台系统进行内部操作，关键词对于网络用户并不可见，网络用户通常不会对商品或服务的来源产生混淆，也就不构成商标侵权。

但需要注意的是，隐性使用下的关键词，仅仅是该关键词在广告条目上不显现的隐性，其作为搜索词仍然是明确可见的，是一种相对的“隐性”。因此，如果竞价排名信息包含的是一般性介绍信息，未明示推广人的信息，对于将权利商标作为搜索词的相关公众而言，就容易导致其对搜索结果中的广告内容所涉及的商品或服务来源判断不明，损害商标的来源识别功能。此时应当根据个案中搜索词的具体使用环境，结合广告条目上的网页标题和网页描述内容，判断是否构成商标侵权。

典型案例：费某有限责任公司、慧某（太仓）建筑锚栓有限公司诉北京某网讯科技有限公司、美坚利（北京）某科技发展有限公司侵害商标权及不正当竞争案［北京市高级人民法院（2013）高民终字第1620号、北京市第一中级人民法院（2011）一中民初字第9416号］。

裁判要旨： 将权利商标设置为推广链接的关键词，系在计算机系统内部操作，并未直接将该词作为商业标识向公众展示，不会使公众将其识别为区分商品来源的商标，不属于商标使用。仅仅出现在推广链接部分，尚未直接与搜索用词之间建立指示商品来源的关系，推广链接是否会造成相关公众的混淆误认取决于其广告宣传的具体方式。

（二）商品或服务类别认定

1. 商品或服务在《区分表》中归属不明时商品或服务类似的判断原则

正如《区分表》在其说明中所述，“商品和服务项目正不断更新、发展，市场交易的状况不断发生变化”，《区分表》并不能穷尽现实中出现的所有商品和服务，其会因市场的变化而不断调整；而且由于科技发展和技术进步，新型技术产品在《区分表》中商品类别归属并非泾渭分明，极有可能处于交叉模糊地带，导致实务中商品类似争议不断。然而商标侵权诉讼案件更多涉及特定民事权益的保护，强调司法对个案的救济性，故实务中不能机械、简单地以《区分表》为依据或标准，而应当考虑更多实际要素，结合个案的情况进行认定。

首先，根据《商标法》的规定，进行商品类似判断时，应在注册商标核定使用的商品与被控侵权商品之间作比较，而不应在权利人实际生产的产品与被控侵权产品之间作比较。

其次，无论被控侵权商品在《区分表》中有无归属类别，或是归属如何，根据《商标民事案件若干解释》，相关公众的主观普遍认识是判断商品相同或类似的主要评判标准，《分类表》《区分表》可以作为辅助的判断标准予以参考、援引。因此，对于被控侵权商品在《区分表》中归属不明的，商品类似的判断原则主要有：

（1）根据被控侵权商品的功能、用途和主要成分等，确定被控侵权商品的本质特征，判断其最接近的商品类别。

①根据被控侵权商品的基本功能和主要用途，判断消费者选择该商品的使用目的。一般情况下，商品外包装上显示的名称、适用范围、使用方

法等信息可以反映其基本功能和主要用途，从而可以判断该商品可能的类别和消费者的购买意图。

②根据被控侵权商品的主要成分或发挥主要功能的成分，按照商品分类的基本原则[①]，判断其可能的商品所属类别。

（2）使用人抗辩被控侵权标识系对其注册商标的使用的，根据《区分表》的分类载明内容和排他性注释等，确定被控侵权商标所核定使用的商品项目的权利边界。

《区分表》是我国商标主管机关以世界知识产权组织提供的《分类表》为基础，总结我国长期的商标审查实践并结合我国国情而形成的判断商品和服务类似与否的规范性文件，是商标授权过程中确定类似商品或服务的指导意见。因此，商标申请人在申请注册商标时，应严格按照《区分表》挑选指定使用的商品，其在《区分表》中选定的商品，即为后续核准注册的商品，并据此确定商标的使用范围和商标权的保护范围。申请人在按照《区分表》挑选商标指定使用的商品时，理应知悉商标权的权利边界，同时，国家知识产权局在根据《区分表》核准注册商标，并向社会公众公示时，已明确该商标的权利边界。因此，《区分表》是商标授权确权过程中确定商标权利边界的依据，也是法院在商标侵权判定中对商品类别甄别的重要参考。

（3）前述第（2）项抗辩不成立的，比较注册商标核定使用的商品与被控侵权商品在功能、用途、生产部门、消费渠道、消费对象等方面的异同。

（4）根据被控侵权商品所属相关公众[②]对商品或服务的一般普遍认知，

---

① 《分类表》中商品分类的基本原则：制成品原则上按其功能、用途进行分类，如果分类表没有规定分类的标准，该制成品就同按字母排列的分类表内类似的其他制成品分在一起，也可以根据辅助的分类标准，根据这些制成品的使用原料或其操作方式进行分类；原料、未加工品或半成品原则上按其组成的原材料进行分类；成品或半成品按其组成的原材料进行分类时，如果是由几种不同原材料制成，原则上按其主要原材料进行分类。

② 《商标法》所称的相关公众，是指与商标所标识的某类商品或服务有关的消费者和与前述商品或服务的营销有密切关系的其他经营者。

判断消费者和经营者是否容易对商品类别发生混淆。

需要注意的是，被控侵权商品生产所执行的国家标准、行业标准以及相关专业书籍载明的相关词汇的内涵界定是否一致，并不是商品类似判断的评判标准。相关公众的主观普遍认识才是判断商品相同或类似的主要评判标准。

典型案例：重庆久某成防水材料有限公司、沈阳久某成经贸有限公司与重庆盛某利防水建材有限公司侵害商标权及不正当竞争纠纷案［重庆市高级人民法院（2021）渝民终 96 号、重庆市第一中级人民法院（2017）渝 01 民初 843 号］。

裁判要旨：法律保护注册商标专用权是以“核定使用的商品或服务”为范围。认定商品或服务是否类似，应结合被控侵权商品配料、适用范围、功能用途及使用方法、商标分类原则等因素，根据相关公众对商品或服务的一般认识，综合判断被控侵权商品的类别归属。《分类表》《区分表》可以作为法院判断类似商品或者服务的参考。

2. “商品批发、零售”服务与第 35 类“为他人推销”服务是否相同或类似

在目前我国商标注册体制下，尚未明确开放“商品批发、零售”服务商标的注册，实践中从事该类服务的商业主体一般在第 35 类相关服务项目中申请注册从而寻求商标保护。根据现行《分类表》（第十二版，2024 年文本）规定，第 35 类服务商标“主要包括涉及商业或工业企业的业务管理、运营、组织和行政管理的服务，以及广告、市场营销和促销服务。按分类要求，商品销售不视为服务”，“尤其包括为他人将各种商品归类（运输除外），以便顾客浏览和购买；这种服务可由零售商店、批发商店、自动售货机、邮购目录或借助电子媒介提供，例如通过网站或电视购物节目”。可见，第 35 类服务商标并未排斥商场、超市等销售企业。

认定被控侵权服务与第 35 类商标核定使用的服务是否构成相同或类似，应当以相关公众的一般注意力为标准，结合经营主体的经营范围、经营模式、服务对象等因素综合考虑，判断二者在服务目的、内容、方式及

服务对象等方面是否存在较大关联，以及该经营主体的销售模式与请求保护的商标核定使用的服务是否存在交叉和重合。

以第35类“为他人推销”服务商标为例。若零售商店、超市、商场等是将自己所代理或购进的各类商品进行归类并统一销售，以方便消费者选购，其所销售的商品显示的标识及相关信息仍来源于其代理或购进的商品，而被控侵权标识系为销售上述商品所提供的服务标识，则上述销售模式①与第35类“为他人推销”商标核定使用的服务在服务功能和消费对象上存在交叉和重合，二者构成类似服务。

需要注意的是，“为他人推销”是帮助“他人”销售“他人”商品的行为，不包括经营者“自己”作为销售主体销售“自己”商品的行为。此外，“为他人推销”（3503）服务包括“为商品和服务的买卖双方提供在线市场”（350120），与平台型在线电商在服务功能和消费对象上一致，属于相同服务。

典型案例1：华某（集团）有限公司、华某知识产权管理有限公司与成都市金牛区华某灯饰商店侵害商标权及不正当竞争纠纷案［最高人民法院（2021）最高法民再338号］。

裁判要旨：零售商店将自己所代理或购进的各类商品进行归类并统一销售，以方便消费者选购，其所销售的商品显示的标识及相关信息仍来源于其代理或购进的商品，而被控侵权的店铺门头标识系为销售上述商品所提供的服务标识，则上述销售模式与第35类“为他人推销”商标核定使用的服务存在交叉和重合，二者构成类似服务。

典型案例2：梁某、卢某坚诉安徽采某轩蛋糕集团有限公司、合肥采某轩企业管理服务有限公司、安徽巴某甜甜食品有限公司侵害商标权及不正当竞争纠纷案［最高人民法院（2015）民提字第38号］。

裁判要旨：经营者并不为他人提供某种服务，而是自身经营该店铺、

① 此处的销售包括线上及线下店铺销售。在线店铺销售的案例可参见贵州省高级人民法院（2017）黔民终822号某购物集团股份有限公司与贵州某在线网络有限公司侵害商标权纠纷案。

销售自身生产的产品，其店铺门头标识并非对第35类“推销（替他人）”服务商标的使用。

3. 行业特殊性在商品/服务相同或类似判断上的影响

《商标民事案件若干解释》第11条规定：“类似商品，是指在功能、用途、生产部门、销售渠道、消费对象等方面相同，或者相关公众一般认为其存在特定联系、容易造成混淆的商品。类似服务，是指在服务的目的、内容、方式、对象等方面相同，或者相关公众一般认为存在特定联系、容易造成混淆的服务。”根据上述规定，判断商品/服务类似，首先需要考察商品的功能、用途、生产部门、销售渠道和消费对象，或服务的目的、内容、方式和对象等要素。通过对上述要素的考察，可以判断出该商品/服务的实质。也只有在上述实质性要素具有一定的同一性情况下，不同经营者提供的商品/服务才可能构成“类似商品或服务”。基于此，法院在认定“相同商品或服务”时，对上述实质性要素的同一性要求应当更高。①

考察商品的功能、用途、生产部门、销售渠道和消费对象，或服务的目的、内容、方式和对象等实质性要素，不能脱离对争议双方商品或服务所处行业的性质判断。尤其是服务行业，组成要素众多，进行相关服务相同或类似判断时还需要注意被控侵权服务的整体性，不能将整体服务中的有机构成部分单独与注册商标核定使用的服务进行比对。

（1）法律管制行业。若一方商品或服务所处行业存在法律上的行业壁垒，如银行业、烟草业，由于一般经营者并不能经营银行业务或烟草业务，则该法律特别管制制度可以在一定程度上阻却特种行业专属产品或服务与其他市场经营者之间在经营商品或服务上的相同近似性。需要注意的是，法律的特别管制并不必然导致商品/服务类别的不同，行业管制壁垒虽然会加大商品/服务行业的区分度，但被控侵权商品/服务与请求保护商标是否在商品的功能、用途、生产部门、销售渠道和消费对象，或服务

① 学者王迁认为“相同商品或服务”认定应当采用客观标准，即以《分类表》对商品与服务的划分作为认定“相同商品（服务）”的依据。参见王迁：《论“相同或类似商品（服务）”的认定——兼评“非诚勿扰”案》，载《知识产权》2016年第1期。

的目的、内容、方式和对象等要素上相同，相关公众是否能按照一般注意力区分二者，仍需从相关公众的一般认知出发，根据法律规定、行业壁垒程度等进行判断。

（2）特殊性质行业。现实中，部分行业在市场准入、行业地位以及具体服务方式上有其自身的特殊性，其提供的服务项目与一般行业中的商品服务是否构成相同或近似服务，应当考虑相关服务的可替代性。如果不同经营者使用相同或近似的商标提供的商品或服务之间不存在竞争替代关系，则说明消费者对该经营者提供的商品或服务并不存在误认和误购，也就不会因此损害商标注册人的利益。

以广播电视行业为例。广播电视行业负有宣传正确的价值观、寓教于乐等公众文化服务职责，节目中经常会涉及现实生活题材。但这些现实生活题材只是电视节目的组成要素，不能简单、孤立地将某种表现形式或某一题材内容从整体节目中割裂开来，片面、机械地作出认定。判断此类电视节目是否与某一服务类别相同或类似时，应当综合考察节目的整体和主要特征，根据商标在商业流通中发挥识别作用的本质，从相关公众的一般认知出发，判断该电视节目的服务目的、内容、方式和对象等，以确定被诉侵权标识是否使用在电视节目上，继而考察该电视节目是否容易与请求保护商标核定的商品服务发生混淆。

典型案例： 金某欢与某省广播电视总台、深圳市珍某网信息技术有限公司侵害商标权纠纷案［广东省高级人民法院（2016）粤民再447号、广东省深圳市南山区人民法院（2013）深南法知民初字第208号］。

裁判要旨： 判断根据现实生活有关题材进行创作的电视节目是否与该生活题材相应服务相同或类似时，不能简单、孤立地将其表现形式或题材内容从整体节目中割裂开来，片面、机械地作出认定，应当综合考察节目的整体和主要特征。依据其节目本质，在服务目的、服务的内容和方式以及服务对象各方面，根据相关公众的一般认知能够清晰区分电视节目内容与现实生活相应服务的，不构成类似服务。

4. “互联网 +”经济模式下商品或服务类似的认定

近年来，随着互联网技术的快速发展，以及与传统产业的深入融合，以互联网为基础设施和实现载体的服务新形态不断出现。互联网开放、平等、互动的特殊性，又导致了网络环境下商标使用方式和服务类似的认定也具有特殊性。

以 App 标识为例。App 本身属于《区分表》0901 群组“计算机程序、可下载软件”，其标识通常由文字、图形或二者组合而成，代表不同的开发商和所提供的商品或服务。App 被开发者上传至应用商店，下载后手机中会显示相应标识，用户通过 App 标识区分其来源及所提供的商品或服务，故 App 标识从构成要素、使用形式及展现位置来看，具有能够区分商品或服务来源的作用，可认定为《商标法》第 8 条中区分商品或服务来源的标志。① 而依据具体用途，App 主要有两类。一类是软件企业向相关公众提供的计算机操作程序，如图片编辑、文字处理等，此类 App 可归入第 9 类计算机操作程序。另一类则是企业向相关公众提供商品或服务的平台或工具。对于相关公众来说，其下载、安装、使用第二类 App 的目的在于以 App 作为平台或媒介来接受相关经营者提供的商品或服务，这是互联网环境下新的商业模式。

互联网环境下，传统产业与互联网产业相互渗透、融合，产业出现交叉、重组、合并乃至新生。换言之，传统产业与互联网产业的融合，既有未改变传统行业本质的浅层融合，又有导致传统产业升级转型的深度融合。传统产业与互联网产业融合程度的不同，使得“互联网 +”经济模式下商品或服务类别的认定规则亦不同。浅层融合之下，互联网通常作为新型工具和载体，并没有改变被控侵权商品或服务的实质特点，立足于传统产业判定商品或服务类别具有合理性。而深度融合之下，互联网已经彻底改变了传统产业的商业模式，带动了传统产业的升级转型，此时的传统产业在一定程度上已经具有传统和互联网两类产业的特征，消费者对商品或

① 参见《江苏省高级人民法院侵害商标权民事纠纷案件审理指南》（修订版）第 5.8.1 条。

服务类别的认知可能与《区分表》出现较大的偏离，立足于相关公众尤其是消费者的一般认知进行商品或服务类别的判定更具有合理性，也更符合《商标法》的立法目的。[①]

综上，“互联网+”经济模式下判定商品或服务类别，不能仅因其形式上使用了基于互联网和移动通讯平台运营要求产生的应用程序，就机械地将其归为此类服务或是旧产业类别，而应从符合“互联网+”新业态的实际情况出发，分析商品或者服务的特点，在坚持已有类似商品或服务判断规则的基础上，综合、整体地考虑被诉商品或服务的实质特点，作出符合其融合程度的类别判断。

典型案例1：广州某信息技术有限公司与深圳某金融信息咨询有限公司侵害商标权纠纷案［广东省深圳市中级人民法院（2019）粤03民终31635号］。

裁判要旨：“互联网+”经济模式下区分类似商品或服务，不能仅以其载体作为确定商品（服务）类别的依据，认定手机App软件所属商品或服务类别时，应根据该App的功能、用途、消费群体和服务目的等，综合考虑商品或服务的实质性特点。依托互联网平台提供的金融理财服务App，若计算机程序只是实现服务的工具，其提供理财服务的功能、针对的消费群体未发生实质性变化，则法院应根据其提供服务的实质特点，认定为金融服务。

典型案例2：上海某网络科技有限公司诉北京某网络科技有限公司侵害商标权纠纷案［北京知识产权法院（2019）京73民终2816号］。

裁判要旨：判断通过网站、微信公众号、App等网络方式提供的服务与某一服务类别是否相同或类似时，应当基于互联网开放、平等、互动的网络特性，从整体上综合考察、分析此类服务的目的、内容、方式、对象等因素，并结合相关公众的一般认识，判断此类服务的本质。不能简单、片面地以实现载体、表现形式等外在因素具有一定交叉、重合，

---

① 参见杜颖、刘晶：《“互联网+”时代商品类别认定规则》，载《中华商标》2020年第11期。

即认定构成相同或类似服务。

（三）商标比对

商标侵权通常在标识形态上表现为同一性，即文字标识对文字商标的混淆，图形标识对图形商标的混淆。而随着社会经济生活的发展，商标标识可能存在译名、对应形象等衍生形态。例如“蓝精灵”“蓝猫”等动画虚拟人物，其作品并不限于某个特定形体和动作，在行业内具有较高的知名度。当其被注册成文字或图形商标，并使用于与该动画虚拟人物相关的商品上时，指向的来源就难以避免地与该动画虚拟人物相关。因此，当被控侵权标识与注册商标分属于不同的标识形态时，在满足一定的条件下，亦可能构成近似商标。[①]

第一，请求保护的商标达到了较高的知名度。不同标识形态的商标在视觉形态上差异较大，符号对比明显，请求保护的注册商标本身的知名度较低时，相关公众通常不会形成商标衍生形态的转换联想。但当使用该注册商标的商品或服务在行业内具有较高的市场占有率时，消费者在认知和记忆商标时会产生链条效应，形成“文字→图形 / 形象”或者“图形→文字 / 形象”等标识形态的转换联想，例如“蓝精灵（文字）”与“蓝精灵（动画形象）”[②]。

第二，对应形态具有较高的辨识度，且同时构成请求保护商标的显著性。[③]显著性，是商标比对的重点之一。以“文字→图形 / 形象”的转换为例。文字商标具有规范的文字构成、统一的文字解释和语法，相关公众容易对文字商标形成基本一致的理解和认识。图形商标则通常与一定程度的艺术性联系在一起，其显著性包括视觉显著性与艺术显著性。若文字

---

① 参见袁博：《文字商标和图形商标也可能构成混淆——评“蓝精灵”商标案》，载《中华商标》2017 年第 4 期。

② 参见北京市第一中级人民法院（2014）一中知行初字第 1971 号行政判决书、北京市高级人民法院（2016）京行终 1530 号行政判决书。

③ 参见湖南省长沙市中级人民法院民三庭：《商标相同或相似的司法判断》，载《人民司法》2006 年第 8 期。

商标存在对应的衍生形态，而该衍生形态又具有较高的辨识度，相关公众通常可以比较容易地从该衍生形态联想到其对应的注册商标。特别是当该衍生形态的辨识程度达到了贯通标识类型的程度时，该辨识度即同时构成了请求保护商标的显著性之一。

第三，两种形态之间具有稳定、唯一的指向性联系。请求保护的商标与其转换的对应形态须满足指向上的唯一性，否则相关公众产生的对应性联系就存在多样性，两种形态之间也就无法建立稳定的联系，自然也就难以混淆。

综上，当被控侵权标识足以引起相关公众对注册商标衍生形态的合理联想，认为使用该标识的商品与请求保护的商标存在某种特定的联系时，可以认定两者构成近似。

典型案例：湖南某卡通节目发展有限责任公司诉南安市某体育用品有限公司、湖南某股份有限公司侵害商标权及不正当竞争案［湖南省长沙市中级人民法院（2004）长中民三初字第231号］。

裁判要旨：在判定商标相同或相似时，应以显著性为参照物。对于“蓝猫”等有特定含义的注册商标，若该特定含义构成商标的显著性，则相关公众可从该商标中获取具有特定含义的识别信息，与具有类似含义的标识构成相似。

（四）混淆可能性

1. 混淆可能性的评判规则

《商标法》第57条第2项规定：未经商标注册人的许可，在同一种商品上使用与其注册商标近似的商标，或者在类似商品上使用与其注册商标相同或者近似的商标，容易导致混淆的，属于侵犯注册商标专用权的行为。上述规定表明，在商标近似侵权的认定上，我国适用混淆可能性标准。因此，商标法意义上的商标近似是指足以产生市场混淆的近似，而不仅仅是商标标识即外观上的近似性。易言之，商标外观上的近似必须符合或者达到足以产生市场混淆的程度，给商标标识的区分功能造成市场妨碍，才可以构成商标侵权意义上的近似。商标法意义上的“商标近似”与商标标识本身在自然形态上的“商标标识近似”，二者并不完全重合，存在一定交叉。

实务中判断是否存在混淆可能性，主要体现在其考量要素的强度要求上。

（1）请求保护商标的显著性和知名度。注册商标的显著性和知名度决定了注册商标专用权的保护范围，是近似认定的前提和基础。注册商标专用权的保护范围应与请求保护商标的显著性、知名度成正比。显著性强、知名度高的商标，禁用权范围较广，认定混淆可能性需要的商标标识的近似程度和商品类似的关联程度就低；反之就高。

（2）注意力选择标准：相关公众的一般注意力。相关公众群体在知识、经验、关注程度等方面的差异，均会影响混淆可能性的认定。对于贵重或专业的商品，一般购买者的注意力较高，对于混淆可能性的认定标准要求就越高。

（3）商标标识的近似程度。商标标识近似主要比较相关商标在字形、读音、含义等构成要素和整体效果上的近似性，但由于商标近似判定中还需要考察市场混淆因素，故对标识近似程度的要求应视所涉商标或其构成要素的显著程度、市场知名度情况而定。尤其是在请求保护商标具有较高知名度的情形下，满足商标主要部分的近似即可。

（4）商品的类似程度。商品的类似或关联程度越高，对商标标识的近似程度要求就越低；反之，对商标标识的近似程度要求就越高。简而言之，判断是否构成商标侵权意义上的商标近似，除了标识近似和商品类似，还要考虑其近似是否达到足以造成市场混淆的程度。为此，需要根据案件的具体情况，综合考虑上述因素以及请求保护商标与诉争标识使用的历史、商品的销售渠道和双方各自的市场现状、被诉侵权人的主观意图等因素，进行近似性判断。若请求保护商标的固有显著性不强，也未在实际使用中取得较强的显著性，而被诉标识具有一定的市场知名度和显著含义，可以认为两者具有整体性的区别，此时以一般消费者的注意力标准判断，容易区分两者的来源，不足以产生混淆或误认。

典型案例1： 济南某饮料制剂经营部、山东某世纪投资有限公司与云南某置业股份有限公司侵害商标权纠纷案［最高人民法院（2008）民提字第52号］[①]。

裁判要旨： 判断侵权意义上的商标近似，除了要比较相关商标在音形义等构成要素上的近似性外，还应当关注是否足以造成市场混淆，因此应综合考虑相关商标的实际使用情况、显著性、是否有不正当意图等因素。

典型案例2： 宜宾某股份有限公司与甘肃某食品工业（集团）有限责任公司、北京某商贸有限公司侵害商标权纠纷案［最高人民法院（2017）最高法民再234号］。

裁判要旨： 侵害商标权案件中，判断商标是否近似，应当综合考虑被诉侵权标识的使用方式、被诉侵权行为人的主观恶意及注册商标的知名度等因素，判断被诉侵权标识的使用是否会造成相关公众的混淆误认。

2.“反向混淆”的理解及评判规则

商标法意义上的商标近似是指混淆性近似，即足以造成市场混淆的近似，包括正向混淆和反向混淆。就正向混淆而言，指的是在后诉争标识的使用，使得相关公众误认为诉争标识使用人的商品或服务来源于在先商标权人。反向混淆是指由于在后诉争标识的使用，使得相关公众可能会误认为在先使用商标的商品或服务来源于在后使用标识的经营者，或与在后使用标识的经营者之间存在某种经营上的联系。

我国《商标法》并未对反向混淆作出特别规定。商标的本质属性是标识性，即区分商品或服务的来源。进一步而言，注册商标权属于标识性民事权利，商标权人不仅有权禁止他人在相同或类似商品上使用该注册商标

---

① 该案于2013年《商标法》修改之前审理，彼时混淆可能性的法律依据仅有《商标民事案件若干解释》第9条，但该案的审理思路与2013年及此后的《商标法》第57条第2项契合，侵权判断依据并无实质性变化。

标识，更有权使用注册商标标识其商品或者服务，在相关公众中建立该商标标识与其商品或服务来源的联系。换言之，商标权人在其核定使用的商品或服务类别上使用注册商标标识其商品或服务是注册商标的固有权能，此项权利与注册商标的显著性、知名度并无关系。商标一旦注册，商标注册人即具有一定的先发优势，其享有的注册商标专用权赋予其在全国范围内在核定使用的商品或服务上排他性地使用其注册商标的权利，以及通过持续使用进一步拓展注册商标市场空间的权利。因此，对注册商标固有权能即标识性的损害，会妨碍商标权人行使其注册商标专用权，使商标权人与其注册商标的联系被割裂，进而实质性损害该注册商标发挥识别商品来源的基本功能，对该注册商标专用权造成基本性损害。

需要特别注意的是，在进行反向混淆判断时，不能把诉争标识的知名度作为混淆可能性的考量因素。也就是说，不能因为诉争标识的公众认知度高，相关公众更容易把使用注册商标的商品或服务误认为来源于被诉侵权人，就认为构成反向混淆。在认定是否构成反向混淆时，仍应秉承和正向混淆基本相同的裁量标准，适用基本相同的评判规则，即根据案件具体情况，综合考虑请求保护商标与诉争标识构成要素的近似程度、请求保护商标的显著性和知名度、相关公众的注意力程度、请求保护商标与诉争标识使用的历史、商品的销售渠道和双方各自的市场现状、被诉侵权人的主观意图等因素，进行混淆可能性判断。商标权的保护强度仍应与请求保护商标的显著性、知名度成正比。对于尚未作实际使用，或显著性弱、知名度低的商标，则应当将其禁用权限定于较小的范围，给予其与知名程度相匹配的保护强度。

此外，反向混淆还需要重点考察商标共存的可能性。若在后诉争标识的市场知名度和影响力是经过正当经营取得，则属于被诉侵权人的商业成果和竞争优势，在后诉争标识中凝聚的商业信誉和竞争优势就应当获得认可和保护，允许在后诉争标识与请求保护商标适当共存，实现经营者之间的包容性发展。

典型案例1： 汕头市澄海区某手袋工艺厂诉迈某尔高司商贸（上海）

有限公司、迈某寇斯（瑞士）国际股份有限公司、浙江某百货有限公司、北京某世纪贸易有限公司侵害商标权纠纷案［浙江省高级人民法院（2018）浙民终157号、浙江省杭州市中级人民法院（2017）浙01民初27号］。

裁判要旨：认定是否构成反向混淆，应适用和正向混淆基本相同的评判规则，即根据案件具体情况，综合考虑请求保护商标与诉争标识构成要素的近似程度、请求保护商标的显著性和知名度、相关公众的注意力程度、请求保护商标与诉争标识使用的历史、商品的销售渠道和双方各自的市场现状、被诉侵权人的主观意图等因素，进行混淆可能性判断。商标权的保护强度仍应与请求保护商标的显著性、知名度成正比，同时考察商标共存的可能性。

典型案例2：曹某东与云南某沱茶（集团）股份有限公司侵害商标权案［最高人民法院（2017）最高法民再273号、云南省高级人民法院（2016）云民终738号、云南省昆明市中级人民法院（2016）云01民初246号］。

裁判要旨：注册商标专用权人不仅有权禁止他人在相同或类似商品上使用该注册商标标识，更有权使用其注册商标标识其商品或者服务，在相关公众中建立该商标标识与其商品或服务来源的联系。在相同商品上使用与他人注册商标相同或近似的标识，将实质性损害他人注册商标发挥识别商品来源的基本功能，属于对他人商标权造成基本性损害。

三、关于抗辩审查问题

（一）不侵权抗辩

1.地方特产名称商标的正当使用

《商标法》第59条第1款、第2款规定："注册商标中含有的本商品的通用名称、图形、型号，或者直接表示商品的质量、主要原料、功能、用途、重量、数量及其他特点，或者含有的地名，注册商标专用权人无权禁止他人正当使用。三维标志注册商标中含有的商品自身的性质产生的形状、为获得技术效果而需有的商品形状或者使商品具有实质性价值的形状，注册商标专用权人无权禁止他人正当使用。”根据上述规定，所谓正当使用，是指经营者为了说明自己所提供的商品和服务，便于消费者辨认，可以对他人注册商标中所包含的信息依法不经注册商标权人许可而使用。

我国地域辽阔，由于各地历史传统、风俗习惯存在差异，形成了种类繁多的地方特产。地方特产名称具有较强的地域性，其名称在该地域范围通用，但超出该地域范围，该名称并不具有通用性，因此，部分特产名称被成功注册为商标。[①] 即使地方特产名称被注册为商标，其在该特产所在地域也不能禁止他人正当使用该地方特产名称，最高人民法院在指导案例 46 号“鲁锦”商标侵权案中亦对此予以明确。[②] 但对该特产地域之外的经营者能否使用、店招中能否突出使用等问题，实务中仍存有争议，例如“青花椒”“潼关肉夹馍”“逍遥镇胡辣汤”等案件。

无论案情如何，判断诉争标识的使用是正当使用还是商标使用，实务中主要从以下两个方面进行考虑：其一，从行为本质角度看，正当使用的本质是对他人商标中所包含的公共领域中的描述性信息的使用，并非对他人注册商标的使用；其二，从行为后果角度看，正当使用是对商品或服务的某些特征进行描述，使相关公众了解这些特征，不产生识别商品或服务来源的功能，不会产生混淆的结果。因此，地方特产名称商标能否在特产所在地之外构成正当使用，一般需要结合全案情况，从以下几方面进行考量。

---

① 由于地理标志认证有其固有规则，本书所涉地方特产商标不包括被认证为地理标志的情形。

② 最高人民法院在该判决中认定：“虽然‘鲁锦’被作为服装等商品上的注册商标，但是该注册商标并不能禁止鲁西南当地的企业将‘鲁锦’作为纺织服装商品的原料名称进行正当使用。”

（1）诉争标识的使用方式。突出使用是判断商标使用与否的直观途径，但突出使用并不等于商标使用，突出的使用方式只是令其便于观察、发现，不能就此认定其具有了识别商品或服务来源的功能，还需结合其使用环境进行判断。例如“青花椒”案，诉争的“青花椒”文字使用于店招之上，属于突出使用，但“青花椒”文字并非单独突出使用，而是属于共同突出使用的“青花椒鱼火锅”文字的一部分，且其前面还另有“邹某匠”文字，因此，该案诉争的标识应为店招上的“青花椒鱼火锅”文字，而非原告切割后的“青花椒”文字。在此基础上，“青花椒鱼火锅”明显是对菜式的主要食材、特点进行的描述，而非说明该餐馆的服务主体。

此外，若行为人同时还使用了自己的标识，则该符号被解读为商品来源标识的可能性更低。当然，若行为人将自己的标识标注在不明显的位置，而将诉争标识使用在显著部位或者通常标注商标的位置，就应另当别论。

（2）诉争标识的使用方式是否符合诚信原则和通常的商业惯例。以餐饮行业为例，将特色菜品名称标注在店招上是餐饮行业的惯常做法，特别是在以地方小吃为特色的餐馆经营中，无论是在店招还是菜单上使用地方小吃文字，相关公众都习惯将其理解为具有地方特色的菜品。因此，不管是带有地名的“潼关肉夹馍”“逍遥镇胡辣汤”，还是不带地名的“青花椒鱼火锅”“打鼓皮”①，其在餐饮行业中的第一含义②均属于菜品。而在我国目前人员大范围流动的情况下，甲地居民在乙地经营，或是乙地居民经营甲地特产，甚至甲地居民在乙地经营丙地特产的情形并不鲜见。换句话说，特产地域、经营地域甚至是经营者所属地域，无论该诉争标识是否具有第二含义，均不能阻止该地方特产名称商标的正当使用。

至于诉争标识所涉的商品或服务是否具有该地方特产的品质和特点，

① “打鼓皮”为湖南张家界的一道乡土菜式。参见湖南省张家界市中级人民法院（2017）湘08民初18号民事判决书。

② 本书中的“第一含义”是指描述性词汇的本义；“第二含义”则是指该描述性词汇经过商业使用后获得的商标显著性。

并不属于商标侵权案件的审理范畴。

（3）诉争标识是否具有地方特产名称之外的第二含义商标的显著性和知名度是商标侵权案件中确定商标专用权范围和认定侵权的重要因素。商标的知名度越高，识别性就越强。换言之，当构成注册商标的符号被用于商品时，其标识意义和描述意义可能会因使用该符号的注册商标的知名度而受到影响。而商标显著性的关键取决于标识与相关商品或服务之间的关系，联系越密切则显著性越弱，反之越强。

需要特别指出的是，商标权利人负有证明被诉侵权行为足以导致相关公众产生混淆可能性的责任，而被诉侵权人不负有证明其行为不足以发生混淆的责任，只需要证明自己的使用行为系正当使用即可。即使诉争标识具有了地方特产名称之外的第二含义，若行为人只是在该标识的第一含义上使用，哪怕此时存在某种程度的混淆，也是商标权利人在将公众所知的描述性词汇用作识别自己商品或服务的商标时所应当承受的风险。进一步而言，将描述性词汇注册为商标，不能因此垄断该词汇的所有使用可能，不能禁止他人在该词汇的原有和描述性的意义上使用，而仅能够禁止他人在指示商品或者服务来源的商标意义上的混淆性使用行为。[①]

典型案例 1：上海某餐饮管理有限公司诉温江某青花椒鱼火锅店侵害商标权纠纷案［四川省高级人民法院（2021）川知民终 2152 号］。

裁判要旨：商店招牌上将“青花椒”使用在“鱼火锅”之前，完整而清晰地向公众表达了其向消费者提供的招牌菜是“青花椒鱼火锅”，该标识中包含的“青花椒”是对其提供的特色菜品鱼火锅中含有青花椒调味料的客观描述，并非商标使用 。

典型案例 2：田某月诉张家界市永定区某餐馆、胡某英侵害商标权纠纷案［湖南省张家界市中级人民法院（2017）湘 08 民初 18 号］。

裁判要旨：将公有领域的菜式名称注册为商标的，无权禁止他人在表明提供相应菜式服务意义上正当使用该菜式名称。

---

① 参见钟鸣：《商标法上描述性使用的实践与问题》，载微信公众号“永新知识产权”2019 年 6 月 4 日。

2. 指示性正当使用的判定

我国《商标法》并无指示性使用的规定，《商标法》第 59 条第 1 款、第 2 款是对描述性正当使用的规定。学理上普遍认为，商标的正当使用主要包括两种情形：描述性使用与指示性使用。描述性使用是指生产、经营者使用他人的商标对自己生产、经营的商品予以叙述性描述。指示性使用是指为指明产品、服务的种类而使用他人的商标。换言之，指示性使用是以被使用注册商标的本来标识意义为基础，为自己的经营需要对该被使用注册商标进行延伸性使用，以客观说明自己提供的商品或服务能够与他人商标的商品或服务配套，或是为了传递商品或服务来源于商标权人这一真实信息而在必要范围内使用他人注册商标标识。

关于指示性正当使用的性质，目前学理和司法实践中争议较大。部分观点认为其指向的是使用者的商品或服务，并非商标原本对应的商标权人的商品或服务，不属于商标使用；部分观点认为指示性正当使用的目的在于说明使用者自己的商品或服务能够与商标权人的商品或服务配套，具有合理性，应为商标使用；部分观点认为是商标的"表达性"使用。本书赞同第二种观点，指示性正当使用虽然最终指向的是使用者的商品或服务，但不管是从使用目的还是使用后果来看，使用者和相关公众对诉争标识的认知都是直接指向注册商标的本来标识意义，应当属于商标使用。

而在商标使用性质的观点之下，指示性正当使用抗辩是否成立的关键在于混淆可能性的判断。对此，实务中亦尚有分歧。但总体来说，一般主要从使用行为的必要性、使用目的的正当性（善意）、使用方式的合理性、使用后果的混淆可能性角度进行考量。

典型案例 1：某国际贸易（上海）有限公司与某管道系统（上海）有限公司、上海某贸易有限公司侵害商标权及虚假宣传案［上海知识产权法院（2015）沪知民终字第 161 号、上海市徐汇区人民法院（2013）徐民三（知）初字第 1017 号］。

裁判要旨：在商业活动中为说明客观情况而使用他人商标，不会导致相关公众就商品来源产生混淆的，不构成商标侵权。

典型案例2：某商店品牌管理公司与上海某投资管理有限公司侵害商标权及不正当竞争纠纷案［上海市高级人民法院（2014）沪高民三（知）终字第104号、上海市第一中级人民法院（2014）沪一中民五（知）初字第33号］。

裁判要旨：合法取得销售商品权利的经营者，可以在商品销售中对商标权人商品商标进行指示性使用，但应当限于指示商品来源，如超出了指示商品来源所必需的范围，则会对相关的服务商标专用权构成侵害。商标使用行为可能导致相关公众误认为销售服务系商标权人提供或者与商标权人存在商标许可等关联关系的，应认定已经超出指示所销售商品来源必要的范围而具备了指示、识别服务来源的功能。

典型案例3：深圳市某文化传媒有限公司与中国某保险（集团）股份有限公司、某联赛有限责任公司侵害商标权案［广东省深圳市中级人民法院（2016）粤03民终15570号、广东省深圳市福田区人民法院（2015）深福法知民初字第142号］。

裁判要旨：通过体育赛事冠名方式使用自己的商标或字号的，是为了实现冠名利益而指示自己的企业或者商品服务来源的使用，不是在体育赛事服务上表明该服务来源的商标使用行为，相关公众不会与组织体育赛事服务上的商标构成混淆或者反向混淆。即使可能构成反向混淆，其责任也不应归属于冠名商。

3. 平行进口中的商标侵权与正当使用

关于商标平行进口，理论界与实务界尚未对其概念形成共识。WTO官网对“平行进口”这一术语的解释是，“没有经过知识产权权利人的同意，将国外合法生产的产品进口到国内。对此有的国家允许，有的国家禁止”。一般认为，商标平行进口是指未取得进口国国内商标权利人的授权，擅自进口标注有该商标标识的正品的行为。也就是说，平行进口所涉商品是来源于同一权利人[①]的正品，并非假冒产品，只是由于商标权的独立性

① 指国内外相同商标的权利人是同一主体或者具有母子公司、商标许可等关系，即两者在商标权来源关系上具有相同性。

和地域性，以及权利人对商品销售区域的不同政策，引发了平行进口商未经国内商标权人许可，将权利人在国外销售的正品进口至国内的行为是否侵害国内商标权的问题。如果国内外商标不属于同一或者关联权利人，即来自国外的商品与国内商品没有商品来源上的同一性，国内商标对该国外商标的商品当然具有排斥力。

平行进口问题涉及一国的国际贸易政策。自由贸易条件下，若生产成本、市场发展程度和汇率浮动等因素导致不同地区相同产品出现价差，市场主体必然向其他销售区域寻求低价产品进行销售，这是市场主体追求经济利益最大化的体现。《TRIPs 协定》谈判过程中，平行进口产品这一问题留给了成员方自主决定。[①] 我国现行法律、法规和司法解释并未对平行进口行为的规制问题作出明确规定，《最高人民法院关于为自由贸易试验区建设提供司法保障的意见》（法发〔2016〕34 号）原则性指出："妥善处理商标产品的平行进口问题，合理平衡消费者权益、商标权人利益和国家贸易政策。"因此，对于国外商标产品的平行进口问题，不能脱离宏观的贸易政策，尤其是品牌战略、竞争政策和消费者政策。具体到司法实践中，则需要回归商标权的本质属性、基本功能和根本目的，综合考量平行进口行为产生和存在的社会经济基础，合理平衡商标权人、被许可使用人、平行进口人和消费者的利益，准确划定商标侵权行为和正当使用行为的法律界限。

第一，从我国现行的贸易政策和公共政策来看。我国坚持对外开放的基本国策，积极促进"一带一路"国际合作，追求贸易合作和畅通；香港作为自由贸易港，各国或地区的商品和服务流通自由，粤港澳大湾区的市场一体化建设亦寻求各项生产和市场要素的自由流通。我国国内市场商品供应充足，国际知名品牌较少，平行进口更多的是对国内市场商品供应的有限补充，不会对国内市场造成太大冲击，同时也增加了国内消费者的购买选择，是一种消费利益福祉，自贸区建设以来跨境电商已不再局限于互

① 《TRIPs 协定》第 6 条规定：就本协定项下的争端解决而言，在遵守第 2 条和第 4 条规定的前提下，本协定的任何规定不得用于处理知识产权的权利用尽问题。

联网销售，平行进口在事实上获得了行政管理上的允许。

第二，从商标权的本质属性来看。商标是区分商品或服务来源的标识，其市场价值来源于对特定商业主体的指向关系。商标法保护商标的基本功能，即保护其识别性，以及在识别性基础上衍生出的质量保证功能和商誉承载功能。因此，商标侵权行为的核心是对商标标识与商业主体之间唯一、确定的指向关系的破坏，认定商标侵权行为必须建立在实际影响或割裂了商标标识与商标权人指向关系的基础上。

首先，平行进口产品系国内商标产品的同一权利人制造并投放在外国市场销售的正品。平行进口商如未损毁、遮盖产品本身的品牌标识，也未在产品上附加其他标识，则商标与商品来源的对应关系明确、真实，可清晰识别产品来源于商标权人，商标识别功能正常发挥。此时平行进口行为仅改变了产品销售渠道，并未对产品标识、包装进行改动，也未割裂产品与商标权人之间的固有联系，不损害商标的识别功能。但若平行进口商实质性改变了平行进口产品，其也就不再是平行进口产品。

其次，商标权人对其产品的质量有充分的控制能力。平行进口产品与国内商标产品由同一商标权人制造或控制生产，即便商标权人在不同国家的销售政策差异导致国内外产品存在差异，但因该两种产品均由商标权人制造、销售，在平行进口商清晰标注了境外来源的情形下，无论是产品质量还是产品之间的差异，均在商标权人的控制范围之内，商标的质量保证功能亦未受损。

最后，平行进口产品也未损害商标的商誉承载功能。商誉是相关公众形成的有关产品质量、服务的积极评价和正面印象。平行进口产品系商标权人制造、销售的正品，在产品性状、质量和标识未经更改的前提下，其承载的品牌商誉一般不会受损。至于商标权人在不同地区销售不同质量产品导致的商誉区别，其根源在于商标权人的销售策略，而非平行进口行为。

总而言之，平行进口纠纷并非单纯的法律纠纷，不能以个案一概而论，而是需要在国家政策、法律允许的框架内，根据具体案情，在严格审查产品来源、品质和标识的基础上，考察平行进口对商标基本功能的影响，以维护市场竞争政策所追求的公平、自由的竞争秩序，尽量避免商标权利成为追求垄断的权利基础。

典型案例： 某电气（深圳）有限公司与广东某电气实业有限公司侵害商标权及不正当竞争纠纷案［广州知识产权法院（2019）粤73民终6975号、广东省广州市南沙区人民法院（2018）粤0115民初2363号］。

裁判要旨： 平行进口纠纷中的商标侵权判定，应遵循《商标法》的基本目的和宗旨，不能偏离商标基本功能受损的核心要件。平行进口行为未损害涉案商标基本功能、消费者利益，也未扰乱市场经济的基本秩序，不构成侵害商标权。

4. 在先使用抗辩中“原使用范围”的理解

《商标法》第59条第3款规定，商标注册人申请商标注册前，他人已经在同一种商品或者类似商品上先于商标注册人使用与注册商标相同或者近似并有一定影响的商标的，注册商标专用权人无权禁止该使用人在原使用范围内继续使用该商标，但可以要求其附加适当区别标识。上述规定对“原使用范围”并无进一步的细化规定，对其理解应当结合该条款的立法目的、商标本身的特性以及经营活动的特点等因素进行综合分析。具体而言，在确定原使用范围时，应以在先使用人使用其未注册商标所形成的知名度所及范围为主要判断依据，参考在先使用未注册商标所标识的商品或服务的经营模式，主要根据在先商标原有的使用方式进行判断。

第一，后续使用的在先商标应当在原有标识、原有商品类别上使用。

先用抗辩制度的目的在于通过限制注册商标的专用权以保护商标在先使用人的正当利益，其主要解决的是在先使用人后续使用商标行为的合法性问题，而不是为商标在先使用人设定等同于商标专用权的权利。因在先使用人后续使用商标行为的合法性来源于其在先商标使用行为，故在其并未在类似商品或服务上使用过近似商标的情况下，后续使用行为显然无法延续到上述范围。因此，在先使用人后续使用的商标及商品或服务应与其在先使用的商标及商品或服务相同或基本相同，不得扩大在先商标所标注的商品或服务的类别，不得改变在先使用商标的图形、文字、色彩、结构、书写方式等。但若在先使用人添加的标记不构成现有注册商标标识的一部分，且确实能发挥区分作用的，仍然属于对原有商标标识的使用。[①]

第二，后续使用的在先商标应当以原有使用方式在原有经营地域范围使用。

界定在先使用人的原有使用范围，需要考虑在维护商标注册制度稳定的框架下，对商标在先使用人和注册商标专用权人之间进行利益平衡。

首先，商标后续使用行为的规模不受在先使用人自身的经营规模的限制，在先使用人在后续使用中可以扩大自身经营规模，但其经营地域和使用方式仍受原有经营地域和原有使用方式的限制，不能通过发放许可的方式进行经营规模的扩张。也就是说，后续使用的主体仅限于“在先使用人”本人及其继受主体，以及在先已获授权许可的“被许可使用人”。

其次，互联网不受空间限制的传播特点和其传播内容的分布性、实时性和共链性决定了其传播内容不可能局限在某一特定平台上，故在确定原有使用范围和使用方式时，不能忽略互联网传播的特点。若原商标仅是在线下经营时使用，则在先使用人不能开展网络经营。若原商标在线上经营时使用，如网络社交服务或宣传推广等，则继续使用方式不能切换为其他互联网经营行为，如网络销售等，也不能切换为线下经营。

最后，对服务商标而言，“原使用范围”并不等于限制其服务经营地址变更。由于服务经营地址相对固定，在先商标知名度所及的地域范围亦相对固定。因此，只要变更后的服务经营地址仍属于在先商标知名度所及的地域范围，可以认定其并未超出“原使用范围”。

总而言之，我国商标制度以注册主义为基础，在给予在先使用的未注册商标一定保护的同时也要避免冲击注册主义这一基石，保护水准不宜过高。

典型案例 1：某教育科技有限公司与北京市海淀区某考试培训学校等侵害商标权纠纷案［北京知识产权法院（2015）京知民终字第588号］。

---

① 参见广东省深圳市中级人民法院（2017）粤03民初977号民事判决书。

裁判要旨：《商标法》第59条第3款规定先用抗辩有如下几个适用要件：(1)他人在注册商标申请日之前存在在先使用商标的行为；(2)该在先使用行为原则上应早于商标注册人对商标的使用行为；(3)该在先使用的商标应具有一定影响；(4)被诉侵权行为系他人在原有范围内的使用行为。在适用第二个要件时应将在先使用人的善意作为重要考量因素；对于第四个要件中"原有范围"的理解，应考虑商标、商品或服务、使用行为及使用主体等要素。

典型案例2：林某恺与成都武侯区某家具经营部、成都某家居生活广场有限责任公司侵害商标权纠纷案［最高人民法院（2018）最高法民再43号］。

裁判要旨：确定商标先用权抗辩中的"原有范围"，应主要考虑商标使用的地域范围和方式。在商标注册人申请或实际使用商标后，在原实体店铺影响范围之外增设新店或拓展互联网经营方式的，应当认定已经超出了原有范围。

（二）不赔偿抗辩

合法来源抗辩，即销售者"不知道是侵犯注册商标专用权的商品，能证明该商品是自己合法取得并说明提供者"，属于当事人对自己主张的举证，并非反驳权利人主张的证据，其证明标准应为民事诉讼的高度盖然性标准，需要证据链吻合，相互印证。《知识产权民事诉讼证据若干规定》第4条规定："被告依法主张合法来源抗辩的，应当举证证明合法取得被诉侵权产品、复制品的事实，包括合法的购货渠道、合理的价格和直接的供货方等。被告提供的被诉侵权产品、复制品来源证据与其合理注意义务程度相当的，可以认定其完成前款所称举证，并推定其不知道被诉侵权产品、复制品侵害知识产权。被告的经营规模、专业程度、市场交易习惯等，可以作为确定其合理注意义务的证据。"

我国幅员辽阔，地区经济发展不平衡，各地交易习惯亦有所区别，加之一人公司、个体工商户等小规模经销商数量庞大，大量的真实交易没有订立书面合同，而是使用口头合同、送货单、收据、电子支付或现金交割等方式，更有甚者线上订购、代发，沟通记录不甚完整。因此，在审查证明商品合法来源的证据时，不能轻易否定其证明效力，苛求证据的完备性，而应结合当地市场环境、交易习惯、销售商注意义务等佐合法来源证据的完整性、可信性。如判断商品的进货价格是否合理。由于日常交易中商品的最终售价是出厂价格几倍乃至十倍以上的情形并不少见，故实务中需结合当事人双方证据和行业习惯进行综合分析，不能单纯以商品进价和售价相差过大而认定商品进货价格不合理。

另外，销售商的合理注意义务程度也影响其来源证据“合法性”的审查力度。合理注意义务程度越高，销售商提供的具备合法来源的客观证据应当更加完善；反之，则不应对其设置过严的举证责任，来源证据“合法性”审查时应当允许票证存在一定的形式瑕疵。

典型案例 1：海南某农业发展有限公司与深圳市某商贸有限公司、陈某明侵害商标权纠纷案［广东省深圳市中级人民法院（2021）粤 03 民终 37483 号、广东省深圳市宝安区人民法院（2021）粤 0306 民初 21878 号］。

裁判要旨：销售商提供的来源证据与其合理注意义务程度相当的，可以认定其完成举证，并推定其不知道被诉侵权产品侵害知识产权。经营规模、专业程度、市场交易习惯等可以作为确定销售商合理注意义务的证据。涉案销售商为一人公司，经营规模不大，提交了收款收据、营业执照等证据，收款收据上记载的抬头、地址均与供应商（农贸批发市场内）企业信息一致，收据上的手机号码亦可联系核实，符合农贸批发市场的交易习惯，可以认定销售商已经尽到了审慎的合理注意义务，合法来源抗辩成立。

典型案例 2：某集团有限公司与广州市黄埔区某百货店侵害商标权纠纷案［广东省高级人民法院（2020）粤民申 4903 号、广州知识产权法院（2019）粤 73 民终 264 号、广东省广州市黄埔区人民法院（2018）粤 0112 民初 3647 号］。

裁判要旨：销售商（个体工商户）虽然提供了来源证据，且知悉涉案侵权产品有自有商标，但其经营食品、日用百货等商品的时间已有5年，对我国对涉及公众健康的食用类商品的监管较为严格应有基本的认识，在购进、销售有关食用类商品时，应当履行谨慎审查等注意义务。涉案注册商标在相关公众中具有较高的知名度，但涉案侵权产品在标签左侧使用其自有商标的字体较小，却在标签正面显著位置使用较大的与涉案注册商标高度近似的被诉侵权标识，以专门销售者的一般注意力，应能注意到二者明显不同，应该予以甄别，故合法来源抗辩不成立。

典型案例3：某株式会社与三门县某化妆品店、宁波市某化妆品店侵害商标权纠纷案［浙江省台州市中级人民法院（2021）浙10民初659号］。

裁判要旨：销售商（个体工商户A）已就其所售商品说明供应商并支付相应对价，且侵权商品与正品相差极其细微，不借助特殊工具很难作出鉴别，其称不知道所售商品系侵权商品也符合客观常理，合法来源抗辩成立。销售商（个体工商户B）提供的订货单显示其进购商品的批号与涉案侵权商品的批号不同，无法一一对应，不能证明其出售给个体工商户A的商品即来自其主张的供应商，合法来源抗辩不能成立。

（三）权利冲突抗辩

1. 权利冲突中在后商标权的权利基础审查

权利冲突抗辩中，无论在先权利是何种权利，在其合法成立的情形下，在后商标的注册、使用行为是否具有正当性均是侵权认定的关键。这里以在先著作权与在后商标权的冲突为例进行分析。

合法著作权在先情形下，商标申请人在申请注册商标之前是否可以接触他人享有在先著作权的作品，是其注册、使用商标行为正当性判断的关键。作品一经发表即被公之于众。最高人民法院在（2021）最高法民再121号民事判决中指出，著作权法上的接触可能性并不限于对国内作品的接触，对于在国外发表的作品，国内主体也具有接触的可能性。因此，商标申请人在申请注册商标之前是否可以接触他人在国外发表的享有在先著作权的作品，需要结合具体案情进行判断。

（1）在后商标权不具有权利基础。若商标申请人在申请注册商标之前接触过或可能接触过他人享有在先著作权的作品，其未经在先著作权人的许可，擅自将该作品作为商标进行注册便违反了诚信原则，具有不正当性。此时所谓的商标权与著作权的冲突实质上是不当的注册使用行为与合法的著作权之间的冲突。一方面，诚信原则保障当事人有权在法律规定的范围内行使并处分自己的民事权利和诉讼权利。如果著作权人对在后商标权人提起著作权侵权诉讼，则在后商标权人应当承担侵害著作权的民事责任。即使在后商标权人使用的标识已作为商标注册且已经超过了法律规定的提出无效宣告请求的时限，但只要其构成对他人在先著作权的侵害，就应依法承担侵害著作权的民事责任。[①]另一方面，诚信原则也要求当事人在不损害他人和社会公共利益的前提下，善意、审慎地行使自己的权利。如果在后商标权人对著作权人提起诉讼，根据最高人民法院第 82 号指导案例的裁判要点，任何违背法律目的和精神，以损害他人正当权益为目的，恶意取得并行使权利、扰乱市场正当竞争秩序的行为，均属于权利滥用，其相关权利主张不应得到法律的保护和支持。

（2）在后商标权具有权利基础。在后商标的注册若具有正当性，商标权人也规范使用，就意味着在后商标权与在先著作权[②]均具有实质意义的合法性，被控侵权行为的性质亦区别于恶意攀附他人商誉的“搭便车”行为。此时对在先著作权和在后商标权进行利益平衡，就应当考虑两者的权利特性，结合在后商业标识的形成和发展历史、使用现状以及本身的显著性强弱、知名度大小等因素确定双方的权利边界，以平衡各方当事人及消

① 参见最高人民法院（2021）最高法民再 121 号民事判决书。

② 商标权与著作权的权利冲突中，由于商标的标志性，与商标权发生冲突的著作权必然是用作商标使用的著作权，也即商业标识权利冲突。例如，将在先著作权用作商业标识进行注册并使用，或者是将在先著作权用作商品或服务的特有包装装潢。

费者的合法权益。

应当注意的是，知识产权为国家法律授予的权利，由于权利设置的不同，两种不同的权利在权利客体、保护期限、保护范围、保护效力等方面有所不同。尤其是在保护范围、保护效力方面，商标权和著作权存在实质性差异。

其一，商标权和著作权保护范围的不同导致受两者保护的客体作为商业标识时可以使用的商品或服务类别不同。注册商标专用权以核准注册的商标和核定使用的商品或服务为限，商标禁用权也只是扩展至符合其显著性和知名度的近似商标和类似商品的范围内，只有在商标的知名程度达到驰名程度时，才存在跨越商品类别保护的可能。著作权则以作品相同或构成实质性相似来确定保护范围，当作品成为商业标识时，作为作品传播载体的商品或服务的类别在一般情况下并没有限制。

其二，商标权和著作权在保护效力和民事责任限制上的不同导致两者作为商业标识使用时的效力约束不同。根据《商标法》第 49 条、第 64 条的规定，注册商标三年不使用有相应的“撤三”制度和“不赔偿”抗辩约束其保护效力和赔偿责任。而《著作权法》规定的合理使用、法定许可制度，是基于社会公益及社会发展利益的需求对著作权保护施加的必要限制，在作品作为商标标识使用时，作品在复制、传播、发行等方面并没有相应的权利效力约束和赔偿限制。

因此，鉴于作品用作商业标识时相对于商标权具有保护客体不同、保护范围广、受市场因素约束小等特性，在商标权与著作权均是基于合法途径获得的情形下，利益平衡考量时应当对作为商业标识使用的著作权的保护范围施以合理限制，不应使在先著作权获得接近甚至超过驰名商标跨类保护的保护范围和保护力度。

典型案例 1：王某与诸暨市某食品有限公司、诸暨市某食品商行、何某永、傅某丽、广东某包装彩印有限公司、长沙市某食品贸易有限公司侵害商标权案［最高人民法院（2016）最高法民申 1975 号、浙江省高级人民法院（2016）浙民终 125 号、浙江省绍兴市中级人民法院

（2015）浙绍知初字第615号］。

裁判要旨：著作权人在行使自身权利之时，应遵循合法、善意及审慎的原则，对于因历史原因而包含于作品中的他人合法的在先权利，应当合理避让。

典型案例2：郑某红、湛江市某电器有限公司与青岛某电子有限公司、某卓越有限公司侵害商标权纠纷案［最高人民法院（2021）最高法民再30号］。

裁判要旨：不具有合法权利基础的权利请求不应得到支持。本案中，取得及使用商标权的行为系在侵犯他人合法在先著作权的基础上进行，该行为违反了诚信原则，不具有正当性，其诉讼行为构成权利滥用，其诉讼请求缺乏合法的权利基础，应予以驳回。

典型案例3：某制药股份有限公司与广州某商务咨询有限公司等侵害商标权及不正当竞争纠纷案［最高人民法院（2020）最高法民再23号］。

裁判要旨：明知他人商品存在于市场，却恶意申请注册与该商品包装近似的立体商标并行使权利，在他人商品包装具有一定影响的情形下，其行为难言正当，其诉讼请求缺乏合法的权利基础，应予以驳回。

2. 企业字号与注册商标共存的判断因素

保护在先权利是处理知识产权权利冲突的一项基本原则，但并非一律禁止相同或相似的在后权利的行使。最高人民法院在《关于当前经济形势下知识产权审判服务大局若干问题的意见》中明确指出："对于因历史原因造成的注册商标与企业名称的权利冲突，当事人不具有恶意的，应当视案件具体情况，在考虑历史因素和使用现状的基础上，公平合理地解决冲突，不宜简单地认定构成商标侵权或者不正当竞争。"据此，处理注册商标与企业名称的权利冲突时，应当考虑在后权利基础的正当性、使用方式的合理性、已经客观产生的市场格局等因素。

（1）在后权利标识的正当性和合理性。权利基础的正当性不仅包括形式上的合法性，还包括内容上的合法性。如果在后权利仅有取得形式上的法律依据，而没有实质内容上的法律依据，在后权利的取得是来源于在先权利，则可不保护在后权利，如利害关系人抢注商标。如果在后权利不仅取得形式上合法，而且实质内容上也合法，在后权利的取得有其正当合理的来源，而不是来源于在先权利，则既要保护在先权利，又要保护在后权利，例如“老字号”的保护。

（2）在后权利人取得权利时的主观意图。虽然商标侵权判定中，行为人的主观意图只是损失赔偿的考量因素之一，不是侵权判定的构成要件。但在知识产权权利冲突中，行为人取得权利时的主观状态是善意或恶意是考察权利基础正当性的重要因素。判断是否具有恶意，通常要考虑行为人最早获取或使用相关商业标识时是否知道或应当知道他人使用相同或近似的商业标识，以及获取和使用该商业标识的行为是否不正当利用、损害他人在先商业标识的声誉，并根据在后使用者开始使用时的情况以及在先使用者当时的知名度等具体情况进行判断。

企业名称权与注册商标专用权是两类平行的民事权利，然而企业字号并不像注册商标一样具有公开可查性，企业在注册企业字号时客观上不可能同注册商标一样进行核查，除非该商标在当时已具有了一定的市场知名度或已为相关公众所知晓，否则赋予企业名称权人这种注意和规避义务是不适当的。需要注意的是，知名度的认定虽然离不开特定的地域，但知名度又不限定于特定的地域，而是要求为相关公众所知悉。也就是说，商标权人，尤其是对服务商标而言，虽然其尚未进入特定地域开办服务场所或宣传推广，但并不意味着其知名度并未到达该地域，实务中需要注意知名度的辐射情形，例如，网络上的大量宣传、全国范围内发行的报刊媒体宣传、周边地域的使用等。

（3）在后权利标识使用的合理性。任何权利的行使均有其自身边界，权利行使方式也有其特定的形式。如果权利的行使方式不符合权利的固有属性，就可能超越边界构成侵权。对需要进行实体门店经营的零售、餐饮、美容等服务行业的企业而言，囿于门头招牌的长度，其招牌的内容通常会对企业名称进行一定的简化，以字号 + 行业为主。在不违背诚信商业道德的基础上，该类企业在招牌上突出使用其字号的行为符合服务行业公司名称简化使用的一般规则和惯常做法，具有一定的合理性。

（4）双方市场的混淆可能性。禁止混淆是合法使用企业字号和注册商标的关键。相关公众是否会对企业字号、注册商标所指示的来源产生混淆，可以根据双方权利标识的实际使用情况、企业的经营模式、是否已经形成市场区分等因素进行考量。

综上所述，在企业字号和注册商标均是合法正当取得的情形下，解决权利冲突的重点在于规范权利的行使，区分不同来源，限制使用方式，防止造成混淆，以实现经营者之间的包容发展。

典型案例1：烟台某酒庄有限公司与上海某酒业有限公司、李某之确认不侵害商标权纠纷案［山东省高级人民法院（2013）鲁民三终字第155号］。

裁判要旨：商标权保护的总体目标是划清商标之间的界限。当相关商业标识的共存格局是特殊条件下形成的，在进行商标侵权判断时，除了考量商业标识构成要素的近似性，还应根据相关商业标识的显著性、实际使用情况、相关公众的认知状态、使用者的主观意图等因素综合判定，注意尊重已经客观形成的市场格局，防止简单地把商标构成要素近似等同于商标侵权。

典型案例2：某（集团）有限公司、某知识产权管理有限公司与成都市金牛区某灯饰商店侵害商标权及不正当竞争纠纷案［最高人民法院（2021）最高法民再338号］。

裁判要旨：公民虽享有其合法的姓名权，并有权合理使用自己的姓名，但应当遵循诚信原则并遵守相关法律、法规的规定，在将姓名进行商业使用时，不得侵害他人的在先权利。个人擅自使用他人有一定影响的企业字号作为自己经营的企业名称，使相关消费者混淆的，构成不正当竞争。

四、关于刑民交叉问题

（一）关于证据的采信

商标侵权案件是可能同时涉及行政查处、刑事诉讼、民事诉讼的典型案件类型。对于已经过行政处罚或刑事处理的商标侵权行为，在民事诉讼过程中，在先法律程序中搜集的证据、认定的事实可以作为证据采信，如行政主管部门、公安机关现场查获的侵权产品、账本；侵权人在询问/讯问笔录中的陈述/供述；调取的手机聊天记录、电商平台销售记录；等等。

但在采信证据的同时，应注意区分刑事诉讼与民事诉讼不同的证明标准。同样的证据，在刑事诉讼中如不能排除合理怀疑，则不足以认定被控犯罪事实；而在民事诉讼中，只要达到高度盖然性或优势证据标准，就可以认定被控侵权事实。例如，侵权人销售假冒注册商标的商品，在刑事诉讼中，对于被告人经营的网店已经销售的同款商品，因未查获实物，且被告人否认已销售的商品为假冒注册商标的商品，则无法认定被告人犯罪既遂，仅能根据现场查获尚未销售的侵权产品认定其犯罪未遂；在民事诉讼中，则可以结合商品无合法来源、销售价格明显低于正品价格等，判断已销售的商品为侵权商品，从而认定被告已实际销售了侵权商品。

典型案例1：某高公司诉某致公司等侵害商标权及不正当竞争纠纷案［广东省高级人民法院（2020）粤民终1642号、广州知识产权法院（2016）粤73民初1692号］。

裁判要旨：尽管本案中无法精确计算出被诉侵权人因本案侵权行为所获利益的具体数据，但结合关联刑事案件等证据可合理推算出本案所涉侵权产品的整体获利远超原告诉请赔偿金额，故对原告的侵权赔偿主张全额支持。

典型案例2：某集团健康产品有限公司诉刘某、谢某华侵害商标权纠纷案［最高人民法院（2020）最高法民再342号］。

裁判要旨：在侵害商标权纠纷案件中，当事人提交的刑事诉讼程序中形成的证据，人民法院应当依照法定程序，全面、客观地予以审核。涉及同一侵权事实的刑事判决认定构成销售假冒注册商标的商品犯罪未遂，并不能当然作为侵害商标权纠纷民事案件中被诉侵权商品未实际销售的直接依据。

（二）关于惩罚性赔偿的适用

《知产惩罚性赔偿解释》第6条第2款规定：因同一侵权行为已经被处以行政罚款或者刑事罚金且执行完毕，被告主张减免惩罚性赔偿责任的，人民法院不予支持，但在确定前款所称倍数时可以综合考虑。

行政处罚或刑事处罚与民事赔偿责任之间不存在可替代关系，行政罚款或刑事罚金是上缴国库的，而非补偿权利人的，并不能覆盖权利人的经济损失。故缴纳行政罚款或刑事罚金并不排斥民事赔偿责任中惩罚性赔偿的适用。但这并不意味着所有经过行政处罚或刑事处罚的商标侵权行为，在承担民事赔偿责任时均符合适用惩罚性赔偿的要件。

适用惩罚性赔偿应当由当事人主动申请，且必须同时满足侵权主观故意明显、侵权情节严重、赔偿基数可以确定这几个要件。商标侵权行为构成刑事犯罪的，侵权人主观上必然是明知而故意为之，认定其主观故意明显并无不妥，但侵权情节是否严重，不可一概而论，需要综合考虑以下因素：（1）在共同犯罪中，多个侵权人分工不同，发挥的作用也不一样，受雇于他人、领取固定工资、只负责某一环节工作的从犯，其侵权情节显然比主犯轻；（2）刑事案件中，当无法查清侵权产品实际销售价格时，一般按照被侵权产品的市场中间价（相当于正品价格）计算被告人的非法经营数额，该数额并非侵权人的实际获利，民事案件中不宜直接采纳并作为认定侵权情节严重与否的依据；（3）刑事案件中，侵犯的注册商标数量不同，入刑的起点金额也不同。例如，在假冒注册商标罪的认定当中，当产品上仅附着一种注册商标时，“情节严重”的标准为非法经营数额在5万元以上或者违法所得数额在3万元以上；当产品上附着两种以上注册商标时，“情节严重”的标准则为非法经营数额在3万元以上或者违法所得数额在2万元以上。[①] 但在民事案件的审查中，权利人的损失或侵权人的获利并不因产品上附着商标种类的多寡而有所不同。故刑事犯罪中的“情节严重”不能等同于民事侵权中的“情节严重”。

综上所述，对于构成刑事犯罪的商标侵权行为，如侵权人为初犯，实际侵权时间短、规模小、获利少，刑事处罚已发挥了足够的惩戒作用，在民事诉讼中不宜再适用惩罚性赔偿。反之，部分刑事案件中，因证明标准问题，对侵权人已经生产、销售侵权产品的数量无法予以认定，导致对侵权人非法经营数额或违法所得的认定明显低于实际情况，量刑及罚金不足以发挥足够的惩戒作用，在相应的民事诉讼中，可适用惩罚性赔偿。

典型案例：某科技有限责任公司诉李某广侵害商标权纠纷案［广东省深圳市福田区人民法院（2022）粤0304民初21019号］。

裁判要旨：行为人因实施侵权行为被判处刑罚并不意味着民事案件符合惩罚性赔偿的适用条件，刑事案件的定罪量刑标准也并非必然高于民事案件惩罚性赔偿的适用标准。侵权行为已被刑事案件定罪量刑的民事案件能否适用惩罚性赔偿，仍然应当按照《商标法》和《知产惩罚性赔偿解释》的规定进行认定。先刑后民的商标侵权案件中，如既无证据证明被告系重复侵权，或实施侵权行为的持续时间较长，也无证据证明被告的侵权获利或原告的实际损失数额巨大，或存在《知产惩罚性赔偿解释》第4条第2款列明的其他情节严重或者是与列明情节相当的情形，则适用惩罚性赔偿的事实依据不足，不予支持。

---

① 参见《最高人民法院、最高人民检察院关于办理侵犯知识产权刑事案件具体应用法律若干问题的解释》第1条。

五、关于侵权责任问题

（一）停止侵权责任

1. 停止侵权责任承担方式的适当限制

在停止侵权的判定上也要考虑利益平衡原则。如果停止侵权行为会造成重大利益失衡，或有悖社会公共利益，或者实际上无法执行，可以进行利益衡量，不判决停止侵权行为，而采取赔偿或者补偿等替代性措施。例如，企业名称登记不违法，仅因突出使用字号侵害商标权的，应判令规范使用企业名称而非停止使用企业名称；特殊商品名称或活动主题涉及公共利益时，可不判决停止侵权行为，而判令规范后续使用行为或支付合理对价；等等。

典型案例 1：李某诉某餐饮有限公司侵害商标权纠纷案［最高人民法院（2010）民提字第 15 号、辽宁省高级人民法院（2009）辽民三终字第 49 号、辽宁省大连市中级人民法院（2007）大民知初字第 20 号］。

裁判要旨：如果企业名称的注册使用并不违法，只是因突出使用其中的字号而侵害商标权的，判决被告规范使用企业名称、停止突出使用行为即足以制止被告的侵权行为。规范使用企业名称与停止使用企业名称是两种不同的责任承担方式，不能因突出使用企业名称中的字号从而侵害商标专用权就一律判决停止使用企业名称。

典型案例 2：广州某实业发展有限公司、广州某房地产有限公司诉天津市某房地产开发有限公司侵害商标权及不正当竞争纠纷案［最高人民法院（2013）民提字第 3 号、天津市高级人民法院（2012）津高民三终字第 2 号、天津市第一中级人民法院（2011）一中民五初字第 8 号］。

裁判要旨：在商标权等知识产权与物权等其他财产权发生冲突时，应以其他财产权人是否善意作为权利界限和是否容忍的标准，同时应兼顾公共利益之保护。包含“星某湾”字样的小区名称已经政府批准且小区居民已经入住多年，如果判令停止使用该小区名称，会导致商标权人与公共利益及小区居民利益的失衡，故不再判令停止使用该小区名称，但尚未出售的楼盘和将来拟开发的楼盘上不得使用“星某湾”相关名称作为其楼盘名称。

2. 停止侵权责任的延伸

在商标侵权诉讼中，原告诉请被告停止侵害的同时，往往会提出“侵权物品处置”的诉讼请求，如销毁库存侵权产品、销毁生产被诉侵权产品的模具等。实践中，法院对“侵权物品处置”属于何种责任存在分歧，法院以缺乏法律依据为由驳回“侵权物品处置”诉讼请求的情形也不鲜见。

《商标法》第63条第4款、第5款规定：“人民法院审理商标纠纷案件，应权利人请求，对属于假冒注册商标的商品，除特殊情况外，责令销毁；对主要用于制造假冒注册商标的商品的材料、工具，责令销毁，且不予补偿；或者在特殊情况下，责令禁止前述材料、工具进入商业渠道，且不予补偿。假冒注册商标的商品不得在仅去除假冒注册商标后进入商业渠道。”可见，“侵权物品处置”应属于民事责任的承担方式，其作用在于阻止侵害结果继续扩大、防止侵权行为再次发生、剥夺侵权人的侵权能力，是停止侵权责任承担方式的自然延伸。

是否判决“侵权物品处置”应考虑两个问题：一是侵权物品是否真实存在；二是处置方式是否为权利救济所必需。

关于第一个问题。司法实践中，能够证明侵权物品真实存在的证据，除了侵权人自认之外，一般为以下两种：（1）行政主管部门在行政执法过程中认定的事实；（2）通过证据保全获得的证据。需要指出的是，仅以网络销售页面标注有库存数量主张存在侵权物品的，一般不予支持。理由如下：网店商品库存数量可由经营者任意填写，无须向平台提交任何采购入库的凭证；大量网络销售商品显示的库存数量与网店经营者的注册资本、经营规模并不相符；即使库存数量属实，库存商品上是否附着了侵权商标并无证据证明；不少网店经营者举证证明其所销售的侵权商品是根据买家的订单采购并由第三方代为发货，进一步推翻了网店标注库存数量的真实性。

关于第二个问题。司法实践中，权利人提出“侵权物品处置”的方式以“销毁”为主，但“销毁”并非首选或唯一的处置方式。《商标法》第63条第4款、第5款规定的“责令销毁”是针对假冒注册商标的商品，但并非所有侵犯注册商标专用权的商品都是假冒注册商标的商品。对侵权物品处置的方式应考虑其适当性、必要性、均衡性，兼顾绿色环保，遵循“避免进入商业渠道”的标准。采取销毁措施应当以确有必要为前提，与侵权行为的严重程度相当，且不能造成不必要的损失。因个案具体情况不判决销毁较为合理的，可以视情况增加赔偿数额。

典型案例：上海金某楼梯有限公司诉上海鑫某楼梯有限公司侵害外观设计专利权纠纷案［上海市高级人民法院（2014）沪高民三（知）终字第31号］。

裁判要旨：“停止侵害”之侵权责任承担方式应包括销毁用于生产被控侵权产品的专用模具、库存侵权产品等，以保证侵权人彻底停止实施侵权行为，因此被告在承担本案停止侵害的侵权责任时，应当销毁用于生产被控侵权产品的专用模具、库存侵权产品以及样品。

（二）赔偿损失责任

赔偿损失是侵犯商标专用权常见的侵权责任承担方式，根据《商标法》第63条的规定，赔偿数额依次可按照权利人因被侵权所遭受的实际损失、侵权人因侵权所获得的利益、该商标许可使用费的倍数合理确定。对恶意侵犯商标专用权，情节严重的，可处以惩罚性赔偿。然而，上述权利人的实际损失、侵权人的获利，往往缺乏客观的计算依据，无法查清，大多数案件需适用法定赔偿酌情确定赔偿数额。

1. 适用举证妨碍及证据披露制度确定损害赔偿额

对于原告有充分证据证明侵权事实存在，且侵权情节或侵权获利等方面的证据由被告掌握，原告确因客观原因难以取得的，法院可以根据原告的申请责令被告在规定期限内提供，或者根据申请实施证据保全。被告明确拒绝提供、隐匿相关证据、提供虚假证据、提供证据不全面，或者毁灭证据、阻挠保全，或者销毁保全的证据，影响案件裁判的，法院可以综合案件现有证据，在判断原告提供的计算方式具有合理性的基础上，就赔偿额直接作出裁判。

被告在审计报告、上市公司年报、招股说明书、财务账簿、会计凭证、销售合同、进出货单据、许可使用合同、设备系统存储的交易数据、公司网站、产品宣传册或其他媒体上公开的经营信息，以及第三方平台统计的商品流通数据，评估报告，市场监管、税务、金融部门的记录等，除明显不合常理或者被告提供证据推翻外，可以作为证据，用以证明当事人主张的侵权赔偿额。①

典型案例：某集团股份公司诉北京某新兴建材有限责任公司、王某亮侵害商标权纠纷案［北京市高级人民法院（2017）京民终335号、北京知识产权法院（2015）京知民初字第12号］。

裁判要旨：一般情况下，市场经营主体对外宣传所载明的企业自身情况不宜作为单一认定损害赔偿的依据，但是在权利人已经尽力举证，人民法院责令侵权人提交相关账簿、材料而其无正当理由拒不提交的情况下，从减轻权利人举证负担、加大知识产权保护力度、营造诚信营商环境的视角出发，可以将涉案侵权人对外宣传所载明的内容作为判断侵权人因侵权行为获利的参考，但应当避免在案证据证明内容之间相互冲突，以及违背逻辑推理和日常生活经验法则。

2. 高于法定赔偿最高限额确定赔偿数额

如果现有证据虽未能证明由侵权行为导致的原告损失或者被告获利的具体数额，但可以证明不低于某项数额，可以按该最低额确定赔偿额，即便该最低额已经超过法定赔偿的最高限额。

典型案例：宜宾某股份有限公司诉甘肃某食品工业（集团）有限责任公司、北京某商贸有限公司侵害商标权纠纷案［最高人民法院（2017）最高法民再234号］。

① 参见《江苏省高级人民法院侵害商标权民事纠纷案件审理指南》（修订版）第8.2.8条。

裁判要旨：对于难以证明因侵权受损或侵权获利的具体数额，但有证据证明前述数额明显超过法定赔偿最高限额的，人民法院应当综合考虑被诉侵权行为的表现形式、被诉侵权商品的销售时间和销售范围、被诉侵权人的主观恶意，以及请求保护的注册商标的知名度、被侵权人为制止侵权行为支付的合理费用等因素，在法定赔偿最高限额以上酌情确定赔偿数额。

3. 法定赔偿中的惩罚性考量因素

对于故意侵权且情节严重的侵害商标权案件，权利人请求适用惩罚性赔偿，但赔偿基数难以确定需要适用法定赔偿的，酌情从高确定赔偿数额。[①]

典型案例：某投资（中国）有限公司诉某投资有限公司侵害商标权及不正当竞争纠纷案［上海市高级人民法院（2016）沪民终409号、上海知识产权法院（2015）沪知民初字第731号］。

裁判要旨：被告实施的行为满足“恶意侵犯商标权，情节严重”要求，但由于本案无法按照原告的损失、被告的获利以及涉案商标的许可使用费确定赔偿数额，故计算惩罚性赔偿数额的基础并不存在，进而惩罚性赔偿数额亦无法确定。但作为计算损害赔偿兜底方式的法定赔偿制度，应兼具补偿和惩罚的双重功能。在确定法定赔偿数额时，可以将被告的主观恶意作为考量因素之一。因此，在确定法定赔偿数额时对原告惩罚性赔偿的诉请酌情予以考虑。

4. 贡献率在确定赔偿数额中的适用

随着商品经济的发展，一个产品上可能凝结着多个权利，如商标权、著作权、专利权、商业秘密等，在确定侵权赔偿数额时，应考量涉案商标的贡献率，合理扣除其他权利所产生的利益及排除营销手段产生的效果。如何区分涉案商标对商品或服务的贡献程度，目前法律和司法解释并无明确规定，可通过双方当事人提供的证据综合认定。

---

① 参见《北京市高级人民法院关于侵害知识产权民事案件适用惩罚性赔偿审理指南》第3.23条。

典型案例1：某集团公司诉张家界某国际旅行社有限公司侵害商标权纠纷案［湖南省高级人民法院（2015）湘高法民三终字第4号、湖南省张家界市中级人民法院（2014）张中民三初字第5号］。

裁判要旨：因侵权所获利益，可以根据被诉侵权行为的营业收入与行业平均利润率、被诉侵权商标的品牌贡献率的乘积计算。被诉侵权行为的营业收入可以根据被诉侵权人的实际纳税情况反推计算；被诉侵权人未提供其利润率的，可以参考国家公布的行业平均利润率；被诉侵权商标的品牌贡献率，可以根据侵权行为发生前后被诉侵权人获利增加的幅度推算。

典型案例2：宝某丽公司诉德某勤公司等侵害商标权及不正当竞争纠纷案［广东省高级人民法院（2018）粤民终1425号、广东省深圳市中级人民法院（2014）深中法知民初字第876号］。

裁判要旨：在确定判赔金额时，既要考虑涉案驰名商标的商誉、侵权人主观恶意等因素，又要考虑奢侈品驰名商标对被诉商品房利润的贡献率、被诉标识的使用方式以及商标跨类的联系程度，不能仅因商标驰名或商品房开发销售获利较多而必然获得巨额赔偿。

5. 约定的违约金在侵权诉讼中的作用

司法实践中，有的当事人在在先纠纷中达成和解，并签订了和解协议，约定被告再次侵权应承担的违约金数额。有的当事人在商标许可合同终止后签订了后续义务协议书，约定继续使用该商标构成侵权应支付的违约金数额。

《商标民事案件若干解释》第16条第3款规定：“当事人按照本条第一款的规定就赔偿数额达成协议的，应当准许。”约定赔偿在性质上是当事人基于举证困难、诉讼耗时费力等因素考虑，自愿对未来或已经发生的侵权赔偿设定的一种简便的确定方式，是当事人意思自治的体现。合法有效的约定赔偿条款是当事人确定赔偿数额的依据，一般不得以约定数额比实际损失或获利过高或过低反过来主张该约定不适用或无效，除非能证明该约定不符合法律规定。约定赔偿的目的是阻遏重复侵权、恶意侵权，即便高于权利人的损失也符合对恶意侵权、重复侵权补偿与惩罚并重的法律精神，有利于加大知识产权保护力度和维护诚信营商环境。故在后侵权诉讼确定侵权损害赔偿数额，可以协议约定的违约金为依据。如约定的违约金畸高，当事人申请调整，法院应依法予以审查。

典型案例 1：陈某荣诉揭阳市揭东区某食品有限公司等侵害商标权纠纷案［最高人民法院（2020）最高法民再 64 号、山东省高级人民法院（2018）鲁民终 1458 号、山东省临沂市中级人民法院（2017）鲁 13 民初 199 号］。

裁判要旨：侵权人与权利人就再次侵权的赔偿数额作出约定后再次侵权的，人民法院可以直接适用该约定确定侵权赔偿数额。

典型案例 2：某制药有限公司诉北京某日化有限公司、哈尔滨市香坊区某染发店侵害商标权及不正当竞争纠纷案［黑龙江省哈尔滨市中级人民法院（2015）哈知初字第 155 号］。

裁判要旨：商标许可使用合同终止后，被许可人继续使用被许可商标的行为，既构成违约又构成侵权，许可人选择其中之一提出主张的，应予支持；商标许可合同约定被许可人违约后具体的违约金数额，被许可人违约后，许可人提起侵权之诉且不能确定损失或者被许可人所获利益的，该违约金数额的约定可作为侵权损害赔偿数额的约定。

（三）消除影响责任

商标权是一种财产性质的权利，不适用赔礼道歉的责任承担方式，但如果被控侵权行为严重损害商标权人商誉的，可以根据个案情况判决其在一定范围内消除影响。值得注意的是，商标侵权行为可能造成的影响不仅包括因侵权给权利人造成的负面影响，还包括侵权人因侵权获得的正面影响，如侵权网店因侵权积累的销量数据、店铺等级。故消除影响责任的承担方式，不仅包括发布相关澄清、致歉声明，还包括删除侵权链接下的销量数据及好评记录等。

典型案例：某医疗管理咨询（北京）有限公司诉福州某妇产医院

等侵害商标权纠纷案［最高人民法院（2018）最高法民再428号］。

裁判要旨：侵权人使用他人具有一定知名度的注册商标，仿冒他人品牌的主观意图明显，且在案证据显示侵权人广告宣传支出巨大，占营业收入比重很高，因其宣传力度强、影响大，客观上加剧了消费者混淆误认的可能性，故应当判决侵权人在侵权行为主要集中的地区范围内通过登报刊登声明等方式消除其侵害商标权及不正当竞争行为产生的影响。

（四）特殊主体的侵权责任承担

1.市场管理者承担侵权责任的情形

市场管理者是否应当承担侵权责任：一是看其与商户之间是否存在共同经营的合作关系；二是看其知晓市场内发生侵害商标权行为后，是否采取了合理、必要的管理措施。

（1）市场管理者与商户之间不是单一的铺位租赁合同关系，除承担管理职能外，还直接参与市场内的经营活动，并从中获取除租金外的经营利益，且消费者有充分理由相信，除商户外，市场管理者同时也是交易相对方。例如，对商户的管理职能包括对商品进行审验、设收银台统一收款、以自己的名义向消费者开具小票、从商户的营业收入中分成、对存在质量问题的商品先行赔付等。此种情形，应认定市场管理者与商户系共同经营，对经营行为共同承担侵权责任。

（2）市场管理者与商户之间仅是铺位租赁合同关系，其只向商户收取铺位租金，不参与商户的经营行为。如果市场管理者明知商户实施了侵权行为，如收到商标权人警告函、收到消费者投诉、商户橱窗展示的商品标价明显低于正品市场价格等，但未采取合理、必要措施的，应当认定其为商户的侵权行为提供帮助，其应当对商户后续的侵权行为承担连带责任。如果没有证据显示市场管理者应当知道商户实施了侵权行为，或者市场管理者在收到投诉、警告后，及时对被控侵权行为采取合理、必要措施的，应当认定其主观上没有放任侵权行为，客观上也已尽到管理、监督、检查等义务，无须对商户的侵害商标权行为承担责任。

典型案例 1：某公司诉王某、淘某巷公司侵害商标权纠纷案［江苏省高级人民法院（2013）苏知民终字第 0059 号］。

裁判要旨：在商标权人发函告知市场内商户的侵权行为后，市场管理者立即召开会议并发出通知，指出市场内商户存在销售假冒注册商标的商品的行为，并由商户承诺不再销售假货。此时，市场管理者主观上没有放任侵权行为，客观上也已尽到管理、监督、检查、批评等义务，不存在过错，不应当对商户的侵权行为承担民事责任。

典型案例 2：某公司诉黄某、莱某公司侵害商标权纠纷案［江苏省高级人民法院（2013）苏知民终字第 0082 号］。

裁判要旨：市场管理方收到商标权人的警告函后，既未回应，亦未采取相应措施，可以认定其继续为商户的侵权行为提供经营场所及销售服务，客观上未尽到制止侵权、依约处理的管理责任，主观上放任侵权行为，存在明显过错，应就收到商标权人警告函以后商户的侵权行为，向商标权人承担连带赔偿责任。

2. 电子商务平台经营者承担侵权责任的情形

根据《电子商务法》的规定，电子商务平台经营者应当建立知识产权保护规则，依法保护知识产权。电子商务平台经营者对其标记为自营的业务依法承担商品销售者或者服务提供者的民事责任；对平台内经营者实施的商标侵权行为，如未尽合理管理义务，也应承担连带责任。

（1）电子商务平台经营者未对进入平台销售商品或者提供服务的经营者进行实名认证管理，当侵权行为发生时，无法披露商品或服务提供者的真实身份信息的，平台经营者应承担侵权责任。

（2）电子商务平台经营者知道或者应当知道平台内经营者侵犯他人商标权的，应当采取删除、屏蔽、断开链接、终止交易和服务等必要措施；未采取必要措施的，与侵权人承担连带责任。如电子商务平台经营者未审核平台内店铺类型标注为“旗舰店”“品牌店”等字样的经营者的权利证明；未采取有效技术手段，过滤和拦截包含“高仿”“假货”等字样的侵权商品链接、被投诉成立后再次上架的侵权商品链接，可认定其应当知道侵权行为的存在。

（3）电子商务平台经营者接到商标权人的通知后，应当及时采取必要措施，并将该通知转送平台内经营者；未及时采取必要措施的，对损害的扩大部分与平台内经营者承担连带责任。判断电子商务平台经营者是否采取了合理的措施，还应考虑商标权人是否提交了构成侵权的初步证据、平台内经营者是否提交了不存在侵权行为的初步证据。

典型案例：某时装贸易有限公司诉浙江某网络有限公司、杜某发侵害商标权纠纷案［上海市第一中级人民法院（2011）沪一中民五（知）终字第40号、上海市浦东新区人民法院（2010）浦民三（知）初字第426号］。

裁判要旨：网络交易平台经营者接到权利人的通知后及时删除侵权商品信息是其免于承担赔偿责任的条件之一，但并非充分条件。网络交易平台经营者在知道网络用户多次发布侵权商品信息的情况下，没有采取制止侵权的必要措施，构成帮助侵权，应与网络用户承担共同侵权责任。

3. 公司法定代表人或者主要负责人承担侵权责任的情形

通常情况下，公司法定代表人或者主要负责人对履行职务的行为不承担责任，但法定代表人或者主要负责人明知法人实施的行为是侵权行为，且该法定代表人或者主要负责人自身积极参与侵权行为的实施，则该侵权行为既体现了法人的意志又体现了其法定代表人或者主要负责人的意志，此时可以认定该法定代表人或者主要负责人与法人共同实施了侵权行为，应当依法承担相应的法律责任。

典型案例：某卫厨公司诉苏州某公司、屠某等侵害商标权及不正当竞争纠纷案［江苏省高级人民法院（2015）苏知民终字第00179号］。

裁判要旨：公司法定代表人在明知他人注册商标及商誉的情况下，通过设立新的公司实施侵权行为，其个人对全案侵权行为起到了重要作用，应认定为与公司构成共同侵权，应对侵权行为承担连带责任。

（五）生产者和销售者的连带责任问题

根据《民法典》第1168条的规定，二人以上共同实施侵权行为，造成他人损害的，应当承担连带责任。大多数侵害商标权纠纷案件中，权利人主张侵权商品的生产者与销售者承担连带赔偿责任。根据《商标法》第57条的规定，生产侵犯注册商标专用权的产品与销售侵犯注册商标专用权的产品是两种独立的商标侵权行为，生产者和销售者可分别独立完成。生产者与销售者是否应承担连带责任，关键看二者之间是否存在共同侵权的意思联络。如果生产者和销售者共同策划实施商标侵权行为，分工合作，一方负责生产，另一方负责销售，则双方构成共同侵权，应承担连带责任。如果生产者和销售者为单纯的上下家关系，双方唯一的联系点仅为侵权产品本身，并不存在共同生产、销售的意思联络，则不构成共同侵权，不应承担连带赔偿责任，而应按照各自的侵权行为分别承担赔偿责任。

典型案例：广州某动漫文化有限公司诉中山市某商贸有限公司、深圳某玩具有限公司等著作权侵权及不正当竞争纠纷案［广东省深圳市中级人民法院（2021）粤03民终108号］。

裁判要旨：未经权利人许可，生产商生产、销售侵权作品，销售商销售侵权作品，分别构成侵权，应各自承担停止侵害、赔偿损失等民事责任。

第四章　常见争点说理示范

一、关于管辖的裁判说理示范

【适用条文】

《民事诉讼法》第29条；《民事诉讼法解释》第24条；《商标民事案件若干解释》第6条；《最高人民法院关于第一审知识产权民事、行政案件管辖的若干规定》；《最高人民法院关于印发基层人民法院管辖第一审知识产权民事、行政案件标准的通知》。

（一）关于确定级别管辖的裁判说理示范

【适用情形】

1. 诉讼标的额在1000万元人民币（含本数）以上的，由深圳知识产权法庭管辖。

【说理示范】

本案为侵害商标权纠纷。《民事诉讼法》第29条规定，因侵权行为提起的诉讼，由侵权行为地或者被告住所地人民法院管辖。深圳市基层人民法院管辖以下商标类案件：深圳市辖区内诉讼标的额在1000万元人民币以下的商标权第一审民事案件。本案原告的诉讼标的额为人民币×××万元，在1000万元人民币以上，深圳市基层人民法院没有管辖权，故本案应由深圳知识产权法庭管辖。

【适用情形】

2. 诉讼标的额在1000万元人民币（不含本数）以下且无须认定驰名商标的，由基层人民法院管辖。

【说理示范】

本案为侵害商标权纠纷。《民事诉讼法》第29条规定，因侵权行为提起的诉讼，由侵权行为地或者被告住所地人民法院管辖。深圳知识产权法庭管辖以下商标类案件：涉及驰名商标认定的第一审知识产权民事案件；深圳市辖区内诉讼标的额在1000万元人民币以上的商标权第一审民事案件。本案中，首先，关于本案是否需要认定第××号注册商标为驰名商标。根据《商标法》第57条第1款规定，未经商标注册人的许可，在同一种商品上使用与其注册商标相同的商标的，属于侵犯注册商标专用权的行为。本案的被诉侵权商品系在同一种商品上使用与第××号注册商标相同的商标，可直接认定构成商标侵权。故根据驰名商标"按需认定"的原则，本案不需要对第××号注册商标进行跨类保护，即本案不具有认定第××号注册商标为驰名商标的必要性。其次，本案原告的诉讼标的额为人民币××万元，未达到深圳知识产权法庭审理商标权第一审民事案件的级别管辖范围，故本案应由被告住所地或者侵权行为地的基层人民法院管辖。法律虽然规定，上级人民法院有权审理下级人民法院管辖的第一审民事案件，但鉴于本案被告的住所地在深圳市××区，考虑到诉讼便利及司法效率，本案由深圳市××区人民法院审理更为适宜。

（二）关于依侵权行为地确定管辖的裁判说理示范

【适用情形】

1. 网络购物的收货地不具有管辖权。

【说理示范】

本案为侵害商标权纠纷。《民事诉讼法》第29条规定，因侵权行为提起的诉讼，由侵权行为地或者被告住所地人民法院管辖。《民事诉讼法解释》第24条规定，侵权行为地包括侵权行为实施地、侵权结果发生地。《商标民事案件若干解释》第6条第1款规定，因侵犯注册商标专用权行为提起的民事诉讼，由《商标法》第13条、第57条所规定侵权行为的实施地、侵权商品的储藏地或者查封扣押地、被告住所地人民法院管辖。

在已经有《民事诉讼法解释》对“侵权行为”的管辖作出规定的情况下，《商标民事案件若干解释》于2020年进行修正时，并未修改第6条的规定。可见，第6条规定是针对侵害商标权民事纠纷案件管辖作出的特别规定，在确定商标侵权纠纷案件的管辖时，应当以第6条为依据。根据该条规定，在侵犯商标权案件中，除了大量侵权商品的储藏地以及海关、工商等行政机关依法查封、扣押侵权商品的所在地外，只有侵权行为的实施地或者被告住所地可以作为管辖依据。

本案中，原告系通过网购方式向被告购买被控侵权产品，其指定收货地址虽位于深圳市××区，但该地址不属于法律所规定的侵权行为的实施地。在知识产权侵权纠纷案件中，不能以原告任意指定的被控侵权产品收货地作为侵权行为地，否则原告可以我国任意一个具有知识产权管辖权的法院作为诉讼法院，致使管辖制度形同虚设，失去其应有之义。在本案中，被告住所地位于×××，不属于本院管辖范围，现亦无证据显示侵权行为实施地、侵权商品的储藏地或者查封扣押地位于深圳市××区，故本院对本案不具有管辖权，应将案件移送至有管辖权的法院管辖。经本院核查，本案应移送×××人民法院审理。

【适用情形】

2. 原告住所地不具有管辖权。

【说理示范】

原告主张本案侵权行为系信息网络侵权行为，被侵权人住所地即原告住所地具有管辖权。对此，本院认为，首先，“信息网络侵权”是指被诉侵权行为的实施、损害结果等均发生在信息网络上，而非指侵权行为的实施或损害结果的发生与网络有关即可。其次，《民事诉讼法解释》第24条规定：“民事诉讼法第二十九条规定的侵权行为地，包括侵权行为实施地、侵权结果发生地。”第25条规定：“信息网络侵权行为实施地包括实施被诉侵权行为的计算机等信息设备所在地，侵权结果发生地包括被侵权人住所地。”《商标民事案件若干解释》第6条第1款规定，因侵犯注册商标专用权行为提起的民事诉讼，由《商标法》第13条、第57条所规定侵权行为的实施地、侵权商品的储藏地或者查封扣押地、被告住所地人民法院管辖。在已经有《民事诉讼法解释》对“信息网络侵权行为”的管辖作出规定的情况下，《商标民事案件若干解释》于2020年进行修正时，并未修改第6条的规定。可见，第6条规定是针对侵害商标权民事纠纷案件管辖作出的特别规定，在确定商标侵权纠纷案件的管辖时，应当以第6条为依据。根据该条规定，在侵犯商标权案件中，除了大量侵权商品的储藏地以及海关、工商等行政机关依法查封、扣押侵权商品的所在地外，只有侵权行为的实施地或者被告住所地可以作为管辖依据。在本案中，被告住所地位于×××，不属于本院管辖范围，现亦无证据显示侵权行为实施地、侵权商品的储藏地或者查封扣押地位于深圳市××区，故本院对本案不具有管辖权，应将案件移送至有管辖权的法院管辖。

【适用情形】

3. 被控侵权商品的发货地属于侵权行为实施地和商品储藏地，具有管辖权。

【说理示范】

《民事诉讼法》第29条规定：“因侵权行为提起的诉讼，由侵权行为地或者被告住所地人民法院管辖。”《商标民事案件若干解释》第6条规定：“因侵犯注册商标专用权行为提起的民事诉讼，由商标法第十三条、第五十七条所规定侵权行为的实施地、侵权商品的储藏地或者查封扣押地、被告住所地人民法院管辖。前款规定的侵权商品的储藏地，是指大量或者经常性储存、隐匿侵权商品所在地；查封扣押地，是指海关等行政机关依法查封、扣押侵权商品所在地。”

本案中，原告提交的快递物流查询信息显示，涉案被控侵权产品的发货地是深圳市××区。根据上述规定，可以将被诉侵权产品发货地认定为销售被诉侵权产品的侵权行为实施地和侵权商品储藏地。故本院作为被诉侵权产品的侵权行为实施地和侵权商品储藏地人民法院，对本案具有管辖权。

二、关于原告诉权的裁判说理示范

【适用条文】

《商标法》第42条、第43条、第47条、第55条、第60条；《商标民事案件若干解释》第3条、第4条。

（一）关于商标注册人享有诉权的裁判说理示范

【适用情形】

商标注册人享有诉权。

【说理示范】

本案为侵害商标权纠纷。××经国家知识产权局核准，依法取得第××号注册商标专用权。上述商标处于法律规定的保护期之内，依法应受到法律的保护，××作为商标注册人有权向人民法院起诉。

（二）关于商标被许可人享有诉权的裁判说理示范

【适用情形】

1. 普通使用许可合同的被许可人享有诉权。

【说理示范一】

本案为侵害商标权纠纷。××经国家知识产权局核准，依法取得第×××号注册商标专用权。上述商标处于法律规定的保护期之内，依法应受到法律的保护。原告经××授权，有权在中国境内使用上述商标，并有权以自己的名义对侵犯上述商标专用权的行为提起诉讼，是本案适格主体。

【说理示范二】

本案为侵害商标权纠纷。××经国家知识产权局核准，依法取得第×××号注册商标专用权。上述商标处于法律规定的保护期之内，依法应受到法律的保护。根据《商标民事案件若干解释》第4条第2款的规定，在发生注册商标专用权被侵害时，普通使用许可合同的被许可人经商标注册人明确授权，可以提起诉讼。在本案中，×× 将上述注册商标以普通许可的形式授权给原告使用，并授权原告以自己名义对侵犯上述商标专用权的行为提起诉讼。故原告作为涉案商标专用权的被许可人，有权以自己名义提起诉讼，是本案适格主体。

【适用情形】

2. 排他使用许可合同的被许可人享有诉权。

【说理示范一】

本案为侵害商标权纠纷。原告 A 经国家知识产权局核准，依法取得第 ××× 号注册商标专用权。上述商标处于法律规定的保护期之内，依法应受到法律的保护，商标注册人有权向人民法院起诉。根据《商标民事案件若干解释》第 4 条第 2 款的规定，在发生注册商标专用权被侵害时，排他使用许可合同的被许可人可以和商标注册人共同起诉，也可以在商标注册人不起诉的情况下，自行提起诉讼。在本案中，原告 A 将上述注册商标以排他许可的形式授权给原告 B 使用，故原告 B 作为排他使用许可合同的被许可人可以和原告 A 共同起诉，是本案适格主体。

【说理示范二】

本案为侵害商标权纠纷。×× 经国家知识产权局核准，依法取得第 ××× 号注册商标专用权。上述商标处于法律规定的保护期之内，依法应受到法律的保护。根据《商标民事案件若干解释》第 4 条第 2 款的规定，在发生注册商标专用权被侵害时，排他使用许可合同的被许可人可以和商标注册人共同起诉，也可以在商标注册人不起诉的情况下，自行提起诉讼。在本案中，根据合同约定，×× 将上述注册商标以排他许可的形式授权给原告使用，并授权原告以自己名义对侵犯上述商标专用权的行为提起诉讼，×× 对原告在中国境内提起的上述民事诉讼不再起诉。故原告作为排他使用许可合同的被许可人，有权以自己名义提起诉讼，是本案适格主体。

【适用情形】

3. 独占使用许可合同的被许可人单独享有诉权。

【说理示范】

本案为侵害商标权纠纷。×× 经国家知识产权局核准，依法取得第 ××× 号注册商标专用权。上述商标处于法律规定的保护期之内，依法应受到法律的保护。根据《商标民事案件若干解释》第 4 条第 2 款的规定，在发生注册商标专用权被侵害时，独占使用许可合同的被许可人可以向人民法院提起诉讼。在本案中，根据合同约定，×× 将上述注册商标以独占许可的形式授权给原告使用。故原告作为独占使用许可合同的被许可人，有权以自己名义提起诉讼，是本案适格主体。

（三）关于仅获得维权授权的主体不享有诉权的裁判说理示范

【适用情形】

获得维权授权，不享有诉权。

【说理示范】

本案为侵害商标权纠纷。根据《商标法》第 60 条第 1 款的规定，对于侵犯注册商标专用权的行为，商标注册人或者利害关系人可以向人民法院起诉。根据《商标民事案件若干解释》第 4 条第 1 款的规定，上述利害关系人，包括注册商标使用许可合同的被许可人、注册商标财产权利的合法继承人等。在本案中，虽然商标专用权人出具《商标维权授权委托书》，授权原告对侵犯涉案注册商标的行为提起诉讼，但原告并未提交证据证明其系注册商标使用许可合同的被许可人或符合法律规定的其他利害关系人，故其无权对于侵犯涉案注册商标专用权的行为提起诉讼，不是本案适格主体，本院依法驳回其起诉。

（四）关于商标转让情形下的诉权的裁判说理示范

【适用情形】

1. 侵权行为发生在公告之日前且无特别约定，商标转让人享有诉权。

【说理示范】

本案为侵害商标权纠纷。根据《商标法》第 42 条第 4 款的规定，转让注册商标经核准后，予以公告。受让人自公告之日起享有商标专用权。因此，如果双方没有特别约定，亦不存在侵权行为自公告之日前持续至公告之日后等特殊情形，则注册商标专用权的受让人自公告之日起享有该商标专用权，且对于转让前发生的侵权行为不能主张权利。在本案中，侵权行为发生在转让公告之日前，且双方未就诉讼权利和实体权利作特别约定，故原告（商标转让人）有权对侵犯注册商标专用权的行为提起诉讼。

【适用情形】

2. 侵权行为发生在公告之日后且无特别约定，商标受让人享有诉权。

【说理示范】

本案为侵害商标权纠纷。根据《商标法》第 42 条第 4 款的规定，转让注册商标经核准后，予以公告。受让人自公告之日起享有商标专用权。因此，如果双方没有特别约定，亦不存在侵权行为自公告之日前持续至公告之日后等特殊情形，则注册商标专用权的受让人自公告之日起享有该商标专用权。在本案中，侵权行为发生在转让公告之日后，且双方未就诉讼权利和实体权利作特别约定，故原告（商标受让人）作为商标专用权人有权对侵犯注册商标专用权的行为提起诉讼。

【适用情形】

3. 已经签订转让合同，但未办理商标变更登记或未获得核准转让公告，商标受让人享有诉权。

【说理示范】

本案为侵害商标权纠纷。根据《商标法》第 60 条第 1 款的规定，对于侵犯注册商标专用权的行为，商标注册人或者利害关系人可以向人民法院起诉。根据《商标民事案件若干解释》第 4 条第 1 款的规定，上述利害关系人，包括注册商标使用许可合同的被许可人、注册商标财产权利的合法继承人等。在本案中，虽然原告并未获得注册商标专用权，但因其选择提起商标侵权之诉，可以推定其对注册商标转让合同的履行不能并不主张解除合同。且即使该合同履行不能系转让人即商标所有人的原因导致，也只是违约责任的承担与否问题。故此时原告实际取得的是注册商标自合同生效之日起的独占使用权，有权作为利害关系人提起商标侵权诉讼。

（五）关于商标被宣告无效后，原权利人不享有诉权的裁判说理示范

【适用情形】

商标被宣告无效后，原权利人不享有注册商标专用权。

【说理示范】

根据《商标法》第47条的规定，商标无效公告之后，该注册商标专用权视为自始即不存在；宣告注册商标无效的决定或者裁定，对宣告无效前人民法院做出并已执行的商标侵权案件的判决、裁定、调解书和工商行政管理部门做出并已执行的商标侵权案件的处理决定以及已经履行的商标转让或者使用许可合同不具有追溯力。在本案中，第××号注册商标已于××年××月××日被宣告无效，故该注册商标专用权视为自始即不存在，原权利人即原告无权提起本案诉讼，本院依法驳回其起诉。

（六）关于商标被撤销后，原权利人仅对被撤销前的侵权行为享有诉权的裁判说理示范

【适用情形】

商标被撤销后，原权利人仅对撤销前的侵权行为享有诉权。

【说理示范】

《商标法》第55条第2款规定："被撤销的注册商标，由商标局予以公告，该注册商标专用权自公告之日起终止。"根据上述规定，在商标局作出撤销公告之前，注册商标仍属有效，且即使商标局对注册商标作出了撤销公告，注册商标亦是自公告之日起终止，其效力不及于公告之日前。根据本案查明的事实，商标局于××年××月××日对第××号注册商标作出了撤销公告，而涉案侵权行为发生在××年××月××日，

即在撤销公告之日前，故在侵权行为发生时，原告对第 ×× 号注册商标享有注册商标专用权，有权对涉案侵权行为提起诉讼。

三、关于变更或追加被告及其责任承担的裁判说理示范

【适用条文】

《民法典》第 56 条第 1 款；《公司法》第 23 条、第 235 条；《公司法若干规定（二）》第 11 条至第 23 条；《民事诉讼法解释》第 59 条、第 64 条。

（一）关于个体工商户注销后，变更经营者为被告并承担责任的裁判说理示范

【适用情形】

个体工商户注销后，变更经营者为被告并承担责任的情形。

【说理示范】

根据《民法典》第 56 条第 1 款之规定，个体工商户的债务，个人经营的，以个人财产承担。《民事诉讼法解释》第 59 条第 1 款规定："在诉讼中，个体工商户以营业执照上登记的经营者为当事人。有字号的，以营业执照上登记的字号为当事人，但应同时注明该字号经营者的基本信息。"本案中，被告 ××× 为个体工商户，并已于 ×× 年 ×× 月 ×× 日注销，故依法应当变更其经营者 ××× 为被告。

（二）关于有限责任公司注销后，追加股东为被告，该股东是否承担责任的裁判说理示范

【适用情形】

1. 有限责任公司注销后，追加股东为被告并承担责任的情形。

【说理示范】

《民事诉讼法解释》第 64 条规定："企业法人解散的，依法清算并注销前，以该企业法人为当事人；未依法清算即被注销的，以该企业法人

的股东、发起人或者出资人为当事人。”在本案中，××公司于××年××月××日办理了注销登记，注销时间在本案立案后开庭前，原告因此申请追加××公司的股东××为本案被告，具有事实和法律依据，本院依法予以准许。

《公司法》第235条规定，清算组应当自成立之日起10日内通知债权人，并于60日内在报纸上或者国家企业信用信息公示系统公告。债权人应当自接到通知书之日起30日内，未接到通知书的自公告之日起45日内，向清算组申报其债权。《公司法若干规定（二）》第11条规定：“公司清算时，清算组应当按照公司法第一百八十五条[①]的规定，将公司解散清算事宜书面通知全体已知债权人，并根据公司规模和营业地域范围在全国或者公司注册登记地省级有影响的报纸上进行公告。清算组未按照前款规定履行通知和公告义务，导致债权人未及时申报债权而未获清偿，债权人主张清算组成员对因此造成的损失承担赔偿责任的，人民法院应依法予以支持。”在本案中，××公司的清算组成员为其股东××、××；××公司发出的清算公告中确定的申报债权日截至××年××月××日、申请注销登记的时间为××年××月××日，上述时间均晚于本院向××公司送达起诉状副本的时间即××年××月××日，故清算组在债权申报期内已经知道原告提起了本案侵权诉讼，却未依法履行通知义务，导致原告未能及时申报债权，并未能从××公司获得清偿，故××公司在本案应当承担的侵权赔偿责任，依法应当由作为其股东及清算组成员的被告××、××共同承担。

【适用情形】

2. 有限责任公司注销后，追加股东为被告但不承担责任的情形。

【说理示范】

《民事诉讼法解释》第64条规定：“企业法人解散的，依法清算并注销前，以该企业法人为当事人；未依法清算即被注销的，以该企业法人

---

① 原《公司法》（2018年修正）第185条，现为《公司法》（2023年修订）第235条。

的股东、发起人或者出资人为当事人。”在本案中，××公司于××年××月××日办理了注销登记，早于本案的立案时间××年××月××日，原告因此申请追加××公司的股东××为本案被告，具有事实和法律依据，本院依法予以准许。

根据《公司法》《公司法若干规定（二）》的规定，清算组应当履行通知、公告、制作清算方案和清算报告等义务。在本案中，根据本案查明的事实，××公司的股东为××、××，均已经实际缴纳出资；××公司的清算组成员为其股东××、××；清算组已经依法履行了通知、公告、制作清算方案和清算报告等义务，故作为其股东及清算组成员的被告××、××无须对××公司债务承担相应责任。

（三）关于追加公司唯一股东为被告，并承担连带责任的裁判说理示范

【适用情形】

追加公司唯一股东为被告并承担连带责任的情形。

【说理示范】

《公司法》第23条第3款规定，只有一个股东的公司，股东不能证明公司财产独立于股东自己的财产的，应当对公司债务承担连带责任。

在本案中，原告申请追加××公司的股东××为本案被告，要求其对公司债务承担连带清偿责任，本院依法予以准许。

根据本案查明的事实，被告×××作为××公司的唯一股东，不能证明该公司的财产独立于其个人财产，故被告×××依法应当对××公司的本案债务承担连带责任。

四、关于侵权行为性质的裁判说理示范

【适用条文】

《商标法》第48条、第57条；《商标民事案件若干解释》第1条；《网

络域名民事案件若干解释》第 4 条；《最高人民法院关于产品侵权案件的受害人能否以产品的商标所有人为被告提起民事诉讼的批复》。

（一）关于生产行为的裁判说理示范

【适用情形】

1. 产品及其外包装上标有商标、企业名称等信息的情形。

【说理示范一】

根据《最高人民法院关于产品侵权案件的受害人能否以产品的商标所有人为被告提起民事诉讼的批复》的规定，任何将自己的姓名、名称、商标或者可资识别的其他标识体现在产品上，表示其为产品制造者的企业或者个人，均属于《民法典》和《产品质量法》规定的“生产者”。在本案中，被控侵权商品的外包装上标注有被告 ×× 的企业名称、生产许可证号、产地等可资识别的标识，上述信息表明被告 ×× 为产品制造者。虽然被告 ×× 辩称其未生产被控侵权商品，但并未提供相反证据予以推翻，其抗辩意见本院不予采纳。故本院依法认定被告 ×× 系被诉侵权商品的生产者。

【说理示范二】

根据《最高人民法院关于产品侵权案件的受害人能否以产品的商标所有人为被告提起民事诉讼的批复》的规定，任何将自己的姓名、名称、商标或者可资识别的其他标识体现在产品上，表示其为产品制造者的企业或者个人，均属于《民法典》和《产品质量法》规定的“生产者”。本案中，被诉侵权商品的外包装上标注有 ×× 商标，上述商标的注册人为被告 ××。虽然被告 ×× 辩称其未生产被控侵权商品，但并未提供相反证据予以推翻，其抗辩意见本院不予采纳。综上，本院依法认定被告 ×× 系被诉侵权商品的生产者，应承担相应的民事责任。

【适用情形】

2. 以委托加工方式生产被诉侵权产品的情形。

【说理示范】

根据《最高人民法院关于产品侵权案件的受害人能否以产品的商标所有人为被告提起民事诉讼的批复》的规定，任何将自己的姓名、名称、商标或者可资识别的其他标识体现在产品上，表示其为产品制造者的企业或者个人，均属于《民法典》和《产品质量法》规定的“生产者”。

在本案中，被控侵权产品的外包装上标注有“生产商：A”“委托生产商：B”等可资识别的标识，上述信息表明被告 A 为委托生产方、被告 B 为受托生产方。虽然被告 A 未直接在物理上实施生产行为，但该产品的生产是基于被告 A 的意志及其委托行为，故应当认定被告 A、被告 B 均系被诉侵权产品的生产者。

（二）关于竞价排名关键词的裁判说理示范

【适用情形】

1. 将与他人注册商标相同的标识设置为竞价排名关键词，且构成商标使用的情形。

【说理示范】

根据《商标法》第 57 条的规定，未经商标注册人的许可，在相同或类似商品上使用与其注册商标相同或近似的商标容易导致混淆的或销售侵犯注册商标专用权的商品的，均属侵犯注册商标专用权的行为。《商标法》第 48 条规定：“本法所称商标的使用，是指将商标用于商品、商品包装或者容器以及商品交易文书上，或者将商标用于广告宣传、展览以及其他商业活动中，用于识别商品来源的行为。”

本案中，首先，被告在 ××× 搜索网站上对其 ×× 产品进行宣传推广时，故意将“×××”设置为网络链接中的关键词，主观上具有将其选定的上述关键词作为区别、指示其推广的商品来源的目的。客观上，“×××”字样虽然没有被突出使用，但上述字样却是标题或摘要的显著部分，具有识别商品来源的作用，属于商标性使用。其次，经比对，被告搜索链接使用的关键词“×××”与第 ××× 号商标相同。被告经营的

产品为 ×××，与第 ××× 号权利商标核定使用商品类别相同。综上，被告未经原告许可且无正当理由，擅自将“×××”设置为网络链接中的关键词并在网络链接的标题或摘要中使用，不当地利用原告商誉，攫取原告商业利益，侵害了原告第 ××× 号注册商标专用权。

【适用情形】

2. 将与他人注册商标相同的标识设置为竞价排名关键词，不构成商标使用，但构成不正当竞争的情形。

【说理示范】

根据本案查明的事实，在 ×× 搜索引擎中输入关键词“×××”进行搜索时，涉案被告网站的链接出现在搜索结果的前列，并且在该搜索结果的右下方标注有“广告”字样，但“×××”字样并未直接体现在搜索结果的链接和目标网站中。

首先，关于是否构成商标侵权的认定。根据《商标法》第 48 条规定：“本法所称商标的使用，是指将商标用于商品、商品包装或者容器以及商品交易文书上，或者将商标用于广告宣传、展览以及其他商业活动中，用于识别商品来源的行为。”根据上述规定，商标应当用于识别商品来源，如果商标没有用于指示商品或服务来源，即使商业行为涉及了对他人商标的商业性利用并因此获益，也不能认定是“商标使用”。在本案中，被告将“×××”设置为推广链接的关键词系在计算机系统内部进行的操作，并未直接在搜索结果中向网络用户展示该关键词，故该关键词并未发挥识别商品或服务来源的作用，也不会导致混淆或误认，被诉侵权行为不构成商标侵权。

其次，关于被告实施被诉侵权行为的主观意图、行为结果和二者之间的因果关系的认定。原告主张权利的商标“×××”显著性较强，在 ×× 领域具有很高的知名度和影响力，这种知名度和影响力是原告经过长期使用、广泛宣传所积累的商誉，应当受到法律保护。被告作为同业竞争者，对原告的“×××”商标的知名度和影响力应当知晓，但其在竞价排名过程中，不但没有对“×××”商标进行避让，反而将

“×××”设置为搜索关键词，其主观上具有攀附“×××”商誉的故意。虽然推广链接的标题和目标网站所展示的内容均不含有与“×××”相关的标识或宣传内容，但从该行为导致的后果来看，当用户搜索“×××”时，就会触发被告的付费推广链接，使得该推广链接出现在搜索结果较为靠前的位置。亦即，不论“×××”关键词是否直接体现在搜索结果的词条中，均不影响被告利用“×××”知名度达到推广、宣传自身目标网站的目的。

最后，关于是否造成损害后果的认定。营造公平竞争的市场秩序，是促进社会主义市场经济健康发展的内在要求。反不正当竞争法鼓励竞争自由和创新自由，但竞争自由和创新自由不得侵犯他人的合法权益，亦不得损害社会公共利益。在本案中，被诉侵权行为发生于互联网领域，其是否造成损害后果，亦应当置于互联网经济的大背景下，从以下几方面予以考量：第一，被告对“×××”关键词的“隐性使用”行为，正是通过利用“×××”在消费者中的知名度和影响力，以及关键词设置的隐蔽性特点，将原属于“×××”的流量吸引至自身网站，提高了自身网站的曝光率，从而获取竞争优势，亦造成原告竞争利益的损害。第二，被告为获得竞争优势，并非通过诚信经营，努力提升自身品牌的质量或口碑，而是采取将其竞争对手的知名商标设置为关键词“隐性使用”的方法来推广自身的品牌，这种参与竞争的方式和手段不应予以鼓励和提倡。如果对涉案关键词“隐性使用”的行为不加以规制，不仅使得原告长期积累的市场成果无法得到保护，也必然会挫伤其他市场主体诚信经营的积极性，从而抑制市场活力。第三，被告对“×××”关键词的“隐性使用”行为对网络用户造成信息干扰，增加了搜索成本，同时亦妨碍了搜索引擎基本功能的发挥。

综上，竞价排名的本质是一种商业行为，商家购买关键词进行竞价排名应当受到反不正当竞争法的规制，不得采用违背诚信原则和商业道德准则的方式和手段攫取他人的交易机会，谋取不正当利益。被告将他人商业标识设置为关键词“隐性使用”的竞价排名行为，违反了诚信原则和商业道德准则，亦对消费者权益及社会公共利益造成了损害，属于《反不正当竞争法》第2条第2款规定的不正当竞争行为，应当依照上述法律规定予以规制。

（三）关于销售行为的裁判说理示范

【适用情形】

1. 销售侵犯注册商标专用权的商品的情形。

【说理示范】

依照《商标法》第57条的规定，未经商标注册人的许可，销售侵犯注册商标专用权的商品的，属侵犯注册商标专用权的行为。在本案中，首先，被诉侵权产品的外包装、销售页面上使用了“××”，明显起到识别商品来源的作用，属于商标使用行为。其次，被控侵权商品为××，与第××××号注册商标核定使用的商品属于同种或类似商品。经比对，上述标识与原告主张权利的第××××号商标相同。最后，原告确认被诉侵权商品非其生产或授权生产。故被诉侵权商品属于侵犯原告第××××号注册商标专用权的商品。

根据本院查明的事实，被诉侵权商品系由被告经营的××店铺销售，在被告未提供相反证据的情况下，本院认定被告销售了被诉侵权商品。综上，被告未经原告许可，销售侵犯原告第××××号注册商标专用权的商品，侵犯了原告依法享有的注册商标专用权，依法应承担相应的侵权责任。

【适用情形】

2. 仅在销售页面使用与他人注册商标相同或近似的标识的情形。

【说理示范】

依照《商标法》第57条的规定，未经商标注册人的许可，在相同或类似商品上使用与其注册商标相同或近似的商标容易导致混淆的，属侵犯注册商标专用权的行为。在本案中，首先，被告在店铺主营范围、被诉侵权商品的名称及品牌中标注“××”，上述“××”的使用具有指示商品或服务来源的作用，该使用方式应当认定为商标性使用。其次，被控侵权商品为 ××，与原告注册商标核定使用的商品属于相同商品。经比对，上述“××”标识与原告主张权利的第 ×××× 号注册商标构成近似，易使消费者对商品的来源产生误认或者认为其与原告的商品有特定的联系。最后，根据 ×× 网的公示信息，涉案店铺的经营者为本案被告，在无相反证据的情况下，应当认定该网店由被告经营。综上，被告未经原告许可，在相同商品上使用与涉案注册商标近似的标识，足以造成消费者对相关产品的来源产生混淆，侵犯了原告的注册商标专用权，依法应承担相应的侵权责任。

（四）关于突出使用企业字号的裁判说理示范

【适用情形】

将与他人注册商标相同或相近似的文字作为企业字号在相同或者类似商品上突出使用，容易使相关公众产生误认的情形。

【说理示范】

根据《商标民事案件若干解释》第 1 条第 1 项的规定“将与他人注册商标相同或相近似的文字作为企业的字号在相同或者类似商品上突出使用，容易使相关公众产生误认的”属于侵犯商标专用权的行为。所谓突出使用企业字号，一般来讲是指将字号与构成企业名称的其他组成部分相分离或相区别，或者单独使用字号，或者使用特殊的字体、颜色或者大小将字号突出出来等。司法解释之所以强调突出使用企业字号才构成商标侵权，是基于如果在商品或服务上突出使用字号，则客观上起到了标识商品或服务来源的作用，容易使相关公众对商品或服务来源产生误认。本案中，首先，被告对“×××”的使用方式是单独使用“×××”文字在其产品外包装上，根据前述司法解释的规定，被告的该使用方式属于突出使用字号的情形。其次，被告在产品上对“×××”文字的使用不属于对企业字号或简称的合理使用。最后，经比对，“×××”文字与原告的第 ×× 号注册商标构成相同或近似；被控侵权产品为 ××，与原告注册商标核定使用的商品属于相同或类似商品，容易使相关公众产生误认。综上，被告的行为侵害了原告第 ×× 号注册商标专用权，依法应承担相应的侵权责任。

（五）关于注册与使用域名的裁判说理示范

【适用情形】

将与他人注册商标相同或者相近似的文字注册为域名，并且通过该域名进行相关商品交易的电子商务，容易使相关公众产生误认的情形。

【说理示范】

根据《商标民事案件若干解释》第 1 条第 3 项的规定，将与他人注册商标相同或者相近似的文字注册为域名，并且通过该域名进行相关商品交易的电子商务，容易使相关公众产生误认的，属于《商标法》规定的给他人注册商标专用权造成其他损害的行为。《网络域名民事案件若干解释》第 4 条规定："人民法院审理域名纠纷案件，对符合以下各项条件的，应当认定被告注册、使用域名等行为构成侵权或者不正当竞争：（一）原告请求保护的民事权益合法有效；（二）被告域名或其主要部分构成对原告驰名商标的复制、模仿、翻译或音译；或者与原告的注册商标、域名等相同或近似，足以造成相关公众的误认；（三）被告对该域名或其主要部分不享有权益，也无注册、使用该域名的正当理由；（四）被告对该域名的注册、使用具有恶意。"

本案中，被诉域名的注册与使用是否会使相关公众产生误认，可以从以下几方面予以考量：第一，该域名的主体部分"××"与原告的第 ×× 号注册商标相同或类似；被告在被诉侵权网站上经营的产品 ×× 与原告 ×× 号注册商标核定使用的商品类别相同或类似……易使相关公众误以为该网站及其经营的产品与原告有联系。第二，被诉域名既非被告的企业字号，亦非被告的注册商标，其对该域名或其主要部分不享有权益，也无注册、使用该域名的正当理由。第三，原告的第 ×× 号注册商标具有较高的知名度，被告作为同业经营者将"××"注册为其域名的主体部分，明显具有攀附原告注册商标的恶意。综上，被告将与原告第 ×× 号注册商标构成相同或近似的“××”作为其域名的主体部分进行注册，并通过该网站经营与原告商品类别相同或类似的商品，容易使相关公众产生误认，侵害了原告注册商标专用权。

五、关于侵权抗辩要素的裁判说理示范

【适用条文】

《民法典》第 188 条、第 196 条第 1 项；《商标法》第 48 条、第 49 条第 2 款、第 57 条、第 59 条、第 64 条；《商标民事案件若干解释》第 18 条；《民事案件适用诉讼时效制度若干规定》第 13 条；《知识产权民事诉讼证据若干规定》第 4 条；《商标行政案件若干规定》第 26 条第 3 款、第 4 款。

（一）关于诉讼时效抗辩的裁判说理示范

【适用情形】

诉讼时效抗辩不成立的情形。

【说理示范】

本案被诉侵权行为发生在《民法总则》施行后，故本案被诉侵权行为适用三年的诉讼时效。《民事案件适用诉讼时效制度若干规定》第 13 条规定，权利人向公安机关、人民检察院、人民法院报案或者控告，请求保护其民事权利的，诉讼时效从其报案或者控告之日起中断。上述机关决定不立案、撤销案件、不起诉的，诉讼时效期间从权利人知道或者应当知道不立案、撤销案件或者不起诉之日起重新计算；刑事案件进入审理阶段，诉讼时效期间从刑事裁判文书生效之日起重新计算。本案中，×× 号刑事判决书的生效日期为 ×× 年 ×× 月 ×× 日，而原告于 ×× 年 ×× 月 ×× 日提起本案诉讼，未超过诉讼时效。故被告的诉讼时效抗辩，本案不予支持。

（二）关于基础事实抗辩的裁判说理示范

【适用情形】

1. 被诉商标使用类别与权利商标核定使用类别不同的情形。

【说理示范】

关于被控侵权商品是否属于侵害原告注册商标专用权的商品的认定。首先，第 ×××× 号注册商标核定使用的商品类别第 ×× 类，包括 ×××× 等在内，与本案被控侵权商品的类别不同。其次，现有证据不能证明第 ×××× 号注册商标核定使用的商品与被控侵权商品的原料、生产工艺、功能、使用方式、销售环节等要素相同。故对原告关于被控侵权商品系侵犯其第 ×××× 号注册商标专用权的商品的主张，本院不予支持。

【适用情形】

2. 正品转售行为不构成商标侵权的情形。

【说理示范】

关于被告的行为是否构成商标侵权的认定。首先，根据本案查明的事实，被控侵权产品系被告通过合法渠道购进的正品。其次，被告在其网店的销售页面、商品名称中使用“××”是为了表明其所销售商品的来源，并未超出必要的范围。最后，虽然原告对外声明其商品只能在线下销售，但该声明并不具有限制购买者通过其他合法方式转售其商品的效力。综上，本院认定，被告的正品转售行为不构成商标侵权。

（三）关于正当使用抗辩的裁判说理示范

【适用情形】

1. 为指明自己提供的商品的真实来源而使用相关标识，属于正当使用的情形。

【说理示范】

原告主张被告在其经营网店的销售页面中使用“××”注册商标的行为构成商标侵权。对此，本院认为，首先，原告未提交证据证明被告所销售的涉案产品系侵犯其注册商标专用权的商品。其次，被告使用“××”注册商标的目的是告知消费者其有××出售且该商品来源于商标权人，且其使用方式未超过必要的范围。最后，被告在其网店的销售页面中已告知相关公众其店铺内有多个品牌同时在销售，不会使相关公众误认为其系“××”系列商标权人授权的“××”品牌专卖店。综上，被告对“××”注册商标的使用是为了指明自己提供的商品的真实来源，属于正当使用，不构成商标侵权。

【适用情形】

2. 对商品或服务的用途、品质、对象等特定属性进行直接描述，属于正当使用的情形。

【说理示范一】

关于被告在××中使用“××”字样是否构成商标侵权，本院认为，首先，“××”的语义为××，在原告将“××”申请注册商标前，该词就已在日常生活中被使用。被告使用“××”的目的是……，系对该词语固有意义的使用，亦即描述性使用，而非用来识别商品或服务来源。其次，原告提交的证据不足以证明“××”注册商标通过其使用而具有一定的知名度和更强的显著性，相反被告及其××注册商标已具有较高的市场知名度，故无证据证明被告具有攀附“××”注册商标声誉的主观意图。最后，被告在××中已经标注其企业名称和注册商标，相关公众可以清晰地区分商品或服务的来源，不会产生混淆。综上，被告在××中使用“××”字样未侵害原告的注册商标专用权。

【说理示范二】

在本案中，认定被告在其销售的商品名称中使用“××”字样是否构成商标侵权，要看其使用方式是否属于商标性使用，是否发挥了识别商品来源的功能。涉案被控侵权商品名称中虽然使用了“××”字样，但同样也使用了××××等其他品牌名称，从整个商品名称来看，对“××”字样的使用仅属于对该产品的功能性描述，并未发挥识别商品来源的功能，亦不会导致消费者在购买时产生误认。因此，被告在涉案商品名称中使用“××”字样不属于商标性使用，不构成商标侵权。

（四）关于在先使用抗辩的裁判说理示范

【适用情形】

1. 在先使用抗辩成立的情形。

【说理示范】

《商标法》第59条第3款规定：“商标注册人申请商标注册前，他人已经在同一种商品或者类似商品上先于商标注册人使用与注册商标相同或者近似并有一定影响的商标的，注册商标专用权人无权禁止该使用人在原使用范围内继续使用该商标，但可以要求其附加适当区别标识。”本案中，首先，被告提交的证据足以证明其早在××年即开始生产销售带有“××”字样的××产品，且通过被告的长期使用，“××”文字标识在原告申请注册涉案商标前，已经具有了一定影响。其次，在涉案商标获得注册后，被告仅在其××产品的包装上继续使用“××”字样，其继续使用行为并没有超出原有使用范围。故被告的在先使用抗辩成立，其未侵害原告的注册商标专用权。

【适用情形】

2. 在先使用抗辩不成立的情形。

【说理示范一】

根据《商标法》第59条的规定，在先使用抗辩成立需要具备以下条件：（1）在先使用人应当在注册商标申请日前即开始使用该商标；（2）在先使用人对该商标的使用，必须在商标注册人申请商标注册日之前，就已经具有一定影响；（3）在先使用人只能在原有范围内继续使用在先商标，原有范围包括原有标识、原有商品或服务类别、原有使用地域、原有使用方式。

根据本案查明的事实，首先，被告在原告申请商标注册前已经开始使用“××”标识，且通过被告的长期使用，“××”标识在原告申请商标注册前就已经具有了一定影响。其次，在原告申请注册商标前，被告对“××”标识的使用方式为……，在原告申请注册商标后，被告对“××”

标识的使用方式为……，超出了原有范围。综上，本院认为，虽然被控侵权标识在原告申请注册商标前就已经使用且具有一定的影响力，但被告在原告申请注册商标后超出原有范围使用被控侵权标识，不符合法律规定，侵害了原告的注册商标专用权。

【说理示范二】

根据《商标法》第59条的规定，在先使用抗辩成立需要具备以下条件：（1）在先使用人应当在注册商标申请日前即开始使用该商标；（2）在先使用人对该商标的使用，必须在商标注册人申请商标注册日之前，就已经具有一定影响；（3）在先使用人只能在原有范围内继续使用在先商标，原有范围包括原有标识、原有商品或服务类别、原有使用地域、原有使用方式。

根据本案查明的事实，虽然被告在原告申请商标注册前开始使用"××"标识，但并无证据证明经过被告的使用，"××"标识在原告申请商标注册前就已经具有一定的影响力。故被告的在先使用抗辩不成立，本院不予支持。

（五）关于合法来源抗辩的裁判说理示范

【适用情形】

1. 合法来源抗辩成立的情形。

【说理示范】

《商标法》第64条第2款规定："销售不知道是侵犯注册商标专用权的商品，能证明该商品是自己合法取得并说明提供者的，不承担赔偿责任。"《知识产权民事诉讼证据若干规定》第4条规定："被告依法主张合法来源抗辩的，应当举证证明合法取得被诉侵权产品、复制品的事实，包括合法的购货渠道、合理的价格和直接的供货方等。被告提供的被诉侵权产品、复制品来源证据与其合理注意义务程度相当的，可以认定其完成前款所称举证，并推定其不知道被诉侵权产品、复制品侵害知识产权。被告的经营规模、专业程度、市场交易习惯等，可以作为确定其合理注意义务的证据。”

本案中，被告主张其系通过合法渠道取得被诉侵权商品，并向本院提交了涉案商品的购销合同、送货单以及供货商的营业执照等证据。对此，本院认为，首先，被告提交的上述证据能够相互印证，可以作为认定本案事实的依据。基于上述证据，可以认定被告系通过合法的购货渠道、以合理的价格、从供货商处取得被诉侵权商品。其次，被告为个体工商户，并非专门的 ×× 销售商，且销售数量较少，其合理注意义务程度不宜过高。同时，原告的注册商标在涉案商品上的知名度有限，且被诉侵权商品并非原样使用原告的注册商标，而是……，其对原告注册商标的侵犯并非显而易见，故可以认定被告已经尽到了合理的注意义务，其不知道被诉侵权商品侵害了原告的注册商标专用权。综上，被告的合法来源抗辩成立，本院予以采信。

【适用情形】

2. 合法来源抗辩不成立的情形。

【说理示范】

关于被告的合法来源抗辩。首先，被告系通过 ×× 购买涉案商品，而非正规商铺，其亦未提交供货方营业执照及其他采购文件材料，无法证明被控侵权商品购货渠道的合法。其次，该 ×× 销售的涉案商品价格明显低于市场价格，被告作为涉案商品的销售者理应对正品商品的价格有所了解。最后，没有证据证明被告对涉案商品是否侵犯他人注册商标专用权尽到了核实义务。综上，被告作为专门经营 ×× 商品的销售者，应知晓原告注册商标的知名度，但其在采购被控侵权商品的过程中对于该产品是否侵犯他人注册商标专用权的情况，未尽到谨慎审查及合理注意义务，侵犯了原告的注册商标专用权。被告的合法来源抗辩，本院不予采纳。

（六）关于权利商标未使用抗辩的裁判说理示范

【适用情形】

权利商标未使用抗辩成立的情形。

【说理示范一】

《商标法》第64条第1款规定，注册商标专用权人请求赔偿，被控侵权人以注册商标专用权人未使用注册商标提出抗辩的，人民法院可以要求注册商标专用权人提供此前三年内实际使用该注册商标的证据。注册商标专用权人不能证明此前三年内实际使用过该注册商标，也不能证明因侵权行为受到其他损失的，被诉侵权人不承担赔偿责任。

在本案中，原告为证明自己有实际使用注册商标的行为，提交了……证据。原告提交的证据仅可以证明其在××年××月××日实施了商标许可行为，而商标许可行为并不属于商标使用行为。故原告不能证明其在起诉之日前三年内实际使用过涉案“××××”注册商标，被告的权利商标未使用抗辩成立，不需要承担赔偿损失的民事责任。

【说理示范二】

关于权利商标是否实际使用的认定。原告主张，其在类似商品上使用注册商标的行为应视为对注册商标的使用。首先，原告提交的……证据显示……故原告的证据仅能证明其在××商品上实际使用了第××号注册商标。其次，原告在本案中请求保护的注册商标的具体商品类别项目为第×类的××商品，与原告实际使用的××商品并非相同商品，故不能认定原告在××商品上实际使用了请求保护的注册商标。最后，虽然原告主张其于××年××月××日后在××商品上使用了请求保护的注册商标，但并未提交相关的证据予以证实。综上，本院认定原告提交的证据不能证明其在起诉之日前三年内实际使用过请求保护的涉案注册商标。

六、关于是否构成共同侵权或帮助侵权的裁判说理示范

【适用条文】

《民法典》第1168条、第1169条、第1195条、第1197条；《商标法》第57条第6项；《电子商务法》第42条、第45条。

（一）关于生产者与销售者是否构成共同侵权的裁判说理示范

【适用情形】

生产者与销售者不构成共同侵权。

【说理示范】

《民法典》第1168条规定："二人以上共同实施侵权行为，造成他人损害的，应当承担连带责任。"在本案中，原告主张，被告A和被告B构成共同侵权，应承担连带责任。首先，根据本案查明的事实，被告A实施了生产被控侵权产品的行为，被告B实施了销售被控侵权产品的行为，被告A的生产行为和被告B的销售行为相互独立。其次，现有证据不足以证明被告A和被告B存在共同实施侵权行为的意思联络。故被告A和被告B不构成共同侵权，不应当承担连带责任。

（二）关于委托生产方与受托生产方是否构成共同侵权的裁判说理示范

【适用情形】

1. 委托生产方与受托生产方构成共同侵权的情形。

【说理示范】

《民法典》第1168条规定："二人以上共同实施侵权行为，造成他人损害的，应当承担连带责任。"在本案中，首先，原告的第××号注册商标及其产品具有较高的知名度，被告B作为同类商品的生产者应当对此有所了解。其次，被控侵权产品上使用的××标识与原告的第××号注册商标相同或高度相似，被告B作为生产者理应对该产品是否侵害他人注册商标专用权尽到合理审慎的注意义务，但其并未提交证据证明其对被告A是否享有相关商标权进行了审查。故本院认定，被告B明知或应知被控侵权产品系侵害他人注册商标专用权的产品，而仍接受被告A的委托进行生产，与被告A构成共同侵权，依法应当承担连带责任。

【适用情形】

2. 委托生产方与受托生产方不构成共同侵权的情形。

【说理示范】

关于被告 A 与被告 B 是否构成共同侵权的认定。在本案中，虽然被告 B 提交了授权书等证据证明其已尽合理注意义务，但授权方的注册商标的核定使用商品不包括被控侵权产品，其对该商标的核定使用商品疏于审查，存在一定过失。本案证据不足以证明被告 B 明知或应知其接受委托代为生产加工的被控侵权产品系侵害他人注册商标专用权的产品，故难以认定其与被告 A 构成共同侵权。

关于被告 B 赔偿责任的承担。考虑到被告 B 制造被控侵权产品的行为仅为代加工性质且无侵权故意，但其仍存在一定过失，故本院根据被告 B 的过失程度、收取的加工费及加工成本等因素，酌定被告 B 在 ×× 万元范围内对上述被告 A 的赔偿金额承担连带责任。

（三）关于电子商务平台是否构成帮助侵权的裁判说理示范

【适用情形】

1. 电子商务平台经营者明知网店销售侵权商品，但未采取必要措施的，构成帮助侵权。

【说理示范】

《民法典》第 1195 条第 1 款和第 2 款规定："网络用户利用网络服务实施侵权行为的，权利人有权通知网络服务提供者采取删除、屏蔽、断开链接等必要措施。通知应当包括构成侵权的初步证据及权利人的真实身份信息。网络服务提供者接到通知后，应当及时将该通知转送相关网络用户，并根据构成侵权的初步证据和服务类型采取必要措施；未及时采取必要措施的，对损害的扩大部分与该网络用户承担连带责任。"第 1197 条规定："网络服务提供者知道或者应当知道网络用户利用其网络服务侵害他人民事权益，未采取必要措施的，与该网络用户承担连带责任。"根据《商标法》第 57 条第 6 项的规定，故意为侵犯他人商标专用权行为提供便利条件，帮助他人实施侵犯商标专用权行为的，属于侵犯注册商标专用权。

由上述规定可知，网络服务提供者不因网络用户的侵权行为而当然需承担侵权赔偿责任，但如果网络服务提供者明知或应当知道网络用户利用其所提供的网络服务实施侵权行为，却仍然为侵权行为人提供网络服务或者未采取必要措施避免侵权行为发生，则构成帮助侵权，应当与网络用户承担连带责任。在本案中，首先，被告 B 仅为被告 A 销售侵权商品提供网络交易平台，并未直接实施销售侵权商品的行为，故其属于网络服务提供者。其次，被告 B 知道被告 A 利用其网络服务实施商标侵权行为后，仅采取了通知被告 A 停止侵权行为的措施，而未采取必要的能够防止侵权行为发生的措施，从而放任、纵容侵权行为的发生，主观上具有过错，客观上帮助了被告 A 实施侵权行为。故被告 B 的行为构成帮助侵权，应当与被告 A 承担连带责任。

【适用情形】

2. 电子商务平台经营者收到通知后采取了必要措施，不构成侵权。

【说理示范】

《民法典》第 1195 条第 1 款和第 2 款规定："网络用户利用网络服务实施侵权行为的，权利人有权通知网络服务提供者采取删除、屏蔽、断开链接等必要措施。通知应当包括构成侵权的初步证据及权利人的真实身份信息。网络服务提供者接到通知后，应当及时将该通知转送相关网络用户，并根据构成侵权的初步证据和服务类型采取必要措施；未及时采取必要措施的，对损害的扩大部分与该网络用户承担连带责任。"《民法典》第 1197 条规定："网络服务提供者知道或者应当知道网络用户利用其网络服务侵害他人民事权益，未采取必要措施的，与该网络用户承担连带责任。"由上述规定可知，网络服务提供者并不因网络用户的侵权行为而当然需承担侵权赔偿责任。只有当网络服务提供者明知或应当知道网络用户利用其所提供的网络服务实施侵权行为，却未采取必要措施时，才需与该网络用户承担连带责任。

在本案中，首先，被告B仅为被告A销售侵权商品提供网络交易平台，并未直接实施销售侵权商品的行为，故其属于网络服务提供者。其次，被告B收到原告的通知后，及时采取了删除侵权链接的措施，并有效阻止了侵权行为的发生。综上所述，被告B的行为未侵犯原告的注册商标专用权，无须承担侵权责任。

（四）关于市场管理者是否构成帮助侵权的裁判说理示范

【适用情形】

1. 市场管理者未尽管理责任，构成帮助侵权。

【说理示范一】

根据《商标法》第57条第6项的规定，故意为侵犯他人商标专用权行为提供便利条件，帮助他人实施侵犯商标专用权行为的，属于侵犯注册商标专用权。根据本案查明的事实，可以确认被告B是涉案 ×× 的市场管理者。被告B作为市场管理者，负有进行市场日常管理和督促商户合法规范经营的义务，但其在收到权利人的警告函后未采取任何措施以制止侵权行为的再次发生。可见，其主观上具有放任侵权行为发生的故意，客观上未履行管理职责，致使侵权行为持续。故被告B的行为构成帮助侵权，应当与被告A承担连带责任。

【说理示范二】

根据《商标法》第57条第6项的规定，故意为侵犯他人商标专用权行为提供便利条件，帮助他人实施侵犯商标专用权行为的，属于侵犯注册商标专用权。在本案中，首先，被告B向被告A提供经营场所并收取租金和管理费，故可以认定被告B是涉案 ×× 的市场管理者。被告B作为市场管理者，应当依法和依约对市场的交易主体、交易客体以及日常的交易行为在合理的注意范围内加以审查并进行日常监管，对市场内侵害他人注册商标专用权的行为负有及时、有效地予以制止并采取必要措施避免侵权行为再次发生的义务。其次，权利人多次向被告B发出律师函或警告函，但被告B仅将律师函或警告函转送给被告A，要求被告A承诺不再侵权，而未采取诸如收取违约金、停业整顿、解除合同等必要措施，怠于履行监管义务，为侵权行为提供便利条件。故本院依法认定，被告B的行为构成帮助侵权，应当与被告A承担连带责任。

【适用情形】

2.市场管理者尽到了管理责任，不构成帮助侵权。

【说理示范】

关于被告B是否构成帮助侵权的认定。在本案中，首先，被告B向被告A提供经营场所并收取租金和管理费，故可以认定被告B是涉案××的市场管理者。被告B作为市场管理者，应当依法和依约对市场的交易主体、交易客体以及日常的交易行为在合理的注意范围内加以审查并进行日常监管，对市场内侵害他人注册商标专用权的行为负有及时、有效地予以制止并采取必要措施避免侵权行为再次发生的义务。其次，被告B履行了日常的审核和监管义务，且在收到权利人发出的警告函后，及时通知了被告A，并要求被告A出具保证书、支付违约金，其主观上没有放任侵权行为，客观上亦尽到了监管责任，不存在过错。故本院依法认定，被告B的行为不构成帮助侵权。

七、关于是否适用惩罚性赔偿的裁判说理示范

【适用条文】

《商标法》第63条第1款；《知产惩罚性赔偿解释》。

（一）关于适用惩罚性赔偿的裁判说理示范

【适用情形】

符合惩罚性赔偿适用条件的情形。

【说理示范一】

关于是否适用惩罚性赔偿的认定。《商标法》第63条规定，对恶意侵犯商标专用权，情节严重的，可以在按照上述方法确定数额的1倍以上5

倍以下确定赔偿数额。在本案中，被告因侵权被法院裁判承担责任后，又再次实施相同的侵权行为，侵权行为持续时间长，侵权获利巨大……，其侵权的主观恶意明显，情节严重。故根据原告申请，本院依法适用惩罚性赔偿，并按照被告因侵权所获利益的 × 倍确定赔偿数额。

【说理示范二】

关于是否适用惩罚性赔偿的认定。在本案中，原告主张适用惩罚性赔偿。首先，原告使用在 ×× 产品上的 ×× 注册商标具有较高的知名度，被告在 ×× 产品上使用与自有商标明显不同，而与原告商标极为相似的标识，其攀附原告商誉、造成消费者混淆的主观恶意明显。其次，被告生产多款 ×× 产品，销量巨大，侵权情节严重。故对于原告关于适用惩罚性赔偿的请求，本院予以支持。根据原告注册商标的知名度高低、被告侵权情节的严重程度，本院按照上述确定的获利金额的 × 倍确定被告的赔偿金额，即 ×× 元。

（二）关于不适用惩罚性赔偿的裁判说理示范

【适用情形】

不符合惩罚性赔偿适用条件的情形。

【说理示范一】

关于是否适用惩罚性赔偿的认定。根据《商标法》第 63 条和《知产惩罚性赔偿解释》的规定，惩罚性赔偿的法律适用条件有四：一是要在一审法庭辩论终结前主张；二是侵权人存在主观故意；三是侵权行为达到情节严重；四是有可确定的赔偿损失基数。在本案中，原告在庭审后提出适用惩罚性赔偿的请求，不符合法律规定，本院不予支持。

【说理示范二】

关于是否适用惩罚性赔偿的认定。根据《商标法》第 63 条和《知产惩罚性赔偿解释》的规定，惩罚性赔偿的法律适用条件有四：一是要在一审法庭辩论终结前主张；二是侵权人存在主观故意；三是侵权行为达到情节严重；四是有可确定的赔偿损失基数。在本案中，虽然被告的行为构成商标侵权，但无证据证明被告具有侵权的主观故意，也无证据证明侵权情节严重，故对原告关于适用惩罚性赔偿的请求，本院不予支持。

【说理示范三】

关于是否适用惩罚性赔偿的认定。根据《商标法》第63条和《知产惩罚性赔偿解释》的规定，惩罚性赔偿的法律适用条件有四：一是要在一审法庭辩论终结前主张；二是侵权人存在主观故意；三是侵权行为达到情节严重；四是有可确定的赔偿损失基数。在本案中，虽然被告具有侵害知识产权的主观故意，但现有证据并不能证明被告存在重复侵权、以侵权为业、侵权获利巨大等情形，故原告主张被告侵权情节严重，证据不足。对原告关于适用惩罚性赔偿的请求，本院不予支持。

【说理示范四】

关于是否适用惩罚性赔偿的认定。根据《商标法》第63条和《知产惩罚性赔偿解释》的规定，惩罚性赔偿的法律适用条件有四：一是要在一审法庭辩论终结前主张；二是侵权人存在主观故意；三是侵权行为达到情节严重；四是有可确定的赔偿损失基数。在本案中，虽然被告具有侵害知识产权的主观故意，且存在重复侵权等情形，侵权情节严重，但原告的实际损失或违法所得数额、被告的侵权获利均难以确认，且没有商标许可使用费可供参考，不具备适用惩罚性赔偿的条件。故对原告关于适用惩罚性赔偿的请求，本院不予支持。

八、关于法定赔偿的裁判说理示范

【适用条文】

《商标法》第63条第3款；《商标民事案件若干解释》第16条。

【适用情形】

权利人因被侵权所受到的实际损失、侵权人因侵权所获得的利益、注册商标许可使用费均难以确定时，法院根据侵权行为的情节确定赔偿金额的情形。

【说理示范一】

根据《商标法》第 63 条规定，侵犯商标专用权的赔偿数额，按照权利人因被侵权所受到的实际损失确定；实际损失难以确定的，可以按照侵权人因侵权所获得的利益确定；权利人的损失或者侵权人获得的利益难以确定的，参照该商标许可使用费的倍数合理确定；上述情形均难以确定的，由人民法院根据侵权行为的情节判决给予 500 万元以下的赔偿。本案中，原告因侵权所受的实际损失以及侵权人因侵权所获利益均难以确认，且没有商标许可使用费可供参考，故本院综合考虑涉案注册商标的知名度、侵权行为的性质、侵权范围、侵权行为人的主观过错程度等因素，酌情确定被告赔偿原告经济损失 ×× 元。

【说理示范二】

因原告不能提供其因被侵权所受实际损失、被告因侵权所得利益或涉案注册商标许可使用费的证据，故本院综合考虑原告主张保护的商标的知名度、侵权行为的性质、侵权范围、侵权行为人的主观过错程度等因素，酌定被告赔偿原告经济损失 ×× 元。

【说理示范三】

关于被告的赔偿金额问题。因原告不能提供其因被侵权所受实际损失、被告因侵权所得利益或涉案注册商标许可使用费的证据，故本院参考被控侵权商品的销售价格和销量，并综合考虑原告主张保护的商标的知名度、侵权行为的性质、侵权范围以及原告为制止侵权行为所必要支付的合理开支等因素，酌情确定被告赔偿原告经济损失及合理开支共计 ×× 元。原告诉请金额过高部分，本院不予支持。

九、关于是否支持维权合理开支的裁判说理示范

【适用条文】

《商标法》第 63 条第 1 款；《商标民事案件若干解释》第 17 条。

（一）关于支持维权合理开支的裁判说理示范

【适用情形】

支持维权合理开支的情形。

【说理示范】

《商标法》第63条第1款规定，赔偿数额应当包括权利人为制止侵权行为所支付的合理开支。《商标民事案件若干解释》第17条第1款规定，制止侵权行为所支付的合理开支，包括权利人或者委托代理人对侵权行为进行调查、取证的合理费用。本案中，原告因被告的侵权行为进行了相关的调查、公证并有律师出庭参与本案诉讼，上述行为均系原告为制止侵权行为而实施的必要行为。此外，原告提交了相关票据证明调查费××元、公证费××元和律师费××元已实际发生。故对原告主张的合理开支××元，本院予以支持。

（二）关于不支持维权合理开支的裁判说理示范

【适用情形】

不支持维权合理开支的情形。

【说理示范】

关于合理开支的赔偿问题。原告未提交证据证明维权合理支出已实际发生，故本院不予认定。

十、关于适用举证妨碍规则确定赔偿金额的裁判说理示范

【适用条文】

《商标法》第63条第2款；《民事诉讼法解释》第112条；《知识产权民事诉讼证据若干规定》第2条、第25条。

【适用情形】

适用举证妨碍规则确定赔偿金额的情形。

【说理示范一】

《商标法》第 63 条第 2 款规定："人民法院为确定赔偿数额，在权利人已经尽力举证，而与侵权行为相关的账簿、资料主要由侵权人掌握的情况下，可以责令侵权人提供与侵权行为相关的账簿、资料；侵权人不提供或者提供虚假的账簿、资料的，人民法院可以参考权利人的主张和提供的证据判定赔偿数额。"在本案中，经原告申请，本院责令被告提供合同、账簿等资料，但被告拒不提供且无正当理由，故本院认定被告已构成举证妨碍，将依法参考原告的主张和提供的证据判定赔偿数额。

【说理示范二】

《商标法》第 63 条第 2 款规定："人民法院为确定赔偿数额，在权利人已经尽力举证，而与侵权行为相关的账簿、资料主要由侵权人掌握的情况下，可以责令侵权人提供与侵权行为相关的账簿、资料；侵权人不提供或者提供虚假的账簿、资料的，人民法院可以参考权利人的主张和提供的证据判定赔偿数额。"本案中，就原告的举证情况而言，确已达到了尽力之程度。鉴于本院曾依据其申请，责令被告提供侵权产品的账册及销售记录，而被告明确拒绝提供且无正当理由，故本院认定被告已构成举证妨碍，将依法参考原告的主张、原告的利润率、权利商标产品的销售情况等相关证据综合判定赔偿数额。

十一、关于是否支持诉请赔礼道歉、消除影响的裁判说理示范

【适用条文】

《民法典》第 179 条；《商标民事案件若干解释》第 21 条。

（一）关于不支持赔礼道歉、消除影响的裁判说理示范

【适用情形】

不支持原告关于赔礼道歉、消除影响的诉讼请求的情形。

【说理示范一】

原告未举证证明被告的行为对其商誉造成不良损害，故对于原告要求被告赔礼道歉、消除影响的诉讼请求，本院不予支持。

【说理示范二】

原告的证据不足以证明其因被告的行为而受到商誉损失，故对于原告要求被告赔礼道歉、消除影响的诉讼请求，本院不予支持。

（二）关于支持消除影响的裁判说理示范

【适用情形】

支持原告关于消除影响的诉讼请求的情形。

【说理示范】

鉴于被告实施的侵权行为足以导致相关公众对商品的来源产生误认和混淆，加之其主观恶意明显，侵权时间长达数年，影响范围遍及全国各地，因此确有必要采取刊载声明、消除影响的方式对涉案事实予以澄清。现原告将刊载声明的位置确定为……，该主张与相应损害结果及侵权影响范围相适应，本院予以支持。

十二、关于构成商标侵权的行为不再适用反不正当竞争法重复评价的裁判说理示范

【适用情形】

被控不正当竞争行为与商标侵权行为系同一行为的情形。

【说理示范】

原告在本案中指控的不正当竞争行为与商标侵权行为为同一行为，由于本判决已经认定被告该行为侵犯了原告商标权，凡是知识产权专门法已经保护的领域，一般情况下，反不正当竞争法不再给予重合保护。因此，本院对原告主张被告构成不正当竞争行为的诉请不再判决。

十三、关于处理刑民交叉案件的裁判说理示范

【适用条文】

《商标法》第63条第1款；《知产惩罚性赔偿解释》；《民事诉讼法解释》第108条第1款。

【适用情形】

1. 涉及同一侵权事实的刑事案件未予采纳的证据，在侵害商标权纠纷的民事案件中亦应当依法进行审核认定的情形。

【说理示范】

在侵害商标权纠纷案件中，对当事人提交的涉及同一侵权事实的、在侵害涉案商标专用权犯罪刑事诉讼程序中形成的证据，人民法院应当依照法定程序，全面、客观地予以审核。首先，销售假冒注册商标的商品犯罪刑事案件中是否构成犯罪、是否构成犯罪未遂的认定标准，与侵害商标权纠纷民事案件中是否构成实际销售的认定标准不同。在刑事案件中，假冒注册商标的商品尚未销售或者部分销售但货值金额未达到法定标准的，仍然可能构成犯罪未遂。因此，涉及同一侵权事实的刑事判决认定构成销售假冒注册商标的商品犯罪未遂，并不能当然作为侵害商标权纠纷民事案件中被诉侵权商品未实际销售的直接依据。其次，刑事诉讼与民事诉讼的证明标准不同。在刑事诉讼中，公诉机关对所指控的被告人罪行的证据要达到排除合理怀疑的程度。而在民事诉讼中，根据《民事诉讼法解释》第108条第1款的规定，对负有举证证明责任的当事人提供的证据，人民法院经审查并结合相关事实，确信待证事实的存在具有高度可能性的，应当认定该事实存在。因此，涉及同一侵权事实的刑事案件未予采纳的证据，在侵害商标权纠纷的民事案件中亦应当依法进行审核认定。本案中，原告提交的新的证据可以证明……的事实具有高度可能性，故原告关于……的主张成立。

【适用情形】

2. 先刑后民案件不适用惩罚性赔偿的情形。

【说理示范】

原告主张本案应适用惩罚性赔偿。根据《商标法》第 63 条和《知产惩罚性赔偿解释》的规定，惩罚性赔偿的法律适用条件有四：一是要在一审法庭辩论终结前主张；二是侵权人存在主观故意；三是侵权行为达到情节严重；四是有可确定的赔偿损失基数。其中，对侵权行为“情节严重”的认定，根据《知产惩罚性赔偿解释》第 4 条第 1 款的规定，应当综合考虑侵权手段、次数，侵权行为的持续时间、地域范围、规模、后果，侵权人在诉讼中的行为等因素。

本案中，被告的侵权行为并未达到上述法律规定的“情节严重”。具体原因如下：第一，行为人因实施侵权行为被判处刑罚并不意味着民事案件符合惩罚性赔偿的适用条件，刑事案件的定罪量刑标准也并不等同于民事案件惩罚性赔偿的适用标准。侵权行为已被刑事案件定罪量刑的民事案件能否适用惩罚性赔偿，仍然应当按照《商标法》和《知产惩罚性赔偿解释》的规定进行认定。第二，本案并无证据证明被告系重复侵权。第三，刑事判决未查明被告实施侵权行为的持续时间，本案无证据证明其以侵害知识产权为业。第四，刑事判决查明的非法经营数额 ×× 元，系根据现场查获的数量和原告公司提供的正品销售价格计算得出，即该非法经营数额并非被告的侵权获利或者是原告的实际损失。且该数额 ×× 元也未达到“数额巨大”的程度。第五，本案并无《知产惩罚性赔偿解释》第 4 条第 2 款列明的其他情节严重或者是与列明情节相当的情形。因此，本案适用惩罚性赔偿的事实依据不足，对原告的惩罚性赔偿主张，本院不予支持。

第五章 判决主文规范表述

一、关于停止侵权的规范表述

（一）停止侵权行为

被告 ×× 立即停止侵害原告 ×× 第 ×× 号注册商标专用权的行为，即停止……（具体的侵权表现形式）。

（二）销毁库存侵权产品

被告 ×× 立即销毁库存侵权产品。

（三）销毁用于制造假冒注册商标商品的材料、工具

被告 ×× 立即销毁用于制造假冒注册商标商品的材料、工具。

二、关于赔偿损失（含合理开支）的规范表述

（一）单个被告

1. 经济损失与合理开支分开计算。被告 ×× 应于本判决生效之日起十日内赔偿原告 ×× 经济损失 ×× 元及合理开支 ×× 元。

2. 经济损失与合理开支合并计算。被告 ×× 应于本判决生效之日起十日内赔偿原告 ×× 经济损失及合理开支共计 ×× 元。

（二）多个被告

1. 共同侵权行为

（1）经济损失与合理开支分开计算。

被告 ×1、×2 应于本判决生效之日起十日内共同赔偿原告 ×× 经济损失 ×× 元及合理开支 ×× 元。

（2）经济损失与合理开支合并计算。

被告 ×1、×2 应于本判决生效之日起十日内共同赔偿原告 ×× 经济损失及合理开支共计 ×× 元。

2. 非共同侵权行为

（1）经济损失与合理开支分开计算。

被告 ×1 应于本判决生效之日起十日内赔偿原告 ×× 经济损失 ×× 元及合理开支 ×× 元。

被告 ×2 应于本判决生效之日起十日内赔偿原告 ×× 经济损失 ×× 元及合理开支 ×× 元。

……（多个被告的赔偿责任依次罗列）。

（2）经济损失与合理开支合并计算。

被告 ×1 应于本判决生效之日起十日内赔偿原告 ×× 经济损失及合理开支共计 ×× 元。

被告 ×2 应于本判决生效之日起十日内赔偿原告 ×× 经济损失及合理开支共计 ×× 元。

……（多个被告的赔偿责任依次罗列）。

3. 公司与其唯一股东为共同被告

（1）经济损失与合理开支分开计算。

被告 ×1（公司）应于本判决生效之日起十日内赔偿原告 ×× 经济损失 ×× 元及合理开支 ×× 元。

被告 ×2（股东）对被告 ××（公司）的上述判项所确定的债务承担连带责任。